Theorie und Empirie Lebenslangen Lernens

Herausgegeben von
Ch. Hof, Frankfurt/Main, Deutschland
J. Kade, Frankfurt/Main, Deutschland
H. Kuper, Berlin, Deutschland
S. Nolda, Dortmund, Deutschland
B. Schäffer, München, Deutschland
W. Seitter, Marburg, Deutschland

Mit der Reihe verfolgen die Herausgeber das Ziel, theoretisch und empirisch gehaltvolle Beiträge zum Politik-, Praxis- und Forschungsfeld *Lebenslanges Lernen* zu veröffentlichen. Dabei liegt der Reihe ein umfassendes Verständnis des Lebenslangen Lernens zugrunde, das gleichermaßen die System- und Organisationsebene, die Ebene der Profession sowie die Interaktions- und Biographieebene berücksichtigt. Sie fokussiert damit Dimensionen auf unterschiedlichen Aggregationsniveaus und in ihren wechselseitigen Beziehungen zueinander. Schwerpunktmäßig wird die Reihe ein Publikationsforum für NachwuchswissenschaftlerInnen mit innovativen Themen und Forschungsansätzen bieten. Gleichzeitig ist sie offen für Monographien, Sammel- und Tagungsbände von WissenschaftlerInnen, die sich im Forschungsfeld des Lebenslangen Lernens bewegen. Zielgruppe der Reihe sind Studierende, WissenschaftlerInnen und Professionelle im Feld des Lebenslangen Lernens.

www.TELLL.de

Herausgegeben von

Christiane Hof
Johann Wolfgang Goethe-Universität
Frankfurt/Main

Jochen Kade
Johann Wolfgang Goethe-Universität
Frankfurt/Main

Harm Kuper
Freie Universität Berlin

Sigrid Nolda
Technische Universität Dortmund

Burkhard Schäffer
Universität der Bundeswehr München

Wolfgang Seitter
Philipps-Universität Marburg

Regine Mickler

Kooperation in der Erwachsenenbildung

Die Volkshochschule als Teil eines Bildungs- und Kulturzentrums

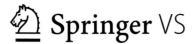

Regine Mickler
München, Deutschland

Zugl. Dissertation am Fachbereich Erziehungswissenschaften der Philipps-Universität Marburg, 2012

Der Druck dieses Buches wurde freundlicherweise durch Mittel der Universitätsstiftung Marburg gefördert.

ISBN 978-3-658-03601-0   ISBN 978-3-658-03602-7 (eBook)
DOI 10.1007/978-3-658-03602-7

Die Deutsche Nationalbibliothek verzeichnet diese Publikation in der Deutschen Nationalbibliografie; detaillierte bibliografische Daten sind im Internet über http://dnb.d-nb.de abrufbar.

Springer VS
© Springer Fachmedien Wiesbaden 2013
Das Werk einschließlich aller seiner Teile ist urheberrechtlich geschützt. Jede Verwertung, die nicht ausdrücklich vom Urheberrechtsgesetz zugelassen ist, bedarf der vorherigen Zustimmung des Verlags. Das gilt insbesondere für Vervielfältigungen, Bearbeitungen, Übersetzungen, Mikroverfilmungen und die Einspeicherung und Verarbeitung in elektronischen Systemen.

Die Wiedergabe von Gebrauchsnamen, Handelsnamen, Warenbezeichnungen usw. in diesem Werk berechtigt auch ohne besondere Kennzeichnung nicht zu der Annahme, dass solche Namen im Sinne der Warenzeichen- und Markenschutz-Gesetzgebung als frei zu betrachten wären und daher von jedermann benutzt werden dürften.

Gedruckt auf säurefreiem und chlorfrei gebleichtem Papier

Springer VS ist eine Marke von Springer DE. Springer DE ist Teil der Fachverlagsgruppe Springer Science+Business Media.
www.springer-vs.de

Geleitwort

Was geschieht, wenn man eine Volkshochschule mit anderen Einrichtungen – z.B. mit einer Bibliothek, einem Museum, einer Musikschule, einem kommunalen Kino oder einem Bistro mit angeschlossener Galerie – zu einem „Bildungs- und Kulturzentrum" räumlich, organisational und eventuell auch konzeptionell zusammenlegt? Was entsteht dann, ist das Ganze mehr als die Summe seiner Teile, kommt es zu Synergieeffekten oder verhindert Konkurrenzdenken eine Zusammenarbeit? Unter Zuhilfenahme welcher Semantik bezeichnet man das entstehende Gebilde, so dass sich alle handelnden Akteure darin wiederfinden können und schließlich vor allem: Wie gestalten sich Kooperationsbeziehungen zwischen den zuvor räumlich und organisational eigenständigen Einheiten innerhalb dieses neuen Gebildes und welche Auswirkungen hat dies wiederum auf externe Kooperationsbeziehungen zu anderen Bereichen institutionalisierter Erwachsenenbildung? Regine Mickler setzt sich in der vorliegenden Arbeit mit diesen, nur auf den ersten Blick trivial erscheinenden, Fragen in äußerst anspruchsvoller Weise auseinander. Leserinnen und Leser erhalten theoretisch und empirisch fundierte, vielfältige Einblicke in die komplexen politischen, gesellschaftlichen und organisationsstrategischen Entwicklungs- und Begründungslinien kooperativer Bildungsarrangements. Die Arbeit führt damit in ein Gebiet innovativer, organisationsbezogener Weiterbildungsforschung ein, das in jüngster Zeit stark an Bedeutung gewonnen und seinen Niederschlag auch in der Gründung der Kommission Organisationspädagogik in der Sektion Erwachsenenbildung gefunden hat.

In einer zunächst theoriebasierten Anforderungsanalyse werden exogene und endogene von interorganisationalen Kooperationsanforderungen unterschieden. Der interessante empirische Ertrag der Arbeit liegt im Bereich interorganisationaler Anforderungen. Dort gelingt es der Autorin, wesentliche und für die Weiterbildungsforschung ertragreiche Dimensionen der Kooperation aufzuzeigen, die sie in eine empiriebasierte Taxonomie kooperativer Anforderungen einbettet: Zu aus der Literatur bekannten Dimensionen wie bspw. der Veränderungsbereitschaft, der Diversitätsakzeptanz oder der Ambiguitätstoleranz kommen die Dimensionen „Raumwahrnehmung und -gestaltung", „Grenzbearbeitung", „Identitätsbildung und -entwicklung" und „Professionalitätsentwicklung" hinzu. Entlang dieser Dimensionen zeigt die Autorin auf, dass die Einbettung in solche Zentren bedeutende Auswirkungen auf Volkshochschulen innehat. So ergeben sich z.B. Spannungsverhältnisse zwischen der „einrichtungsspezifischen Autonomie vs. der kooperationsbedingten Interdependenz", aus der „vhs-Alltagslogik vs. der übergreifenden Kooperationsstrategie" sowie aus der „vhs-Kultur vs. der Inter-Organisations-Kulturalität eines Bildungs- und Kulturzentrums". Allerdings, so ein weiteres Ergebnis, löse sich die „organisationale Volkshochschulidentität" dabei nicht auf, sondern diene der „positiven Profilierung, der Vergewisserung der eigenen Stärken und Kompetenzen sowie der Bewahrung einrichtungsspezifischer Interessen und Organisationszielen". Abschließend nimmt die Autorin eine explizit programmatisch-normative Bewertungsperspektive ein und formuliert praxisrelevante „Gelingens- bzw. Optimierungsbedingungen" für die Kooperation.

Diese Arbeit – so mein Fazit – sollte bei niemandem in der Bibliothek fehlen, der/die sich theoretisch, empirisch und vor allem auch praktisch mit Fragen der Organisationsentwicklung im VHS-Bereich bzw. mit Fragen nach der Weiterentwicklung kooperativer Bildungsarrangements beschäftigt. Gerade in seiner empirischen Vielschichtigkeit bietet sie Handlungsanregungen und Orientierungswissen für die kooperative Zusammenarbeit nicht nur für VHS-Akteure, sondern ebenso für die anderen Akteure aus dem weiten Bereich von Bildungs-, Kultur- und kommunalen Serviceeinrichtungen.

Burkhard Schäffer

Inhaltsverzeichnis

Abbildungsverzeichnis 11

Tabellenverzeichnis 13

1. Einleitung 15
   1.1 Ausgangslage und Erkenntnisinteresse 15
   1.2 Aufbau der Studie 21

2. **Entwicklungs- und Begründungslinien von kooperativen Bildungsarrangements** 23
   2.1 Kooperation als bildungspolitisches Postulat 23
       2.1.1 Programmatische Erweiterung 24
       2.1.2 Systematisierung und Ökonomisierung des Bildungswesens 25
       2.1.3 Marktwirtschaftliche Wettbewerbsorientierung und Selbstregulation 27
       2.1.4 Unterstützung des lebenslangen Lernens und Stärkung der Synergieperspektive 29
   2.2 Kooperation als regional- und städteplanerische Steuerungs- und Wirtschaftlichkeitsstrategie 33
       2.2.1 Regionalpolitische Begründungslinien für Kooperation 33
       2.2.2 Städteplanerische Begründungslinien für Kooperationen 35
   2.3 Kooperation als Organisationsentwicklungsstrategie von Weiterbildungseinrichtungen 37
       2.3.1 Veränderungsanforderungen und Kooperationsperspektiven 38
       2.3.2 Kooperative Orientierung und Konkurrenzdenken 43
       2.3.3 Kooperation als innovationsförderliche Strategie 45

3. **Kooperation im Kontext von Bildungs- und Kulturzentren: Abgrenzung und Verständnisklärung** 49

3.1 Drei Modelle kooperativer Zusammenarbeit 49
    3.1.1 Lernortkooperationen – Beispiele einer komplementären Zusammenarbeit 50
    3.1.2 Netzwerke und Verbünde – Beispiele einer subsidiären bzw. supportiven Zusammenarbeit 53
    3.1.3 Bildungs- und Kulturzentren – ein integratives Kooperationsmodell 56
3.2 Kooperation im Kontext von Bildungs- und Kulturzentren. Eine Arbeitsdefinition 79

4. Organisationstheoretische Annäherung an Bildungs- und Kulturzentren und Volkshochschulen 85
4.1 Organisationstheoretische Vorüberlegungen 85
    4.1.1 Organisationsmerkmale von Volkshochschulen 90
    4.1.2 Organisationsmerkmale von Bildungs- und Kulturzentren 109

5. Zusammenschau: Theoriebasierte Anforderungsanalyse 139
5.1 Exogene Anforderungen des Begründungskontextes 140
5.2 Endogene Anforderungen des Organisationskontextes 141
5.3 Interorganisationale Anforderungen des Kooperationskontextes ... 142

6. Methodische Anlage, empirischer Gegenstand und Forschungsprozess 145
6.1 Begründung der qualitativen Forschungsmethodik 145
6.2 Kriterienbasierte Festlegung des Untersuchungsgegenstandes 146
6.3 Felderschließung und Kontaktaufnahme 151
6.4 Das leitfadengestützte Interview als Erhebungsmethode 152
    6.4.1 Der Interviewleitfaden 152
    6.4.2 Kurzfragebogen und Gedächtnisprotokoll 154
    6.4.3 Datenerhebung und weiterer Untersuchungsverlauf 155
6.5 Das Auswertungsverfahren 156
    6.5.1 Aufbereitung des Datenmaterials: Transkription der Interviews 156
    6.5.2 Kategorienzentriertheit als Auswertungsprinzip 157
6.6 Darstellung der Untersuchungsergebnisse 161

7. Empirische Rekonstruktion kooperativer Anforderungen und Umgangsweisen aus Sicht der Volkshochschule 163

Inhaltsverzeichnis

- 7.1 Organisationaler Kontext der Studie 163
  - 7.1.1 Das zib 163
  - 7.1.2 DAS tietz 166
  - 7.1.3 Übergreifende Betrachtung der organisationalen Kontexte 169
- 7.2 Zur Konstituierung der Bildungs- und Kulturzentren: Eine Rückschau 170
  - 7.2.1 Begründungslinien für eine integrative Kooperationsform 170
  - 7.2.2 Zweifel an einer integrativen Kooperationsform: Eine Kontrastierung 180
- 7.3 Verständnisklärung: Bildungs- und Kulturzentrum 186
  - 7.3.1 Beschreibungsdimensionen 189
  - 7.3.2 Einfluss- und Wirkfaktoren der Verständnisklärung 193
- 7.4 Kooperationsbezogene Anforderungen 196
  - 7.4.1 Verständnisklärung: Kooperation 196
  - 7.4.2 Synergie als Aufgabe 218
  - 7.4.3 Konkurrenz als Teil von Kooperation 227
- 7.5 Organisationsbezogene Anforderungen 240
  - 7.5.1 Organisationsstruktur als regulativer Rahmen von Kooperation 240
  - 7.5.2 Organisationsstrategie als Einflussfaktor von Kooperation 260
  - 7.5.3 Organisationskultur als Herausforderung für Kooperation 276

8. Zusammenschau: Empiriebasierte Anforderungsanalyse 283

9. Fazit 291
- 9.1 Reflexion und Bewertung der Ergebnisse 292
- 9.2 Ausblick 295

Literaturverzeichnis 299
Gesetzesgrundlagen 314
Internetquellen 315
Graue Literatur 316

Abbildungsverzeichnis

Abbildung 1: Schematische Darstellung des Aufbaus der Studie 21
Abbildung 2: Erweitertes Lernverständnis 30
Abbildung 3: Begriffs-Assoziationen zu One-Stop Shop 75
Abbildung 4: Prägnante Kooperationsmerkmale von Bildungs- und Kulturzentren 81
Abbildung 5: Steuerungsprozesse von Kooperation 113
Abbildung 6: Organisationstheoretische Ansätze 123
Abbildung 7: Theoriebasierte Taxonomie kooperativer Anforderungen 140
Abbildung 8: Darstellung der empirischen Ergebnisse 161
Abbildung 9: Einfluss- und Wirkfaktoren der Begriffsklärung 194
Abbildung 10: Absolute Häufigkeiten der Nennungen zur Kategorie ‚Kooperationszwecke' 211
Abbildung 11: Personengruppenbezogene Nennungen zur Kategorie ‚Kooperationszwecke' (Relative Häufigkeiten) 213
Abbildung 12: Bedeutung und Wirkung von Konkurrenzanlässen und Umgangsweisen 238
Abbildung 13: Das Spannungsfeld Inter-Organisations-Kulturalität 281
Abbildung 14: Empiriebasierte Taxonomie kooperativer Anforderungen 283

Tabellenverzeichnis

Tabelle 1:	Bildungspolitische Zielsetzungen von Kooperation	24
Tabelle 2:	Veränderungsanforderungen und Kooperationsperspektiven	38
Tabelle 3:	Kooperationstypen und beispielhafte Kooperationsmodelle	49
Tabelle 4:	Steuerungsstrukturen (Quelle: Stang 2011, 20)	111
Tabelle 5:	Perspektiven des sozialen Systems	151
Tabelle 6:	Kategorien des Interviewleitfadens und erhoffter Erkenntnisgewinn	154
Tabelle 7:	Analyse von Ziel- und Risikodarstellungen	175
Tabelle 8:	Kooperationsebene und Kooperationshandeln der unterschiedlichen Personalgruppen	216
Tabelle 9:	Antinomische Thematisierungsformen von Synergie	222
Tabelle 10:	Zusammenhänge zwischen Umgangsweisen und Konkurrenzanlässen	232
Tabelle 11:	Instrumente einer formalen Kommunikationslogik auf Ebene der Bildungs- und Kulturzentren	247
Tabelle 12:	Instrumente einer formalen Kommunikationslogik auf Leitungsebene	248
Tabelle 13:	Instrumente einer formalen Kommunikationslogik auf Einrichtungsebene der Volkshochschulen	248
Tabelle 14:	Antinomien der Aufbau- und Ablauforganisation	253
Tabelle 15:	Antinomien einer ergebnisorientierten Organisationsstrategie	268

1. Einleitung

1.1 Ausgangslage und Erkenntnisinteresse

> *„Es wäre natürlich optimal, wenn man das alles unter einem Dach vereinen könnte" erträumt sich ein Volkshochschulleiter in einer Kreisstadt und formuliert den Wunsch nach einer Volkshochschule mit „Aufenthaltsmöglichkeiten, die den Geist einer Volkshochschule als ‚Ort der Begegnung' prägten, um Gleichgesinnte zu treffen und sich auch mal länger, das heißt jenseits der Kurse, auszutauschen" (vgl. Reichert 2010).*

Das Wunschdenken des Volkshochschulleiters spiegelt das aktuelle Selbstverständnis vieler Volkshochschulen wider: Neben dem traditionellen ‚Kursgeschäft' betonen Volkshochschulen zunehmend ihre Funktion als Treffpunkt und erweitern ihr Aufgabenfeld mit Angeboten der Lernberatung, Unterstützungsformen des selbstgesteuerten Lernens und Plattformen für bürgerschaftliches Engagement (vgl. Hummer 2007, 2 und Schneider/Brandt 2005). Die Standortrealität vieler Volkshochschulen lässt jedoch die Verwirklichung eines lebendigen und vielseitig nutzbaren Bildungshauses nicht zu: Häufig findet ein Großteil der Kurse dezentral in Schulen, Turnhallen und Gemeindesälen statt. Die meist separat untergebrachten Büro- und Verwaltungsräume der Volkshochschulen erschweren den Kontakt zwischen hauptberuflich Angestellten und nebenberuflich arbeitenden Kursleitungen sowie Teilnehmenden und vermitteln eher die Atmosphäre eines städtischen Amtes als die eines zentralen Ortes der Begegnung und des Austausches. So wird der Ruf nach neuen Volkshochschulhäusern lauter (vgl. Reichert 2010). Aus Sicht der Städte und Kommunen handelt es sich jedoch bei einrichtungsspezifischen Um- oder Neubauten um kostspielige Unterfangen, weshalb es mancherorts zu Lösungsmaßnahmen unter besonderen Bedingungen kommt: Mehrere städtische und kommunale Einrichtungen werden in Neu- oder Umbauten zu einem Zentrum zusammengeschlossen. Diese somit entstandenen Bildungs- und Kulturzentren[1], die sich als räumliche Zusammenschlüsse z.B.

---

[1] Die exemplarische Vorstellung solcher Zentren, eine Abgrenzung zu anderen Formen kooperativer Zusammenarbeit sowie eine nähere terminologische Auseinandersetzung erfolgen in Kapitel 3.

zwischen Volkshochschulen, Bibliotheken, Kulturämtern, Museen, aber auch Serviceeinrichtungen, Vereinen und Initiativen beschreiben lassen, stehen im Fokus der vorliegenden Studie. Ausgehend von der Grundannahme, dass sich an die räumlich-integrierten Einrichtungen bildungs- und kommunalpolitische Postulate der Zusammenarbeit stellen, bilden kooperative Anforderungen den expliziten Bezugsrahmen der Untersuchung. Denn Forderungen nach kooperativen Bildungsstrukturen haben in Deutschland eine langjährige Tradition, wenn auch mit unterschiedlichen Zielperspektiven. Während 1960 die programmatische Erweiterung des Erziehungs- und Bildungswesens im Vordergrund der Kooperationsdiskurse steht, wird wenige Jahre später angestrebt, den „Wildwuchs" (vgl. Kultusministerium Baden-Württemberg 1968, 7) von unterschiedlichen Bildungsanbietern zu systematisieren und zu ökonomisieren. Der in den 1970ern von der Bildungskommission des Deutschen Bildungsrates vorgelegte Strukturplan unterstützt das Ziel der Schaffung eines Weiterbildungsbereichs als vierte Säule des Bildungssystems (vgl. Deutscher Bildungsrat 1972, 197ff.). Mit der Hinwendung zum lebenslangen Lernen und mit der Entwicklung von bildungspolitischen Förderprogrammen zur Unterstützung regionaler Netzwerke und Kooperationen steht nicht mehr die Systematisierung institutioneller Strukturen im Vordergrund, sondern vielmehr die bereichsübergreifende Öffnung und die programmatische Erweiterung sowie die strukturelle Innovation des Weiterbildungsbereichs auf regionaler Ebene (vgl. Dollhausen/Feld 2010, 25). Diese zuletzt genannte Zielperspektive ließe sich auch innerhalb von städtischen Bildungs- und Kulturzentren verwirklichen und wird, zumindest auf der konzeptionellen Ebene, angestrebt.[2] Doch sowohl die Untersuchung von historischen Beispielen (vgl. Pöggeler 1959) als auch von aktuell entstandenen Bildungs- und Kulturzentren (vgl. Stang/ Irschlinger 2005; Stang 2011) lassen Rückschlüsse darauf zu, dass Kooperationsversuche auf der organisatorischen und inhaltlichen Ebene häufig fehlen oder als unzureichend eingeschätzt werden und daher eher von Mehrzweckgebäuden als von innovativen, kooperativ ausgerichteten Bildungs- und Kulturzentren gesprochen werden kann. So gestaltet sich die konkrete Umsetzung von kooperativen Bildungsarrangements in der Praxis als schwierig, obwohl Zuschreibungen eines hohen Problemlösungspotenzials und vielfältige Ausführungen über Gelingensfaktoren von Kooperation vorliegen (vgl. Bienzle 2010, 35f.; Field 2008, 42f.; Tippelt 1996, 156f.). Keim u.a. (1973) bemängeln eine nichtfunktionale Kooperation im Weiterbildungsbereich genauso wie Jütte (2002, 14), der feststellt, dass Einrichtungen der Weiterbildung „nicht so optimal kooperieren,

---

2   Vgl. hierzu den Konzeptentwurf der Stadtverwaltung Unna (o.J.). Zwischen Sinnenreich und Cyberspace. Teil I. Hier wird unter kooperationsbezogenen Gesichtspunkten die Zusammenlegung von Bildungs- und Kultureinrichtungen begründet.

1.1 Ausgangslage und Erkenntnisinteresse

wie es die gemeinsame Aufgabe erfordert".[3] Trotz des aktuellen Trends der Weiterbildungsforschung, sich mit Netzwerk- und Kooperationsthematiken auseinanderzusetzen (vgl. Nuissl 2010a), bleiben zentrale Fragen weitgehend offen und werden vielfach als erwachsenenpädagogisches Desiderat aufgeführt (vgl. Dollhausen/Feld 2010, 25; Schütz/Reupold 2010, 32; Stang 2010b, 40; Jütte 2002, 14): Wie kann Kooperationsbereitschaft realisiert werden, wie lassen sich Möglichkeiten der Zusammenarbeit entwickeln und organisieren, und welchen Umgang finden Weiterbildungseinrichtungen mit bildungspolitischen Kooperationspostulaten? Unter der These, dass sich mit der räumlichen Zentrierung mehrerer Bildungs-, Kultur- und Serviceeinrichtungen bestimmte organisationale und kooperative Herausforderungen stellen, wird dieses Desiderat sozusagen in einer ‚Auseinandersetzung mit der Zusammenlegung' aus der Perspektive von Volkshochschulen für diese spezifische Kooperationsform, die bisher noch wenig untersucht worden ist, empirisch erforscht.[4]

Volkshochschulen rücken in dieser Studie über Bildungs- und Kulturzentren deshalb in den Mittelpunkt, da sie strukturelle Merkmale und Charakteristika aufweisen, die sie als geeignete Kooperationspartner und -initiatoren kennzeichnen (vgl. Gnahs/Dollhausen 2006). Volkshochschulen sind bundesweit vertreten, regional verankert, kennen die Gegebenheiten, Besonderheiten und Zuständigkeiten vor Ort und sind somit in der Lage, Verbindungen zu Politik, Wirtschaft und Kultur sowie zu anderen Bildungsbereichen zu initiieren und sektorenübergreifend zu kooperieren. Ebenfalls sind die Orientierung an einem ganzheitlichen Bildungsauftrag und einer breiten Zielgruppe, das fachlich vielseitige Spektrum, die personelle Kompetenz und der große Bekanntheitsgrad in der Bevölkerung wesentliche Vorteile bei der Einschätzung und der Überzeugung von Kooperationspartnern und -potenzialen. Als langjährig bestehende Einrichtungen der Erwachsenenbildung bilden Volkshochschulen eine anerkannte Institution des Bildungssektors und genießen eine breite Akzeptanz unter Bildungsanbietern und der Teilnehmerschaft.[5] Die Bedeutung von Volkshochschulen lässt sich des Weiteren quantitativ begründen: Volkshochschulen nehmen mit knapp 1.000 Einrichtungen und ca. 3.072 Außenstellen einen großen Anteil unter den Weiter-

---

3   Nicht zu Unrecht zählt Faulstich (2010, 43) den Kooperationsbegriff zu den „Wärmemetaphern" der Weiterbildungsdiskussion und mahnt eine kritische Betrachtungsweise an.
4   Eine empirische Studie zu Bildungs- und Kulturzentren findet sich zum Zeitpunkt der vorliegenden Untersuchung lediglich bei Stang (2011).
5   Volkshochschulen sind erstmals 1919 im Rahmen der Förderung des Volksbildungswesens in der Weimarer Verfassung gesetzlich verankert worden. Dieser Verrechtlichung geht jedoch bereits eine lange Tradition von volksaufklärerischer und volksbildnerischer Tätigkeiten voraus. Ausführlicher zur Geschichte der Volkshochschule und des Volksbildungswesens: Tietgens 2009, Seitter 2007 oder Olbrich 2001. Zur Entwicklung der Volkshochschulen während der DDR empfiehlt sich Opelt 2003.

bildungsanbietern ein und prägen die Bildungslandschaft (vgl. Huntemann/ Reichart 2011). Die vorliegende Untersuchung nimmt Volkshochschulen insbesondere unter der Perspektive des organisationalen Wandels in den Blick und verbindet die Thematisierung organisationaler Veränderungsprozesse mit Gegebenheiten oder Notwendigkeiten von Kooperation und Vernetzung. So nimmt Zech (2008a, 1) beispielsweise die Perspektive ein, dass für Volkshochschulen eine organisationsbezogene Systemveränderung feststellbar sei:

> „Volkshochschulen fusionieren in letzter Zeit nicht nur vereinzelt, sondern in nennenswertem Umfang. Volkshochschulen werden von Ämtern in Eigenbetriebe und gGmbHs umgewandelt. Volkshochschulen werden mit Musikschulen und Bibliotheken zu Zentren für Bildung und Kultur o.ä. zusammen gefasst."

Teilweise ist die Aussage einzuschränken, da Fusionen von Volkshochschulen empirisch nicht im „nennenswerten Umfang" stattfinden, so waren es 2008 lediglich sieben Fusionen bei einer Gesamtzahl von 957 Einrichtungen (Reichart/Huntemann 2009, 8). Dennoch entspricht die inhaltliche Konnotation von Zech der aktuellen Diskussion in der Weiterbildung. Somit steht die Organisationsfrage von Weiterbildungseinrichtungen im Vordergrund des Forschungsinteresses, und nicht die Frage nach Angebotsausrichtungen oder Teilnehmerorientierung.[6] Folglich kann mit Schäffter (2003a, 59f.) argumentiert werden, dass sich nach der realistischen und der reflexiven Wende sich aktuell eine „organisationsbezogene Wende" in der Erwachsenenbildung andeutet. Diese verweist darauf, dass sich an der Organisationsfrage „zukünftig Bestandserhalt und Zukunftsfähigkeit" (ebd., 60) von Volkshochschulen entscheiden. Diese Verlagerung des erwachsenenpädagogischen Fachdiskurses lenkt den Blick auf virulente, also den institutionellen Bestandserhalt betreffende organisationale Fragen. So betonen auch Leinweber und Lipps (2010, 42):

> „Es ist ein alltagsrelevanter und essentieller Unterschied, ob zwei oder vier Einrichtungen lediglich kooperieren – oder ob sie sich als zwei oder vier Abteilungen derselben Firma unter dem einen Dach verstehen."

Die hier angesprochenen alltagsrelevanten und essentiellen Unterschiede stehen entsprechend im Mittelpunkt der Auseinandersetzung um Bildungs- und Kulturzentren. Folgende Fragestellung ist für das Forschungsinteresse leitend: *Welche*

---

6 Es soll also nicht darum gehen, im Sinne einer Lernortforschung den Teilnehmernutzen von integrativen Lernortkonzepten bzw. die Perspektiven für eine veränderte Lernkultur zu eruieren (vgl. Stang/Hesse 2006) oder auf dem Gebiet der erwachsenenpädagogischen Bildungsraumforschung die raumdidaktische Wirkung von Bildungs- und Kulturzentren aus Teilnehmerperspektive zu erforschen (vgl. Rätzel 2006 und Fell 2009).

1.1 Ausgangslage und Erkenntnisinteresse

kooperativen Anforderungen stellen sich aus Sicht von Volkshochschulen in Bildungs- und Kulturzentren und welche Umgangsformen lassen sich ableiten? Zur Beantwortung der Fragestellung wird keine bildungspolitische Debatte über die Notwendigkeit von kooperativen Institutionalformen geführt, stattdessen wird die kooperative Ausrichtung von Bildungs- und Kulturzentren vorausgesetzt. Kooperation wird als neutrale Auswertungskategorie verstanden, die über die Analyse von Anforderungen und Umgangsformen gefüllt und ausdifferenziert wird. Diese offene Herangehensweise ermöglicht es, Kooperation nicht per se normativ positiv zu besetzen, sondern über Einschätzungen, Sichtweisen, Einstellungen und Wahrnehmungen von Volkshochschulakteuren die Bedeutung von Bildungs- und Kulturzentren zu klären und diese beschreibbar zu machen. Ebenfalls können das Kooperationsverständnis und -handeln der Volkshochschulakteure rekonstruiert, Herausforderungen und Chancen aufgezeigt sowie Reaktionsoptionen verdeutlicht werden. Das Ziel der Studie liegt vorrangig in einer beschreibend-rekonstruktiven Bestandsaufnahme und Reflexion der aktuellen kooperativen Gegebenheiten von Volkshochschulen in Bildungs- und Kulturzentren. Weiterführende Perspektiven, die Hinweise auf Gelingensbedingungen und Optimierungsbedarfe geben, schließen sich daran an, stehen jedoch nicht im Zentrum des Buches.

Der qualitativ-empirischen Untersuchung liegt die sozialkonstruktivistische Annahme zu Grunde, dass Organisationen keine objektiv fassbaren Gebilde sind, sondern sich als sozial konstruiert verstehen lassen (vgl. Berger/Luckmann 2000). Der organisationale Innenblick erfolgt dabei über 23 Leitfadeninterviews, die auf allen Personalebenen – Verwaltung, Kursleitung, Fachbereichsleitung und Leitung – von zwei Volkshochschulen, die jeweils Teil eines Bildungs- und Kulturzentrums sind, geführt werden. Zusätzlich wird schriftliches Material miteinbezogen, um die sachliche Ausgangslage und Rahmenbedingungen der beiden Volkshochschulen und der Bildungs- und Kulturzentren, erläutern zu können. Die Entscheidung für zwei Volkshochschulen ist auf das Anliegen zurückzuführen, die Samplezahl zu erhöhen und nicht darauf, einen Vergleich anzustreben. Ziel der Studie ist es, über den organisationalen Kontext hinweg eine Generalisierungsperspektive anzustreben. So wird davon ausgegangen, dass die individuellen Fälle Verallgemeinerungs- und Transferpotenzial enthalten, um das Typische im Individuellen aufzuzeigen. Die Auswertung des Datenmaterials findet schwerpunktmäßig über eine themenzentrierte, also kategorienbasierte Inhaltsanalyse statt.

Drei Thesen sollen bereits an dieser Stelle aufgestellt werden, um sie im Laufe der Studie erneut aufzugreifen und um sie mit den theoretischen und empirischen Erkenntnissen in Bezug zu setzen.

- Sind Volkshochschulen Teil eines Bildungs- und Kulturzentrums, ist erstens davon auszugehen, dass sie durch die räumliche Nähe zu anderen Einrichtungen, eine veränderte Organisationsform sowie durch Kooperationstätigkeiten in ihren strukturellen, strategischen und kulturellen Ausprägungen beeinflusst und verändert werden.
- Zweitens soll die Ausgangsbehauptung aufgestellt werden, dass die räumliche Zentrierung ein wichtiges Kooperationsmerkmal darstellt und davon auszugehen ist, dass die räumliche Nähe zu anderen Bildungs-, Kultur- und Serviceeinrichtungen das ‚sich-über-den-Weg-laufen' fördert und Möglichkeiten zur Kooperation in Erinnerung ruft. Gleichzeitig besteht die Annahme, dass die räumliche Nähe allein jedoch nicht ausreichend für die Umsetzung gewünschter Kooperationsformen ist.
- Als dritte These wird angeführt, dass sich die organisationale Volkshochschulidentität und Strategien der organisationalen Selbstbehauptung innerhalb eines Bildungs- und Kulturzentrums nicht auflösen, sondern vielmehr der Abgrenzung und Vergewisserung der eigenen Stärken und Kompetenzen dienen. Auf Grundlage dieser These wird immer ein dreifacher organisationaler Blick eingenommen: Die Fokussierung der Volkshochschule als einzelne Einrichtung, das Bildungs- und Kulturzentrum als umfassende Organisation sowie die Kooperationsperspektive als interorganisationale Kategorie.

Die Beantwortung der Fragestellung und die Bearbeitung der Thesen leisten einen Beitrag zur erwachsenenpädagogischen Organisationsforschung, da mit dieser Studie eine organisationsinterne Betrachtung und Beschreibung der institutionellen Gegebenheiten von Kooperation aus Sicht der Volkshochschule stattfindet. So liefert die Untersuchung Hinweise auf die Rolle von Volkshochschulen in Kooperationen, beschreibt den aktuellen Stand von Bildungs- und Kulturzentren als besondere Kooperationsform, nimmt Begriffsschärfungen vor, zeigt organisationsbezogene Theoriebezüge auf, verdeutlicht Kooperationsverständnisse und -vorgehensweisen und macht auf Fragen des Zusammenwirkens von unterschiedlichen Berufsgruppen, Organisationskulturen und -identitäten in Kooperationen aufmerksam. Die Studie trägt somit zur Verständnisbildung von Bildungs-und Kulturzentren bei und bietet eine Wissensgrundlage über die Verfasstheit von Volkshochschulen in solchen Zentren und deren Entwicklungsfähigkeit und -möglichkeit. Die Forschungsergebnisse haben sowohl eine praxisbezogene als auch eine wissenschaftliche Relevanz für die Organisationsbetrachtung von Volkshochschulen, für die Ausgestaltung von kooperativen Bildungsarrangements sowie für weiterführende Themen der Kooperations- und Netzwerkforschung.

1.2 Aufbau der Studie

Der Aufbau der Studie orientiert sich an einem strukturell-individualistischen Erklärungsschema wie es Abraham und Büschges (2009, 80) vorstellen. Mittels eines solchen Schemas lässt sich die Makro- und Mesoebene der Strukturbedingungen mit der Mikroebene des untersuchten organisationalen Kontextes verbinden.

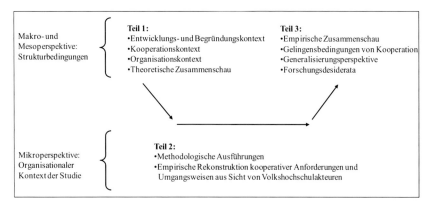

Abbildung 1: Schematische Darstellung des Aufbaus der Studie

In einem ersten Teil des Buches werden kontextbezogene Grundlagen erarbeitet, terminologische Ausdifferenzierungen und Abgrenzungen vorgenommen und theoretische Vorüberlegungen angestellt welche die Basis für die anschließende empirische Untersuchung darstellen. Dazu werden zu Beginn Entwicklungs- und Begründungslinien von kooperativen Bildungsarrangements aufgezeigt (Kapitel 2). Diese verdeutlichen, dass Kooperationen unterschiedlichen Beeinflussungs- und Veränderungslogiken unterliegen, die sich auf der bildungspolitischen, regional-städtischen, gesellschaftlichen und organisationalen Ebene verorten lassen. Darauffolgend werden unterschiedliche Modelle kooperativer Zusammenarbeit vorgestellt, um vor diesem Hintergrund eine Abgrenzung zu Bildungs- und Kulturzentren als integrative und besondere Kooperationsform vornehmen und zu einer klareren Verständnisbildung beitragen zu können (Kapitel 3). Eine daran anschließende organisationstheoretische Annäherung verdeutlicht zum einen volkshochschulspezifische Organisationsmerkmale im Vergleich zu organisationsbezogenen Besonderheiten von Bildungs- und Kulturzentren und macht zum anderen auf kooperationsbezogene organisationale Anforderungen aufmerksam (Kapitel 4). Die Erkenntnisse des ersten Teils münden in eine theoriebasierte

Anforderungsanalyse, auf deren Grundlage sich die Thesen der Studie messen, Leitfragen für die Interviews entwickeln und Kategorien für die Auswertung des empirischen Materials bilden lassen (Kapitel 5).

Im zweiten Teil des Buches steht die empirische Untersuchung im Mittelpunkt. In einem methodologischen Kapitel wird zunächst die qualitative Anlage der Studie begründet, die kriterienbasierte Festlegung des Untersuchungsgegenstandes vorgestellt, die Felderschließung beschrieben sowie das Erhebungs- und Auswertungsverfahren erläutert (Kapitel 6). Die daran anschließende Darstellung der Auswertungsergebnisse zielt auf die Rekonstruktion von kooperativen Anforderungen ab, die sich aus Sicht der befragten Volkshochschulakteure in Bildungs- und Kulturzentren stellen; weiterhin können empirisch mögliche Umgangsformen für diese Anforderungen aus dem Interviewmaterial generiert werden (Kapitel 7).

Im dritten Teil des Buches findet eine empirische Zusammenschau statt, die an die theoriebasierte Anforderungsanalyse anknüpft, diese jedoch ergänzt und präzisiert (Kapitel 8). Schließlich stellt ein übergreifendes Fazit die Relevanz der leitenden Fragestellung vor dem Hintergrund der gewonnen Erkenntnisse heraus und fasst die wesentlichen Ergebnisse der theorie- und empiriebezogenen Forschung zusammen (Kapitel 9). Dabei können Faktoren isoliert werden, die die Wahrscheinlichkeit einer gelingenden Kooperationsstrategie in Bildungs- und Kulturzentren begünstigen und die unter einer generalisierenden Perspektive auch für andere Kooperationskontexte von Bedeutung sind. Ein Ausblick am Ende der Studie macht den Themenkomplex anschlussfähig für weiterführende Fragen der Erziehungswissenschaft und der Weiterbildungspraxis und verweist auf Forschungsdesiderate, die sich im Zusammenhang der vorliegenden Erkenntnisse ergeben.

Das Forschungsprojekt ließ sich nur durch die aktive Mitwirkung der Volkshochschulen der Stadt Unna und der Stadt Chemnitz realisieren. An dieser Stelle möchte ich mich ausdrücklich bei den Volkshochschulleiterinnen Frau Rita Weißenberg und Frau Heike Richter-Beese sowie bei allen Mitarbeiterinnen und Mitarbeitern der beiden Einrichtungen für ihre Beteiligung und ihr Vertrauen bedanken. Ihre Bereitschaft, sich auf die Untersuchung einzulassen, ihre Erfahrungen offen zu kommunizieren und mich bei allen Fragen zu unterstützen, hat dieses Vorhaben erst möglich gemacht.

2. Entwicklungs- und Begründungslinien von kooperativen Bildungsarrangements

Wie einleitend angedeutet stellen kooperative Organisationsformen im Bildungsbereich keinen aktuellen Wandel dar. In der Tat lässt sich die Entstehung kooperativer Bildungsarrangements über mehrere, teilweise langjährig zurückliegende, Entwicklungs- und Begründungslinien nachvollziehen, die im Folgenden in drei Unterkapitel zusammengefasst sind. So kann Kooperation erstens als bildungspolitisches Postulat begriffen werden. Zweitens gibt eine regional- bzw. städteplanerische Perspektive Einblicke in die steuerungs- und wirtschaftsstrategische Relevanz von Kooperationen. Und drittens kann Kooperation ebenso als Strategie der Organisationsentwicklung von Weiterbildungseinrichtungen selbst verstanden werden.

2.1 Kooperation als bildungspolitisches Postulat[7]

Bildungspolitische Forderungen nach kooperativen Organisationsformen im Bildungssystem haben in Deutschland eine lange Tradition und werden von verschiedenen Akteursgruppen mit unterschiedlicher Relevanz und Resonanz ausgesprochen. So reicht die Spannbreite der im Folgenden aufgeführten Postulate von unverbindlichen Empfehlungen wissenschaftlicher Gremien, über Gutachten politisch-legitimierter Planungskommissionen bis hin zu Festlegungen von Entscheidungsinstanzen auf Länder-, Bundes- und Europaebene. Dieses Akteursspektrum begründet u.a. die Realisierung oder Nicht-Realisierung kooperativer Zielsetzungen. Anhand der hier vorgestellten zentralen bildungspolitischer Dokumente wird darüber hinaus deutlich, dass sich die Zielsetzungen mit den Jahren verändert haben.

---

7 Vgl. hierzu in Teilen Dollhausen/Mickler (2012, 13ff.) und Mickler (2013, 111f.).

Zeitraum	Bildungspolitische Dokumente	Kooperationszielsetzung
1960	DEUTSCHER AUSSCHUSS FÜR DAS ERZIEHUNGS- UND BILDUNGSWESEN (1960): Zur Situation und Aufgabe der deutschen Erwachsenenbildung	Programmatische Erweiterung
Übergang 1960er und 1970er	KULTUSMINISTERIUM BADEN-WÜRTTEMBERG/ ARBEITSKREIS ERWACHSENENBILDUNG (1968): Gesamtplan für ein kooperatives System der Erwachsenenbildung; DEUTSCHER BILDUNGSRAT/ BILDUNGSKOMMISSION (1972): Strukturplan für das Bildungswesen	Systematisierung und Ökonomisierung des Bildungswesens
1980er/ 90er	BUNDESMINISTERIUM FÜR BILDUNG UND WISSENSCHAFT (BMBW) (1991): Berufsbildungsbericht 1991.	Marktwirtschaftliche Wettbewerbsorientierung und Selbstregulation
Ab 1990er	KOMMISSION DER EUROPÄISCHEN GEMEINSCHAFTEN (2000): Memorandum über Lebenslanges Lernen; BUND-LÄNDER-KOMMISSION FÜR BILDUNGSPLANUNG UND FORSCHUNGSFÖRDERUNG (2004a): Strategie für Lebenslanges Lernen in der Bundesrepublik Deutschland; BUNDESMINISTERIUM FÜR BILDUNG UND FORSCHUNG (BMBF) (2004): Lernende Regionen – Förderung von Netzwerken: Programmdarstellung	Unterstützung des lebenslangen Lernens durch Öffnung, Innovation und neue Zielsetzungen; Stärkung der Synergieperspektive

Tabelle 1: Bildungspolitische Zielsetzungen von Kooperation

Die unterschiedlichen bildungspolitischen Zielsetzungen von Kooperation werden im Folgenden chronologisch dargestellt.

2.1.1 Programmatische Erweiterung

Ausgangspunkt ist das ‚Gutachten des deutschen Ausschusses für das Erziehungs- und Bildungswesen' von 1960, das „Volkshochschulen eines neuen Typs" (Deutscher Ausschuss für das Erziehungs- und Bildungswesen 1960, 58) fordert. Anlass hierfür ist die Aufforderung, gesellschaftlichen Veränderungen nicht gleichgültig gegenüber zustehen, sondern auf veränderte Bedingungen und wechselnde Problematiken zu reagieren, um weiterhin einem ganzheitlichen und öffentlichen Bildungsauftrag gerecht zu werden (ebd. 57). Keim u.a. (1973, 108)

2.1 Kooperation als bildungspolitisches Postulat

verstehen den beschriebenen neuen Typ als „Kooperationszentrum", da die Volkshochschule die ihr aufgetragenen Aufgaben nicht allein meistern soll, sondern in Zusammenarbeit mit unterschiedlichen Trägern, deren Einrichtungen sowie anderen öffentlichen Organisationen, wie z.B. Berufs-, Sozialverbänden und Verwaltungsinstitutionen vor Ort. Dieser neue Volkshochschultyp zeichnet sich zudem durch eigene Räumlichkeiten[8] sowie durch Vielseitigkeit aus, die eine Abwendung vom damals klassischen Vortragswesen hin zu einem neuartigen Stil der Erwachsenenbildung beinhaltet, der sowohl Gruppenlernen in Kursen als auch gesellige Veranstaltungen, Feste, Fahrten und Reisen berücksichtigen soll (vgl. ebd. 59f.).

2.1.2 Systematisierung und Ökonomisierung des Bildungswesens

Wenige Jahre später werden im baden-württembergischen ‚Gesamtplan für ein kooperatives System der Erwachsenenbildung' die Forderungen nach mehr Zusammenarbeit im Bildungssystem aufgegriffen, um für eine verstärkte Systematisierung und gleichzeitige Ökonomisierung zu plädieren. Der Pluralismus[9] des Weiterbildungssystems wird als luxuriös empfunden und als „Wildwuchs von vielfach sich durchkreuzenden Unternehmungen" (Kultusministerium Baden-Württemberg 1968, 7 und 22) bezeichnet. Die so drastisch beschriebene Situation des Bildungsbereichs wird als wesentlicher Grund für die Verhinderung eines optimalen Bildungseffekts und die Verschleierung der Bedeutung von Erwachsenenbildung angeführt. Somit sieht der Gesamtplan eine Neuordnung der Erwachsenenbildung vor, indem Bildungsorganisationen selbst verlässliche Kooperationsformen innerhalb des gesamten Bildungswesens entwickeln sollen. Dabei wird jedoch davor gewarnt, die kooperative Aufgabe als Selbstläufer zu betrachten:

„Für eine solche Zusammenarbeit reicht allerdings der gute Wille der Beteiligten allein nicht aus. Es wird vielmehr darauf ankommen, sich über eine rationale Arbeitsteilung, über gemeinsame methodische Richtlinien und über verbindliche Qualitätsmaßstäbe zu einigen." (Kultusministerium Baden-Württemberg 1968, 122)

---

8 Ende der 1950er verfügen nur etwa 5% aller Erwachsenenbildungseinrichtungen über eigene Einrichtungen (vgl. Pöggeler 1959, 12). Der Großteil ist auf die Benutzung von Schulen, Gemeindesälen oder Jugendheime angewiesen – ein historisch-verwurzeltes Phänomen, das auch heute noch für viele Volkshochschulen gilt.

9 Vgl. Schrader (2010b, 239f.): Der ‚Pluralismus' bzw. die plurale Trägerstruktur beschreibt die institutionelle Heterogenität von Weiterbildung bezogen auf Träger, Verbände und Einrichtungen mit ihren je spezifischen (Organisations-)Strukturen, weltanschaulichen Positionen, Inhaltsgestaltungen, Rechtsformen und Größen.

Es soll jedoch nicht darum gehen, den „wünschenswerten und stimulierenden Wettbewerb zwischen den verschiedenen Organisationen und Verbänden einzuschränken" (ebd., 105). Konkurrenzen, insofern sie produktiv sind, sollen demnach erhalten bleiben. Gleichwohl zielen die Empfehlungen auf die Überwindung der Grenzen zwischen Schule, Hochschule und Erwachsenenbildung ab und sprechen sich beispielsweise für die Planung von Zentren der Erwachsenenbildung aus. Besonders die Kooperation zwischen Erwachsenenbildungseinrichtungen und Bibliotheken wird an dieser Stelle hervorgehoben (ebd. 101). Bildungszentren werden verstanden als die „(...) Zusammenfassung schulischer Einrichtungen mit Einrichtungen der Erwachsenenbildung und des Bibliothekswesens, wobei an eine räumliche als auch organisatorisch institutionelle Verbindung gedacht ist" (Knoll, 1972, 19). Zentralisierte kooperative Organisationsformen werden als notwendige, an die gewandelten Bedürfnisse angepasste Weiterentwicklung und Öffnung von formalen Bildungseinrichtungen verstanden, welche stark an die aktuellen Formen der Bildungs- und Kulturzentren, die in dieser Studie untersucht werden, erinnern:

> „Begreifen wir das, was wir hier diskutieren, doch einmal theoretisch als die neuen Marktplätze unserer Städte, Zentren einer Gesellschaft, deren Bedürfnisse sich gewandelt haben von der bloßen Befriedigung des Bedarfs an Nahrungsmittel und üblichen Konsumartikeln hin zu Wissen, das ja heute genau so relativiert wurde wie einst die Dinge des täglichen Bedarfs. Wissen ist täglicher Bedarf geworden, der sich fast genauso schnell überholt – oder genauer – einen Teil seines Wertes verliert – wie die Marktwaren. Die neuen Bildungszentren sollten wir auch unter diesem Aspekt sehen." (Branner zit.nach Morneweg 1973, 38f.)

Volkshochschulen wie auch andere Einrichtungen der Erwachsenenbildung erfahren in dieser Zeit der 1960er und 1970er Jahre u.a. auf Grund bildungspolitischer Aufforderungen zur Kooperation einen deutlichen Aufmerksamkeits- und Institutionalisierungsschub.[10]

Anfang der 1970er formuliert der Deutsche Bildungsrat einen Strukturplan für das deutsche Bildungswesen und greift das Kooperationspostulat der vergangenen Dokumente auf, um eine Neuordnung des Bildungswesens zu fördern, ohne jedoch die plurale Trägerstruktur in Frage zu stellen. Die Schaffung eines Weiterbildungssystems als vierte Säule des Bildungssystems steht als wesentliches Ziel im Vordergrund und soll u.a. durch kooperatives Handeln erreicht werden. Insbesondere sollen allgemeine und berufliche Weiterbildung zusammengeführt sowie Überschneidungen und Lücken im Gesamtbildungsangebot

---

10 Vergleiche hierzu auch die erste Empfehlung zur Erwachsenenbildung der Kultusministerkonferenz im Jahre 1964, die die intensivere Förderung der Institutionen der Erwachsenenbildung fordert (vgl. KMK 2001, 3).

2.1 Kooperation als bildungspolitisches Postulat

vermieden werden (vgl. Deutscher Bildungsrat 1972, 17 und 210). So wird ein Postulat hinsichtlich des Zusammenwirkens unterschiedlicher Bereiche der Weiterbildung formuliert:

> „Wie in kaum einem anderen Bereich des Bildungswesens müssen staatliche, kommunale und private Träger zur Verbreiterung und Verbesserung des Bildungsangebotes zusammenwirken." (Deutscher Bildungsrat 1972, 200)

Durch eine derartige Koordinierung erhofft man sich eine Effektivitätssteigerung im Bildungssystem und obendrein, dem Ordnungsinteresse der öffentlichen Hand Geltung zu verschaffen. Denn Weiterbildungsteilnehmende und -interessenten stehen einem breiten Angebotsspektrum gegenüber, das – so die weitverbreitete Annahme – sie mangels Übersichtlichkeit und Transparenz überfordert. So beschreibt auch Geil (1982, 69) Kooperation als das wesentliche Strukturelement eines plural angelegten Weiterbildungssystems.[11]

2.1.3 Marktwirtschaftliche Wettbewerbsorientierung und Selbstregulation

Ende der 1980er bis Anfang der 1990er Jahren ändert sich die bildungspolitische Überzeugung, dass Weiterbildung vorrangig in der öffentlichen Verantwortung liege und überwiegend staatlich zu fördern, zu koordinieren und zu regulieren sei. Analog zur zunehmenden Zurückhaltung der Förderungen durch die öffentliche Hand, liegen für diesen Zeitraum kaum bildungspolitische Dokumente zur Weiterbildung vor.[12] Hinweise für eine zunehmend marktwirtschaftliche Orientierung finden sich jedoch im Berufsbildungsbericht von 1991 (BMBW 1991,

---

11   Als Folge der bildungspolitischen Überlegungen und Empfehlungen der 1960er und 1970er Jahre werden Weiterbildungsgesetze in den Bundesländern verabschiedet, die u.a. Volkshochschulen auf Länderebene explizit und implizit rechtlich verankern und Weiterbildung als kommunale Pflichtaufgabe festlegen. Fast alle Ländergesetze zur Weiterbildung greifen im Laufe der Jahre strukturpolitische Aufforderungen zu mehr Kooperation im Sinne einer Systematisierung der Weiterbildungslandschaft auf (vgl. Nuissl 2000, 94). Zur Förderung der Zusammenarbeit werden im Bereich der Erwachsenen- und Weiterbildung sogenannte Landeskuratorien, Kooperationsgremien, -beiräte oder -ausschüsse geschaffen und gesetzlich verankert. Arnold und Lehmann (1996, 21) kritisieren diese Kooperationsgremien jedoch, wenn sie feststellen, dass diese verstärkt auf Politikberatung und die Verteilung der Finanzmittel ausgerichtet sind und weniger auf die inhaltliche und didaktische Koordination zwischen einzelnen Bildungseinrichtungen und Angeboten.

12   Deutlich wird dies am Beispiel der Empfehlungen der Kultusministerkonferenz zur Weiterbildung, die sich u.a. das wesentliche Ziel setzt, die Kooperation von Einrichtungen der Bildung, Kultur und Wissenschaft zu fördern: Nach der ersten Empfehlung von 1964 und der zweiten 1971, erscheint die dritte Empfehlung erst 23 Jahre später im Jahr 1994. Die vierte Empfehlung wiederum zeitnäher in 2001.

3f.), der insbesondere die Entwicklung der beruflichen Bildung in den neuen Bundesländern in den Blick nimmt: Hier wird analog zu den alten Bundesländern die vorrangige Verantwortung für Qualifizierungsmaßnahmen und Berufsbildungsangebote bei der Wirtschaft gesehen. Über eine „Qualifizierungsoffensive" (ebd., 1) soll die Absicherung der nationalen und übernationalen Wettbewerbsfähigkeit angestrebt werden.

Während Jütte (2002, 17) feststellt, dass sich zu diesem Zeitpunkt die Leitvorstellung eines sich selbst regulierenden Weiterbildungsmarkts immer stärker heraus kristallisiert, erkennt Schrader (2010b, 240) in dieser Entwicklung eine Art „Laissez-faire-Pluralismus". Gekennzeichnet ist diese Phase durch eine verstärkt projektförmige und damit abnehmende kontinuierliche öffentliche Förderung weiterbildungsbezogener Einrichtungen und Aufgaben sowie durch eine zunehmend freie marktwirtschaftliche Wettbewerbsorientierung der Weiterbildungseinrichtungen (vgl. hierzu auch Brödel 1997, 160). Unterstellt wird in dieser Sichtweise, dass Einrichtungen der Weiterbildung sich ebenso produkt- und dienstleistungsorientiert ausrichten können wie Unternehmen auf dem freien Markt. Arnold und Lehmann (1996, 20) machen hinsichtlich des relevant werdenden „Markt- und Konkurrenzmodells" jedoch auf die Besonderheit des Weiterbildungsbereichs aufmerksam, da Teilnehmende nicht als konsumierende Kunden zu betrachten sind und Bildung kein ‚Produkt' im herkömmlichen Sinne ist.[13] Trotzdem wird Erwachsenenbildung weiterhin gesteigert unter einer Dienstleistungsperspektive vertreten, wie z.B. von Schlutz (2004, 126) verdeutlicht, da das Handeln von Erwachsenenpädagoginnen und -pädagogen weit über die reine einrichtungs- und teilnehmerbezogene Bildungsarbeit hinaus geht und damit längst nicht mehr ausschließlich als ein Lehr-Lernverhältnis zwischen Lehrenden und Lernenden beschrieben werden kann. Denn gleichzeitig müssen Interessen verschiedenster Anspruchsgruppen, z.B. aus Bildungspolitik, Wirtschaft und Wissenschaft berücksichtigt und bedient werden, um Anerkennung und Bedeutung der Weiterbildung zu erhalten. Darüber hinaus wird mit der zunehmenden Wettbewerbsorientierung und Selbstregulation eine auf diese Weise konkurrenzbedingte Leistungs- und Qualitätsentwicklung der Anbieter verbunden. Kooperative Strategien werden dabei insofern als notwendig betrachtet, als dass eine Ausweitung des „Leistungsspektrums" (ebd., 132) sowie eine Steigerung der „Leistungsfähigkeit des Weiterbildungssystems" (Tippelt 1996, 156) erreicht werden soll, bei gleichzeitiger Vermeidung „ressourcenabsorbierende[r] Konkurrenz" (ebd.). Weiterbildung wird seit diesem Zeitpunkt verstärkt unter

---

13 Vgl. hierzu Möller (2011, 62): „Im Vergleich zu Produkten aus dem Bereich der Konsumgüter weist das Bildungsprodukt folgende Besonderheiten auf. Es ist einmalig, individuell, nicht sichtbar, nicht konsumierbar, situationsabhängig, nicht reklamationsfähig, nicht vorproduzierbar, nicht lagerungsfähig."

2.1 Kooperation als bildungspolitisches Postulat

den Gesichtspunkten der Ressourcenoptimierung, Transparenz, Qualität, Personalqualifizierung und Erfolg bzw. Passung bewertet, welche u.a. über kooperative Strukturen entwickelt und gestärkt werden sollen (vgl. Faulstich/Teichler 1991, III und 85ff.). Diese Ausrichtung findet sich in späteren bildungspolitischen Dokumenten wieder, wenn klargestellt wird, dass die Pluralität der Bildungseinrichtungen in öffentlicher Verantwortung durch Kooperation effizienter gestaltet werden sollen und die Förderung durch die öffentliche Hand teilweise von der Bereitschaft zur Kooperation abhängig gemacht wird (vgl. KMK 1994 und 2001).

2.1.4 Unterstützung des lebenslangen Lernens und Stärkung der Synergieperspektive

Ab den 1990er Jahren wandelt sich die Bedeutung von Kooperation, da sich die Notwendigkeit nicht mehr auf eine verbesserte Koordinierung, Effektivitätssteigerung und die Vermeidung von Doppelangeboten und Überschneidungen bezieht, sondern sich der zunehmend wichtiger werdenden Bildungsprogrammatik und der an Ganzheitlichkeit orientierten Strategie des lebenslangen Lernens zuwendet.[14] Während bildungspolitische Konzepte in den 1970er und 1980er Jahren v.a. Kooperationen der Bildungsträger und -einrichtungen untereinander im Blick hatten, weitet sich im Kontext des lebenslangen Lernens das Spektrum aus, so dass auch Arbeitsmarkt-, Standort-, Wirtschafts-, Kultur- und Regionalpolitik mit einbezogen und somit eine institutions- und bereichsübergreifende Kooperationsform anvisiert wird (vgl. Faulstich 2010, 43). Die systematische Einbindung von relevanten Akteuren des lebenslangen Lernens – also auch außerhalb des (Weiter-)Bildungssystems – dient der Erweiterung von Bildungsmöglichkeiten und der besseren Erreichbarkeit verschiedener Zielgruppen (vgl. Dollhausen/Feld 2010, 24f.). Es geht dabei um die zentrale Frage, „wie das Lernen aller Bürgerinnen und Bürger in allen Lebensphasen und Lebensbereichen, an verschiedenen Lernorten und in vielfältigen Lernformen angeregt und unter-

---

14 Als Leitdokument gilt das „Memorandum über Lebenslangen Lernens" (Europäische Kommission 2000), wobei die Idee ‚lebenslang zu lernen' bereits ab den 1970ern maßgeblich von internationalen Organisationen wie der UNESCO (eher unter einem persönlichkeitsentwickelnden und emanzipatorischen Ansatz) und der OECD (eher unter einem funktional-wirtschaftsbezogen Ansatz) vorangetrieben und bildungspolitisch gesetzt wird (vgl. Brödel 2009). Die Europäische Union ruft 1996 das ‚Jahr des Lebenslangen Lernens' aus. In der Folge greift auch Deutschland die Idee als bildungspolitischen Schwerpunkt auf. Die Strategie verortet sich auf regionaler, nationaler und internationaler Ebene (vgl. Dietzen 1998 sowie Buiskool u.a. 2005).

stützt werden kann" (BLK 2004a, 5). Demnach geht es um das Ziel ein erweitertes Verständnis von Lernen weiter zu entwickeln und zu verstetigen.[15]

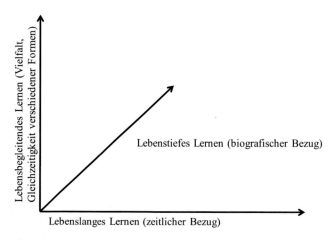

Abbildung 2: Erweitertes Lernverständnis

Neben der zeitlichen Dimension der x-Achse, die der gesamten Lebensspanne fortlaufende Lernprozesse zuspricht, stellt die y-Achse die Dimension der Vielfalt und des Nebeneinanders von Lernbedingungen in den Mittelpunkt. Unterschiedliche Lernkontexte, -felder, -formen und -orte spielen hier unter der Perspektive eines erweiterten Lehr-Lernhorizonts eine Rolle. Die dritte diagonal angelegte Dimension berücksichtigt lebenstiefes Lernen und damit den biografischen Bezug, indem die subjektive Interpretationsleistung der Lernenden im Mittelpunkt steht und Lebensgeschichten zu Lerngeschichten werden. Diese dreifach lernbezogene Erwartungshaltung soll mit einer entsprechenden Weiterbildungsstruktur korrespondieren, die lebensweltnah, flächendeckend, thematisch breit, offen zugänglich, Lebensphasen übergreifend und bezahlbar ist – also eine inklusive und integrative Weiterbildungsbeteiligung ermöglicht. Als wichtige Voraussetzung hierfür wird die Notwendigkeit einer veränderten Infrastruktur erkannt, nicht unbedingt im Sinne neuer Institutionen, aber durch vernetzte und kooperative Organisationsformen, innerhalb derer auch Volkshochschulen als öffentlich finanzierte Weiterbildungseinrichtungen zentraler Bestandteil sind, da sie traditionsgemäß die genannten sozialstaatlichen Ansprüche zu verwirklichen versuchen. Der Zusammenhang zwischen der Bildungsprogrammatik des lebens-

---

15 Wegweisend für die deutsche Bildungspolitik ist hierfür die Einbeziehung des informellen Lernens ab den 1990ern (vgl. Dohmen 1996, 1998 und 2001).

2.1 Kooperation als bildungspolitisches Postulat

langen Lernens und Organisationen wie den Volkshochschulen lässt sich zweifach aufzeigen: Lebenslanges Lernen bildet erstens einen neuen Bezugspunkt, an dem sich Organisationen ausrichten und zweitens wird lebenslanges Lernen über Organisationen vermittelt.

Das richtungsweisende „Memorandum über Lebenslanges Lernen" (2000) der Kommission der europäischen Gemeinschaften macht dabei deutlich, dass „der erfolgreiche Übergang zur wissensbasierten Wirtschaft und Gesellschaft mit einer Orientierung zum lebenslangen Lernen einhergehen muss" und sich damit aber auch „eingefahrene Handlungsmuster" ändern müssen (Europäische Kommission 2000, 3). Hier geht es u.a. um Veränderungen auf institutioneller Ebene, die in Deutschland beispielsweise über die Entwicklung von bildungspolitischen Förderprogrammen zur Unterstützung regionaler Netzwerke und Kooperationen vorangetrieben werden sollen (vgl. BMBF 2004).[16] Über die kooperative und netzwerkförmige Zusammenarbeit möglichst vieler Akteure – und hier spielen Volkshochschulen als Träger, Initiatoren und Koordinatoren eine wichtige Rolle (vgl. Klingebiel 2007, 95f.) – sollen innovative und integrative Maßnahmen im Bildungsbereich hervorgebracht sowie eine regionsbezogene Qualifizierungsstrategie entwickelt und verstetigt werden. Dieses an dynamischeren und an bereichsübergreifenden Problemlagen orientierte neue Kooperationsleitbild des ‚Netzwerks' forciert entsprechend eine Bedeutungsverschiebung hin „zur Öffnung, programmatischer Erweiterung und strukturellen Innovation des Weiterbildungsbereichs" (Dollhausen/Feld 2010, 25), wobei die lokale Selbstorganisation auf regionaler Ebene als Steuerungsform an Relevanz gewinnt.

Zusammengefasst verweisen die aktuellen bildungspolitischen Diskurse (vgl. BMBF 2004, 2008 sowie BLK 2004a) darauf, dass mittels einer Bündelung verschiedener Kompetenzen und Kräfte von Akteuren des Bildungs- und Kultur-

---

16 Zu nennen sind hier das Förderprogramm des Bundesministeriums für Bildung und Forschung „Lernende Regionen – Förderung von Netzwerken" sowie das Programm „Lernen vor Ort" als gemeinsame Initiative des Bundesministeriums für Bildung und Forschung mit deutschen Stiftungen. Außerdem das vom Land Hessen geförderte Projekt des „HessenCampus", in dessen Rahmen am Aufbau von regionalen „Zentren Lebensbegleitenden Lernens" gearbeitet wird. Aktuell befindet sich das kooperativ angelegte Programm „Aufstieg durch Bildung: offene Hochschulen" in der Anfangsphase. Ziel ist es, Angebote der wissenschaftlichen Weiterbildung über dauerhafte Partnerschaften zwischen Wissenschaft und Wirtschaft bzw. Verwaltung zu etablieren (vgl. Homepage BMBF – Offene Hochschule). Die steigende Anzahl solcher bildungspolitischer Förderprogramme wird nicht nur positiv bewertet. So kritisiert beispielsweise Faulstich (1998, 59) ein damit entstehendes „Zuviel an Wandel": „Permanent werden neue Programme angestrengt, neue Konzepte entworfen, neue Modelle angepriesen und neue Projekte aufgelegt." Er befürchtet in der Folge eine zunehmende Instabilität des Weiterbildungssystems.

bereichs, aber auch der Wirtschaft und Politik, komplexe Erwartungen erfüllt werden sollen. Zusammengefasst geht es dabei um:[17]

- die Erhöhung der Wahrnehmung für wechselseitige und vielfältige Bildungsinteressenslagen und Gewährleistung adäquater Reaktionen auf diese;
- die effektive Nutzung von finanziellen, personellen und infrastrukturellen Ressourcen;
- die Verbesserung des Austausches, der Informations- und Beratungsvernetzung durch ausgeweitete Kommunikations- sowie gemeinsame Planungsprozesse;
- die gemeinsame Sicherstellung, Abstimmung, Entwicklung, Durchführung und Qualitätssicherung von Bildungsangeboten.

Obwohl solche Effizienzerwartungen[18] von bildungspolitischen Programmen und Empfehlungen zur Förderung kooperativer Bildungsarrangements im Rahmen des lebenslangen Lernens nicht explizit unter dem Begriff der Synergie zusammen gefasst werden, subsummieren Beiträge der wissenschaftlichen Begleitung und bezugnehmenden Fachliteratur diese Annahmen unter dem Kooperationspostulat ‚Synergie'. So weisen beispielsweise die Teilergebnisse zur Evaluation des Programms ‚Lernende Regionen' darauf hin, dass der Zusammenschluss mehrerer Akteure „die besten Voraussetzungen dafür [bietet], die notwendigen Potenziale zu bündeln, darauf aufbauend Synergien zu entwickeln, um so eine größere und weitreichendere Wirkung zu erzielen, als dies einzeln agierenden Institutionen oder Personen möglich wäre" (Tippelt u.a. 2009, 20). Der Kerngedanke von Synergie, nämlich das „sich gegenseitig fördernde Zusammenwirken verschiedener Kräfte oder Substanzen" (Textor 2002, 329), wird zum einen als wesentliche *Basis für* und zum anderen als besondere *Fähigkeit von* kooperativen Aktivitäten gesehen:

> „Netzwerke sind Innovationsmilieus, deren besondere Fähigkeit in der Schaffung von Synergien besteht, die sich nicht aus den kumulierten Kräften der Beteiligten allein herleiten, sondern ein neues Emergenzniveau erreichen." (Zech 2008a, 13)

---

17 Die folgende Zusammenfassung hat die Autorin bereits an anderer Stelle vorgelegt (vgl. Mickler 2011, 27).
18 Die Kultusministerkonferenz beschreibt in ihrer vierten Empfehlung (2001, 5), dass das „[g]ewachsene Nebeneinander" von Bildungseinrichtungen und „anderer gesellschaftlicher Gruppen (...) durch Kooperation und Vernetzung zunehmend effizienter werden" kann. Interessanterweise wird hier nicht von ‚Effektivität' gesprochen, im Sinne einer qualitätsvollen und wirksamen Zielerreichung, sondern von ‚Effizienz' als Maß für Wirtschaftlichkeit und im Sinne einer Kosten-Nutzen-Relation. Diese Wortwahl führt implizit die Erwartungshaltung mit, dass kooperative Bildungsarrangements zu Arbeitserleichterung und Einsparungen führen.

Gerade aus Sicht der Bildungspolitik eröffnen neue Lernwelten und Lernorte, wie sie z.b. Bildungs- und Kulturzentren darstellen, die Chance, „synergetische Wege des Lernens" (BMBF 2005, 51) zu entwickeln. Kapitelübergreifend wird zum einen deutlich, dass Kooperation als relevantes bildungspolitisches Koordinations- und Steuerungsmodell des Bildungsbereichs über Jahre hinweg etabliert wurde. Zum anderen konnte aufgezeigt werden, dass die kooperativen Konzepte vor 1990 v.a. die Zusammenarbeit von Bildungseinrichtungen untereinander im Blick hatten. Erst später hat sich das Spektrum erweitert, so dass auch arbeitsmarkt-, standort-, wirtschafts-, kultur- und regionalbezogene Aspekte in bildungspolitische Überlegungen zu Kooperationen mit eingeschlossen wurden (vgl. hierzu auch Faulstich 2010, 43).

2.2 Kooperation als regional- und städteplanerische Steuerungs- und Wirtschaftlichkeitsstrategie

Trotz zunehmender Relevanz *globaler* Einflussfaktoren für Gesellschafts-, Wirtschafts- und Lebensbedingungen zeigen regional- und städteplanerische Begründungslinien für kooperative Bildungsarrangements den Bedeutungszuwachs des *lokalen* Raums für bildungsbezogene Entwicklungen auf.

> „In einem ‚Paternoster-Effekt' werden aufwärts internationale Konstellationen, und abwärts regionale Akteure wichtiger." (Faulstich u.a. 2001, 143)

So verdeutlicht dieses Kapitel die Wichtigkeit der Zusammenarbeit lokaler Akteure als Voraussetzung und Ziel regional- und städteplanerischer Steuerung, wirtschaftlicher Gestaltung und weiterbildungsbezogener Strategien.

2.2.1 *Regionalpolitische Begründungslinien für Kooperation*[19]

Das Kooperationsleitbild des ‚regionalen Netzwerks' verweist auf die steigende Relevanz des Regionalisierungsansatzes im Bereich der Weiterbildung (vgl. Gnahs 2004, 194ff.). Die Region ist hierbei wesentliche Rahmenbedingung für die Ausgestaltung und Weiterentwicklung von bildungspolitischen Bezugspunkten. So fördern beispielsweise bildungspolitische Programme den Aufbau von regionalen Netzwerken sowie kooperativen Bildungsarrangements und übernehmen damit auch gewisse Steuerungsaufgaben:

---

19 Teile des Kapitels hat die Autorin bereits an anderer Stelle in ähnlicher Form vorgelegt (vgl. Dollhausen/Mickler 2012, 21ff.).

> „So werden innerhalb der normativen Governance-Tradition Netzwerke als ein spezifisches Steuerungsinstrument diskutiert, das insbesondere in sich zusehends dynamisierenden gesellschaftlichen und wettbewerblichen Umwelten als besonders geeignet erscheint, effiziente Steuerung zu verwirklichen." (Schwarz/Weber 2011, 107)

Die normative Begriffsverwendung von ‚Governance' betont dabei die nichthierarchisch und partizipativ ausgerichteten Strukturen sowie die Schwerpunktlegung auf Eigenverantwortlichkeit, Flexibilität und evaluative Praktiken (ebd., 106f.). Die traditionelle hierarchische Staatsfixierung wird zurückgedrängt zugunsten regionaler Netzwerke und Kooperationen, die sich letztlich dauerhaft selbst tragen sollen. Diesbezüglich steht beispielsweise in der Bekanntmachung der Förderrichtlinien für die Lernenden Regionen:

> „Die Netzwerke sollen grundsätzlich auf Dauer angelegt sein. Die Förderung eines Netzwerks im Rahmen dieses Programms entwickelt sich degressiv, das heißt, die Netzwerke müssen sich frühzeitig, bereits während der Laufzeit der Projektförderung, mit Wegen zu einer langfristigen und dauerhaften Eigenfinanzierung befassen." (BMBF 2001, 9)

Über diese subsidiäre Vorgehensweise übernimmt der Staat nach Schwarz und Weber (2011, 112) eine nicht-direktive und weiche Steuerung. Die Eigenkräfte, also die Selbststeuerung der Region, sollen unterstützt werden, wie auch Weinberg (2004) betont:

> „Gewährt wird eine Teilfinanzierung von Projekten, die von den Regionen entwickelt und anteilig finanziert werden müssen. Durch dieses Dezentralitäts- und Regionalprinzip sollen die vorhandenen Eigenpotenziale politischer Beteiligung und infrastruktureller Ausstattung in den Regionen aktiviert werden und sollen diejenigen Schwerpunkte gesetzt werden, die die in der jeweiligen Region lebenden und agierenden Menschen für vordringlich halten." (ebd., 207)[20]

Regionale Modernisierungs- und Veränderungsprozesse sollen somit durch sich ergänzende Akteure wie z.B. Volkshochschulen, weitere kommunale Weiterbildungseinrichtungen, Arbeitsagenturen, Arbeitgeberverbände, Wirtschaftsunternehmen, Beratungsagenturen, Hochschulen und Einrichtungen des Kulturbereichs, bedarfsbezogen gesteuert werden. Nach Gnahs (1997, 27ff.) und Dobischat/Husemann (2000, 117) stehen dabei zusammengefasst drei wichtige Punkte der Regionalentwicklung im Mittelpunkt der Betrachtung:

---

20 Gleichsam stellt Fürst (2004, 47) fest, dass „mit dem Rückzug des Staates aus regionaler Strukturpolitik und mit der Aufforderung von EU und Staat, die Region möge ihre Entwicklungspfade in die Zukunft selbst definieren und dafür die Kräfte der Selbsthilfe mobilisieren, der Zwang auf die Region erhöht wurde, neue regionale Kooperationsformen zu entwickeln."

- *Strukturwandel und Wirtschaftsförderung der Region:* Ein regional getragenes und vernetztes Weiterbildungssystem konzentriert sich als endogene Entwicklungsstrategie darauf, selbsterzeugtes Wachstum zu fördern sowie vorhandene Weiterbildungs-, Wissens-, und Investitionsressourcen weiterzuentwickeln und zu nutzen, anstatt Kapital, Investition und Wissen zu ‚importieren'.
- *Arbeitsmarktpolitik:* Kooperativ ausgestaltete und problemadäquate Beschäftigungsinitiativen, Selbsthilfeprojekte wie auch Beratungs-, Vermittlungs- und Informationsangebote sind der regionalen Qualifizierungs- und Beschäftigungspolitik dienlich.
- *Standort- und Lebensqualität:* Ein kooperatives Weiterbildungssystem greift weit über wirtschaftliche Aspekte hinaus, wenn durch Vernetzung und Kooperation breite bildungs- und kulturpolitische Angebote sowie infrastrukturelle Neuerungen entstehen und die Region als individueller, identifkationsstiftender und kollektiver Erfahrungsraum wahrgenommen wird.

Bezogen auf Volkshochschulen stellt Gummersbach (2004) fest, dass sie sich zunehmend „als ein wichtiger Partner kommunaler Bildungs-, Weiterbildungs-, aber auch Wirtschaftsförderungspolitik positionieren" (ebd., 201) und durchaus in Kooperation mit anderen Einrichtungen ein kommunales Zentrum für Bildung, Begegnung und Kultur realisieren können. Diese steuerungs- und wirtschaftsstrategischen Funktionen von Volkshochschulen innerhalb kooperativer Organisationsformen haben nicht nur für die Region eine hohe Relevanz, sondern sind auch aus städteplanerischer Perspektive strategisch wichtig, wie im Weiteren dargestellt wird.

2.2.2 Städteplanerische Begründungslinien für Kooperationen

Die dringliche Aufgabe kommunaler Bildungslandschaften ist es, an individuelle Lernvoraussetzungen und -bedürfnisse vor Ort anzuknüpfen sowie attraktive Lernumgebungen zu schaffen. Damit treten kommunale Bildungslandschaften und der Lokalbezug in ihrer Bedeutung als Identifikations- und Lernraum deutlich in den Vordergrund:

> „Gelernt wird, weil Menschen persönliche Ziele verfolgen, private und berufliche, die vor Ort umgesetzt werden wollen." (Brandt 2006, 5)

Integrative kooperative Ansätze folgen dem Aufruf, dort Lernzentren zu schaffen, wo täglich Menschen zusammenkommen, nämlich in Städten und Gemeinden (vgl. Kommission der europäischen Gemeinschaften 2000, 23). Hierfür bilden aus städteplanerischer Sicht kooperative Bildungsarrangements eine wichtige kommunale Strukturmaßnahme. Darüber werden eine verstärkte Ausschöpfung vorhandener Weiterbildungsressourcen bzw. Nutzeffekte materieller Art erwartet, die sich bei Kooperationen insofern einstellen, als dass beispielsweise durch die Einbindung privatwirtschaftlicher Akteure Kosteneinsparungen erreicht werden können (vgl. Field 2008, 41). Ebenso tragen übergreifende Supportstrukturen und bedarfsgerechte Kombinationen von Lernorten, -methoden und -verfahren zu einer ökonomisch optimalen Nutzung von Ressourcen bei (vgl. Döring u.a. 1997, 382). Kooperative Vorhaben bieten darüber hinaus infrastrukturelle Entwicklungspotenziale für Städte, wenn z.B. die räumliche Zusammenlegung von Bildungs-, Kultur- und Serviceeinrichtungen zu einem Bildungs- und Kulturzentrum eine gesamtkommunale Wirkung entfalten soll (vgl. Stang 2011, 12f.):

- Dies ist der Fall, wenn *Neubaumaßnahmen* für mehrere Bildungs-, Kultur- und Serviceeinrichtungen, die in renovierungsbedürftigen Gebäuden ansässig sind, als kooperative Baumaßnahme geplant werden und somit die Anzahl benötigter Neubauten eingedämmt wird.
- Städtebaulich gesehen können Gebäude der Bildungs- und Kulturzentren einen gewissen *„Wahrzeichencharakter"* (Henning 2007, 52) für die jeweiligen Städte einnehmen und deren touristische Attraktivität steigern.
- Städte nutzen kooperative Bildungsarrangements als Chance, um ihre *Innenstädte zu revitalisieren*, ein attraktives und lebendiges Stadtzentrum zu entwickeln bzw. „stadtplanerische Impulse als Frequenzbringer" (Stang 2011, 12) zu generieren.
- Als *Strukturmaßnahme* in Form eines Stadtteilprojektes bietet ein kooperatives Einrichtungsspektrum die Möglichkeit, sozial benachteiligte Stadtteile zu integrieren und neue bzw. schwer zu erreichende oder unterrepräsentierte Gruppen anzusprechen.

Unter städteplanerischen Gesichtspunkten sind Kooperationen demnach eng mit Infrastrukturmaßnahmen verbunden, mit dem Ziel mittels „einer zentralen Anlaufstelle für die Bürger/innen in Sachen Bildung, Information und Kultur" (Stang 2010b, 39) die Standortqualität und Attraktivität der Stadt zu erhöhen. Nicht zuletzt sollen die Verständigung unter relevanten lokalen Akteuren der Weiterbildung, Kultur, Beratung und Wirtschaft verbessert, unterschiedliche Sichtweisen integriert und ein besserer Wissenstransfer erreicht werden. Zusätzlich fördert dies potentiell die Wahrnehmung gemeinsamer bildungspolitischer Verpflichtungen, die Lösung von Koordinationsproblemen, die Entwicklung gemeinsamer Problemlösungsansätze und die Überwindung von Innovationsbarrieren. Städtische Motive für die Förderung lokaler Kooperationen sind entsprechend vielfältig und richten sich neben wirtschaftlichen Interessen auch immer auf Verbesserungen städtischer, sozialer, räumlicher und ideeller Art aus.

2.3 Kooperation als Organisationsentwicklungsstrategie von Weiterbildungseinrichtungen

Wie in den beiden vorausgehenden Unterkapiteln verdeutlicht, ist die Mitwirkung von Weiterbildungseinrichtungen an kooperativen Bildungsarrangements bildungspolitisch sowie regional- und städteplanerisch unter steuerungs- und wirtschaftsstrategischen Gesichtspunkten gewollt. Einrichtungen der Weiterbildung erkennen zudem kooperative Aktivitäten als Organisationsentwicklungsstrategie, um sowohl extern erzeugten als auch eigenen Anforderungen gerecht zu werden. Nuissl (2010b) greift deshalb den Begriff der „strategischen Kooperation" auf, um zu veranschaulichen, dass Weiterbildungseinrichtungen über eine Zusammenarbeit mit anderen Akteuren langfristige Ziele der eigenen Organisationsentwicklung anstreben.

> „Strategische Kooperationen werden etwa dann eingegangen, wenn es um eine perspektivische Geschäftsfelderweiterung oder eine Umorientierung des Aufgabenspektrums von einzelnen Organisationen geht." (ebd. 21)

Über drei Bezugspunkte soll im Folgenden Kooperation als Organisationsentwicklungsstrategie begründet werden. Zunächst wird in Kapitel 2.3.1 anhand wesentlicher exogener Rahmenbedingungen aufgezeigt, dass Weiterbildungseinrichtungen einem stetigen (gesellschafts-)politischen und wirtschaftlichen Veränderungsdruck ausgesetzt sind, der organisationsstrategische Beteiligungsmotive für Kooperationen erzeugt. Darauffolgend wird in Kapitel 2.3.2 über die regional-städtische Einbindung von Einrichtungen der Weiterbildung der Umgang mit einem vielgestaltigen Anbieterfeld bzw. mit Konkurrenz thematisiert; auch hier stellen Kooperationsaktivitäten einen organisationsstrategischen Bezugspunkt dar. Schließlich wird in Kapitel 2.3.3 am Beispiel des Organisationsziels, die eigene Einrichtung innovationsfähig zu halten, eine endogene, also intern erzeugte Kooperationsbereitschaft erläutert und als Organisationsentwicklungsstrategie beschrieben.

2.3.1 Veränderungsanforderungen und Kooperationsperspektiven

Vielschichtige gesellschaftliche Änderungsanforderungen stellen tradierte Identitätskonzepte und Handlungslogiken von Organisationen in Frage. Kade (1992, 74) beschreibt beispielsweise „neue gesellschaftliche Realitäten, wie soziale und personale Vernetzungen, Kommunikations- oder Kooperationszusammenhänge" als notwendige Folge zunehmender Pluralisierung, Spezialisierung, Dynamisierung und Individualisierung von Bildungsprozessen. Da Weiterbildungseinrichtungen eine ausgeprägte Orientierung an Lernenden und sich ständig verändernden Lerninteressen sowie Lernanlässen in der Gesellschaft aufweisen, sind sie schon immer einem permanenten Wandel ausgesetzt und im Umgang damit speziell geübt. Dennoch gibt es Einflussfaktoren, die seit den 1990ern den Bereich der Weiterbildung in besonderer Weise prägen und in veränderter Form wieder hervorbringen (vgl. Meisel/Feld 2009, 15ff.). Diese verschiedenen Reproduktionskontexte mit ihren multikausalen Veränderungsanforderungen an Weiterbildungsorganisationen werden im Folgenden zusammengefasst und in ihrer Bedeutung für Kooperation und Vernetzung besprochen.

	Veränderungsanforderung für Weiterbildungseinrichtungen (vgl. Meisel/Feld 2009, 15ff)	Kooperationsperspektiven
a)	Wirtschaftlichkeitsanforderungen	Bereichsübergreifendes Angebotsspektrum, Konkurrenzfähigkeit, Ressourcenbündelung
b)	Entgrenzung der Weiterbildung und neue Lehr-Lernkulturen	Neue und erweiterte institutionelle Gestaltungsoptionen, Lernmöglichkeiten und Lernräume
c)	Demographische Entwicklung und Integrationsanforderungen	Generationenübergreifende Zugänglichkeit und Integration sowie Ermöglichung einer interkulturellen Öffnung
d)	Zunehmende Medialisierung	Ressourcenbündelung, Unterstützung des selbstgesteuerten Lernens
e)	Qualitätsentwicklung	Ausgleich von Qualitäts- und Kompetenzdefiziten sowie Entwicklung übergreifender Standards und Qualitätsmanagementsysteme

Tabelle 2: Veränderungsanforderungen und Kooperationsperspektiven

a) Wirtschaftlichkeitsanforderungen: Die seit den 1980er/1990er-Jahren zunehmend freie marktwirtschaftliche Wettbewerbsorientierung und Selbstregulation

2.3 Kooperation als Organisationsentwicklungsstrategie

im Bereich der Weiterbildung stellt dem bis dahin gültigen Ordnungsbegriff der öffentlichen Verantwortung den Begriff des Marktes gegenüber. So gilt der Markt als Ort der Regelung von Angebot und Nachfrage, der ohne staatliche Eingriffe auskommt, während die Pflichtangebote der Weiterbildung in öffentlicher Verantwortung finanziell unterstützt werden. Doch gerade auf Grund zurückgehender öffentlicher Finanzierung (vgl. Dollhausen 2010, 50) und der zunehmenden Beschränkung auf eine ‚öffentliche Mitverantwortung' des Staates, haben sich Weiterbildungseinrichtungen marktförmig weiterentwickelt und verstehen sich zunehmend als Dienstleister, die sich an Abnehmerinteressen orientieren müssen (vgl. Meisel/Feld 2009, 16f. und 20f.; Ehses/Zech 2004, 78f.). Weiterbildungseinrichtungen wie die Volkshochschule müssen „sich in einem Geflecht der unterschiedlichsten Weiterbildungseinrichtungen (...) behaupten und gleichzeitig kooperativ (...) bewegen." (Küchler 1997, 40). Kooperationen und Netzwerke bilden sich dabei als sogenannte intermediäre Form zwischen den traditionellen Strukturen des Marktes und des Staates heraus, da sie weder der einen noch der anderen Seite zugehören, beide Strukturlogiken jedoch in sich vereinen (vgl. Faulstich/Haberzeth 2007, 33). So wird in kooperativen Organisationsformen „eine Problemlösekapazität jenseits des monetär geregelten Marktes und jenseits des hierarchisch gesteuerten Staates erhofft" (Faulstich 2010, 43). Kooperative Bildungsarrangements bieten für Weiterbildungseinrichtungen Möglichkeiten gemeinsam mit relevanten Partnern ein breiteres, konkurrenzfähiges Angebotsspektrum aufzustellen, einen höheren Bekanntheitsgrad der gemeinsamen Angebote zu erreichen sowie eine bereichsübergreifende, transparente und effiziente Bildungsberatung und -information anzubieten. So halten Süssmuth und Sprink (2009, 480) für Volkshochschulen fest, dass die Mitwirkung an Kooperationen und Netzwerken eine klare Profilbestimmung der eigenen Einrichtung fordert und die Marktposition von Volkshochschulen stärkt. Kooperationen stellen hierbei auch immer eine Möglichkeit der Ressourcenbündelung bzw. -akquise[21] dar, um die Last der höheren Eigenfinanzierung bzw. des Personaleinsatzes einzudämmen ohne angebotsbezogene Abstriche machen zu müssen.

b) Entgrenzung der Weiterbildung und neue Lehr-Lernkulturen: Ausgehend von der These einer Entgrenzung[22] (vgl. Kade 1993, 391f.), verschieben sich

---

21 Vgl. hierzu auch die dritte und vierte Empfehlung der Kultusministerkonferenz (1994, 14 und 2001, 18): „Kooperation kann durch die Öffentliche Hand in besonderer Weise gefördert werden. Insbesondere sollte öffentliche Förderung in bestimmten Bereichen auch von der Bereitschaft zur Kooperation abhängig gemacht werden."

22 Bei dieser These handelt es sich in erster Linie um eine wissenschaftliche Annahme, die aus der Perspektive der Institutionen von einer Entgrenzung der formalen Lehr- und Lernbedingungen ausgeht. Aus Sicht des lernenden Individuums handelt es sich tatsächlich um nichts Neues, da es schon immer überall und immerwährend lernt. Für die Praxis der öffentlichen

Grenzen von Weiterbildungsinstitutionen bzw. werden insofern unscharf, als dass sich Zuständigkeiten nicht mehr eindeutig zuordnen lassen, Erwachsenenbildung in unterschiedliche Handlungskontexte einwandert oder es zu einer „Universalisierung des Pädagogischen" (Kade/Seitter 2005, 24) kommt. Während Institutionen der Erwachsenenbildung nicht mehr alleinig für traditionelle Bildungsaufgaben und Lehr-Lernarrangements zuständig sind, sondern sich zusätzlich arbeitsmarkt- und sozialpolitischen sowie kulturellen Fragen widmen, öffnen sich Kultureinrichtungen und ökonomisch orientierte Bereiche zunehmend für erwachsenenpädagogische Bildungsaufgaben (vgl. Behrens u.a. 2001, 160f.; Kade 1993, 391; Kade/Seitter 2005, 24).[23] Entgrenzung als Theorem ist zudem – analog zur bildungspolitischen Programmatik des lebenslangen Lernens – durch eine erweiterte Sichtweise auf das Lernen charakterisiert, die neben Lernen in formalen Zusammenhängen auch non-formales und informelles Lernen berücksichtigt. Es handelt sich also um ein Lernen, das selbstgesteuert und somit verstärkt auch außerhalb von formalen Bildungseinrichtungen stattfindet und damit einerseits durch individuelle und selbstbestimmte Aneignungsformen, andererseits durch alternative Lernorte, -möglichkeiten und -prozesse gekennzeichnet ist. Diese an Bedeutung gewinnende Perspektive sensibilisiert dafür, dass Lernende nicht nur in institutionellen Zusammenhängen lernen, sondern „verstärkt in Eigenregie über verschiedene Dimensionen des Lernprozesses (Lernziele, Lerninhalte, Lernorte, Lernmethoden, Lernorganisation, Lernerfolg) entscheiden." (Schüßler/Thurnes 2005, 128) und somit auch neue Lehr- und Lernkulturen[24] in den Fokus von Organisationsentwicklungsstrategien von Weiterbildungseinrichtungen rücken. Denn, so bemerkt Delori (2006, 238), trotz deutlicher Aufwertung des informellen und selbstgesteuerten Lernens, verlieren Bildungsinstitutionen hierbei nicht an Bedeutung; im Gegenteil, sie werden in

---

Weiterbildung wird Entgrenzung vorrangig unter der Dienstleistungsperspektive sowie unter Fragestellungen von Konkurrenz und damit zusammenhängenden Änderungsanforderungen thematisiert (vgl. Schneider/Brandt 2005).

23   Im Grunde finden Bildung und Kultur zu ihrem Ursprungszusammenhang des 19. Jahrhunderts zurück: So erweitern beispielsweise Bibliotheken ihr Organisationsverständnis und inszenieren sich als soziale und ganzheitliche Lernorte mit hoher Aufenthaltsqualität für Jung und Alt, was daran deutlich wird, dass ihre Mediensammlungs- und Verleihfunktion um das Selbstverständnis Informations-, Kommunikations-, Beratungs- und Selbstlernzentrum zu sein, ergänzt wird (vgl. Umlauf 2001, 39). „Die klassische Weiterbildung und die Bibliotheken bewegen sich gewissermaßen ein Stück weit aufeinander zu, ohne dass ihre bisherigen Kernleistungen obsolet würden" (Hummer 2007, S. 3). Gleiches ist für Museen festzustellen, die sich als Lern- und Kommunikationsorte beschreiben, Bildungsaufgaben wahrnehmen und immer mehr mit anderen Einrichtungen, u.a. Bildungseinrichtungen, kooperieren (vgl. Behrens u.a. 2001, 160f.).

24   Unter dem Begriff der ‚neuen Lehr- Lernkulturen' sind zwei Perspektiven zu verstehen: „Entweder eine beschreibende Feststellung, dass sich die Lernangebote und Lernformen gewandelt haben, oder die programmatische Forderung, dass sich die Institutionen und die Lehrangebote ändern sollen" (Siebert 2000, 1).

2.3 Kooperation als Organisationsentwicklungsstrategie

die Pflicht genommen, entsprechende Supportstrukturen zu stellen. Dies erfordert nach Ehses und Zech (2004, 78) eine gewisse „pädagogische Innovationsfreudigkeit", die auf Ebene der Angebote und Veranstaltungen veränderte Lehr- und Lernkulturen berücksichtigt und über kooperative Arrangements unterstützt werden kann, z.B. in Form neuer und flexiblerer Lernmöglichkeiten bzw. Lernräumen sowie Programm- und Zeitstrukturen.

> „Kooperationen führen hin zu neuen Themenfeldern, Kooperationen erschließen neue Teilnehmerkreise, Kooperationen ermöglichen neue Lernarrangements, Kooperationen prägen das Bild von der Einrichtung." (Schneider/Brandt 2005, 28)

Insbesondere die in der Regel stark regional verankerten Volkshochschulen ergreifen die Initiative und entwickeln bzw. nutzen neue und erweiterte kooperative Gestaltungsoptionen (vgl. hierzu auch Klingebiel 2007, 95f.).

c) Demographische Entwicklung und Integrationsanforderungen: Als weitere Veränderungsanforderung verlangen die demographische Entwicklung[25] und Tendenzen einer sozialen Ausgrenzung – europaweit als „social exclusion" (Bastian u.a. 2004, 39) problematisiert – nach einer entsprechenden Ausrichtung und veränderten Struktur der Weiterbildung. Denkbar sind Angebote, die für alle zugänglich, gut erreichbar und generationenübergreifend sind und, die zielgruppenspezifische Entwicklungsaufgaben thematisieren. Friebe (2010, 17) verweist dabei auf die zum Tragen kommende multidisziplinäre Perspektive: Bei absehbar sinkender Förderung durch die öffentliche Hand gewinnen kooperativ organisierte Bildungsinitiativen an Bedeutung, um über die Zusammenarbeit relevanter Handlungsbereiche gesellschaftliche Teilhabe sowie interkulturelle Öffnung zu realisieren und das Engagement Älterer in der Weiterbildung weiter auszubauen (vgl. Meisel 2006a, 135ff.). Auch Field (2008, 41f.) stellt fest, dass Kooperationen den Blick auf neue Gruppen eröffnen bzw. erweitern, Barrieren besser überwunden und unterrepräsentierte Zielgruppen erreicht werden können.

d) Zunehmende Medialisierung: Des Weiteren wirkt sich die zunehmende Medialisierung der Gesellschaft sowohl auf die Angebots- bzw. Veranstaltungsebene als auch auf die Organisationsebene aus (vgl. Meisel/Feld 2009, 28f. und Bastian u.a. 2004, 55). Der meist kostenintensive Einsatz neuer Medien in Lehr- und Lernsituationen erfordert zum einen eine Ressourcenbündelung durch Kooperationen mit anderen Einrichtungen, zum anderen eine Bündelung „möglichst vieler Aspekte des Lernens im Rahmen einer Lerninfrastruktur" (Stang 2011, 6). Selbstlernzentren mit medienbezogenen Beratungsangeboten können dabei

---

25   Vgl. Statistisches Bundesamt (2011a und b): Pressemitteilung Nr. 343 vom 20.09.2011 sowie Nr. 482 vom 22.12.2011 beziehen sich auf eine sinkende Geburtenrate bei gleichzeitig steigender Lebenserwartung und zunehmender Zuwanderung ausländischer Personen.

Kernstück eines kooperativ entstandenen und durchgeführten Bildungsarrangements zur Unterstützung des selbstgesteuerten Lernens sein (vgl. Stang 2010b, 40).

e) *Qualitätsentwicklung:* Auch wenn Einrichtungen der Weiterbildung im Vergleich zu anderen Institutionen des Bildungssystems in rechtlich-poli-tischer Hinsicht nur geringen bzw. speziell bundesweit keinen einheitlichen Zugzwängen (wie z.B. ein Mindestmaß an Qualität oder ein Grundbildungsangebot zu garantieren) ausgesetzt sind (vgl. Faulstich/Haberzeth 2007), sind sie jedoch in finanzieller und reputativer Hinsicht stark auf gesellschaftliche und bildungspolitische Anerkennung angewiesen. So spielen letztlich analog zu anderen gesellschaftlichen Bereichen auch in der Weiterbildung Qualitätsanforderungen und Qualitätsdebatten eine große Rolle (vgl. Meisel/Feld 2009, 32f.). Sie beziehen sich sowohl auf inhaltliche, berufsbezogene und wirtschaftliche Merkmale und sind teilweise ordnungspolitisch über Weiterbildungsgesetze verankert, die Qualitätsanforderungen oder -gremien fordern, um Qualitätsentwicklung sicherzustellen (vgl. hierzu auch Hartz/Meisel 2011, 9f.). Die Erfüllung gestiegener Qualitätsansprüche bei gleichzeitiger Forderung nach Kostensenkung stellt eine zunehmende Herausforderung für Weiterbildungseinrichtungen dar. Kooperationen bieten auf der einen Seite die Möglichkeit Qualitäts- und Kompetenzdefizite auszugleichen und auf der anderen Seite, übergreifende Standards und Qualitätsmanagementsysteme zu entwickeln.

Angelehnt an Jütte (2002, 21) kann festgehalten werden, dass hybride Organisationsformen wie Kooperationen als neue Strukturlogik eine angemessene Antwort auf (gesellschafts-)politische und wirtschaftliche Wandlungsprozesse zu geben scheinen und damit als Organisationsentwicklungsstrategie aufgefasst werden können. Blickt man im Speziellen auf den Volkshochschulbereich, so gibt es nach Einschätzung von Meisel (2006b, 20) kaum eine Einrichtung, „die sich sowohl aus inhaltlichen wie auch materiellen Gründen nicht im Prozess einer grundlegenden Organisationsveränderung befindet."[26] Volkshochschulen müssen sich genauso wie andere Einrichtungen der öffentlichen Weiterbildung mit oben genannten exogenen Rahmenbedingungen auseinandersetzen, indem sie ihre Organisation strategisch weiterentwickeln. Und dabei geht es nicht nur um eine Weiterentwicklung der traditionellen Zuständigkeitsbereiche Lernen und Bildung, sondern um umfassende organisationsbezogene Entwicklungsaufgaben (vgl. Feld 2007, 65f.). Die eigene Organisationsentwicklung ist dabei im Spiegel des gesamten Anbieterfeldes zu sehen, weshalb im Folgenden das Kontinuum von Kooperation und Konkurrenz erörtert wird.

---

26 Vgl. hierzu auch Schäffter (2004, 54), der feststellt, dass Weiterbildung durch einen permanenten Wandel geprägt ist.

2.3.2 Kooperative Orientierung und Konkurrenzdenken[27]

Weiterbildungseinrichtungen stehen auf Grund ihrer tiefen regionalen Verankerung sowie ihrer für die Gesellschaft wichtigen Qualifikations- und Integrationsfunktion unter einem gewissen Druck, sich an politisch initiierten Kooperationen zu beteiligen. Daneben besteht eine interessengeleitete Erwartungshaltung, die Vorteile für die eigene Organisationsentwicklung, aber auch für die eigene Konkurrenzfähigkeit beinhaltet. Denn über die Kooperationsteilnahme werden u.a. eine bessere Positionierung und ein positiver Imagegewinn gegenüber anderen Anbietern des Weiterbildungsmarktes angestrebt. Weiterbildungseinrichtungen befinden sich demnach trotz Kooperationsorientierung in einer allgemeinen Wettbewerbssituation und treten damit auch in Konkurrenz zueinander (vgl. Jütte 2002, 68). Es stellen sich hierbei folgende Fragen: Welche Rolle spielt Konkurrenz in der Weiterbildung? Und wie ist die kooperative Orientierung von Weiterbildungseinrichtungen mit der bestehenden Konkurrenzsituation vereinbar?

Auch wenn dem Weiterbildungsbereich insgesamt eine hohe Kooperationsbereitschaft zugeschrieben wird und der Kooperationsgedanke in der Weiterbildung historisch verankert ist (vgl. Feld/Seitter 2009, 225), geraten Weiterbildungseinrichtungen unter zunehmendem Finanzierungsdruck, erhöhten Qualitätsansprüchen und einer verstärkten Dienstleistungsperspektive in den Zwang, sich als wirtschaftliche und wettbewerbsfähige Organisation zu begreifen (vgl. Jütte 2002, 68 und Zech 2008a, 5). Der hierbei denkbare Einwand, dass staatliche Fördermittel wettbewerbsverzerrend sind und Konkurrenz für Weiterbildungseinrichtungen in öffentlicher Trägerschaft von daher nicht möglich ist, kann jedoch eingeschränkt werden. Denn gerade um staatliche Fördergelder und öffentliche Zuschüsse findet ein reger Wettbewerb statt. Beispiele finden sich im Bereich der Ausschreibungen der Arbeitsagentur, wenn mehrere Einrichtungen um die Zusage von Finanzmitteln konkurrieren. Des Weiteren lässt sich an den Programmausschreibungen zu den Lernenden Regionen zeigen, dass diese Mittel für private Weiterbildungsanbieter im Alleingang nicht akquirierbar sind, sondern nur in Kooperation mit öffentlichen Einrichtungen. Dies bietet wesentliche Anreize sich an solchen Programmen zu beteiligen und um die Teilnahme zu konkurrieren. Denn sowohl für private als auch für öffentliche Einrichtungen in der Weiterbildung gilt die aktive Teilnahme an Kooperationen als Ausweis der eigenen Modernität und Aufgeschlossenheit (vgl. Feld 2011, 69).

Konkurrenz und Wettbewerb spielen demnach auch immer in kooperativen Arrangements eine Rolle, weshalb Arnold und Lehmann (1996) davor warnen,

---

27 Vgl. in Teilen Mickler (2013, 111ff.).

Marktbezüge auszublenden und die kooperative Ausrichtung des Weiterbildungsbereichs zu idealisieren.

> „Das ungelöste Grundproblem des Kooperationsansatzes besteht (...) darin, daß er auf einer harmonistischen Unterstellung fußt, die mit der pluralistisch strukturierten Trägerlandschaft, die sich immer weiter ausdifferenziert und marktmäßig organisiert, nur schwer in Einklang zu bringen ist." (Arnold/Lehmann 1996, 21)

Es gilt ihrer Meinung nach Weiterbildung immer „auch vom Markt- und Konkurrenzmodell her zu bestimmen (...)." (ebd., 20). Selbst wenn ein wesentliches Kooperationsmotiv die Absprache zur Vermeidung von Konkurrenz sein kann, nehmen Einrichtungen der Weiterbildung stets eine „kompetitive Interaktionsorientierung" (Jütte 2002, 66) ein, die aus unterschiedlich gerichteten Verteilungskonflikten resultiert. Jütte (ebd.) rekonstruiert z.B. folgende Konkurrenzanlässe: Die Akquirierung von Finanzierungsquellen, das Aushandeln von Interessen, die Verteilung von Macht und Einfluss, die Konkurrenz um Teilnehmende und Konzepte, Konflikte bei Programmüberschneidungen und Nachahmungen. So wird deutlich, dass es beim Thema Konkurrenz nicht ausschließlich um Marktwerte wie Geld geht, sondern gerade im Bereich der Weiterbildung v.a. der einrichtungseigene Erfahrungsschatz, die regionale Einbettung, Leitbilder, Ziele, Normen, Inhalte sowie Teilnehmer- und Mitarbeitergruppen eine ebenso große Rolle spielen.

Folglich ist es unerlässlich die Ursachen, Erscheinungsformen und Dynamiken von Konkurrenz als wesentliches Element von Kooperation mit zu thematisieren und zu reflektieren. Beide Orientierungen – Kooperation und Konkurrenz – müssen zusammengedacht werden und nicht im Sinne eines Gegensatzpaares.[28] Empirische Untersuchungen bestätigen die Gleichzeitigkeit von Zusammenarbeit und Abgrenzung, von Kooperation und Konkurrenz im Weiterbildungsbereich (vgl. Jütte 2002, 75):

> „Kooperation in der Weiterbildung vollzieht sich zumeist unter Konkurrenzbedingungen. Die vermeintliche Handlungsalternative ‚Kooperation oder Konkurrenz' ist eine zu simple Dichotomie. Kooperations- und Konkurrenzbeziehungen können gleichzeitig ablaufen. So gibt es Kooperation in Konkurrenzlagen und Konkurrenz in Kooperationsbeziehungen."

In jeder Kooperation ist also bereits der Pol der Konkurrenz angelegt, weil trotz gemeinsamer Arbeit, Zieldefinition und -erreichung, Kooperation nur dann gelingen kann, wenn jede beteiligte Einrichtung ihr eigenes Profil bewahrt und ihre

---

28 Die Analyse unterschiedlicher Kooperationskonzepte von Grunwald (1982, 72) macht das langjährig verbreitete gegensätzliche Verständnis von Kooperation und Konkurrenz deutlich.

jeweiligen Kompetenzen mit einbringt (vgl. Nuissl 1996, 43). Die Einrichtungsidentitäten und die Strategien der organisationalen Selbstbehauptung lösen sich innerhalb von kooperativen Kontexten also nicht auf, sondern dienen vielmehr der Abgrenzung und Vergewisserung der eigenen Stärken und Kompetenzen. Unter der thematischen Fokussierung von Marktorientierung und Kooperation führen Süssmuth und Sprink (2009, 480) auf, dass Volkshochschulen dabei insbesondere unter Innovationsdruck stehen.

2.3.3 Kooperation als innovationsförderliche Strategie

Kooperation und Innovation werden nicht unabhängig voneinander gedacht, sondern als sich gegenseitig unterstützende und sich ergänzende Elemente einer endogenen Modernisierungs- und Veränderungsstrategie von Weiterbildungsorganisationen verstanden.[29] Nicht zuletzt rührt die bildungspolitische Förderung von Projekten, die verstärkt in kooperativen Kontexten angesiedelt werden, daher, dass Kooperationen und Vernetzungen nicht nur als Qualitäts-, sondern auch als Innovationsnachweis gewertet werden. Verdeutlichen lässt sich dies an drei Beispielen: Dass interorganisationale Netzwerke eine zentrale Bedeutung für Innovationsentwicklungen auf regionaler Ebene haben, bestätigt erstens die wissenschaftliche Begleitung des Programms ‚Lernende Regionen – Förderung von Netzwerken' (vgl. Tippelt u.a. 2009 und Emminghaus/Tippelt 2009). Zweitens zeigt die Einrichtung eines Innovationskreises Weiterbildung im Jahr 2006 durch das Bundesministerium für Bildung- und Forschung, dass das Ziel, Empfehlungen für die Zukunft der Weiterbildung und das lebenslangen Lernen zu erarbeiten, insbesondere durch die bessere Verzahnung des Bildungsbereiches bewerkstelligt werden soll (vgl. BMBF 2008). Drittens war bis einschließlich 2011 ein sogenannter ‚Innovationspool' im Hessischen Weiterbildungsgesetz verankert, der Fördermittel für die Entwicklung der Weiterbildungseinrichtungen und v.a. für deren Zusammenarbeit bereit hielt:

> „Bildungsbereichs- und trägerübergreifende Kooperationen und Vernetzungen tragen zur Innovation bei indem sie den Weg bereiten für die strukturelle Unterstützung Lebensbegleitenden Lernens." (HKM 2011, 3)

So öffnen und erweitern Kooperationen den Blick auf Neues; Innovationen werden durch kooperative Strukturen unterstützt und teilweise auch erst ermöglicht.

---

29 Vgl. auch Bormann (2011): „Zwischenräume der Veränderung. Innovationen und ihr Transfer im Feld von Bildung und Erziehung". Die aktuelle Publikation macht auf das steigende öffentliche, politische und wissenschaftliche Interesse und die Komplexität von Innovation aufmerksam.

Denn für einzelne Weiterbildungseinrichtungen bergen Innovationsprozesse hohe, risikobehaftete Unsicherheiten, welche durch die Bündelung unterschiedlicher Wissensbestände, Kompetenzen und Ressourcen weiterer Bildungs-, Kultur- und Serviceeinrichtungen sowie durch gemeinsame, neuartige Entwicklungs- und Lernprozesse reduziert werden können. Die hierfür erforderliche Bereitschaft, Neues und Unbekanntes wahrzunehmen und das eigene Handeln darauf auszurichten, Wissensressourcen zugänglich zu machen, Erfahrungen offenzulegen, unter Bedingungen der Konkurrenz und der Wahrung der eigenen Identität, bildet dabei eine anspruchsvolle Herausforderung für die Akteure kooperativer Organisationsformen in der Weiterbildung. Berechtigterweise gibt Henning (2007, 52) hinsichtlich Bildungs- und Kulturzentren zu bedenken, ob es tatsächlich die innovativen Kräfte stärkt, wenn eine Einrichtung im Spiegel einer anderen arbeitet. Denn sowohl Kooperation als auch Innovation offenbaren gemeinsame Charakteristika, die zeigen, dass das Zusammenspiel kein Selbstläufer ist: Eine langfristige und flexible Perspektive muss von allen Beteiligten eingenommen werden, denn kurzfristige und exakt vorhersagbare Effekte und Ergebnisse sind weder bei Kooperationen noch bei Innovationen zu erwarten. So betont Leggewie (2010, 22), „dass Innovationen eben nicht strategisch zu planen sind, sondern dass man die Zeit haben muss, abzuwarten, was sich emergent ergibt, Kooperationen brauchen genügend Spielraum für *trial* und *error*." (Hervorhebungen im Original). Neben innerorganisatorischen müssen auch immer äußere Widerstände und Hürden überwunden werden (vgl. Barz 2006, 19f.). Aus Volkshochschulperspektive haben beispielsweise finanzielle Einschränkungen auch zur Folge, dass Innovationsspielräume oft nur noch durch Projektarbeitsstellen möglich und damit abgekoppelt von den hauptberuflich angestellten Pädagogen und Pädagoginnen sind (vgl. Schöll 2006, 178). Dies führt dazu, dass kurzfristige Finanzperspektiven und die Projektförmigkeit verhindern, langfristige und gesamtstrategische Konzepte zu entwerfen. Dennoch, über kooperative – teilweise projektförmige – Arrangements besteht die Chance, sektorenübergreifende Innovationen zu entwickeln, die eine andere Qualität hervorbringen als systemimmanente Neuerungen, indem bislang getrennte und verschiedene Wissensbestände zusammengebracht werden, so dass etwas ‚Neues' entstehen kann. Die Generierung neuer kooperativer, interorganisationaler Beziehungsgefüge und die damit einhergehende Verschiebung von Denk-, Orientierungs-, Handlungslogik- und Institutionsgrenzen können somit zu Synergie- und Innovationspotenzialen führen (vgl. Jütte 2002, 312).

Innovationen in der Weiterbildung werden in diesem Sinne als mit einem Wandel einhergehende Neuerungen in Bezug auf pädagogische Fragestellungen verstanden.

2.3 Kooperation als Organisationsentwicklungsstrategie

> „Unter einer pädagogischen Innovation ist das Bemühen verstanden um die Lösung pädagogischer Praxisprobleme mit Hilfe bislang nicht eingesetzter oder zur Verfügung stehender Verfahrensweisen oder die Ausformulierung von Interpretationsangeboten angesichts umfassender, als beunruhigend antizipierter gesellschaftlicher Entwicklungen oder die Optimierung pädagogischer Vorgänge durch Assimilation technischer, sozialer oder institutioneller Instrumente, die andernorts und zumindest nicht in primär pädagogischer Intention entwickelt wurde." (Kaiser/Ant 1998, 55f.)

Im Kontext von Kooperation gesprochen, begünstigen dann also erstens bislang nicht eingesetzte kooperative Verfahrensweisen (z.b. gemeinsame Konzeptentwicklungen), zweitens kooperativ ausformulierte Interpretationsangebote (z.b. einrichtungs- und bereichsübergreifende Veranstaltungen und Diskussionsforen) und drittens der kooperative Austausch bzw. die gegenseitige Ergänzung technischer, sozialer oder institutioneller Instrumente, Innovationen im pädagogischen Bereich. Diese Aspekte könnten beispielsweise über einen räumlichen Zusammenschluss mehrerer Einrichtungen unter einem Dach erfüllt werden. Anzeichen für eine neuartige „Systembildung lebenslangen Lernens" (Brödel 2009, 981) lassen sich also nicht nur über die Optimierung oder Modernisierung bereits bestehender pädagogischer Vorgänge, Lehr-Lernangebote oder Weiterbildungseinrichtungen, sondern auch über die Entstehung kooperativer und damit innovativer Institutionalformen sowie Lehr- und Lernarrangements beschreiben. Diese entsprechen dann der ‚neuen' Bedeutung von bereichsübergreifender Kooperation und Vernetzung in der Weiterbildung – Öffnung, Innovation, neue Zielsetzungen – und folgen darüber hinaus dem Aufruf nach integrativen Ansätzen bezüglich Akteuren, Zielgruppen, Inhalten und Lernorten (vgl. Stang 2010a).

3. Kooperation im Kontext von Bildungs- und Kulturzentren: Abgrenzung und Verständnisklärung

3.1 Drei Modelle kooperativer Zusammenarbeit

Ausgehend von den in Kapitel 2 vorgestellten Entwicklungs- und Begründungslinien haben sich vielfältige Strategien zur (Weiter-)Entwicklung von kooperativen und vernetzten Lehr- und Lernarrangements in Form von Kooperationsmodellen herausgebildet. Exemplarisch darstellen lassen sich diese anhand der von Nuissl (2000, 94) angebotenen Systematik von Kooperationstypen:

Kooperationstypen (Nuissl 2000, 94)	Kooperationsmodelle
Komplementäre Kooperation: „Hier bringt jeder Partner etwas ein, was dem anderen fehlt, etwa bestimmte Angebote, einen gewachsenen Adressatenbezug, eine technische Ausstattung etc."	Lernortkooperationen
Subsidiäre Kooperation: „Hier arbeiten Partner zusammen, um gemeinsame Aufgaben effektiver und effizienter bewältigen zu können, etwa Werbung, Fortbildung, Beratung etc."	Netzwerke und Verbünde
Supportive Kooperation: „Hier arbeiten Einrichtungen zusammen, die gänzlich unterschiedliche Aufgaben haben, sich aber für einen bestimmten Zweck gegenseitig unterstützen, finanzieren und sponsern."	Netzwerke und Verbünde
Integrative Kooperation: „Hier wird inhaltlich zusammengearbeitet bei der Entwicklung von Angeboten, Projekten, Konzepten, die dann als gemeinsames Produkt entstehen."	Bildungs- und Kulturzentren

Tabelle 3: Kooperationstypen und beispielhafte Kooperationsmodelle

Im Folgenden werden drei typische Kooperationsmodelle in der regionalen und kommunalen Weiterbildung Deutschlands[30] vorgestellt. Obwohl Nuissl (2000,

---

30 Kooperative Modelle im internationalen Kontext sind beispielsweise bei Schreiber-Barsch (2007) beschrieben. Anhand des Meta-Begriffs der Learning communities, der für regionale

94) subsidiäre und supportive Kooperationstypen getrennt aufführt, werden diese beiden Typen im Folgenden im Kooperationsmodell ‚Netzwerke und Verbünde' zusammengefasst, da auch in subsidiären Kooperationen Einrichtungen unterschiedlichster Art für einen bestimmten Zweck zusammenarbeiten und sich dabei unterstützen bzw. teilweise auch finanzieren. Der Schwerpunkt der Erörterungen in diesem Kapitel liegt auf Bildungs- und Kulturzentren als integrative Kooperationsform, weshalb diesen eine ausführlichere Betrachtung zuteil wird und hierbei auch internationale Beispiele aufgeführt werden. Ziel ist es, relevante Merkmale der Kooperationsmodelle zu erläutern und anhand konkreter Beispiele zu verdeutlichen, um die Besonderheit von Kooperation im Kontext von Bildungs- und Kulturzentren in Abgrenzung zu anderen Kooperationsformen beschreiben und eine dieser Studie zu Grunde liegende Arbeitsdefinition von Kooperation entwickeln zu können.

3.1.1 Lernortkooperationen – Beispiele einer komplementären Zusammenarbeit[31]

Die Auseinandersetzung um die Pluralität von Lernorten findet unter dem Stichwort Lernortkooperation in den 1970ern in der beruflichen Bildung ihren Ursprung und gewinnt seitdem an Bedeutung (vgl. Dehnbostel 2002, 356ff.). Der Deutsche Bildungsrat definiert Lernort folgendermaßen:

> „Unter Lernort ist eine im Rahmen des öffentlichen Bildungswesens anerkannte Einrichtung zu verstehen, die Lernangebote organisiert. Der Ausdruck ‚Ort' besagt zunächst, daß das Lernen nicht nur zeitlich (...), sondern auch lokal gegliedert ist.

---

und städtische netzwerkförmige Zusammenhänge im europäischen Raum steht, weist sie darauf hin, dass es eine Vielfalt an Modellen gibt und zeigt mittels vergleichenden Fallstudien in Großbritannien, Norwegen und Deutschland auf, dass diese sich je nach Ausrichtung und lokalen Gegebenheiten unterscheiden. Neue kooperative Organisationskonzepte zum lebenslangen Lernen stellen zudem Stang und Hesse (2006) für Deutschland und weitere europäische Länder, wie Dänemark, Großbritannien, Österreich, Slowenien und Spanien vor. Sie beziehen sich dabei in ihren Ausführungen auf das europaweit durchgeführte Forschungsprojekt zu lokalen Lernzentren und Lernpartnerschaften von Buiskool u.a. (2005), das den Entwicklungsstand kooperativer Formen und Initiativen in 31 Ländern analysierte. Angesichts der komplexen gesellschaftlichen, wirtschaftlichen und soziale Verflechtung auf europäischer Ebene sind darüber hinaus internationale Kooperationsprojekte in der europäische Bildungspolitik mehr und mehr von Bedeutung, v.a. wenn es darum geht, grenzübergreifende Modelle und Lösungsansätze für ebensolche Fragestellungen zu entwickeln (vgl. Bienzle 2010; Bienzle u.a. 2007; Dietzen 1998). Die Förderprogramme für lebenslanges Lernen der Europäischen Kommission leisten hierfür einen entscheidenden Beitrag, beispielsweise wenn es um die Mobilitätserhöhung von Erwerbstätigen oder die Entwicklung europaweit anerkannter Qualifizierungssystem geht.

31 Vgl. hierzu bereits Dollhausen/Mickler (2012, 46ff.).

3.1 Drei Modelle kooperativer Zusammenarbeit 51

> Es handelt sich aber nicht allein um räumlich verschiedene, sondern in ihrer pädagogischen Funktion unterscheidbare Orte." (Deutscher Bildungsrat 1974, 69)

Wenn diese in ihrer pädagogischen Funktion unterscheidbaren Orte, die für eine Ausbildung oder einen Lernprozess wichtig sind, konzeptionell – also nicht räumlich – verknüpft werden, bezieht sich die Bildungskommission des deutschen Bildungsrates auf die Verbindung von allgemeiner und beruflicher Bildung. Die Überwindung der Sichtweise, berufliche Ausbildung als Form des Nebeneinanders von Berufsschule und Betrieb zu organisieren, brachte erste systematische, komplementär angelegte Kooperationsversuche hervor, die als technisch-organisatorisches und pädagogisches Zusammenwirken des Lehr- und Ausbildungspersonals der an der beruflichen Bildung beteiligten Lernorte beschrieben wird (vgl. Pätzold 2006, 355).[32] Hier arbeiten zwei Subsysteme, nämlich Schule und Betrieb, im Interesse eines übergeordneten Ganzen, also der Berufsausbildung, zusammen. Oder wie Wilbers (2002, 56) es – nicht ohne kritischen Unterton – ausdrückt:

> „Die Zusammenarbeit im dualen bzw. trialen System, die Lernortkooperation, meint das Mit-, Gegen- und Nebeneinander von berufsbildender Schule, Betrieb und überbetrieblicher Berufsbildungsstätte in der Berufsausbildung."

Das gemeinsam verfolgte Ausbildungsziel einer umfassenden beruflichen Handlungskompetenz soll durch eine enge Verzahnung und gegenseitige Ergänzung von Theorie- und Praxisanteilen der Ausbildung erreicht werden; dementsprechend ist eine Umsetzung isoliert von einem einzelnen Lernort nicht möglich. Bildungspolitische Programme wie z.B. das von der Bund-Länder-Kommission für Bildungsplanung und Forschungsförderung geförderte Programm „Kooperation der Lernorte in der beruflichen Bildung KOLIBRI" weisen jedoch darauf hin, dass die bisherige Kooperationspraxis als unzureichend eingeschätzt wird (vgl. BLK 2004b, 18f.). Diese Auffassung könnte nach Buschfeld und Euler (1994, 10) darüber begründet werden, dass in der beruflichen Bildung die Meinungen von Praktikern, Wissenschaftlern und Bildungspolitikern über Koopera-

---

32 Vgl. Walden (2005, 255f.): Neben der klassischen Kooperation zwischen Schule, Betrieb und überbetrieblichen Berufsbildungsstätten, sind hier zudem zwei weitere Formen der Zusammenarbeit zu benennen. Zum einen existieren sogenannte Ausbildungspartnerschaften bzw. Ausbildungskonsortien, also vertraglich geregelte Kooperationen zwischen einzelnen Ausbildungsbetrieben, um die Ausbildungsqualität zu steigern, aber auch um spezialisierte Betriebe ausbildungsfähig zu machen: Ausbildungsteile, die selbst nicht erbracht werden können, werden an andere abgegeben und gleichzeitig wird der Mangel an Ausbildungsplätzen beseitigt. Zum anderen findet die Zusammenarbeit teilweise auch in regionalen Berufsbildungsnetzwerken statt, in die z.B. auch mehrere Schulen oder auch Stellen zur Benachteiligtenförderung eingebunden sind und die sich gemeinsam aktuellen Themen der Berufsbildung widmen.

tionsverständnisse und -intensitäten variieren. Drei Abstufungen von Kooperation lassen sich diesbezüglich festhalten (ebd.):

- Kooperation kann sich auf einer *niedrigschwelligen Ebene des Informierens* verorten: Informationen werden gegeben und wahrgenommen.
- Kooperation kann sich auch auf eine *mittlere Ebene der Abstimmung* beziehen: Es findet ein Erfahrungsaustausch statt, Beteiligte stimmen sich in ihrem Handeln ab und setzen kooperative Maßnahmen arbeitsteilig um.
- Kooperation kann sich aber auch auf einer *hoch anspruchsvollen Ebene des konkreten und strategischen Zusammenwirkens* zeigen: Dieses bezieht sich auf die gemeinsame Initiierung, Planung, Konzipierung und Durchführung von Ausbildungsinhalten und didaktisch-methodischen Aspekten.

Die aus berufsbildungsbezogenen Kooperationsformen gewonnene Erkenntnis über die Differenz von Kooperationsverständnissen verweist darauf, dass diese auch in anderen kooperativen Zusammenhängen zum Tragen kommen und berücksichtigt werden müssen. Daran anschließend sind weitere typische Hindernisse, die Walden (2005, 257) für das Scheitern von Kooperationen im Bereich der beruflichen Ausbildung festmacht, für weitere Kooperationsformen virulent:

- Erstens grenzen sich Betrieb und Schule auf *struktureller Ebene* stark voneinander ab,
- zweitens lassen die Arbeitsbedingungen der Ausbildungs- und Lehrpersonen eine intensive Kooperation auf der *institutionellen Ebene* nicht zu,
- und drittens verhindert das unterschiedliche Rollenverständnis der Ausbildungs- und Lehrpersonen ein erfolgreiches und nachhaltiges Zusammenwirken auf *personeller Ebene*.[33]

Walden (ebd.) betont, dass es darum geht, neue kooperative Organisationsstrukturen zu etablieren im Sinne von gemeinsamen Arbeitskreisen, gemeinsamen Weiterbildungsveranstaltungen sowie durch die Einrichtung von Koordinierungsstellen, die für die Initiierung und Verstetigung von Kooperationsprozessen zuständig sind.

Neben der Kooperationsform der dualen Berufsausbildung, ist die bundesweit erstmalig in Hessen entwickelte Bildungspartnerschaft zwischen Volkshochschulen und Unternehmen als im weiteren Sinne komplementäre bilaterale Kooperationsform in der beruflichen (Weiter-)Bildung zu bezeichnen. Beschäftigte von Unternehmen nehmen Volkshochschulangebote der allgemeinen Wei-

---

33 Die häufig als unzureichend bezeichnete Kooperationspraxis wird auch von Dehnbostel (2009, 796) vorrangig auf strukturelle und personelle Faktoren zurückgeführt.

3.1 Drei Modelle kooperativer Zusammenarbeit 53

terbildung wahr, und unabhängig vom Inhalt der frei gewählten Kurse übernehmen die Unternehmen die Teilnahmegebühren (vgl. HVV 2008, 8). Dieses Modell, das sich also nicht ausschließlich auf die Qualifizierung für den Arbeitsplatz konzentriert, sondern Arbeitnehmern und Arbeitnehmerinnen Angebote der allgemeinen Weiterbildung offeriert, soll die Eigeninitiative und -verantwortung der Einzelnen fördern, Begeisterung für das Lernen wecken, zu lebenslangem Lernen motivieren sowie das Selbstbewusstsein und die Leistungsfähigkeit der Beschäftigten steigern.

> „Gelingt es (...) eine längerfristige Zusammenarbeit mit einem regionalen Wirtschaftsunternehmen zu etablieren, so können gezielt Angebote entwickelt werden, die auf die Bedürfnisse des Unternehmens abgestimmt sind, damit entfallen die Kosten einer kontinuierlichen Bedarfserhebung wie die risikoreiche Angebotsentwicklung im Trial-and-Error-Verfahren. Das Unternehmen erhält im Gegenzug ein maßgeschneidertes Bildungsangebot ohne dafür die Kosten einer eigenen Angebotserstellung und das damit einhergehende Risiko einer (u. U. langfristigen) Personal- und Ressourcenbindung eingehen zu müssen (...)." (Schwarz/Weber 2011, 111f.)

Die Angebote der Volkshochschule ergänzen somit im erweiterten Sinne die berufliche Weiterbildung, die das Unternehmen inhaltlich und ressourcenbezogen nicht leisten kann. Komplementär dazu ‚verschafft' das Unternehmen den Volkshochschulen einen erweiterten Adressatenbezug und sichert die Finanzierung der Kurse. Das gemeinsame Ziel einer umfassenden beruflichen Handlungskompetenz ist durch beide Kooperationspartner gewährleistet.

3.1.2 Netzwerke und Verbünde – Beispiele einer subsidiären bzw. supportiven Zusammenarbeit[34]

In regionalen Netzwerken und Verbünden[35] arbeiten unterschiedliche Akteure unter einem regionalorientierten, selbstgesteuerten Ansatz zusammen, um ge-

---

34 Teile des folgenden Kapitels hat die Autorin bereits an anderer Stelle in ähnlicher Form vorgelegt (vgl. Dollhausen/Mickler 2012, 57ff.).
35 Weiterbildungsverbünde stellen ein mögliches regionales Netzwerkmodell im Rahmen der Weiterbildungsinfrastruktur dar. Es handelt sich dabei um Arbeitskreise, zu denen sich möglichst viele relevante regionale Akteure mit dem Ziel einer kontinuierlichen Zusammenarbeit zusammenschließen. In Weiterbildungsverbünden „dominiert im Leistungsspektrum die gemeinsame Werbung und Öffentlichkeitarbeit, ist die Zusammenarbeit eher lose organisiert und stehen gemeinsame Sitzungen und Absprachen bezüglich Veranstaltungen und Herausgabe gemeinsamer Programme im Vordergrund" (Wilbers 2002, 58). Beispielhaft sind hier die zwölf regionalen Weiterbildungsverbünde in Schleswig-Holstein zu nennen, die in den 1990er Jahren vom Wirtschaftsministerium des Landes initiiert wurden und mittlerweile rund 500 In-

meinsame Aufgaben effektiver und effizienter bewältigen zu können. Die beteiligten Akteure unterstützen bzw. finanzieren sich dabei gegenseitig für einen gemeinsamen und dezidierten Zweck. Subsidiarität meint dann im Speziellen, dass ein Netzwerk oder ein Verbund diejenigen öffentlich definierten Aufgaben übernimmt, die von kleineren Gemeinschaften oder einzelnen Akteuren nicht erfüllt werden können. Dies geschieht jedoch, ohne dass dabei die Pluralität und Eigenständigkeit der beteiligten Organisationen eingeschränkt wird. Schreiber-Barsch (2007, 137f.) stellt vier Kerneigenschaften für diese Art der vernetzten Zusammenarbeit heraus:

- Erstens findet eine *grenzüberschreitende und nachhaltige Kooperation* in vertikaler und horizontaler Dimension über Systemsektoren hinweg statt, was bedeutet, dass ein regionales Netzwerk beispielsweise nicht nur aus Bildungseinrichtungen besteht, sondern weitere Einrichtungen und Unternehmen aus unterschiedlichsten Bereichen mit einbezieht.
- Zweitens finden in solchen Kooperationsformen *selbstreflexive individuelle, kollektive und organisationale Lernprozesse* statt, die größtenteils *bottom-up-gesteuert* sind und in organisatorischer Gestalt regionaler Netzwerke strukturell gewährleistet werden. Zu ergänzen ist, dass zugleich top-down-gesteuerte politische Förderstrukturen nicht untypisch sind und oftmals die finanziellen Rahmenbedingungen der Netzwerke vorgeben.
- Drittens basiert das Netzwerk auf einer *gemeinsam entwickelten und geteilten Vision einer lokalen Revitalisierung* in unterschiedlich starker Bezugnahme auf ökonomische, politische, soziokulturelle und ökologische Kontexte der Region.
- Viertens vereint *die Idee der Ganzheitlichkeit* die Netzwerkakteure; sie beinhaltet, dass als Ganzes mehr zu erreichen ist als Einzelakteure erreichen könnten.

Netzwerke treten neben bereits vorhandene Institutionen, um sie zu ergänzen oder funktionsfähiger zu machen. Durch den Ausbau kooperativer und vernetzter Weiterbildungsstrukturen in der Region soll somit die Zusammenführung von Lerninteressen und Lernarrangements vor Ort, die Entwicklung und die Verstetigung von Informations- und Beratungsangeboten für Bürgerinnen und Bürger sowie für kleine und mittelständische Unternehmen zu Fragen der Weiterbildung sowie die Erhöhung der Transparenz, der Erreichbarkeit und der Qualität der

---

stitutionen (Weiterbildungseinrichtungen, Kammern, Gewerkschaften, Wirtschaftsförderungsgesellschaften, Hochschulen, Berufsschulen, Beratungsstellen, weitere kommunale Institutionen) vereinigen (vgl. MWV 2007, 8 sowie die Homepage der Weiterbildungsverbünde Schleswig-Holstein).

3.1 Drei Modelle kooperativer Zusammenarbeit

Weiterbildungsangebote erreicht werden (vgl. Dollhausen 2010, 71f. und MWV 2007, 8).

Ein Vernetzungsgedanke dieser Art als Mittel zur Regionalentwicklung in Bezug auf eine region- und raumwirksame Qualifizierungsstrategie ist nicht neu, sondern wurde bereits seit Anfang der 1980er Jahre diskutiert, wie beispielsweise Dobischat (2007, 159) oder Gnahs (2006, 7) anmerken. Bildungspolitisch gerahmt und gefördert wurde diese Idee aber v.a. seit 2001 durch das Programm „Lernende Regionen – Förderung von Netzwerken", das durch das Bundesministerium für Bildung und Forschung bekannt gegeben wurde, in enger Kooperation mit den Ländern stattfand und unter der Kofinanzierung durch den Europäischen Sozialfonds realisiert wurde (vgl. BMBF 2004). In unterschiedlichen Projektphasen wurden bis zum Jahr 2008 insgesamt über 80 Netzwerke gefördert, an denen sich häufig Volkshochschulen beteiligten (vgl. Jouly 2010, 19). Damit sich jedes Netzwerk optimal in Bezug auf die regionalen Gegebenheiten entwickeln konnte, war der Förderansatz entsprechend dezentral angelegt. Hinter dieser Perspektive steht die Annahme, dass Netzwerkstrukturen besonders gut geeignet sind, um bildungspolitisch relevante Querschnittsaufgaben zu bewältigen, da ein wechselseitiger Austausch erhöht, vielfältige Kompetenzen gebündelt, gemeinsame Kommunikations-, Informations- und Planungsprozesse abgestimmt, und finanzielle, personelle und infrastrukturelle Ressourcen effektiver genutzt werden können. Empirische Studien zu Netzwerken stellen im Besonderen heraus, dass insbesondere das Netzwerkmanagement, das persönliche Engagement der Akteure, das Bestehen einer Netzwerkidentität, funktionierende Kommunikationsstrukturen, hohe Vertrauensleistungen und nicht zuletzt die finanzielle Förderung aus öffentlicher Hand für den Erfolg der Netzwerke entscheidend sind (Tippelt u.a. 2009; Emminghaus/Tippelt 2009).

Ebenfalls als subsidiär bzw. supportiv lässt sich die Zusammenarbeit der Netzwerkakteure im Rahmen des von der hessischen Landesregierung 2006 initiierten Hessencampus beschreiben.[36] Ausgangslage des Hessencampus-Projektes war es, lebenslanges Lernen in Hessen im Rahmen einer „mittelfristig angelegten Strukturaufbauförderung" bzw. Entwicklungspartnerschaft zwischen Land und Region zu fördern (vgl. HKM 2011, 54ff.). Konzeptionell steht die Überwindung der institutionellen Zäsur zwischen Schule und Weiterbildung im Vordergrund. Zudem sollen die Bildungsbeteiligung in allen Altersgruppen erhöht und die regionale Verankerung von Bildungsangeboten sichergestellt werden (vgl. Kruse/Pelka 2009, 23). Unter dieser gemeinsamen Zielperspektive sollen Synergieeffekte in dem Sinne erzielt werden, dass wechselseitig die Stärken der anderen erkannt werden und Kooperationsbeziehungen zum gegenseiti-

---

36 Vgl. hierzu bereits Dollhausen/Mickler (2012, 53ff.)

gen Nutzen eingegangen werden. Obwohl begrifflich als „Zentren Lebensbegleitenden Lernens" geplant[37], haben sich v.a. Verbundorganisationen mehrerer autonom bleibender Einrichtungen gebildet (vgl. HKM 2011, 54). Hierzu halten Kruse und Pelka (2009, 24) fest:

> „Keineswegs bedeutet Zentrum nämlich die räumliche Konzentration auf einem Campus. Gerade in ländlich strukturierten Regionen sind dezentrale Lösungen erforderlich."

Eine Ausnahme bildet der im folgenden Kapitel vorgestellte Hessencampus Dreieich, der zumindest insofern eine zentralisierte Struktur aufweist, als dass ein Gebäudeensembles gemeinsam genutzt wird und ein gemeinsames Campus-Management in Ansätzen realisiert ist.

3.1.3 Bildungs- und Kulturzentren – ein integratives Kooperationsmodell

Bildungs- und Kulturzentren sind im europäischen Diskurs unter dem breit gefassten Stichwort ‚learning centres', also Lernzentren, geläufig (vgl. Buiskool u.a. 2005 und Stang/Hesse 2006), stellen jedoch ein spezifisches Modell kooperativer Organisationsformen dar, das Stang (2011, 9) als „One-Stop Shop" bezeichnet. Bildungs- und Kulturzentren lassen sich als räumliche, organisatorische, konzeptionelle und teilweise die Rechtsform betreffende Zusammenschlüsse zwischen städtischen und regionalen Bildungs-, Kultur- und Serviceeinrichtungen, wie z.B. Volkshochschule, Bibliothek, Museum und Bürgerservice beschreiben. Von den zuvor dargestellten Kooperationsmodellen, lassen sie sich deutlich abgrenzen, da sie als zentralisierte Orte bzw. feststehende, durch architektonische Grenzen definierte Gebäude beschrieben werden können.[38] Auf den

---

37 Laut „Erklärung zur Entwicklungspartnerschaft Zentren Lebensbegleitenden Lernens" (2007) können die Zentren je nach regionalen Voraussetzungen und Gegebenheiten räumlich gesehen „Einrichtungen im Sinne eines gemeinsam genutzten Gebäudekomplexes oder eines Gebäudeensembles (Campus) oder dezentralisierte Lokalisierungen von Zentrumseinheiten sein" (ebd., 191). Ursprüngliches Ziel war die Erreichung einer höheren Entwicklungsstufe, die über die Organisationsform eines reinen Netzwerkes oder Kooperationsverbundes hinausgeht (ebd., 190). Aktuell beschreiben sich die meisten Hessencampus jedoch selbst – analog den Lernenden Regionen – als sehr vielfältig ausgestaltete Netzwerke sowie kommunale Arbeits- oder Kooperationsgemeinschaften. Ein Großteil verwirklicht die Zentralisierung in Form einer neutralen und unabhängigen Bildungsberatungsstelle und bewerkstelligt die Koordination dieser Partnerschaften über Steuerungsgruppen, die meist aus leitenden Vertretern und Vertreterinnen der beteiligten Einrichtungen bestehen.

38 An dieser Stelle soll deutlich darauf verwiesen sein, dass sich Zentren im Sinne einer integrativen Kooperationsform und Netzwerke im Sinne einer subsidiären bzw. supportiven Kooperationsform nicht ausschließen, sondern sinnvoll ergänzen können (vgl. Kruse 2007, 2). Einrich-

3.1 Drei Modelle kooperativer Zusammenarbeit

ersten Blick wirken diese integrativen Kooperationsmodelle als räumlich zentralisierte Institutionalformen nicht zeitgemäß, wenn man sich zwei große Tendenzen vor Augen führt: Die starke Dezentralisierung von Bildungsangeboten über subsidiäre bzw. supportive Kooperationsformen wie Netzwerke oder Weiterbildungsverbünde sowie die bereits angesprochene Bedeutungszunahme des selbstgesteuerten Lernens innerhalb einer Entgrenzungs- und Entinstitutionalisierungsdebatte (vgl. hierzu auch Forneck 2002 und Dohmen 1996). Doch bezugnehmend auf diese Einwände kann mit Meisel (2006a, 136) argumentiert werden, dass Weiterbildungsorganisationen von solchen Tendenzen nicht in Frage gestellt werden, sondern vielmehr ihre Offenheit für Veränderung gefordert wird. Ebenso vertreten Kade und Seitter (1998, 57) die Sichtweise, dass Einrichtungen des lebenslangen Lernens nicht destabilisiert werden, sondern vielmehr eine Notwendigkeit von Seiten der Institutionen besteht, ihre Selbstbegrenzung anzuerkennen und Anpassungsleistungen zu erbringen. Wie diese Anpassungsleistungen innerhalb integrativer Kooperationsformen aussehen können, wird im Folgenden exemplarisch über historische und aktuelle Bildungs- und Kulturzentren, mit integrierten Volkshochschulen, verdeutlicht. Wesentliche übergreifende Merkmale von Bildungs- und Kulturzentren werden anschließend festgehalten, um die Abgrenzung zu zuvor dargestellten subsidiären bzw. supportiven sowie komplementären Kooperationsmodellen zu untermauern. Schließlich wird eine Begriffsschärfung vorgenommen, um die Arbeitsdefinition ‚Bildungs- und Kulturzentrum' zu begründen.

Historische Beispiele

Die historische Entwicklung von Bildungs- und Kulturhäusern (und Raumkonzepten) ist durch gesellschaftliche und bildungspolitische Entwicklungen sowie durch das Aufgaben- und Selbstverständnis der Erwachsenenbildung bedingt (vgl. Fell 2009, 1203). Die hier gewählte Darstellungsform historischer Beispiele von Bildungs- und Kulturzentren beginnt mit der Wende vom 19. zum 20. Jahrhundert, da sich in dieser Zeit eine zunehmende Institutionalisierung und Verbandlichung der Volks- bzw. Erwachsenenbildung feststellen lässt (vgl. Seitter 2007, 15 und 23ff.). Die organisationsstrukturelle Veränderung macht sich über die Realisierung eigener Räume für die Erwachsenenbildung sowie für andere Bildungs- und Kultureinrichtungen bemerkbar und führt u.a. zur Entstehung von räumlich-integrativen Organisationsformen.

---

tungen, die in ein Bildungs- und Kulturzentrum integriert sind, geben ihre Netzwerkaktivitäten nicht auf, vielmehr stellt sich heraus, dass sie auf Grund neu hinzugewonnener Optionen diese sogar vertiefen und ausbauen können.

Übergang 19./20. Jahrhundert – Verbindung von Volksbildung und Büchereiwesen: Ein Blick in die Geschichte der Erwachsenenbildung – insbesondere der Volkshochschulen – zeigt, dass Bildungs- und Kultureinrichtungen sowie Bibliotheken gemeinsame Wurzeln aufweisen: Volkshochschulen organisieren in der Weimarer Zeit beispielsweise Ausstellungen und Theaterwochen, und Träger der Volkshochschulen besitzen oft Abteilungen des Büchereiwesens, des Theaters oder der Musik (vgl. Behrens u.a. 2001, 159f.).[39] Wesentlich zur Verbundenheit von Volksbildung und Bibliothekswesen trägt Erwin Ackerknecht bei, der zu Beginn des 20. Jahrhunderts sowohl Bücherei als auch Volkshochschule in Stettin in Personalunion gründet und leitet (vgl. Ackerknecht 1928). Die sowohl planmäßige Ergänzung als auch räumliche Zusammenlegung der beiden Einrichtungen dienen der Erweiterung des Adressatenkreises – aus der Leserschaft rekrutieren sich die Hörerschaft und umgekehrt (ebd., 9) – und der Verdeutlichung der Zusammenhänge zwischen den literaturpädagogischen Zielen von Bücherei und Volkshochschule. Dass Volkshochschulen, Bibliotheken und auch Kultureinrichtungen schon früh im institutionellen Sinne als zusammengehörig betrachtet werden können, lässt sich zudem exemplarisch an einem eigens für die Volksbildung eingerichteten Haus in Frankfurt aufzeigen, das 1919 eröffnet wurde. Es sollte „Volksbildung von einem zentralen Ort ausstrahlen lassen" und beherbergte neben Räumen für den Ausschuss für Volksvorlesungen auch die Volksbibliothek, die Volksbühne, das sozialhygienische Museum sowie eine Buchhandlung (vgl. Seitter 1990, 127ff.). Letztere sollte „sparsame" und bisher noch nicht oder zu wenig erreichte Kreise anlocken (ebd.). Eine GmbH, deren Hauptanteile bei der Stadt lagen, übernahm die Verwaltung und vermietete zudem freie Räume an andere Vereine und gewerbliche Untermieter (ebd., 187). Inwiefern die Einrichtungen untereinander kooperierten und inhaltlich-konzeptionell zusammenarbeiteten, ist nicht verzeichnet.

Beginn des 20. Jahrhunderts – Eigene Räume für die Erwachsenenbildung: Mit steigendem öffentlichem Ansehen der Volksbildung setzt sich im Zeitraum 1900 bis 1930 die Tendenz durch, eigene Räume für Erwachsenenbildung stärker zu etablieren. So nimmt die Phase der „intensiv-gestaltenden Volksbildung" (Fell 2009, 1203) in den 1920er Jahren verstärkt Volkshochschulen als eigenständige Einrichtungen in den Blick und trägt pädagogische Überlegungen zur Gestaltung von eigenen Bildungsräumen bei. Viele Trägerinstitutionen pachten

---

39 Auch in der Zeit vor der Weimarer Republik lässt sich am Beispiel der Gesellschaft „Berliner Urania" eine institutionelle und inhaltliche Verbundenheit von Volksbildung, Theater und Bibliothek aufzeigen. 1888 in einem eigenen Gebäude gegründet, vermittelte die Urania mit Hilfe von Theatertechniken wissenschaftliche Inhalte und nutzte im selben Gebäude Lesesäle und Bibliotheken sowie Experimentiersäle und eine Kuppel für astronomische Beobachtungen (vgl. Homepage Urania Berlin).

3.1 Drei Modelle kooperativer Zusammenarbeit

oder kaufen – trotz fehlender öffentlicher Finanzierung – leer stehende Schlösser oder Villen und richten in ihnen Volksbildungsstätten ein. Dieser Vorgang stellt in Deutschland den Grundbaustein für die Einrichtungsformen Abend-Volkshochschule, Heimvolkshochschule, Volkshochschulheime und Landvolkshochschulen dar.[40] Große und zahlreiche Räume sowie die landschaftlich meist reizvolle Umgebung werden als Vorteile dieser Lernorte genutzt, um vielseitige Lernanlässe und -möglichkeiten zu bieten. Gleichzeitig wird durch die eigenen Häuser der Volksbildung ein qualitativer Sprung für die „dinghafte Kompaktheit" (Schäffter 2003b, 166) bzw. architektonische Sichtbarkeit von Erwachsenenbildung erreicht. Die Nachteile zeigen sich allerdings in den nur schwer an pädagogische Konzeptionen angleichbaren vorgegebenen räumlichen und baulichen Strukturen (vgl. Pöggeler 1959, 13f.). Das prominenteste Beispiel, das auch mit erwähnten Nachteilen umzugehen versuchte, ist das Volkshochschulheim Dreißigacker, das in einem ehemaligen Jagdschloss entstand und dessen Begründer Eduard Weitsch ‚raumandragogische Ideen' entwickelte und in Form einer bildenden Begegnungsstätte umsetzte.[41] Herausragendes Merkmal dieser Begegnungsstätte war, dass sie als Ort verstanden werden sollte, an dem „Lernen und Arbeiten, Werken und Spielen, Essen und Schlafen, Feiern und Entspannen" (Ebbrecht 1997, 169) möglich ist. Sie zeichnete sich also durch ein umfassendes Lernverständnis und die Orientierung an individuellen Bedürfnissen und der Lebenswelt der Lernenden aus – ein Anliegen, das auch heute z.B. durch integrative Kooperationsformen wie Bildungs- und Kulturzentren verwirklicht werden soll.

Mitte des 20. Jahrhunderts – Mehrfachnutzung von Gebäuden mit Zentrumsfunktion: Nach 1945[42] vergrößert sich die Anzahl von Bildungseinrichtun-

---

40 In nordeuropäischen Ländern wie z.B. Dänemark und Schweden waren Heimvolkshochschulen in eigenen Gebäuden bereits seit Mitte des 19. Jahrhunderts etabliert, wenn auch in ärmlicher Ausstattung, welche einerseits „die Finanzkraft der jeweiligen Trägerinstitution" und andererseits die Orientierung an der Teilnehmerschaft, die sich aus Menschen der ärmlicheren Bevölkerungsschicht zusammensetzte, widerspiegelte (vgl. Pöggeler 1959, 12f.).

41 Weitsch hält seine Überlegungen und die Realisierung des Volkshochschulheims Dreißigacker schriftlich unter dem Titel „Schule ohne Katheder" (1952) fest. Es handelt sich sozusagen um die erste Veröffentlichung zur Problematik der Raumgestaltung in der Erwachsenenbildung unter Gesichtspunkten einer pädagogischen Neustrukturierung von Lernorten. Wie der Titel schon andeutet, spiegelt sich am Mobiliar Weitschs pädagogische Grundhaltung der Gleichberechtigung von Lehrenden und Lernenden wider: „Das Fehlen von Katheder und Bank als einer hierarchischen Anordnung und die Gruppierung um einen Tisch als Ausdruck der gleichberechtigten Teilhabe stellte für Weitsch eine Stärkung der pädagogischen Situation insbesondere für die Arbeitsgemeinschaft dar" (Seitter 1997, 91).

42 Sowohl Pöggeler (1959) als auch Fell (2009) gehen in ihren rückblickenden Betrachtungen von Häusern der Erwachsenenbildung nicht auf die Zeit des Nationalsozialismus' ein. Olbrichs Geschichte der Erwachsenenbildung (2001) zeigt jedoch auf, dass auf Grund der „radikale[n] Unterwerfung der Volksbildung unter die nationalsozialistische Ideologie und ihre völlige Integra-

gen, die sich Häuser und Räume mit weiteren Kultur- und Serviceeinrichtungen teilen mussten. So wurde die Mehrfachbenutzung von Bildungshäusern aus ökonomischem Kalkül heraus empfohlen, um die zur Verfügung stehenden Räume weitestgehend auszunutzen und um „tote Zeiten" (Pöggeler 1959, 86) zu vermeiden. Für die öffentliche Erwachsenenbildung bildete sich das auch heute noch typische Merkmal heraus, dass sie nicht über eigene Räume verfügt, sondern fremde Gebäude wie Schulen oder Gemeindesäle für ihre Zwecke nutzt.[43] 1959 bestimmt dieses Merkmal die Struktur von 95% aller Erwachsenenbildungsstätten (vgl. Pöggeler 1959, 12). In dieser räumlichen Struktur war es laut Pöggeler (ebd., 18) unmöglich,

> „daß zwischen Kursstunden eine Tasse Tee oder ein Imbiß gereicht werden kann, daß man sich in gemütlichen Sesseln an kleinen Tischen zu Gruppenaussprachen setzt oder die Pause benutzt, in einem Lesezimmer nach einer Zeitschrift oder einem Buch zu greifen. Überhaupt scheitert das Problem der ‚Eingewöhnung' in solchen zweckentfremdeten Gebäuden am Nichtvorhandensein von ‚Ausgleichs'- und ‚Neben'-Räumen, die aber doch keine nebensächlichen Räume sind, sondern zu einem Heim der Erwachsenenbildung gehören. Auch das leidige Getrenntsein von Arbeitsräumen einerseits und Verwaltungsräumen andererseits erschwert die Arbeit erheblich; der Leiter einer Bildungsstätte kann bei dezentralisiertem Arbeiten in zweckfremden Gebäuden unmöglich jederzeit in allen Gebäuden seinen Mitarbeitern zu Informationen und persönlichen Aussprachen zur Verfügung stehen."

In Pöggelers Kritik spiegeln sich die Gedanken und Entwicklungen aus der Weimarer Zeit wider, die die Besonderheit von erwachsenenbildnerischen Lernorten betonen: Aus Professionsperspektive geht es weniger darum, Lernende in funktionalen Räumen zu ‚beschulen', sondern ihnen Raum und Zeit für vielseitige Lernanregungen zu ermöglichen. Über die bauliche Attraktivität und die vielfältigen Möglichkeiten sollen die Teilnehmenden stärker an das Haus gebunden werden. Aus Organisationsperspektive wird die enge und räumliche Verbindung von Leitungs- und Verwaltungspersonal zum lehrenden Personal als relevanter Gelingensfaktor von Erwachsenenbildung hervorgehoben und gefordert. Über die räumliche Nähe soll eine größere Bindung zwischen den unterschiedlichen Personalgruppen ermöglicht werden.

---

tion in den neuen Staat" (ebd., 224) sich Heimvolkshochschulen, Volkshochschulen und weitere Bildungsstätten selbst auflösten bzw. aufgelöst oder zu nationalsozialistischen Propagandastätten umgestaltet wurden.

43 Die weit verbreitete Gegebenheit, dass öffentliche Erwachsenenbildung ohne eigene Räume ist, lässt sich selbstverständlich historisch weiter zurückführen, z.B. auf die Anfänge der Volksbildung, wozu sich auch die gesellige, lebensweltlich eingebundene Bürgerbildung in Form von Lesekreisen zählen lässt, die in privaten oder öffentlichen Räumen stattfand (vgl. Seitter 2007, 19f.).

3.1 Drei Modelle kooperativer Zusammenarbeit 61

Unter diesen Gesichtspunkten wird in der Stadt Marl 1955 das Kooperationsmodell ‚die Insel' realisiert. Der neu entworfene Bau umfasst zu dieser Zeit Volkshochschule und Stadtbücherei sowie Werkräume, eine Buchbinderei, ein Fotolabor und Archivräume (vgl. Strauch 2005, 30).[44] Beiden Einrichtungen ist ein gemeinsamer Lesesaal als einzige sichtbare, raumbezogene Überschneidung zugeordnet (vgl. Henning 2007, 59). Die Insel weist deutliche Parallelen zu heutigen Bildungs- und Kulturzentren auf. So beherrscht erstens v.a. Glas die Architektur und gibt „dem Gesamtgebäude das Fluidum der Offenheit nach außen und innen" (Pöggler 1959, 30). Zweitens wird dem neuen Bildungshaus trotz zugewiesener Erholungsfunktion im Sinne einer Insel, zugleich eine Zentrumsfunktion mit großstädtischen lokalen Zukunftsaufgaben zugedacht.

Weniger bekannt ist, dass sich auch die Volkshochschule Ingelheim 1957 mit der Volksbibliothek unter einem Dach vereint.[45] Pöggeler stellt fest:

> „Dadurch, daß die Bücherei im ersten Stockwerk untergebracht ist, erfährt mancher Besucher der Volkshochschule von ihr und wird eher zu ihr gelenkt, als wenn sie in einem separaten Gebäudeteil untergebracht worden wäre (...). Bei aller Wahrung der Eigenständigkeit der Volks-*Bücherei* gegenüber der Volks-*Hochschule* sollte sich der Zusammenhang zwischen beiden auch dadurch kundtun, daß der Besucher der einen Einrichtung stets auf die Bildungsmöglichkeit der anderen aufmerksam wird. (...) Die räumliche Einfügung einer Volksbücherei in eine Volkshochschule bedeutet für letztere eine Ermahnung daran, daß Erwachsenenbildung zur *Selbst*bildung führen soll und nicht in sozialer Rezeptivität oder gar Passivität erstarren darf." (Pöggeler 1959, 35; Hervorhebung im Original)

Über die gemeinsame Unterbringung zweier Einrichtungen in einem Gebäude wird demnach eine Art Mitnahme- bzw. ein indirekter Werbeeffekt erwartet. Gleichzeitig wird die Volkshochschule darauf aufmerksam gemacht, sich im Spiegel der anderen Einrichtungen darüber bewusst zu werden, welche Ziele sie verfolgt: Den Menschen in seinem Prozess der Selbstbildung und Aneignung aktiv zu unterstützen, anstatt Lernen als passiven Aufnahmeprozess zu verstehen. Weiterhin ist das Bildungszentrum Fritz-Henßler-Haus in Dortmund zu nennen, das ab 1956 Volkshochschule, Auslandsinstitut, Volksbücherei und Jugendheim unter einem Dach vereint.[46] Größere Säle werden gemeinsam genutzt, ansonsten

---

44   Heutzutage haben Volkshochschule und Stadtbibliothek ihr Domizil im Einkaufszentrum ‚Marler Stern' (vgl. Homepage ‚Die Insel Volkshochschule der Stadt Marl').
45   Aktuell agieren vier selbstständige Einrichtungen in einem Gebäude: Die Fridtjof-Nansen-Akademie, die Volkshochschule, das Jugendbildungswerk und die Musikschule. Das Weiterbildungszentrum Ingelheim ist eine öffentliche Stiftung des bürgerlichen Rechts, die von der Stadt Ingelheim am Rhein und dem Verein der Freunde des Fridtjof-Nansen-Hauses getragen wird (vgl. Homepage Weiterbildungszentrum Ingelheim).
46   Das Fritz-Henßler-Haus ist heute ein Zentrum für Kinder- und Jugendkultur (vgl. Homepage Fritz-Henßler-Haus).

aber Wert auf die architektonische Sichtbarkeit der bestehenden eigenen Abteilungen gelegt. Eine vorrangige Sorge liegt damals in der Befürchtung, dass sich die Institutionen voneinander gestört fühlen könnten (vgl. Pöggeler 1959, 80). Dennoch nimmt das Gebäude in dieser Zeit ebenfalls eine architektonische Vorrangstellung ein, die sich nach Pöggelers Aussage positiv auf das Ansehen der einzelnen Einrichtungen auswirkte.

Auch für die durch die Initiative der Stadt sowie der UNESCO geschaffenen ‚Modell-Bücherei' in Oer-Erkenschwick stellt Pöggeler (1959, 85) eine positiv zu bewertende äußere Anziehungskraft der für damalige Zeiten modernen Architektonik fest. Volkshochschule und Volksbücherei beziehen 1954 ein neues Gebäude, in der Absicht, ein Zentrum für primär volksbildnerische Aufgaben zu schaffen.[47]

Zusammengefasst beziehen sich Pöggelers Beispiele ‚Neue Häuser der Erwachsenenbildung' von 1959 v.a. auf die räumliche Ausgestaltung, weshalb hinsichtlich eines Zusammenschlusses mehrerer Einrichtungen unter einem Dach vorrangig die räumliche Integration erläutert wird. Vernachlässigt wird dabei der Blick auf eine mögliche inhaltlich-konzeptionelle oder organisationale Kooperation der einzelnen Einrichtungen in den hier vorgestellten Bildungs- und Kulturzentren. Dennoch hält er am Rande fest, dass „Mehrzweckgebäude" dieser Art nur gerechtfertigt sind, „wenn der Zweck der Erwachsenenbildung mit anderen Zwecken im gleichen Gebäude koordiniert wird, die nicht nur eine vage Affinität zur Erwachsenenbildung besitzen, sondern in sich zur Erwachsenen- und Volksbildung tendieren, wenngleich sie sich darin nicht erschöpfen" (Pöggeler 1959, 125). Klar herausgestellt wird die Vorrangstellung der Erwachsenen- und Volksbildung, die stets auch ihren eigenen Raum beanspruchen muss. So postuliert Pöggeler (ebd., 9):

> „Das Gelingen der Erwachsenenbildung hängt weitgehend davon ab, ob ihr der angemessene Raum und Ort, die rechte Einrichtung ihrer Stätte und eine Umgebung geboten wird, welche die ihr zuträgliche Atmosphäre schaffen hilft. Die Forderung nach *eigenen zweckmäßigen* Häusern wird neuerdings immer dringender."
> (Hervorhebung im Original)

1960er/1970er – Funktionalistische Häuser der Weiterbildung: Der Forderung nach eigenen Räumen wird unter der Berücksichtigung der zunehmenden Anerkennung eines quartären Bildungssektors ab den 1960er Jahren und der Etablierung von Weiterbildungsgesetzen in den Bundesländern ab den 1970ern als plausibel angesehen und realisiert. In dieser Zeit der realistischen Wende findet eine starke Orientierung an beruflichen Qualifikationen – hier als realistische Bil-

---

47   Aktuell existiert die Modellbücherei in dieser Zusammensetzung nicht mehr.

3.1 Drei Modelle kooperativer Zusammenarbeit 63

dungsbedürfnisse definiert – und damit auch ein begrifflicher Wandel von ‚Erwachsenenbildung' hin zur ‚Weiterbildung' statt. Prägend ist der Strukturplan für das Bildungswesen, der unter Weiterbildung die Fortsetzung oder Wiederaufnahme organisierten Lernens nach Abschluss einer ersten Bildungsphase versteht (vgl. Deutscher Bildungsrat 1972). Die Erkenntnis über die Notwendigkeit des permanenten Weiterlernens spiegelt sich in einem erneuten Institutionalisierungsschub von Weiterbildungseinrichtungen sowie in einer funktionalistischen Betrachtungsweise von Lehr- und Lernanforderungen wider. So entstehen in den 1970er Jahren wieder zunehmend eigene Häuser für Bildungs- und Kultureinrichtungen, wobei Jouly (2010, 17) davon ausgeht, dass weit mehr Gebäude für Bibliotheken errichtet oder umgestaltet wurden als für Volkshochschulen.[48] Das raumbezogene Verständnis von Weiterbildung orientiert sich dabei vorrangig an einer pragmatischen Sichtweise und vernachlässigt raumgestalterische extrafunktionale Kriterien (vgl. Fell 2009, 1205).

Auch Tietgens u.a. (1970, 137) konzentrieren sich in dieser Zeit auf Volkshochschulen als eigenständige Einrichtungen, die jedoch in ihren Augen erweiterungsfähig sind und zu Erwachsenenbildungszentren ausgebaut werden sollten: Ein eigenes, verkehrsgünstig gelegenes Haus, das der Erwachsenenbildung uneingeschränkt zur Verfügung steht, soll Räume für Verwaltung, Selbstlernmöglichkeiten, Kurse und öffentliche Foren beinhalten. Die Vorteile liegen für Tietgens u.a. auf der Hand (ebd., 138):

- Erwachsenenbildung wird bekannter, vertrauenerweckender, glaubwürdiger und attraktiver, da das eigene Haus das Ansehen erhöht.
- Erwachsenenbildung kann in einem eigenen Haus sachangemessener und erwachsenengerechter ohne räumliche und technische Mängel geboten werden.
- Erwachsenenbildung wird kommunikativer und kann ihrer kulturellen Funktion besser entsprechen, wenn Räume für Theater, Musik und Ausstellungen zur Verfügung stehen.

---

48 Dennoch entsteht auch in dieser Zeitspanne ein Bildungs- und Kulturzentrum: In Ludwigsburg eröffnet 1969 ein „Musterbau" (Stierle 2003, 34) für Volkshochschule, Stadtbibliothek und das Städtische Museum. Alle Einrichtungen haben getrennte Bereiche, nutzen aber Foyer, Sitzungssäle und Verkehrsflächen wie z.B. Garderoben, Toiletten und Zeitungsleseecken zusammen. Stierle sieht im Ludwigsburger Kulturzentrum bereits zu dieser Zeit die Vernetzung von Information und lebenslangem Lernen angelegt, zeigt jedoch keine inhaltlich-konzeptionelle oder organisationale Kooperation auf. Aktuell finden zwar Volkshochschulkurse im Kulturzentrum statt, die Verwaltung ist jedoch in ein anderes Gebäude gezogen. Stadtbibliothek und Museum nutzen weiterhin das gemeinsame Gebäude. Jouly (2010, 22) berichtet jedoch, dass Volkshochschule und Stadtbibliothek weiterhin an einer Konzeption für ein gemeinsames multimediales Lernzentrum arbeiten.

Ihrer Zeit entsprechend, haben Tietgens u.a. insbesondere die Kooperation von Bildungseinrichtungen untereinander im Blick und sprechen im Zusammenhang der angedachten Erwachsenenbildungszentren die notwendige Zusammenarbeit von Schule und Weiterbildung an. Diese Gedanken greift Knoll (1972, 19f.) auf und entwickelt sie weiter, wenn er ein Bildungszentrum empfiehlt, das schulische Einrichtungen mit Einrichtungen der Erwachsenenbildung und Bibliotheken sowohl räumlich als auch organisatorisch zusammenfassen soll, wobei die Einrichtungen nicht additiv aufeinander bezogen verstanden werden, sondern integrativ aneinander gebunden sein sollen. Auch er sieht die ideale Verankerung – wie bereits viele vor ihm – im Zentrum einer Stadt.

1980er – Bildungs- und Kulturzentren als extrafunktionaler Ort der Begegnung: Mit der reflexiven Wende in den 1980er Jahren findet eine Rückkehr zum traditionellen Begriff der ‚Erwachsenenbildung' statt, um eine Orientierung hin zum Lernenden selbst aufzuzeigen und damit Erwachsenenbildung nicht nur als Ort der beruflichen Qualifizierung, sondern auch als Ort der Selbsterfahrung zu verstehen. Obwohl den wenigsten Volkshochschulen eigene Räume zur Verfügung stehen, ist zu dieser Zeit ein Prozess der Bewusstmachung über Raumatmosphäre, Raumformen und Auswirkungen von räumlicher Ausstattung auf die Bildung von Erwachsenen festzustellen (vgl. Seitter 2001, 229). Viele Einrichtungen der Erwachsenenbildung reagieren mit der Etablierung eines extrafunktionalen Raumprofils, das sich beispielsweise durch gesellige Begegnungs- und Pausenräume auszeichnet (vgl. Fell 2009, 1205). Diese Tendenz greifen auch die Empfehlungen des Hessischen Volkshochschulverbandes auf, die Raumbedarfs- und Raumausstattungsermittlungen anführen sowie volkshochschuleigene Häuser oder Räumlichkeiten fordern, gleichzeitig jedoch der Mehrfachnutzung oder Mehrzwecknutzung, z.B. durch kommunale Kulturinstitute, nicht widersprechen:

> „Für Häuser, Räume und Sachausstattung der Volkshochschule gilt seit jeher das Gebot der Mehrfach- und Mehrzwecknutzung. Was bisher stärker der Not (...) entsprang muß auch künftig unter rationalen Gesichtspunkten geübt werden: die praktische Kooperation kommunaler Kulturinstitute und öffentlicher Bildungseinrichtungen." (vgl. HVV 1982, 151)

Auch wenn sich der Gedanke der Nutzung derselben Einrichtung nicht in der Idee eines Bildungs- und Kulturzentrums konkretisiert, so wird dennoch die Bedeutsamkeit von Kooperation und die rationale Notwendigkeit von mehrfachbelegten Gebäuden betont. Ein Konzept für eine Lernortkonzentrierung von mehreren Bildungs-, Kultur- und Serviceeinrichtungen unter einem Dach wird in Hessen vorerst nicht entwickelt, im Nachbarbundesland Bayern jedoch entsteht zu dieser Zeit aus Überlegungen der Stadtentwicklung heraus eine schwerpunktmäßig räumliche Integration von Volkshochschule, Stadtbibliothek,

3.1 Drei Modelle kooperativer Zusammenarbeit 65

Münchner Philharmoniker sowie Hochschule für Musik und Theater. Der Gasteig in München[49] wird 1985 eingeweiht und soll als Zusammenspiel der genannten Einrichtungen den Bürgern und Bürgerinnen ein breites Bildungs-, Kultur- und Informationsangebot an einem zentralen Ort bieten. Zwar gibt es ein gemeinsames Gebäude- und Veranstaltungsmanagement, dennoch sind die einzelnen Einrichtungen eigenständig in finanz-, verwaltungs- und planungstechnischen Fragen; eine konzeptionell-inhaltliche Zusammenarbeit findet in den Anfangsjahren nur punktuell statt (vgl. Stang/Irschlinger 2005, 20). In der Zwischenzeit haben sich gemeinsame Angebotsformate etabliert. Darüber hinaus werden Projekte einrichtungsübergreifend geplant, durchgeführt und ausgewertet.[50]

Aktuelle Beispiele

Neben wirtschaftlichen Gründen, die auch schon Anfang des 20. Jahrhunderts sowie nach 1945 eine wesentliche Rolle für gemeinsame Raumnutzung spielten, sind heute vor allem ein verändertes Selbstverständnis der Bildungs-, Kultur- und Serviceeinrichtungen sowie städtebauliche Überlegungen Ausgangslage organisationaler Veränderungen. So ist in den letzten Jahren die räumliche Zusammenlegung und Zusammenarbeit zwischen Kultur- und Bildungseinrichtungen – insbesondere von Volkshochschulen und Bibliotheken – wieder intensiviert worden (vgl. Schüller-Zwierlein/Stang 2009, 522). Neben den Bildungs- und Kulturzentren in Unna und Chemnitz, die in Kapitel 7.1 als organisationaler Kontext der empirischen Untersuchung ausführlicher vorgestellt werden, sind noch weitere aktuelle Beispiele zu erwähnen, um zum einen den anhaltenden und wieder neu aufgegriffenen Trend zu integrativen Kooperationsformen zu verdeutlichen und zum anderen auch, um unterschiedliche Grade der Zusammenarbeit aufzuzeigen. Dabei werden exemplarisch nur solche Organisationsformen beschrieben, die neben Volkshochschule[51] und Bibliothek noch weitere Einrichtungen räumlich integrieren.

Die folgenden Beispiele lassen sich unterschiedlichen Modellen der Zusammenarbeit bzw. unterschiedlichen Formen der Integration zuordnen. Stang und Irschlinger (2005, 3) unterscheiden dabei zwischen räumlicher, organisatio-

---

49   Vgl. hierzu auch die Internetseite des Gasteigs.
50   Die Hinweise auf aktuelle Kooperationsformen im Gasteig entstammen einem Gespräch mit dem Managementdirektor, Prof. Dr. Klaus Meisel, das im Februar 2012 stattgefunden hat.
51   Für die Beispiele im europäischen Ausland wird berücksichtigt, dass Einrichtungen der Erwachsenenbildung integriert sind.

naler und konzeptioneller Integration, die im Folgenden – bezogen auf Bildungs- und Kulturzenten – beschrieben werden:[52]

- *Räumliche Integration:* Bildungs-, Kultur- und Serviceeinrichtungen werden in einem Gebäudekomplex zusammengefasst und nutzen gemeinsame Räumlichkeiten und Verkehrsflächen, sind jedoch bzgl. finanz-, verwaltungs- und planungstechnischer Aspekte eigenständig.
- *Organisationale Integration:* Bildungs-, Kultur- und Serviceeinrichtungen werden in einer gemeinsamen organisationalen Einheit zusammengefasst, d.h. sie unterhalten Querschnittseinrichtungen, die gemeinsame finanz-, verwaltungs- und planungstechnische Aspekte verantworten.
- *Konzeptionelle Integration:* Bildungs-, Kultur- und Serviceeinrichtungen kooperieren in einem engen konzeptionellen Sinne miteinander, so dass längerfristige Projekte gemeinsam geplant und durchgeführt werden und strategische Planungen zur gemeinsamen Gestaltung von Lehr- Lernarrangements im Vordergrund stehen.

Stang und Irschlinger entwickelten diese Modelle aus dem Ansinnen heraus sowohl Kooperationen und Netzwerke als auch weitere Institutionalformen zur Unterstützung des lebenslangen Lernens zu systematisieren. In der konkreten Übertragung auf Bildungs- und Kulturzentren lassen sich diese Modelle jedoch teilweise nicht trennscharf voneinander abgrenzen, da die räumliche Integration die Basis für alle Bildungs- und Kulturzentren bildet. Diese sagt aber nichts darüber aus, in welchem Maße konzeptionell zusammengearbeitet wird oder inwiefern organisationale Querschnittseinheiten bestehen. Die im Folgenden aufgegriffenen Beispiele zeigen unterschiedliche Integrationsformen auf.

Modell der räumlichen Integration: Als Modell der räumlichen Integration ist beispielhaft das Kulturzentrum August Everding in Bottrop zu beschreiben: Unter einem Dach haben seit Mitte der 1990er Jahre neben der Volkshochschule und der Bücherei auch ein Veranstaltungsbüro, die Musikschule, ein Archiv, die Kulturwerkstatt, die Studiobühne, das Studienzentrum der Fern-Universität Hagen, das kommunale Kino, ein Bistro sowie eine Galerie Platz gefunden. Dies alles ist ganz im Sinne des gebürtigen Bottropers August Everding, der für seine Heimatstadt einen „Gemischtwarenladen kultureller Angebote" gefordert hatte,

---

52 Das vierte Modell „Netzwerk bzw. lockere Kooperation" (Stang/Irschlinger 2005, 3) wird an dieser Stelle ausgeklammert, da Kooperationspartner hier nur punktuell zusammenarbeiten, keine langfristige Integration, weder organisational, räumlich oder konzeptionell, angestrebt wird und dieses Modell der Zusammenarbeit nicht den Kooperationsstrukturen eines Bildungs- und Kulturzentrums entspricht.

einen „Kulturtreff für Jedermann".[53] Alle Einrichtungen sind organisational eigenständig geblieben und nach Stang und Irschlinger (2005, 20) ist keine intensive inhaltlich-konzeptionelle Kooperationsstruktur zu erkennen. Ebenso deutet der Sachverhalt einer fehlenden eigenständigen Online-Präsenz des Zentrums darauf hin, dass hier lediglich eine räumliche Zusammenfassung im Sinne eines additiven Kultur- und Bildungsangebots vorliegt.

Modelle der räumlichen und konzeptionellen Integration: Seit 2008 befinden sich drei früher eigenständige Bildungs- und Kultureinrichtungen in Trier unter einem Dach: Die Volkshochschule, die Musikschule und die Stadtbibliothek bilden als städtische Abteilungen das Bildungs- und Medienzentrums. Das gemeinsame Leitbild beschreibt eine inhaltlich-konzeptionelle Zusammenarbeit in Bezug auf die Bereiche Kultur, Information, Bildung, Beratung und Begegnung. Hierfür stimmen die drei Einrichtungen ihre Angebote ab und bieten ergänzende Medien und gemeinsame Informationen und Veranstaltungen an.[54]

Als vorrangig räumliche und konzeptionelle Integration wurde außerdem der Südpunkt in Nürnberg geplant und 2009 eröffnet. Unter der gemeinsamen Zielsetzung einer städtischen Integrationspolitik zur Förderung der Stadtteilentwicklung, des sozialen Zusammenhalts und der Lebensqualität, bilden das Bildungszentrum[55], die Stadtbibliothek und das Amt für Kultur und Freizeit unter einem Dach ein Forum für Bildung und Kultur. Diesbezüglich hält Jouly (2010, 22) fest:

> „Es ist kommunalpolitischer Wille, lebenslanges Lernen, berufliche Weiterbildung und kulturelle Begegnung zu verbinden."

Die Träger der Einrichtungen sind organisatorisch eigenständig, entwickeln ihre Angebote jedoch abgestimmt und gemeinsam, indem sie ihre Tätigkeiten, Projekte und Finanzen über einen Kooperationsvertrag koordinieren (vgl. Südpunkt Leitbild o.J.).

---

53 Eine Beschreibung des Kulturzentrums August-Everding findet sich auf der städtischen Homepage von Bottrop.
54 Das Bildungs- und Medienzentrum präsentiert sich nicht auf einer gemeinsamen Homepage, sondern über die Internetseiten der drei räumlich-integrierten Einrichtungen. So ist das Leitbild des Zentrums beispielsweise auf der Homepage der Volkshochschule Trier einzusehen.
55 Anm. d. Autorin: Hinter dem Label ‚Bildungszentrum' verbirgt sich die Nürnberger Volkshochschule. Das Bildungszentrum leitet den ‚Lernpunkt', der als Selbstlernzentrum auch von den anderen Einrichtungen genutzt werden kann und somit als Schnittstelle aller drei Trägerangebote verstanden wird (vgl. Südpunkt (o. J.): Der Lernpunkt im Südpunkt. Ein Nutzungskonzept).

Modelle der räumlichen, konzeptionellen und organisationalen Integration[56]: In den 1990er Jahren hat sich der Rotebühlplatz in Stuttgart als zentraler Veranstaltungsort für Lernen, Bildung und Kultur gegründet. Dieses Modell umfasst Volkshochschule, Musikschule, Klassenräume zweier Berufsschulen, einen Seniorentreffpunkt sowie ein Café. Gemeinsam bilden diese Einrichtungen ein „Kompetenzzentrum für individuelles Lernen" (vgl. Flyer Treffpunkt Rotebühlplatz). Eine organisationale Schnittstelle bildet die gemeinsame Programmleitung, das Kulturmanagement und die Presse- und Öffentlichkeitsarbeit für das ganze Haus.[57]

Stang und Irschlinger (2005, 19) fassen den Wissensturm in Linz zwar lediglich unter das Modell der organisationalen Integration, nach der Eröffnung 2007 wurden jedoch auch inhaltlich-konzeptionelle Formen der Zusammenarbeit realisiert. In einem verkehrsgünstig gelegenen, neu erbauten 15-stöckigen Turm, wurden neben Volkshochschule und Bibliothek auch eine als Verein organisierte Medienwerkstatt, ein Bürgerservice und ein Bistro untergebracht. Als inhaltlich-konzeptionelles Kooperationsprojekt wurde das Selbstlernzentrum der Volkshochschule zum ‚Lernzentrum Wissensturm' (Lewis) ausgebaut und in Zusammenarbeit mit der Bibliothek „auf eine neue inhaltliche Ebene gehoben" (Hummer 2007, 4). Des Weiteren wird die integrative Konzeption über sieben gemeinsame Sachbereiche deutlich, die jeweils in Volkshochschule und Bibliothek vorhanden sind und in denen gemischt besetzte Teams Inhalte und Programmplanung aufeinander abstimmen (vgl. Magistrat Linz o.J., 12). Organisational kann insofern von Integration gesprochen werden, als dass Volkshochschule und Stadtbibliothek bereits seit 2004 in Personalunion geleitet werden. Zudem übernimmt eine Querschnittsabteilung zentrale und übergreifende Aufgaben wie z.B. Buchhaltung, Budget und Controlling sowie Veranstaltungs- und Haustechnik und Reinigung.

Die räumliche Zusammenführung von verschiedenen Lernorten in Form des zentralen Bildungszentrums Hessencampus/Haus des Lebenslangen Lernens Dreieich[58] im Kreis Offenbach wurde 2009 realisiert und ist zumindest in der Programmatik sowohl dem Modell der organisationalen als auch dem Modell der konzeptionellen Integration zuzuordnen. Vergleichbar zu Knolls Überlegungen von 1972 hinsichtlich einer Verknüpfung von Erwachsenenbildungs- und Schuleinrichtungen zu einem Bildungszentrum, bilden in diesem aktuellen Beispiel eine Berufsschule, eine Kreisvolkshochschule sowie ein Abendgymnasium für

---

56 Hierzu zählen neben den im Folgenden vorgestellten Bildungs- und Kulturzentren auch das zib in Unna und DAS tietz in Chemnitz, die den organisationalen Kontext der vorliegenden Studie bilden. Eine nähere Vorstellung erfolgt in Kapitel 7.1.
57 Die Informationen entstammen der Homepage des Treffpunkts Rotebühlplatz.
58 Vgl. hierzu die Homepage der Initiative Hessencampus.

3.1 Drei Modelle kooperativer Zusammenarbeit 69

Erwachsene die Starteinrichtungen des Vorhabens. Weiterhin wurden später ein Medienzentrum, eine Musikschule und eine weitere Volkshochschule integriert (vgl. Kreis Offenbach 2007, 7f.). Organisatorische Abläufe sind verzahnt, wobei die Einrichtungen rechtlich vollständig erhalten bleiben.[59] Die Leitungen der Starteinrichtungen sowie eine kaufmännische und eine bis zum Ende des Jahres 2011 noch nicht besetzte Stelle einer pädagogischen Geschäftsführung bilden den Vorstand des Zentrums. Gemeinsam entwickelte und in der Erprobung befindliche Bildungsgänge, eine einrichtungsübergreifende Bildungsberatung, ein Selbstlernzentrum und ein gemeinsames Qualitätsmanagement bilden die Anfänge einer inhaltlich-konzeptionellen, stark binnenorientierten Zusammenarbeit und werden von einem sogenannten Campusentwicklungsteam aus Fachbereichsleitungen der Volkshochschulen und Abteilungsleitungen der Schulen weiterentwickelt.[60]

Ebenfalls zählen die Idea Stores in London zu den Modellen einer räumlichen, organisationalen und konzeptionellen Integration; sie sind im Zeitraum 2002 bis 2006 in unterschiedlichen ‚Problemstadtteilen' als Maßnahmen einer städtischen Integrationspolitik entstanden und vereinen Bibliotheken mit Erwachsenenbildungseinrichtungen unter einem Dach. Zudem integrieren sie Kunstgalerien, Freizeitangebote, Cafés sowie Geschäfte des Einzelhandels:

> "Idea Stores are more than just a library or a place of learning. As well as the traditional library service, they offer a wide range of adult education classes, along with other career support, training, meeting areas, cafes and arts and leisure pursuits – all brought together in easily accessible spaces which are modelled on retail environments." (Tower Hamlets Borough Council 2009, 6)

Die gemeinsame inhaltliche Konzeption zeichnet sich nicht nur durch die räumliche Nähe aus, sondern auch dadurch, dass sich die Bibliotheks- und Erwachsenenbildungseinrichtungen thematisch abstimmen und in gemischten Teams arbeiten (vgl. Rockenbach 2004, 11). Jeder Idea Store hat eine Leitungsperson und weitere Kräfte, die übergreifend beispielsweise für Finanz-, Personal- und EDV-Bereiche zuständig sind (ebd., 21). Bezugnehmend auf die besondere Architektur

---

59   Die ursprüngliche Planung einer Fusion, in der alle Einrichtungen zu einer Organisation verschmelzen, musste verändert werden, da die gesetzlichen Möglichkeiten nicht ausreichten, schulische Einrichtungen mit Einrichtungen der öffentlichen Weiterbildung zu verbinden. Zudem wehrten sich die Einrichtungen gegen den befürchteten Profilverlust. Besonders die Volkshochschule hatte Bedenken, von den weitaus gewichtigeren und budgetstärkeren Schulen ‚geschluckt' zu werden. (Die Informationen beruhen auf einem Gespräch mit der kaufmännischen Geschäftsführung, Stand: 10.11.2011).

60   Die Inhalte dieses Absatzes hat die Autorin in ähnlicher Form bereits an anderer Stelle vorgelegt (vgl. Dollhausen/Mickler 2012, 53ff.).

und Ausstattung der Gebäude macht Jouly (2010, 22) eine bemerkenswerte Aussage, die für alle Bildungs- und Kultureinrichtungen Gültigkeit besitzen könnte:

> „Die ‚Idea Stores' (...) erweisen potentiellen Besuchern durch exzellente ästhetische Gestaltung des Hauses Respekt."

Sie greift damit die bereits von Pöggeler in den 1950er Jahren festgestellte Wirkung von Gebäuden auf Lernprozesse auf und betont deren Bedeutung hinsichtlich der Wertschätzung gegenüber Teilnehmenden, Adressaten und Mitarbeitenden.

Übergreifende Charakteristika von Bildungs- und Kulturzentren: Sowohl anhand historischer als auch aktueller Beispiele von integrativen Kooperationsformen lassen sich wesentliche bildungs- bzw. kommunalpolitische sowie raum-, einrichtungs- und angebots- bzw. teilnehmerbezogene Charakteristika bzw. Zielsetzungen von Bildungs- und Kulturzentren festhalten:

- *Bildungs- bzw. kommunalpolitische Aspekte:* Die vorgestellten Beispiele verdeutlichen den maßgeblichen Einfluss von bildungs- und kommunalpolitischen, aber auch gesellschaftlichen und wirtschaftlichen Rahmenbedingungen und Entwicklungen auf die Entstehung der Zentren. Außerdem prägt der jeweils zeitgenössische Blick auf Lernerfordernisse, Bildung und Kultur die Ausgestaltung von kooperativen Bildungsarrangements.
- *Raumbezogene Aspekte:* Das Ziel, „sich architektonisch Ausdruck zu verleihen" (Schäffter 2003b, 166) über neu gebaute und gestaltete Räume sowie die Zentralität der Gebäude, wird eng verbunden mit einer erhofften Wirkung auf Präsenz, Ansehen und Bekanntheitsgrad der Bildungs- und Kultureinrichtungen. Dabei spielen die architektonische Umsetzung von Offenheit und Transparenz durch Glaselemente und eine effektive Raumnutzung als mögliche Zugewinne ebenso eine Rolle, wie auch die Berücksichtigung von räumlicher Nähe der Einrichtungen als möglicher Störfaktor.
- *Einrichtungsbezogene Aspekte:* Mitnahmeeffekte bzw. die gegenseitige indirekte Werbung hatten bereits in der historischen Perspektive von integrativen Kooperationsmodellen einen hohen Stellenwert. Eine inhaltlich-konzeptionelle Zusammenarbeit ist sowohl in den historischen als auch in den aktuellen Beispielen unterschiedlich stark ausgeprägt. Die enge Bindung aller Einrichtungen sowie Personalebenen und der Austausch zwischen diesen werden zwar als Vorteile erkannt. Trotzdem steht der Erhalt der Selbstständigkeit der einzelnen Einrichtungen im Zentrum, bei gleichzeitiger Wahrnehmung und Reflektion der eigenen Einrichtung und deren Ziele, in Abgrenzung bzw. im Spiegel der anderen Einrichtungen.

- *Angebots- bzw. teilnehmerbezogene Aspekte:* Die vorgestellten Beispiele zeigen Möglichkeiten der Realisierung eines umfassenden Bildungsverständnisses und -angebots auf und verweisen auf das Verständnis von Bildungs- und Kulturzentren als Begegnungsstätten mit Kommunikations- und Integrationsfunktion. Die Bereitstellung von Erlebnis- und Erfahrungsräumen sowie die Wahrnehmung kultureller Aufgaben als Facette der Erwachsenenbildung werden hervorgehoben.

Diese gemeinsamen Merkmale verdeutlichen die begriffliche Abgrenzung von Bildungs- und Kulturzentren von anderen Modellen kooperativer Zusammenarbeit. Eine weiterführende Begriffs- und Verständnisschärfung wird im Folgenden vorgenommen.

Begriffs- und Verständnisschärfung „Bildungs- und Kulturzentrum"

> *„Was wir nicht klar ausdrücken können, kennen wir auch nicht wirklich. Definitionen sollten in dem Maße eingeführt werden, als sie tatsächlich größere Klarheit schaffen."* (Zetterberg 1973, 109).

Integrative und räumlich zentralisierte Kooperationsformen werden in der Literatur wahlweise als „Volksbildungshäuser" (vgl. Seitter 1990), „Bildungshäuser" bzw. „Mehrzweckbauten" (Pöggeler 1959), „Bildungszentrum" (Knoll 1972) und „Zentrum für lebenslanges Lernen" (Harney u.a. 2007) sowie in der Praxis als „Kulturzentren" oder „Forum für Bildung und Kultur" vorgestellt bzw. realisiert. Das Anliegen, eine treffende Bezeichnung zu etablieren, ist ein schwieriger aber notwendiger Schritt hin zu einer Identifizierung, Abgrenzung und Verankerung dieser speziellen hybriden Organisationsform in der Weiterbildungslandschaft. Zudem können auf diese Weise wissenschaftliche und praxisbezogene Diskussionen und Verständigungsprozesse erleichtert werden. Im Folgenden wird in einem Dreischritt eine Begriffs- und Verständnisschärfung vorgenommen:

Zunächst wird der international etablierte Begriff des ‚Lernzentrums' bzw. des ‚learning centre' als Oberbegriff vorgestellt (a); daran anschließend wird die von Stang (2011) favorisierte Begriffswahl der ‚One-Stop Shops' kritisch analysiert (b); schließlich wird die für diese Studie verwendete Bezeichnung ‚Bildungs- und Kulturzentrum' begründet (c).

a) Lernzentrum bzw. learning centre: Der bisher im deutschsprachigen Raum verwendete Sammelbegriff der Lernzentren (vgl. Götz 2010, Stang/Hesse 2006; Wack 2000) umfasst vielfältige Formen zentraler Lernorte, die unterschiedlichste Beratungsangebote, Informationsquellen, Arbeitsmittel und Technikausstattungen bereithalten. Er wird zudem häufig mit Selbstlernzentren gleichgesetzt, was zu einer begrifflichen Uneindeutigkeit führt. Im internationalen Sprachgebrauch fassen Buiskool u.a. (2005, 10ff.) den breiten Begriff der „local learning centres" mit „learning partnerships"[61] unter der Begründung zusammen, dass beide Lernortformen Teil der gleichen Entwicklung hin zu offeneren Lernprozessen und -möglichkeiten in einer globalisierten Welt sind:

> "A local learning centre/partnership is an organisational entity that initiates, develops and delivers training or educational services or activities to promote adult learning in the broadest sense of the word. (...) Centres/partnerships may be the only contributors to the adult learning processes, or have a part in it together with other educational or societal partners. Centres/partnerships may have a tangible accommodation and location, or be of a more virtual kind (IT-based). They may be of an informal, a non formal or a formal nature, meaning that they may be a private initiative, or part of an organisational structure (but not of an educational one), or they may be established within an educational institute or structure." (Buiskool u.a. 2005, 10)

Eine umfassende Definition dieser Art ist einleuchtend, da es Ziel der Studie von Buiskool u.a. (2005) war, möglichst viele Initiativen zur Unterstützung des lebenslangen Lernens und deren Entwicklungsstand europaweit erfassen und analysieren zu können.[62] Kooperative und vernetzte Organisationsformen sind innerhalb des Begriffes ‚learning centre' jedoch nicht automatisch integriert; teilweise umfassen sie kooperativ ausgestaltete Orte, zu einem großen Teil ist dies aber nicht der Fall. Der spezifische Fokus der empirischen Untersuchung in der vorliegenden Forschungsarbeit grenzt sich jedoch deutlich vom breiten Begriffsverständnis ‚Lernzentrum' ab.[63] Grund hierfür ist, dass er sich nur auf solche Kooperationsformen konzentriert, die Weiterbildungseinrichtungen, hier im speziellen Volkshochschulen, mit Bibliotheken und Kultureinrichtungen zusammenführen; dies erfolgt unter räumlichen und inhaltlich-konzeptionellen, in Tei-

---

61 In einem engen Sinne würden „learning partnerships", also Bildungs- oder Lernpartnerschaften bzw. mit Lernenden Regionen oder learning communities (vgl. Schreiber-Barsch 2007) im Sinne eines Netzwerks gleichgesetzt werden.
62 Über Fallstudien in 31 Ländern wird aufgezeigt, welche Faktoren und Konditionen konstituierend und notwendig für Lernzentren und Lernpartnerschaften in ihren vielfältigsten Ausprägungen sind und welche Lernmöglichkeiten im Sinne des Lebensbegleitenden Lernens geschaffen wurden.
63 Die Definition von Lernzentren wird angelehnt an vorangestellte Autoren und Autorinnen als ‚breit' beschrieben. Versteht man ‚Lernen' jedoch in einem engeren Sinne als Aneignung einer Sache ist auch der Begriff der Lernzentren begrifflich zu eng gefasst. ‚Bildung' gilt in dieser Perspektive als der umfassendere Begriff (vgl. Klafki 2007).

3.1 Drei Modelle kooperativer Zusammenarbeit

len auch organisationalen Gesichtspunkten. Bildungs- und Kulturzentren bilden demnach einen spezifischen Typus der übergreifenden Struktur ‚Lernzentrum'.
b) One-Stop Shop: Stang (2011, 8f.) stellt über eine Systematisierung einen begrifflichen und inhaltlichen Abgrenzungsversuch vor, um Bildungs- und Kulturzentren letztlich als sogenannte ‚One-Stop Shops' zu definieren:

- *Modell „Selbstlernzentrum":* Eine spezifische (Medien-)Infrastruktur sowie Lern- und Bildungsberatung sollen Lernprozesse unterstützten. Es handelt sich meistens um Computerarbeitsplätze, die von Lernenden unter Zuhilfenahme von Lernsoftware und Beratungsangeboten genutzt werden können. Teilweise werden diese Selbstlernzentren von einzelnen, teilweise von mehreren Einrichtungen in Kooperation eingerichtet und betreut. Selbstlernzentren können Teil eines Bildungs- und Kulturzentrums sein und somit eine integrative Wirkung entfalten, wenn alle oder einige Einheiten der Gesamteinrichtung dieses gemeinsam bespielen und weiterentwickeln.
- *Modell „Bildungszentrum":* Traditionell stellen Volkshochschulen Bildungszentren dar, die ihr Kursangebot mittlerweile meist mit Selbstlern- und Beratungsangeboten ergänzen und punktuell mit anderen Bildungs-, Kultur- und Serviceeinrichtungen, aber auch mit Unternehmen kooperieren. Bildungszentren können ebenso Teil eines Bildungs- und Kulturzentrums sein, bzw. sind häufig – im Falle von Volkshochschulen – als Initiativ- bzw. Starteinrichtung eingebunden.
- *Modell „Nachbarschaftszentrum":* Hier kooperieren stadtteilbezogene Einrichtungen, um ein auf lokale und soziale Problemlagen ausgerichtetes Angebot zu etablieren. Bildungs- und Kulturzentren können Aufgaben dieser Art wahrnehmen, wie das Beispiel des Südpunkts in Nürnberg aufgezeigt hat.
- *Modell „Bibliothek":* Sich als Zentrum für das lebenslange Lernen verstehend, bieten Bibliotheken mittlerweile ein breites Bildungs- und Kulturangebot an, das sich weit über die traditionelle Funktion der Medienanschaffung und -verleihung ausgedehnt hat. Teilweise kooperieren Bibliotheken mit weiteren lokalen Einrichtungen. Dabei können sie ebenso Teil eines Bildungs- und Kulturzentrums bzw. als Initiativ- bzw. Starteinrichtung eingebunden sein.
- *Modell „One-Stop Shop":* Dieser letzte Typus entspricht dem Untersuchungsgegenstand ‚Bildungs- und Kulturzentrum' der vorliegenden Studie. Für Stang (2010a, 322) handelt es sich hierbei um Lernzentren neuen Typs, deren kooperativer Ansatz es ist, Bildung, Beratung, Information, Kultur, Kommunikation und Bürgerservice in einer räumlichen Einheit als neue Institutionalform zu integrieren (vgl. hierzu auch Götz 2010, 147). Dabei

spielt die Zentralität eine bedeutende Rolle, da die Bildungs- und Kulturzentren durch eine verkehrsgünstige Lage leicht zu erreichen sind und somit auch Laufpublikum angesprochen wird. Aus Überlegungen der Stadtentwicklung heraus, geht es darum, Innenstädte zu beleben, durch neue und imposante Gebäude ein modernes Stadtbild zu erreichen und ein attraktives Bildungs- und Kulturangebot für alle Bürger und Bürgerinnen bereitzustellen. Zentren dieser Art bilden demnach eine zentrale Anlaufstelle für vielfältige Anlässe. Weshalb Stang durchgehend die Bezeichnung ‚One-Stop Shop' verwendet, lässt sich hierbei partiell über das Kriterium der Zentralität mehrerer Angebote begründen. Eine weiterführende Erläuterung ist jedoch bisher nicht erfolgt, weshalb dies im Folgenden ergänzend unter einer prüfenden Perspektive nachgeholt wird.

Der Begriff ‚One-Stop Shop' ist dem Englischen entlehnt und findet sich in einem Dictionary of contemporary English wieder. Dort wird „one-stop shop" oder „one-stop store" folgendermaßen verkaufs-, konsum- bzw. warenbezogen erklärt (Longman 2005, 1149): „a shop where you can buy many different things."

So wurde der Begriff ab etwa den 1920er Jahren vorrangig in wirtschaftsbezogenen Kontexten verwendet, ab den 1980ern aber zudem verstärkt für Servicebereiche der öffentlichen Verwaltung, um die gebündelte Abwicklung von Formalitäten mehrerer Institutionen – also Verwaltungsleistungen aus einer Hand – zu beschreiben (vgl. Investment Climate Advisory Services/World Bank Group 2009, 1). Letzteres ist in Deutschland weit verbreitet, wenn beispielsweise Gewerbeamt, Finanzamt, Arbeitsagentur, Handwerkskammer und andere Institutionen in einem Zentrum zusammengefasst sind (vgl. IfM 2009).

Studierende eines Diplompädagogikstudiengangs, die im Seminar ‚Alles unter einem Dach – die Volkshochschule als Teil eines Bildungs- und Kulturzentrums' im Sommersemester 2010 an der Philipps-Universität Marburg frei zum Begriff des ‚One-Stop Shops' assoziieren sollten, verknüpften diesen zum einen mit der originär wirtschaftlichen Dimension, zum anderen aber auch mit einer bisher nicht berücksichtigten zeitlichen Dimension wie man folgendem, in der Diskussion entstandenem Tafelbild entnehmen kann.

3.1 Drei Modelle kooperativer Zusammenarbeit

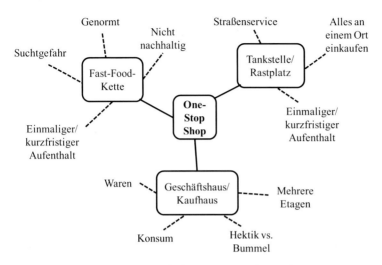

Abbildung 3: Begriffs-Assoziationen zu One-Stop Shop

Die Studierenden verbanden mit der Bezeichnung vorrangig drei Geschäftsfelder, die Gemeinsamkeiten aufweisen: Die Fast-Food-Kette, die Tankstelle und das Kaufhaus bieten als zentrale Orte eine vielfältige Warenpalette an, aus der sich der Kunde und die Kundin bedienen können – eine Analogie, die sich auch auf ein Bildungs- und Kulturzentrum übertragen ließe. In einem inhaltlich-konzeptionellen Kontext stellt sich jedoch die Frage, ob Fast-Food-Kette, Tankstelle und Kaufhaus – und damit auch der Begriff des ‚One-Stop Shops' – nicht ein unverbundenes Nebeneinander des Angebots versinnbildlichen. Deutlich treten zudem die gemeinsamen zeitbezogenen Assoziationen des einmaligen Aufenthalts, der Kurzfristigkeit bzw. der Hektik hervor, die jedoch in Diskrepanz zum eigentlichen Anliegen von Bildungs- und Kulturzentren stehen, die Aufenthaltsqualität schaffen und zum Bummeln einladen wollen.

Darüber hinaus bestätigt und ergänzt die Sichtweise einer wissenschaftliche Mitarbeiterin des Deutschen Instituts für Internationale Pädagogische Forschung die oben genannten Assoziationen, wenn sie das Online-Fachportal ‚fis Bildung' als ‚One-Stop Shop' bezeichnet. Sie knüpft an die Tankstellen-Analogie und an das Merkmal des ‚kurzfristigen Aufenthalts' an:

> „Damit ist gemeint, dass der Nutzer rundum beliefert wird (...). So wie bei einer Tankstelle, die neben Benzin alles anbietet, was für die Fortsetzung der Reise erforderlich ist." (Bildungsserver 2010)

Zum einen stellt auch hier der ‚One-Stop Shop' zunächst einmal in der zeitlichen Dimension nur einen Zwischenhalt dar, eine kurze Pause also, um sich für die weitere Reise zu rüsten. Bezogen auf Bildungs- und Kulturzentren könnte dieses Merkmal augenscheinlich zutreffen, wenn man eine solche zentralisierte Einrichtung ausschließlich im Kontext der selbstgesteuerten Lernprozesse im lebenslangen Lernen sieht und ihr eine punktuelle und zeitlich begrenzte Funktion einräumt. So spricht auch Stang (2010b, 40) von „Mitnahmeeffekten", meint damit aber nicht die kurze Verweildauer, sondern konträr hierzu die gegenseitige Aufmerksamkeitszunahme durch die Zusammenführung von Angeboten unter einem Dach und damit das Verweilen der Teilnehmenden in den verschiedenen Einrichtungen. Bildungs- und Kulturzentren verfolgen das Prinzip, Menschen aus unterschiedlichen Situationen, wie z.B. der Bücherausleihe oder dem Gastronomieaufenthalt abzuholen und auf weitere Bildungs- und Kulturangebote aufmerksam zu machen. Unter dieser Perspektive wird nicht mehr nur die Volkshochschule als Lern- oder Bildungszentrum und das Museum als kulturbewahrende und -vermittelnde Einrichtung wahrgenommen, sondern das ganze Haus stellt in der Verbindung der Angebote ein großes Bildungs- und Kulturzentrum dar.

Zum anderen sticht der Aspekt des „Belieferns" aus obigem Zitat hervor. Der Begriff ist für die Funktion einer Tankstelle zutreffend, jedoch nicht im Sinne eines Bildungs- und Kulturzentrums: Zwar sollen Bildungs- und Kulturinhalte sowie Informationen an die Nutzer und Nutzerinnen vermittelt werden, doch spielen insbesondere die Förderung und Unterstützung selbstgesteuerter Lernprozesse und die Aneignungsperspektive eine wesentliche Rolle. Darüber hinaus eröffnet ein Bildungs- und Kulturzentrum gezielt gesellige Komponenten des Lernens, die in der Assoziation zu ‚One-Stop Shops' fehlen – hier wird der einzelne Nutzer und die einzelne Nutzerin beliefert, ohne dass eine Auseinandersetzung über Inhalte oder ein Austausch mit weiteren Interessenten stattfinden muss.

c) Bildungs- und Kulturzentrum: Der für diese Studie gewählte Begriff des Bildungs- und Kulturzentrums stellt sich somit bewusst gegen die Verwendung des Begriffs ‚One-Stop Shop', der verstärkt mit Warenkonsum, Belieferung und kurzfristigen bzw. einmaligen Aufenthalten sowie einem egoistischen Kunden- oder Teilnehmerhabitus mit rezipierender bzw. passiver Haltung assoziiert werden kann. In Form der kombinatorischen Bezeichnung ‚Bildungs- und Kulturzentrum' sollen vielmehr die Begriffe ‚Bildung'[64] und ‚Kultur' gestärkt werden,

---

64 Nachteilig am Bildungsbegriff ist die Tatsache, dass es sich um eine exklusiv deutsche Wortwahl handelt: Bildung ist in anderen Sprachkontexten, wie z.B. im Englischen und Französischen, nicht direkt zu übersetzen und schließt damit die Verwendung des Begriffs ‚Bildungs- und Kulturzentrum' im internationalen Kontext aus. Dies ist ein deutlicher Verweis darauf,

um den Hybridcharakter, der sich gegen eine pädagogische Verengung und Vereinseitigung von Lernorten richtet, zu verdeutlichen.[65]

Hierbei wird von einem Bildungsbegriff[66] ausgegangen, der insofern auf einem normativen, aufklärerischen und neuhumanistischen Verständnis gründet, als dass Bildung allen Menschen zugänglich gemacht werden soll und die individuelle und freiheitliche Persönlichkeitsbildung zur Mündigkeit betont wird. Jedoch wird, entgegen eines vollkommen zweckfreien Verständnisses von Menschenbildung bei Wilhelm von Humboldt, Bildung im Folgenden als relationale Kategorie verstanden, die das Verhältnis von Mensch und Welt in den Blick nimmt. Diese Definition führt nach Klafki (2007, 49ff.) als Voraussetzung mit, dass sich Lernende tätig mit der Welt auseinandersetzen, um ein Bewusstsein für die Relativität von Wirklichkeitserfahrungen zu schaffen. Bildung umfasst dabei verschiedene Dimensionen der Weltaneignung und -auseinandersetzung und fördert Sensibilität für Diversität, Dynamik und verschiedene politische, berufliche und soziale Weltbezüge. Anschlussfähig ist daran der Ansatzpunkt von Tenorth, der Bildung versteht als „prozesshafte Ermöglichung der Selbstkonstruktion des Menschen angesichts der Herausforderungen unserer Welt" (Tenorth 2006, 20). Obwohl vorhanden und nicht durch idealisierte Überhöhungen von zweckfreier Bildung zu verdecken, steht nicht der formale Verwertungszusammenhang einseitig im Vordergrund, sondern die Auseinandersetzung mit mannigfaltigen Lernanlässen und Eindrücken. Zudem soll neben zukünftig nutzbaren Bildungserfahrungen auch der Gegenwartsbezug nicht verschwinden: Das Freud- und Genussvolle sowie das Aufgehen im Moment wird ebenso als Komponente von Bildung verstanden. Bildungs- und Kulturzentren können sich in diesem Verständnis als Lernort begreifen, der – angelehnt an Seitter (2007, 170) – sensibel dafür ist, „dass Autonomie, Kompetenz und Kultivierungsfähigkeit des Erwachsenen durchaus mit (dosierten) pädagogischen Steuerungsabsichten kompatibel sind und dass Lernen als Aneignungsoption sich zumeist an sozial vielfältig nutzbaren und biographisch variabel anschlussfähigen Orten ereignet." Der Begriff der Kultur[67] wird in der Bezeichnung der Zentren augenscheinlich deshalb gewählt, weil innerhalb der Kooperationsformen Kulturbetriebe, also eine Ansammlung kultureller Einrichtungen, integriert sind; Beispiele hierfür sind Museen, Theater oder Bibliotheken (vgl. Heinrichs 2011, 134). Ausgehend

---

dass die Suche nach einer treffenden Bezeichnung für integrative Kooperationsmodelle im Sinne von Bildungs- und Kulturzentren nicht abgeschlossen ist.
65 Vgl. hierzu Seitter (2007, 149f.), der Lernorte der Erwachsenenbildung am Beispiel des Vereins, des Betriebs, des Museums und der Bibliothek als hybride bildungsbezogene Infrastruktur vorstellt und damit die Vielfalt, in die das Lernen Erwachsener eingebettet ist, betont.
66 Vgl. Benner/Brüggen (2010) zur historischen Entwicklung der Begriffe ‚Bildung' und ‚Bildsamkeit'.
67 Vgl. Helmer (2010) zur historischen Entwicklung des Begriffes ‚Kultur'.

von Lüddemann (2011, 124) handelt es sich bei dieser Auffassung jedoch lediglich um *einen* Aspekt von Kultur.[68] Für die Beschreibung eines Bildungs- und Kulturzentrums wird Kultur ebenso als „Bedeutungsproduktion" (ebd., 124) verstanden und bezieht sich somit nicht auf einzelne Einrichtungen, die als ‚kulturell' charakterisiert werden, sondern auf das institutionelle Gesamtgebilde an sich, das zum Schauplatz von Kultur wird. Kultur bietet dann als Sinninstanz „einen komplexen Orientierungsrahmen" (ebd., 125) in der Gesellschaft:

> „Medial verfasst bietet sich Kultur damit als Ensemble von Sichtweisen und Konkretisierungsformen dar, das Anlässe zur Diskussion darüber bietet, wie Menschen ihre Wirklichkeit in den Blick nehmen und dadurch auf spezifische Weise konstituieren." (Lüddemann 2011, 126)

Lüddemann führt weiter aus, dass Kultur erst durch die aktive Teilhabe von Menschen, über Kommunikation, Rezeption, Reflexivität und Kreativität lebt und sich weiterentwickelt. Hier deutet sich an, dass es einen unmittelbaren Zusammenhang von Bildung und Kultur gibt: die Auseinandersetzung mit mannigfaltigen Lernanlässen und Eindrücken, die prozesshafte Selbstkonstruktion des Menschen in Relation zur Welt sowie die Bewusstmachung von Diversität, Dynamik und verschiedenen Weltbezügen als wesentliche Beschreibungsdimensionen beider Begrifflichkeiten.[69] Die Verbundenheit zeigt sich zudem in der kombinatorischen Begrifflichkeit der kulturellen Bildung, die wie folgt beschrieben werden kann:

> „Kulturelle Bildung vermittelt Wissensbestände, übt Rezeptionsweisen ein, hilft dabei, eigene Kreativität zu entdecken und auszuleben, (...) will Grenzen einebnen und Beteiligung ermöglichen." (Lüddemann 2010, 48)

Ausgehend von vorangegangenen Überlegungen soll für den weiteren Verlauf der Arbeit der Begriff der ‚Bildungs- und Kulturzentren' beibehalten werden. Sie werden verstanden als städtebaulich markante, räumlich und zum Teil auch organisatorisch zentralisierte und verstetigte Einheiten von Bildungs-, Kultur- und Serviceeinrichtungen, die in der Zusammenführung ihrer je eigenen Kompeten-

---

68   Vgl. Lüddemann (2011, 124f.): So kann zweitens Kultur als „Überlieferung und Bildungsschatz", drittens als „ein genau abgegrenzter Kanon künstlerischer Spitzenleistungen", viertens als „Fest- und Feiertagskultur zur bloßen Verschönerung des Lebens" und fünftens als Kultur einer „Nation oder Ethnie" identifiziert werden.
69   Der Konnex von Bildung und Kultur wird beispielsweise von Helmer (2010, 527) als gesetzt formuliert. Er bezieht sich dabei u.a. auf Cicero (106-43 v. Chr.), der den lateinischen Begriff ‚cultura' metaphorisch mit der Formung des Geistes und somit mit dem Gedanken der Bildung verbindet (ebd., 528).

zen und Angebote vielseitige und miteinander verknüpfte, für alle zugängliche nicht-kommerzialisierte Lern-, Kommunikations-, Reflexions-, Informations-, Beratungs-, Entdeckungs-, Freizeit-, Genuss- und Aufenthaltsmöglichkeiten bereitstellen.

Unter der Vergleichsperspektive der in diesem Kapitel vorgestellten Kooperationsmodelle werden drei unterschiedliche Bedeutungs- und Funktionszuschreibungen deutlich: Subsidiäre bzw. supportive Kooperationsformen wie Weiterbildungsverbünde, Lernende Regionen oder Hessencampus sind vorrangig als Regulationsstrategie im Kontext regionaler Entwicklungs- und Modernisierungspotenziale bedeutsam (vgl. Faulstich u.a. 2001, 144). Kennzeichen dieser Strategie ist es, neben regionalen bildungsrelevanten Akteuren immer auch weitere aus den Bereichen Wirtschaft, Kultur und Soziales für eine Verknüpfung meist inhaltlicher Art einzubinden. Lernortkooperationen in der beruflichen Bildung hingegen dienen in erster Linie nicht einer regionalen Entwicklungsstrategie, sondern gewinnen vorrangig im Kontext von beruflichen Lern- und Professionalisierungsnetzwerken und -kooperationen an Bedeutung. Für Bildungs- und Kulturzentren als integrative Kooperationsform wiederum wird eine dritte Bedeutungs- und Funktionsbeschreibung relevant: Es besteht hierbei der Versuch, im Kontext des lebenslangen Lernens Kooperation als eigenständige Organisationsform – also als kooperativ konzipierte institutionelle Neubildung – zu bewerkstelligen, nicht zuletzt um inhaltlich-konzeptionelle, organisatorische und wirtschaftliche Handlungsspielräume zu erweitern und die Standort- und Lebensqualität der Städte zu erhöhen.

In der vorliegenden Studie gilt es, für zuletzt genannte Bedeutungs- und Funktionsbeschreibung von Bildungs- und Kulturzentren den Begriff der Kooperation näher zu definieren und von weiteren Formen der Zusammenarbeit abzugrenzen.

3.2 Kooperation im Kontext von Bildungs- und Kulturzentren. Eine Arbeitsdefinition

Der Begriff der Kooperation stammt aus dem Lateinischen (cooperare) und meint zunächst einmal nicht mehr und nicht weniger als ‚Zusammenarbeit' oder ‚Mitwirkung' (vgl. Textor 2002, 180). Er bezieht sich im Kontext der vorliegenden Studie auf die Zusammenarbeit mehrerer Einrichtungen aus dem Bildungs- und Kulturbereich. Um diese spezielle Form der Zusammenarbeit weiterführend definieren zu können, gilt es, Kooperation in Bildungs- und Kulturzentren von anderen Formen der Zusammenarbeit abzugrenzen und darüber hinaus zu konkretisieren.

Weder das neueste ‚Handbuch Erwachsenenbildung/Weiterbildung' (Tippelt/von Hippel 2009) noch das aktuelle ‚Wörterbuch Erwachsenenbildung' (Arnold u.a. 2010) führen ‚Kooperation' als eigenständigen Eintrag auf. Lediglich in Zusammenhang mit Begrifflichkeiten wie ‚Netzwerk' oder ‚Netzwerkarbeit' lassen sich im Rahmen von Erörterungen zur institutionellen Verfasstheit des Weiterbildungs- bzw. Erwachsenenbildungsbereichs Hinweise zu Kooperation finden. Die Unterordnung des Kooperationsbegriffes unter den augenscheinlich prominenteren Begriff des Netzwerks[70] findet bei Schäffter (2004, 32) eine theoretische Begründung:

> „Netzwerke bieten (...) basale Voraussetzungen für daran anschließende Kooperationsbeziehungen. Umgekehrt führt nicht jede Form von Kooperation zu Vernetzung (...).“

Dass Vernetzungen damit die höherstufige Form von sozialer Strukturierung[71] mit dem Ziel der Zusammenarbeit darstellen, lässt sich darüber hinaus so begründen, dass „(...) der wechselseitige Austausch in Netzwerken über vielfältige, hochkomplexe ‚Wanderungsbewegungen'“ (ebd., 32) stattfindet, so dass der Nutzen der Zusammenarbeit in Netzwerken nicht mehr direkt auf die einzelnen Akteure zurückzuführen ist. Im Gegensatz zu eher spezifisch sachdominierten Kooperationen und klar definierten Kooperationsakteuren, werden Netzwerke eher als ‚diffus beziehungsorientiert' und ‚zeitlich unbefristet' charakterisiert. In dieser Argumentation findet demnach eine Abgrenzung der beiden Begrifflichkeiten statt: Sowohl in Netzwerken als auch in Kooperationen arbeiten Akteure zwar thematisch und aufgabenbezogen miteinander, der Kooperationsbegriff wird jedoch bei Schäffter als bilaterale, zeitlich begrenzte, vertraglich geregelte und formalisierte Zusammenarbeit beschrieben. In diesem Verständnis kann Vernetzung als weiterführende, weniger instrumentell ausgerichtete und dynamischere Strategie von einer großen Zahl unterschiedlichster Akteure beschrieben werden, um jenseits einer konkreten und produktbezogenen Kooperation „einen

---

70 Der v.a. in der Betriebswirtschaftslehre synonym verwendete Begriff der Allianzen (vgl. Morschett 2005) findet im Weiteren keine gesonderte Berücksichtigung, da Netzwerke die komplexere Form darstellen und im Gegensatz zu Allianzen sprachlich im Bildungsdiskurs verankert sind.
71 Sowohl Netzwerke als auch Kooperationen werden im Rahmen dieser organisationsbezogenen Forschungsarbeit als Strukturprinzip von Gruppen und Organisationen verstanden. Weitere Verwendungszusammenhänge sind bei Grunwald (1982, 72) aufgeführt: Kooperation kann dann auch untersucht werden als Ausdruck einer sozialethischen Norm, internalisierter Einstellungen oder Erwartungen sowie von Verhalten und Interaktionsformen.

3.2 Kooperation: Eine Arbeitsdefinition

kommunikativen Verständigungsprozess mit langfristiger Ausstrahlung zu etablieren" (Jungk 1994, 61).[72]
Die von Schäffter genannten Merkmale von Kooperation greifen zu kurz, um die Zusammenarbeit in Bildungs- und Kulturzentren angemessen darstellen zu können, weshalb im Folgenden eine differenzierte Definition von Kooperation über sechs Begründungen vorgenommen wird.

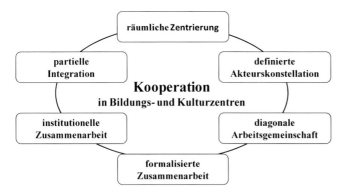

Abbildung 4: Prägnante Kooperationsmerkmale von Bildungs- und Kulturzentren

Kooperation als räumliche Zentrierung: Während Netzwerke ihre Ziele dezentral mit regionalen und überregionalen Akteuren bewerkstelligen, handelt es sich bei Bildungs- und Kulturzentren um lokale Akteure, die an einem räumlich sichtbaren und zugänglichen Ort agieren. Das Charakteristikum der räumlichen Grenzziehung macht die Kooperation von Bildungs-, Kultur- und Serviceeinrichtungen in einem städtisch-zentralen Gebäude ‚sichtbar'.

Kooperation als definierte Akteurskonstellation: Ein weiteres Merkmal ist, dass in Bildungs- und Kulturzentren klar festgelegte und identifizierbare Akteure miteinander agieren. Diese wesentliche Systemeigenschaft der Mitgliedschaftsregelung macht den Unterschied zu Netzwerken deutlich: Durch definierte Kooperationspartner entwickelt sich ein beständiges Kooperationsgefüge ohne wechselnde Akteure. Dadurch werden Grenzen gezogen, die die Kooperationsform nach außen hin als organisationale Struktur sichtbar und stabil machen. Netzwerke hingegen sind eher latent als Infrastruktur vorhanden und werden erst

---

[72] Vgl. weitere idealtypische Merkmale von Netzwerken nach Hagedorn und Meyer (2001, 235): Hierarchiefreiheit, Selbstbestimmung, Unabhängigkeit, Selbstverantwortung und Engagement der Akteure, Kompetenz- und Ressourcenverteilung, Transparenz, Flexibilität, Veränderbarkeit, Zweckbestimmung durch gemeinsame Ziele sowie dezentrale Risikosteuerung.

sichtbar, wenn die Partner tatsächlich von dieser Infrastruktur Gebrauch machen und in eine kooperative Aktion treten (vgl. Aderhold/Wetzel 2004, 25 und Dresselhaus 2006, 31).

Kooperation als diagonale Arbeitsgemeinschaft: Die Art der Zusammensetzung der kooperierenden Akteure lässt sich auf Netzwerke bezogen als horizontal[73], vertikal[74] oder diagonal bezeichnen (vgl. Bornhoff/Frenzer 2006, 47). Angelehnt an diese Charakterisierungsmöglichkeit, kann die Kooperation von Bildungs-, Kultur- und Serviceeinrichtungen unter einem Dach als diagonale und damit branchenübergreifende Form der Zusammenarbeit bezeichnet werden. Volkshochschule, Stadtbibliothek, Museum, Bürgerservice und Café sowie der in Einzelfällen integrierte Einzelhandel sind dann Stellvertreter der unterschiedlichen Branchen Weiterbildung, Information, Kultur, Gastronomie und Konsum. Vor diesem Hintergrund erfüllen unterschiedliche Zweige der kommunalen Infrastruktur das Ziel, „potentiellen Nachfragen oder erkannten Problemlagen entsprechende Angebote gegenüberzustellen. Die Kooperation sich ergänzender Organisationen/Akteure ermöglicht innovative Leistungskombinationen" (ebd.). Vor diesem Hintergrund überwinden unterschiedliche, aber sich ergänzende Zweige der kommunalen Infrastruktur ihre einrichtungsspezifischen Leistungsgrenzen, indem sie gemeinsam Angebote bereitstellen.

Kooperation als formalisierte Zusammenarbeit: Die Zusammenarbeit in Bildungs- und Kulturzentren weist einen höheren Formalisierungsgrad auf als eine netzbasierte Zusammenarbeit. Denn die zentrale Verortung mehrerer Einrichtungen ist mit einer teilweise organisatorischen Zusammenführung zu einem Eigenbetrieb mit entsprechender Steuerungs- und Leitungsstruktur verbunden (vgl. Stang 2011, 20). Im Gegensatz zur Hierarchielosigkeit von Netzwerken ist in diesen Zentren, abhängig von der jeweiligen Steuerungsform, eine hierarchi-

---

73 Eine horizontale Kooperationsform bietet sich in Ansätzen für die Charakterisierung von Bildungs- und Kulturzentren an, wenn davon ausgegangen wird, dass öffentliche Bildungs-, Kultur- und Serviceeinrichtungen in Abgrenzung zu beispielsweise wirtschaftlichen Unternehmen einem ähnlichen, gemeinnützigen, non-profit Tätigkeitsfeld zugeordnet werden, weil sie gemeinschaftlich kommunale Aufgaben erfüllen. Von einer solchen Sichtweise wird jedoch Abstand genommen, da dann die Abgrenzung zur horizontalen Kooperation von ausschließlich aus dem Weiterbildungsbereich stammenden Einrichtungen wenig trennscharf wäre.

74 Vertikale Kooperationen, z.B. zwischen Industrie und Einzelhandel, spielen insbesondere in der Betriebswirtschaft eine Rolle, wobei hier die Zielübereinstimmung von Kooperationspartnern sowie der Kooperationszweck der „Steigerung der Wettbewerbsfähigkeit durch optimierte Wertschöpfung" (Möll 2006, 282) im Vordergrund stehen. Eine vertikale Kooperationsform ist für die Charakterisierung von Bildungs- und Kulturzentren auszuschließen, da hier keine Zusammenarbeit auf unterschiedlichen Produktionsstufen im Sinne hierarchischer Lieferbeziehungen und subunternehmerischer Einheiten stattfindet und Kooperation weniger unter der Zielübereinstimmung als viel mehr unter der Ermöglichung des Arbeitshandelns betrachtet wird.

3.2 Kooperation: Eine Arbeitsdefinition

sche oder vertragsbasierte Strukturierung und Koordination von Kooperation prinzipiell möglich. So werden organisationale Strukturen zur Bearbeitung bestehender Einrichtungsgrenzen neu entwickelt und gesetzt, um kooperative Ziele realisieren zu können. Letztlich ist die Formalisierung von Kooperation ein weiterer Hinweis auf die Stabilität der Zusammenarbeit über einen längeren Zeitraum hinweg.

Kooperation als institutionelle Zusammenarbeit: Die Formalisierung von Kooperation verweist darauf, dass es sich um eine systematische und gewollte Zusammenarbeit handelt. Mit Jütte (2002, 65) gesprochen, handelt es sich hier um eine „institutionelle Kooperation". Kooperationsleistungen finden in Bildungs- und Kulturzentren zwar auch aufgabenbezogen, d.h. eher punktuell sowie personenbezogen, d.h. eher informell statt. Dennoch liegen die Betonung und die Chance von Bildungs- und Kulturzentren auf einem grundsätzlichen, nachhaltigen Ansatz, der Kooperation als Strukturprinzip und Strategie von Bildungs- und Kulturzentren etablieren kann. So verändern sich die Grenzen der Einrichtungslogiken durch das institutionelle Strukturprinzip der Kooperation.

Kooperation als partielle Integration: Leistungskombinationen sind auf Grund einer partiellen Integration möglich, da neben der inhaltlich-konzeptionellen Zusammenarbeit ebenso eine räumliche, bereichsbezogene, organisatorische und teilweise die Rechtsform betreffende Eingliederung vorliegt. So können Prozesse und Arbeitsweisen im Sinne einer „additiven Kooperation" (Barth 2007, 3) zusammengefasst werden, um effizientere Organisationsabläufe zu erzielen. Gleichzeitig kann auch von einer „synergetischen Kooperation" (ebd.) gesprochen werden, wenn es darum geht, kooperative Ergebnisse zu erzielen, die nicht mehr auf die einzelnen Einrichtungen zurückzuführen sind. Die Kooperationsform der partiellen Integration ist jedoch von der der Fusion abzugrenzen, da im letztgenannten Fall durch das Zusammengehen mindestens zweier kompletter Organisationen eine neue Organisation im Sinne einer Totalfusion oder Verschmelzung entsteht (vgl. Huber 2004, 70). So betont auch Nuissl (2010b, 20), dass Kooperation selbstständige Partner voraussetzt. Die Beibehaltung der einrichtungsbezogenen Eigenständigkeit bei gleichzeitiger Integration bestimmter Elemente macht auf die gleichzeitige Grenzziehung und -bearbeitung in Bildungs- und Kulturzentren aufmerksam.

Zusammenfassend wird deutlich, dass Kooperation im Kontext von Bildungs- und Kulturzentren – entgegen eher differenzierender Definitionen wie z.B. von Santen und Seckinger (2003, 208)[75] – sowohl als organisationale Struk-

---

75 Bei Santen und Seckinger (2003, 208) unterscheidet sich Kooperation als Verfahren der intendierten Zusammenarbeit von der Vernetzung als „Herausbildung, Aufrechterhaltung und Unterstützung einer Struktur" (ebd.). Die Autoren unterscheiden zudem drittens die Kooperations-

tur als auch als intendiertes Verfahren zu verstehen ist. Bildungs- und Kulturzentren sind einerseits als kooperationsförmige Organisationsstruktur angelegt und anderseits wenden sie kooperative Verfahren an, um ihre Organisationsstrategien umzusetzen. Kooperation wird im weiteren Vorgehen demnach als auf diese Weise inhaltlich-definierbarer zweidimensionaler Struktur- und Verfahrensansatz betrachtet. Dieser vorrangige organisationale Zugang macht auf die Notwendigkeit einer organisationstheoretischen Annäherung aufmerksam.

---

form der „Koordinierung", die vorrangig die Optimierung der organisationalen Abläufe verfolgt.

4. Organisationstheoretische Annäherung an Bildungs- und Kulturzentren und Volkshochschulen

Um den organisationalen Kontext von Bildungs- und Kulturzentren und den besonderen Stellenwert von Volkshochschulen als Teil dieser zu verstehen, gilt es in diesem Kapitel den inhaltlichen Schwerpunkt auf das Thema ‚Organisation' zu legen. Die theoretische Betrachtung des organisationalen Kontextes lassen Hinweise auf Organisationsspezifika von Bildungs- und Kulturzentren und mögliche Konsequenzen für Volkshochschulen sowie Anforderungen in integrativen Kooperationsformen erwarten. Aus diesem Grund wird keine Festlegung auf eine einzige organisationstheoretische Perspektive vorgenommen, da der Erkenntnishorizont über eine Verengung der theoretischen Betrachtung nicht eingeschränkt werden soll.

Die organisationstheoretische Annäherung erfolgt in Kapitel 4.1 mittels einer Auseinandersetzung über den Begriff ‚Organisation' und die Bestimmung wesentlicher Merkmalskategorien von Organisationen, die in den darauffolgenden Kapiteln 4.1.1 und 4.1.2 aufgegriffen werden, um Organisationsmerkmale von Volkshochschulen sowie von Bildungs- und Kulturzentren offenzulegen. Kapitel 4.2 stellt anschließend wesentliche Organisationstheorien hinsichtlich ihres spezifischen Erkenntnisgewinns für das Verständnis von Volkshochschulen in Bildungs- und Kulturzentren dar.

4.1 Organisationstheoretische Vorüberlegungen

Organisationen bestimmen und gestalten unseren Alltag und unser Handeln über spezifische Funktionen und Leistungen. Beispielhaft soll an dieser Stelle verwiesen sein auf Behörden, Unternehmen, Krankenhäuser, Rundfunkanstalten aber auch Organisationen des Bildungssystems wie (Hoch-)Schulen und Weiterbildungseinrichtungen. Nach Schimank (2001, 19) wird unsere funktional differenzierte Gesellschaft erst auf Grund formaler Organisationen dieser Art handlungs- und entwicklungsfähig, was sich am Beispiel ‚Bildung' erläutern lässt: Hier sind es Organisationen wie z.B. Volkshochschulen, die zwischen dem makrostrukturellen Bildungssystem und den mikrostrukturellen Lernmilieus und -bedürfnissen vermitteln. Bildungspolitisch spielen Volkshochschulen als solche ‚Mittler-Organisationen' eine große Rolle, was im Kontext der Verwirklichung des lebenslangen Lernens über kooperative Bildungsarrangements z.b. am Förderprogramm der Lernenden Regionen deutlich wird.[76] Somit beeinflussen Organisationen die Gesellschaft immens, was sich an der Bezeichnung ‚Organisationsgesellschaft' nachzeichnen lässt, die als gängige Beschreibung für moderne Industrie- und Dienstleistungsgesellschaften verwendet wird (vgl. Zech 2010a, 11; Miebach 2007, 11 und Schimank 2001, 19).

Die *terminologische Auseinandersetzung* über ‚Organisation' führt umgehend zu häufig synonym verwendeten Begriffen der ‚Einrichtung' und der ‚Institution'.[77] Schrader (2010a, 270) ist der Auffassung, dass die Disziplin der Erwachsenenbildung mit der Einführung des Terminus ‚Einrichtung' beginnt das Organisatorische respektive das Administrative zu erörtern; doch wurde der Begriff in der Zeit der Bildungsreform durch den Begriff der ‚Institution' verdrängt, um ein juristisch definiertes Gebäude des öffentlichen oder privaten Rechts beschreiben zu können. Soziologisch betrachtet handelt es sich bei Institutionen hingegen um gewachsene dauerhafte gesellschaftliche Erwartungsstrukturen, die bestimmte Formen des Verhaltens bestimmen. Abgrenzend lassen sich Organisationen als konkrete und formale Gebilde beschreiben, die zu einem bestimmten Zweck gegründet werden (vgl. Schrader 2010a, 270 und Hartz/Schardt 2010, 23). Trotz begrifflicher Unterscheidung besteht ein Zusammenhang, denn nach Schäffter (2010, 31ff.) sind Organisationen auch immer integraler Bestandteil gesellschaftlicher Institutionalisierung. Erst durch Organisationen werden Prozesse der Institutionalisierung auf Dauer gestellt und entwicklungsfähig. Beispielsweise kann jede einzelne Einrichtung der Volkshochschule als Organisation bezeichnet werden. Doch gleichzeitig ist *die* Volkshochschule längst zu einer Institution, also einer übergreifenden gesellschaftlichen Erwartungsstruktur geworden, da gesellschaftlicher Konsens über die Notwendigkeit und Nützlichkeit dieser Institution besteht. Jede einzelne Volkshochschule ist als Organisation am Prozess der Institutionalisierung *der* Volkshochschule beteiligt.

---

76   Vgl. hierzu Kapitel 2.2.1, das die Lernenden Regionen im Rahmen regionalpolitischer Begründungslinien für Kooperation vorstellt.
77   Die gleichzeitige Verwendung der drei Begriffe wird im Wörterbuch der Erwachsenenbildung deutlich: Hier verweist Faulstich (2010, 71) unter dem Eintrag ‚Einrichtungen' darauf, dass es sich um Orte handelt, „an denen das Lernen organisiert wird". Gleichzeitig wird auf die „Vielzahl von Institutionen" im Bereich der Weiterbildung verwiesen und von „Organisationen, welche andere Kernaufgaben haben" gesprochen.

4.1 Organisationstheoretische Vorüberlegungen

Um das *Verständnis von Organisation* weiter zu schärfen, wird im Folgenden der Organisationsbegriff als solcher in den Mittelpunkt der Betrachtungen gestellt und über drei unterschiedliche Auffassungen dargelegt.

- Ethymologisch stammt der Begriff ‚Organisation' vom griechischen ‚organon' ab, was mit „Gerät" und „Werkzeug" zu übersetzen wäre (vgl. Gemoll 1991, 549) und den *instrumentellen Charakter* in den Vordergrund stellt. Besonders in betriebswirtschaftlichen Kontexten wird dieser Aspekt von Organisation im Sinne von Organisieren als Funktion des Managements betont. Aber auch in der Pädagogik wird in der ersten Hälfte des 20. Jahrhunderts im Zuge einer ersten Auseinandersetzung mit der Bedeutung von Organisation, der Begriff als ein der Pädagogik dienendes Instrument verstanden (vgl. Göhlich 2010, 19). Eine Weiterbildungseinrichtung *hat* nach dieser Auslegung eine Organisation.
- Oft gekoppelt an die Vorstellung von Organisation als Instrument ist ein *dynamisch verstandener Organisationsbegriff*, der den tätigkeitsbezogenen und prozessualen Aspekt von Organisationen betont und damit den Entstehungsprozess von Ordnung, Regeln und Verfahrensmustern in den Blick nimmt (vgl. Abraham/Büschges 2009, 57).
- Eine dritte, für diese Studie favorisierte Betrachtungsweise hingegen stellt strukturelle Aspekte, also Organisation als das Resultat des Organisierens heraus. So verwendet kann *Organisation als institutioneller Begriff* beschrieben werden im Sinne von ‚Die Weiterbildungseinrichtung *ist* eine Organisation'. Erst mit Terhart (1986, 205) wird auch in der erziehungswissenschaftlichen Disziplin Organisation als institutioneller Begriff verstanden: „Es geht um den Abbau ebenso rationalistischer wie mechanistischer Organisationsvorstellungen zugunsten eines Bildes von ‚Organisation'." Im Vergleich zu einer instrumentellen Begriffsbeschreibung gibt der institutionelle Organisationbegriff den Blick frei für die Gesamtorganisation als soziales Gebilde, das neben den formalen Strukturen und Abläufen auch ungeplante Prozesse, Dysfunktionen, Widersprüche beinhaltet (vgl. Schreyögg 2008, 10).

Das Gesamtbild einer Organisation entsteht vor allem darüber, weil sich Organisationen über Grenzen definieren und damit erkennen lassen, welche Elemente zugehörig und welche nicht zugehörig sind – es wird also eine Unterscheidung zwischen „Innen- und Außenbeziehung" (Geißler 2000, 43) festgelegt. An die Problematik, Organisation als Ganzes zu begreifen, knüpft auch Göhlich (2010, 282) an, der im institutionellen Organisationsbegriff die Chance sieht, „die jeweilige Weiterbildungseinrichtung mit ihren Mitgliedern, ihrer gesatzten Ordnung, ihren Regeln und Grenzen sowie den ihr eigenen Mustern kultureller Praxis als Ganzheit zu begreifen (...)." Insbesondere der hier angesprochene Aspekt der kulturellen Praxis einer Organisation wird von gängigen Definitionen jedoch häufig außen vor gelassen (vgl. Weinert 1992, 41; von Rosenstiel 1992, 343; Gebert 1978, 12f.). Beispielsweise umschließt folgende Definition wesentliche Kernelemente von Organisation:

> „Von bestimmten Personen gegründetes, zur Verwirklichung spezifischer Zwecke planmäßig geschaffenes, hierarchisches verfasstes, mit Ressourcen ausgestattetes, relativ dauerhaftes und strukturiertes Aggregat (Kollektiv) arbeitsteilig interagierender Personen, das über wenigstens ein Entscheidungs- und Kontrollzentrum verfügt, welches die zur Erreichung des Organisationszweckes notwendige Kooperation zwischen den Akteuren steuert, und dem Aggregat Aktivitäten oder wenigstens deren Resultate zugerechnet werden können." (Abraham/Büschges 2009, 58f.)

Personelle Zugehörigkeit, Zielgerichtetheit, hierarchische Strukturierung und Steuerung, Ressourcenabhängigkeit, Dauerhaftigkeit, Interaktion und Arbeitsteiligkeit als Definitionsmerkmale vermitteln jedoch ein mechanistisches bzw. statisches Verständnis von ‚Organisation' als System, das linear zu steuern sei. Terhart (1986, 205) und Merkens (2006, 85) verweisen hingegen darauf, dass Organisationen situationsgebunden, flexibel, komplex und multizentrisch aufgebaut sind, wechselseitige Beeinflussung herrscht und der lebensweltliche Bezug nicht zu vernachlässigen ist. So nimmt Merkens eine holistische Perspektive ein und beschreibt Organisationen als Einflussfaktor von Kultur und als von Kultur beeinflusst (vgl. Merkens 2006, 212). Obige Definition von Abraham und Büschges kann entsprechend ergänzt werden durch eine eher dynamische bzw. handlungs- und unsicherheitsorientierte Begriffsbeschreibung von March und Simon (1993):

> „Organisationen sind Systeme koordinierter Handlungen zwischen Individuen und Gruppen, die sich in Präferenzen, Informationen, Interessen und Wissen unterscheiden. Organisationstheorien beschreiben die schwierige Umwandlung von Konflikt in Kooperation, die Mobilisierung von Ressourcen und die Koordination der Anstrengung zur Sicherstellung des gemeinsamen Überlebens einer Organisation und ihrer Mitglieder." (ebd., zitiert nach Miebach 2007, 12)

Zwar wird auch hier der organisationskulturelle Aspekt nicht direkt angesprochen, doch zeigt diese individuumszentrierte Perspektive auf, dass es neben formalen Strukturen und vorgegebenen Zielen, immer auch individuell oder kollektiv verfolgte und kulturell bedingte Absichten und daraus resultierende Konflikte gibt, die es aus organisationstheoretischer Sicht zu lösen gilt.

4.1 Organisationstheoretische Vorüberlegungen

Anhand *dreier Merkmalskategorien*, die nicht unabhängig voneinander zu denken sind, lassen sich Organisationen beschreiben:[78]

a) *Struktur:* Die Organisationsstruktur bildet das gegenwärtige formelle System von Aufgaben, Arbeitsmitteln und -trägern sowie Weisungsbeziehungen bzw. Abläufen. Sie bildet den regulativen Rahmen und die direkte und indirekte Kontrolle darüber, wie Handlungen koordiniert und Ressourcen, wie z.B. Sachmittel, Finanzen, Räume und Personal, genutzt werden, um die Organisationsziele zu erreichen (vgl. Jones/Bouncken 2008, 42).[79] Strukturbezogen wird zwischen der Aufbauorganisation und der Ablauforganisation unterschieden, wobei erstere die Aufteilung der Arbeitsschwerpunkte und Kompetenzen in eine bestimmte hierarchische Gliederung und letztere die Ausgestaltung der Arbeitsprozesse meint (vgl. Meisel/Feld 2009, 55ff.).

b) *Kultur:* Die interne Interaktionen der Organisation, aber auch die externe gegenüber ihrer Umwelt wird durch eine Kombination aus im Laufe der Zeit in einer Organisation entstandenen gemeinsamen impliziten und expliziten Werten, Normen und Überzeugungen beeinflusst und geregelt, die unter dem Schlagwort der Organisationskultur zu fassen sind. Diese ist jedoch nur begrenzt sicht- bzw. beschreibbar, was sich an den drei Kulturebenen von Schein (1995, 30) verdeutlichen lässt. Sichtbare Kulturaspekte auf der ersten Ebene nennt Schein „Artefakte" (ebd.), die sich über Strukturen, Prozesse, Logos oder Symbole einer Organisation beobachten lassen. Bekundete Werte als zweite Ebene sind insofern ebenso erfassbar, da es sich um öffentlich gemachte Strategien, Ziele und Philosophien von Organisationen handelt. Die dritte Ebene der Grundprämissen hingegen umfasst oft unbewusste und selbstverständliche Anschauungen und Haltungen, die den Ausgangspunkt für Handlungen bilden, aber nur schwer greifbar sind. „Die Kultur einer Organisation wird durch Sozialisation weitergegeben und wirkt in enormem Maß handlungsleitend. Die Kultur einer Organisation stellt einen ganz entscheidenden Parameter bei Organisationsveränderungen dar" (Meisel/Feld 2009, 53).

---

[78] Neben Strategie, Struktur und Kultur benennen Meisel/Feld (2009, 48 und 64) noch eine vierte Merkmalskategorie ‚Ressourcen einer Organisation', also materielle Güter, die Finanzstruktur sowie die kognitiven Möglichkeiten des Personals als wichtige Einflusskomponente einer Organisation. Diese wird im Folgenden jedoch als strukturelles Kennzeichen einer Organisation gefasst und nicht gesondert aufgeführt. Darüber hinaus gilt es Umwelteinflüsse als exogene Einflussfaktoren aller organisationaler Ausprägungsmerkmale zu berücksichtigen.

[79] Vgl. hierzu auch Meisel/Feld (2009, 55): „Die besondere Relevanz der Struktur liegt dabei in der Funktion, die Bandbreite der Handlungsoptionen so zu gestalten, dass die Gewährleistung einer optimalen Zielerreichung der Organisation gesteigert wird."

c) *Strategie:* „Die Strategie ist der grundsätzliche Weg, auf dem die Hauptziele des Unternehmens erreicht werden sollen" (vgl.Doppler/Lauterburg 2008, 191). Hauptziele können sowohl inhaltlicher, struktureller als auch prozessualer Art sein; die Strategie ist sowohl organisationsgestaltend als auch handlungsleitend (vgl. Meisel/Feld 2009, 49f.). Demnach sind Organisationen auf eine Zielerreichung ausgerichtet, „die durch die Auswahl und Umsetzung geeigneter Handlungsalternativen erreicht werden [soll]" (Vahs 2005, 10). Eingebettet ist die Art des Handelns immer in Organisationsstruktur und Organisationskultur. Beide Aspekte gestalten und beeinflussen das Handeln der Organisationsmitglieder.

Organisationsbezogene Anforderungen stellen sich hinsichtlich aller drei Merkmalskategorien, weshalb diese für die spätere empirische Auswertung leitend sind und erneut aufgegriffen werden. Zunächst werden anhand dieser Merkmalskategorien sowohl Volkshochschulen als auch Bildungs- und Kulturzentren als die in dieser Studie im Fokus stehenden Organisationen beschrieben.

4.1.1 Organisationsmerkmale von Volkshochschulen

Die Beschreibung von Volkshochschulen als Organisationen im Bereich der öffentlichen Weiterbildung orientiert sich an den zuvor genannten drei Organisationsmerkmalen Struktur, Kultur und Strategie. Generell gilt, dass trotz gemeinsamer Merkmale jede einzelne Einrichtung der Volkshochschule durch ihre Entstehungs- und Gründungsgeschichte, ihre aktuellen Aufträge, ihre regionalen Besonderheiten und den landesgesetzlichen Unterschieden geprägt ist, so dass alle ein eigenes Profil und eigene Kennzeichen aufweisen. Dennoch sollen im Folgenden Grundtendenzen und Grundcharakteristika aufgezeigt werden, die aber je nach Volkshochschule variieren können.

a) Strukturmerkmale: Ausgehend von Zechs (2008a) Beschreibung von Weiterbildungsorganisationen lässt sich die besondere Organisationsstruktur von Volkshochschulen aufzeigen[80]:

> „Darunter wird ein Organisationstyp verstanden, der auf Grund einer relativen Autonomie von verschiedenen Fachabteilungen, in denen Experten tätig sind, nicht bürokratisch über Hierarchie oder in einer linearen Verknüpfung von Elementen zu

---

80 Zech orientiert sich dabei wie z.B. auch Kuper (2001, 92) am Konzept der lose gekoppelten Strukturen von Weick (1976). Weick versteht darunter, „that coupled events are responsive, *but* that each event also preserves its own identity and some evidence of its physical or logical separateness." (ebd., 3, Hervorhebung im Original). Lose gekoppelte Strukturen reagieren also auf- und miteinander, behalten aber ihre Eigenständigkeit bei.

4.1 Organisationstheoretische Vorüberlegungen

> steuern ist. Die Fachabteilungen produzieren ihre jeweiligen Leistungen in relativer Unabhängigkeit voneinander und brauchen bestimmte Freiheitsgrade, um ihre professionellen Dienstleistungen erstellen zu können. Diese lose gekoppelten Teilsysteme der Organisation können teilweise durchaus unterschiedliche Kulturen herausbilden, was ihre übergeordnete Steuerung im Sinne der Gesamtorganisation erschwert. Lose gekoppelte Systeme verfügen aber gemeinhin über eine große Flexibilität, weil sie diversifizierte Umweltbezüge haben und spezifisch reagieren können. Damit ist zugleich angedeutet, dass sich die relative Autonomie der Subsysteme nur auf ihren Bezug zueinander, nicht aber auf ihr Verhältnis zu ihrer externen Organisationsumwelt bezieht (...)." (Zech 2008a, 7)

Insbesondere der erste Teil des Zitats soll dazu dienen die wesentlichen Determinanten zur Bestimmung der besonderen organisationsstrukturellen Merkmale von Volkshochschulen festzulegen.[81] So wird zunächst auf die Rahmenbedingungen der Aufbau- und Ablauforganisation (hierarchische Verfasstheit und Fachabteilungen) von Volkshochschulen eingegangen werden. Des Weiteren stellen das Personal (Experten) und ihre spezifischen Tätigkeitsfelder (Leistungen) weitere Merkmale der Organisationsstruktur dar.[82] Nicht abgedeckt durch Zechs Zitat sind weitere strukturelle Rahmenbedingungen, wie z.B. Rechtsform, Verbandszugehörigkeit, Räumlichkeiten und Finanzierungsstrukturen, die ebenfalls erläutert werden.

Die klassische *Aufbauorganisation einer Volkshochschule* ist entweder dem Einliniensystem oder dem Mehrliniensystem zu zuordnen, deren wesentliches Kennzeichen die Aufteilung in Fachabteilungen bzw. Programmbereiche ist. Vorteile sehen Meisel/Feld (2009, 56f.) bei diesen Organisationsmodellen in der Klarheit der Zuständigkeiten sowie der optimalen Nutzung von fachlichen Kompetenzen. Gleichzeitig führen die Modelle Nachteile mit sich, weil sie Konkurrenzverhältnisse zwischen den gleichwertigen Abteilungen begünstigen und Hierarchisierungstendenzen stärken können. Empirische Befunde zeigen jedoch auf, dass Volkshochschulen traditionell dezentrale Strukturen, wenige und flache Hierarchieebenen sowie einen partizipativen, teamorientierten bzw. kooperativen Führungsstil aufweisen. So hält beispielsweise Schunter (2010, 219ff.) für die *Ablauforganisation* einer Volkshochschule fest, dass hinsichtlich bereichsübergreifender Fragen und Querschnittsaufgaben gemeinsames Handeln und die gemeinsame Entscheidungsfindung elementare Bestandteile von Volkshochschulen

---

81 Die im Zitat genannte Umweltabhängigkeit und die daraus folgende organisationsstrategische Ausrichtung von Volkshochschulen wird unter c) Strategiemerkmale behandelt. Der Verweis auf die Existenz unterschiedlicher Kulturen wird unter b) Kulturmerkmale aufgegriffen werden.

82 Vgl. hierzu Geißler (2000, 105), der auf die Differenzierung und Integration der Arbeit als entscheidende Grundfunktion einer jeden Organisation verweist und damit die Arbeitsstelle mit den jeweiligen Aufgaben, Kompetenzen und Verantwortungsbereichen als wesentliches organisationsstrukturelles Merkmal betont.

sind. Lediglich im Konfliktfall werden teilweise hierarchische Strukturen benötigt, um Entscheidungen zu treffen. Im Alltagsgeschäft wird den Programmbereichen hingegen eine hohe Autonomie im Handeln zugestanden; „(...) sie produzieren ihre jeweiligen Leistungen in relativer Unabhängigkeit voneinander" (Zech 2008a, 7) und diese Tatsache wird von Zech als strukturelle Voraussetzung dafür gesehen, dass überhaupt professionell gehandelt werden kann. In der traditionellen Gliederung in unterschiedliche Programmbereiche erkennt Bourseaux (2010, 160) jedoch die Ursache dafür, dass vernetztes Denken innerhalb der Volkshochschule erschwert wird. Dabei gewinnt dieses für Volkshochschulen, beispielsweise zur Finanzakquise von Drittmitteln, zunehmend an Wichtigkeit. Es besteht „die Notwendigkeit interner synergieerzeugender Kooperationen jenseits von Funktion und Hierarchie" (Ehses/Zech 2004, 80), weshalb hier eine volkshochschulinterne Anforderung entsteht, programmbereichsübergreifendes Denken und Handeln zu fördern.

Auf den kommunalen Kontext bezogen ist der Entscheidungsspielraum von Volkshochschulen auf Grund der Einbindung in Verwaltungsstrukturen teilweise begrenzt, da sie beispielsweise hinsichtlich sachlicher und personeller Ressourcen nicht eigenständig entscheiden dürfen. So stellt Zech (2008a, 4) kritisch fest, dass die Volkshochschule somit „nicht einmal als vollständige, handlungsfähige Organisation bezeichnet werden" kann. Traditionell werden Volkshochschulen in gemeindenahen *Rechtsformen* geführt, welche jedoch sehr unterschiedlich vollständig kommunalisiert, z.B. als Amt, Institut, Abteilung, Eigenbetrieb oder Zweckverband, oder quasi-kommunal, z.B. als Verein oder gemeinnützige GmbH, ausfallen können.[83] Rechtsformen, egal welcher Art, haben Auswirkungen u.a. auf die Haftungsverhältnisse, die Organisationsgewalt sowie die Flexibilität der Einrichtungen (vgl. Klunzinger 2006, 6). Laut vhs-Statistik 2010 (vgl. Huntemann/Reichart 2011, 7) befinden sich mehr als drei Fünftel der Volkshochschulen in kommunaler Trägerschaft, werden also von Gemeinden, Kreisen oder Zweckverbänden getragen. Die Rechtsform des Eigenbetriebes wird hierunter subsummiert und von Otto folgendermaßen charakterisiert:

---

[83] Laut vhs-Statistik ist bei etwa einem Drittel der Volkshochschulen der Rechtsträger ein eingetragener Verein (vgl. Huntemann/Reichart 2011, 7). In diesen Fällen kann es sich um eine „privatrechtlich getragene Mitglieder-vhs" oder um eine „quasi-kommunale Einrichtung" handeln, wenn Kommunen mit ihren Organen dennoch eine dominierende Rolle spielen (vgl. Möller 2011, 57f.). Die Bindung an die Kommunen ist auch für die Rechtsform gemeinnütziger GmbHs festzustellen, weshalb auch hier von einer quasi-kommunalen Rechtsform zu sprechen ist. Die Zahl der in GmbHs und in sonstiger privater Trägerschaft verfassten Volkshochschulen wird als steigend angegeben; inzwischen sind es 37 Volkshochschulen in der Bundesrepublik (vgl. Huntemann/Reichart 2011, 7).

4.1 Organisationstheoretische Vorüberlegungen

„Er [Anm.: der Eigenbetrieb] wird wie ein Privatunternehmen mit Gewinnabsicht geführt, arbeitet jedoch mit größerer Selbständigkeit als ein Regiebetrieb." (Otto 1993, 160)

Einschränkend zu dieser generalisierenden Aussage legt Otto (ebd.) am Beispiel der Volkshochschulen Hamburg und Darmstadt unterschiedliche Motivlagen und konträr ausgeprägte Autonomien dar. Während bei der Volkshochschule Darmstadt eine Überführung in die Rechtsform ‚kommunaler Eigenbetrieb' lediglich aus finanzbezogenen Gründen, also „pro forma" stattfand, profitierte die Volkshochschule Hamburg von dem Zugewinn an Autonomie in wirtschaftlichen und pädagogischen Fragen. Diese unterschiedliche Ausgestaltung ein und derselben Rechtsform durch zwei Volkshochschulen verweist auf möglicherweise ähnlich gelagerte Tatsachen in den untersuchten Bildungs- und Kulturzentren. Die kommunale Trägerschaft bzw. die quasi-rechtliche Bindung an die Kommune trägt wesentlich dazu bei, dass Volkshochschulen eine lokale Binnenperspektive einnehmen, regional fest verankert sind und die regionalen Spezifika kennen. Aus Sicht von Gnahs und Dollhausen (2006, 15) ist es gerade diese kommunale Anbindung, die Volkshochschulen in die Lage versetzt, vergleichsweise einfach kooperative Arrangements mit unterschiedlichen lokalen Politikfeldern sowie mit anderen Bildungsbereichen herzustellen.

Die öffentliche Trägerschaft von Volkshochschulen weist zudem darauf hin, dass Kommunen „in besonderer Weise Verantwortung für die Volkshochschulen als Teil der öffentlichen Daseinsvorsorge [übernehmen]. (...) Die Kernfinanzierung durch Länder und Kommunen, die eine flächendeckende Versorgung mit Weiterbildung sichern soll, wird diesem Anspruch allerdings immer weniger gerecht" (DVV 2011, 23). Zwar betrug laut vhs-Statistik die *Gesamtfinanzierung* der Volkshochschulen im Jahr 2010 1,007 Mrd. Euro, was im Vergleich zu den Vorjahren einen Anstieg darstellt (vgl. Huntemann/Reichart 2011). Betrachtet man jedoch die prozentualen Veränderungen der Gesamtfinanzierung über die Jahre hinweg, relativiert sich der Eindruck, da ein Rückgang der öffentlichen Gelder zu verzeichnen ist.[84] Der immer weniger gewichtete Anteil öffentlicher Mittel lässt sich an der Zusammensetzung der Einnahmen von Volkshochschulen verdeutlichen (vgl. Huntemann/Reichart 2011):

- öffentliche Gelder, z.B. von Kommunen und Ländern im Rahmen der Weiterbildungsgesetze (40,0%),
- Teilnahmegebühren (38,7%)

---

84 Vgl. Dollhausen (2010, 50).

- andere Einnahmen (21,3%) wie z.B. SGB-II/III-Mittel, Drittmittel des Bundes und der EU oder aus Vermietungen, Kooperationen und Zuschüssen des Landesverbandes.

Die beiden letztgenannten Finanzierungsquellen – Teilnahmegebühren und andere Einnahmen – machen zusammen fast drei Fünftel der Gesamtfinanzierung aus und sind prozentual gesehen im Vergleich zu den Vorjahren als steigend einzustufen. Viele Volkshochschulen müssen demnach einen hohen Prozentteil ihres Budgets selbst erwirtschaften, was zu einer ausgeprägteren Wettbewerbsorientierung als bei anderen Bildungs-, Kultur- und Serviceeinrichtungen führt und wirtschaftliches Denken und Handeln notwendig macht (vgl. hierzu auch Jouly 2006, 766). Die Beantragung von Drittmitteln für Projekte ist bereits gängige Praxis, weshalb Volkshochschulen Instrumente, die die sichere Umsetzung von Förderbestimmungen unterstützen (z.B. Controlling), beherrschen und viele Mitarbeiter und Mitarbeiterinnen der Volkshochschulen im Umgang mit Projektarbeit erfahren sind. Sowohl die Projekt- und Kooperationserfahrung von Volkshochschulen als auch die erfolgreiche Akquise von öffentlichen Finanzmitteln machen Volkshochschulen zu attraktiven Kooperationspartnern. Doch trotz steigender Drittmittel sind Volkshochschulen gezwungen, verstärkt Teilnahmeentgelte zu erhöhen, wodurch die Gefahr wächst, den eigenen Anspruch, offen für alle zu sein, nicht mehr erfüllen zu können. Gleichzeitig wächst die Befürchtung der Volkshochschulmitarbeiter und -mitarbeiterinnen, dass es mit dem Rückgang der Einnahmen aus öffentlichen Mitteln auch zu einem Rückgang der Zahlungsbereitschaft der Teilnehmerschaft kommen wird (vgl. Dollhausen 2010, 54f.). Volkshochschulen sind demnach nicht nur in der Erreichung ihres Organisationsziels (vgl. c) Strategiemerkmale), sondern ebenso bezogen auf finanzielle Rahmenbedingungen als organisationsstrukturelle Komponente in hohem Maße personenabhängig: Es bedarf neben der Motivation und Bereitschaft der Teilnehmenden, Angebote der Volkshochschule wahrzunehmen auch deren Zahlungskraft.

Die Personenabhängigkeit von Volkshochschulen wird zusätzlich über die besondere *Personalstruktur* deutlich, denn zur Umsetzung des breiten Angebotsprofils ist eine Vielzahl von Lehrenden unverzichtbar.[85] Lehrende bzw. Kursleitungen machen zwar zahlenmäßig den größten Anteil der Beschäftigten aus, angestellt sind sie jedoch lediglich auf neben- oder freiberuflicher Basis, wobei eine wachsende Anzahl von Kursleitenden ihren Lebensunterhalt über diese Tätigkeit bestreitet (vgl. Bastian u.a. 2004, 24). Hierzu stellt der DVV (2011, 21) selbstkritisch fest:

---

85 Relativ gesehen zu anderen Weiterbildungseinrichtungen haben Volkshochschulen mit einer durchschnittlichen Mitarbeiterzahl von 232 den größten Personalbestand (vgl. Mania/Strauch 2010, 78).

4.1 Organisationstheoretische Vorüberlegungen

„Das Honorar wird in der Regel weder der Ausbildung noch der Leistung der Lehrkräfte gerecht."

Der wesentlich kleinere Anteil der Beschäftigten – i.d.R. das Leitungspersonal, pädagogische Mitarbeiter und Mitarbeiterinnen sowie Verwaltungskräfte – ist hauptberuflich angestellt.[86] So halten Süssmuth und Sprink (2009, 484) als volkshochschulspezifisches strukturelles Merkmal fest:

„Volkshochschulen realisieren ihre Angebote größtenteils mit freiberuflichen Lehrkräften. (...) Kursleitende an Volkshochschulen sind nicht nur die Hauptakteure im Transfer des zu vermittelnden Wissensstoffs, sondern im Kursgeschehen auch die Repräsentanten der Bildungsstätte und insofern mit verantwortlich für die Kundenbindung."

Die vielen Kursleitungen sind für die Volkshochschule organisationsstrukturell unverzichtbar und das Bild, das die Volkshochschule bei ihrer Teilnehmerschaft hinterlässt, hängt wesentlich von ihnen ab (vgl. hierzu auch Weisel 1995, 127ff. und Bastian u.a. 2004, 20). Entsprechend kommen organisationsstrukturellen Faktoren, die die Loyalität der Kursleitenden und ihre Identifikation mit der Organisation fördern, eine große Bedeutung zu, zumal viele nicht nur für eine Volkshochschule tätig sind, sondern parallel in mehreren Bildungseinrichtungen und teilweise nur für einmalige Kursangebote zur Verfügung stehen. Die damit einhergehende Personalfluktuation sowie die über aufgeweichte Mitgliedschaftsregelungen unklare bzw. uneinheitliche Definition von Organisationsgrenzen ist ein wesentliches Charakteristikum von Volkshochschulen (vgl. Feld 2007, 41). Der strukturelle Organisationsgrad von Volkshochschulen lässt sich demnach auf Grund der vielen neben- und freiberuflichen Angestellten, „die sich sozusagen in einer von Mitgliedschaftsregeln freien Umwelt der Organisation aufhalten" (Schrader 2008, 48) als gering beschreiben. Entsprechend sind die Steuerungs- und Einflussmöglichkeiten über die Leitungsebene begrenzt und die partizipativen Entscheidungsstrukturen als elementarer Bestandteil von Volkshochschulen hinsichtlich der Kursleitungen nur schwer umsetzbar.

Das Nebeneinander von unterschiedlichen Beschäftigungsverhältnissen, Identifikationsgraden, aber auch der vielfältigen *Tätigkeits- und Kompetenzfelder* sowie Problembereiche wird im Folgenden über eine vergleichende Beschrei-

---

86 Vgl. Huntemann/Reichart (2011, 7f.): Die vhs-Statistik 2010 verzeichnet bundesweit ca. 7.890 Stellen, die mit hauptberuflich Beschäftigten besetzt sind. Die Anzahl der neben- oder freiberuflich beschäftigten Kursleitenden liegt bei 192.125. Prozentual gesehen steht einem verhältnismäßig geringen Anteil von ca. 4% hauptberuflich angestellter Mitarbeiter und Mitarbeiterinnen ein ungleich höherer Anteil von ca. 96% neben- und freiberuflichem Personal gegenüber (vgl. hierzu auch DVV 2011, 22).

bung der unterschiedlichen Personalgruppen verdeutlicht.[87] Die folgende Darstellung zeigt v.a. Unterschiede zwischen den Personalebenen auf. Sie orientiert sich hauptsächlich an der Expertenbefragung von Kil (2003, 60ff.), wobei ergänzende Perspektiven kenntlich gemacht werden.

Das augenscheinlichste personalbezogene Charakteristikum von Volkshochschulen liegt in der Tatsache, dass die Angebote fast ausschließlich über nebenberufliche oder freiberufliche *Kursleitungen* realisiert werden (vgl. Bastian u.a 2004, 25). Die Kursleitenden sind die zahlenmäßig am stärksten vertretenen Repräsentanten von Volkshochschulen und die wichtigsten Multiplikatoren im Hinblick auf Organisationsveränderungen. Die Befragungsergebnisse von Kil stellen deutlich heraus, dass die Kursleitertätigkeit an Volkshochschulen mit sehr hohen erwachsenenpädagogischen, fachlichen, aber auch organisationsbezogenen Anforderungen verbunden ist. Kursleitungen sollen demnach in erster Linie Spezialisten für die Mikrostruktur in Volkshochschulen sein und Interesse an Lernformen von Erwachsenen haben. Zudem wird erwartet, dass sie inhaltlich kompetent und teilnehmerorientiert lehren. Gleichzeitig wird der Anspruch deutlich, dass Kursleitungen nicht nur persönlich, sondern v.a. im Interesse des Organisationsprofils der Volkshochschulen agieren und eng mit ihren jeweils übergeordneten Programmbereichsleitungen zusammenarbeiten sollen. So stellt auch Küchler (1998, 42) fest, dass sich die Rolle der Kursleitungen im Idealfall nicht nur auf die Lehr- und Lernprozesse und das Kursgeschehen an sich beziehen sollte, sondern auch auf die Einbeziehung in die organisatorischen Erfordernisse. Vorliegende empirische Selbst- und Fremdbeschreibungen von Volkshochschulen bekräftigen beispielsweise, dass Volkshochschulen zukünftige Kursleitungen nicht nur nach Kompetenzgesichtspunkten auswählen, sondern die psychosoziale Passung zum restlichen Team gewährleistet sein soll (vgl. Zech 2010a, 37). Kil hält gerade für den Bereich der organisatorischen Erfordernisse ein mögliches Konfliktpotenzial fest, wenn sie verdeutlicht, dass die prekäre Arbeitssituation von Kursleitungen einer zu starken Einbindung und einem gemeinsamen Engagement in Tätigkeitsfelder außerhalb des Kursbetriebs entgegen steht, da die berechtigte Befürchtung besteht, „unbezahlte Zusatzarbeit" (Kil 2003, 64) zu leisten. Diese Problematik verweist auf die kaum realisierbare Einbindung von Kursleitungen in kooperative Aktivitäten, z.B. innerhalb eines Bildungs- und Kulturzentrums.

Hauptberuflich pädagogische Mitarbeiter (HPM) sind i.d.R. pädagogischplanend für einen spezifischen Programmbereich der Volkshochschule zuständig

---

[87] Über alle Personalebenen hinweg lässt sich eine Gemeinsamkeit festhalten, die die Volkshochschularbeit im Wesentlichen strukturiert: So orientiert sich die zeitliche Taktung der Arbeit aller Personalgruppen an Semestern und ist dementsprechend auf eine relativ langfristige Planung ausgelegt (vgl. Jouly 2006, 766 und Stang 2010b, 40).

4.1 Organisationstheoretische Vorüberlegungen

und sind damit die direkten Ansprechpartner und -partnerinnen für die Kursleitungen. Diese programmbereichsbezogene Zuständigkeit verweist auf einen Problembereich von Volkshochschulen:

> „Die Fachbereichsstruktur befördert ‚Nischen'. Der Fachbereich wird bedeutsamer als die Arbeit innerhalb der Gesamtorganisation." (Kil 2003, 62)

Doch gerade das umfassende Kompetenzprofil, das im Folgenden vorgestellt wird, ist ein wesentlicher Motor für das Erreichen gemeinsamer Organisationsziele. HPM organisieren, konzipieren, planen und koordinieren, erstellen Programme, sind unterrichtend tätig, unterstützen Forschungsarbeiten und führen Bedarfserhebungen und -analysen durch. Obwohl laut Schöll (2006, 171) die wenigsten HPM eine erwachsenenpädagogische Ausbildung aufweisen, sollte es sich laut Ergebnissen der Expertenbefragung von Kil im Idealfall um Erwachsenenbildner und -bildnerinnen mit einer thematischen Spezialisierung und einer erwachsenenpädagogischen und beraterischen Kompetenz handeln. Darüber hinaus ist ein Orientierungswissen im betriebswirtschaftlichen Bereich, Personalführung und Marketing zunehmend gefragt. Wirtschaftlichkeit und Management sind zu wichtigen Aufgabenbereichen geworden, so dass oftmals originär pädagogische Tätigkeiten und die Teilnehmerschaft nicht mehr exklusiv im Mittelpunkt des Handelns von HPM stehen (vgl. Gummersbach 2004, 203). Gummersbach verweist zudem darauf, dass Vernetzung und Kooperation wesentliche Zuständigkeitsbereiche von HPM sind, weshalb von dieser Personalgruppe nicht nur eine Perspektivenverschränkung gegenüber verschiedenen Mitarbeitergruppen – z.B. Kursleitenden und Verwaltungskräften – in der Volkshochschule selbst, sondern auch gegenüber externen Kooperationspartnern geleistet werden muss. Zusammenfassend lässt sich demnach festhalten, dass kooperative Tätigkeiten und Netzwerkmanagement als integrative Bestandteile professionellen Handelns an Bedeutung gewonnen haben (vgl. Mickler 2009), und dass HPM „in verschiedensten Arbeits- und Kooperationsfeldern diskursiv ankoppeln" (Schöll 2006, 173) müssen. Anzunehmen ist, dass bezogen auf Bildungs- und Kulturzentren v.a. die Personalgruppe der HPM in kooperative Tätigkeiten eingebunden ist. Gleichzeitig deutet sich an, dass HPM ein sehr weites Aufgabenfeld bewältigen müssen und die Gefahr der Überlastung, besonders auf Grund der bestehenden Freiräume und fehlender Ressourcen, groß ist.

Entlastung erhalten die HPM von Seiten der *Verwaltungskräfte*, deren Arbeit im Vergleich zu den flexibel-arbeitenden HPM in erster Linie durch rechtliche Bestimmungen und klarere Arbeitszeiten gekennzeichnet ist und sich häufig durch die klassische Trennung von organisatorischen und pädagogischen Tätigkeiten abgrenzt (vgl. Küchler 1997, 43). Kils Untersuchungsergebnissen zur Folge soll das administrative Personal dennoch ein Grundverständnis für das

Anliegen, den Sinn und die Arbeit der HPM und der Volkshochschule insgesamt haben. Auch wenn die fachliche, also verwaltungsbezogene Versiertheit ihrer Tätigkeit im Vordergrund steht, ist es darüber hinaus nach Kil für Volkshochschulen relevant, dass das administrative Personal sich der pädagogische Bedeutung ihrer Tätigkeit bewusst ist. Pädagogische Abläufe werden maßgeblich von Verwaltungskräften vorbereitet und mit getragen, z.B. indem sie die Anmeldungen inklusive der Teilnehmerberatung durchführen und somit die Organisationsstrukturen und -ziele mit beeinflussen (vgl. hierzu auch Dieckmann 1980, 294f.). Problemfelder zeigen sich u.a. in der fehlenden bildungsbezogenen Ausbildung bzw. Beratungsqualifizierung sowie in der geringen Wahrnehmung der breiten organisationsstrukturellen Aufgabe von Verwaltungskräften und einer hierfür zu geringen Bezahlung. Daran anschließend stellen sowohl Schöll (2002, 162) als auch Dietsche (2002, 40f.) sowie Süssmuth und Sprink (2009, 484) fest, dass sich enorme Kompetenzanforderungen an das Verwaltungspersonal in Volkshochschulen stellen, da sie einen sehr kommunikativen und kundenorientierten Arbeitsplatz inne haben, der permanent die Außenwirkung der Volkshochschule mit beeinflusst und ein großer Teil der organisationsbezogenen Informationen hier zusammenläuft. So ist nach Dietsche (2002, 41) festzuhalten:

> „Wird Qualifizierung für das Bildungswesen im administrativen und serviceorientierten Bereich gefördert, können Qualität und Professionalität umfassender gesichert und gegenseitige Wertschätzung verbessert werden."

Auf Grund ihrer zentralen Funktion, stellt sich die Frage, auf welche Weise das administrative Personal kooperative Strukturen in Volkshochschulen und insbesondere in Bildungs- und Kulturzentren unterstützen kann.

Neben den HPM ist es v.a. die *Volkshochschulleitung,* die den Verwaltungsbereich als zentrale Instanz berücksichtigt und dort auch entsprechend das Verständnis für pädagogische und kooperative Arbeit fördern kann. Neben Personalführungs- und Personalentwicklungskompetenzen, Organisations- und Rechtskenntnissen sowie Struktur- und Finanzwissen bzw. -management, zeigt die Befragung von Kil, dass die Vorerfahrung als pädagogischer Mitarbeiter bzw. als pädagogische Mitarbeiterin ebenso wichtig ist wie die kontinuierliche Nähe zur Teilnehmerschaft und erwachsenenpädagogischen Inhalten. Die Sicherstellung der Ablauforganisation liegt hauptsächlich in den Händen der Volkshochschulleitung und stellt nach vorliegenden empirischen Befunden die primäre Leitungsaufgabe dar (vgl. hierzu auch Robak 2003, 132). Hierzu zählt die Strukturierung von Arbeitsabläufen, die Schaffung von funktionalen Strukturen, das Projektmanagement sowie die Koordination, Informationsvermittlung und Vernetzung der Mitarbeitenden. In dieser Hinsicht sind die Sicherstellung, Strukturierung und die Koordination kooperativer Tätigkeiten in Bildungs- und

4.1 Organisationstheoretische Vorüberlegungen

Kulturzentren vorrangig als Leitungshandeln zu begreifen. Ebenso fallen Volkshochschulleitungen Aufgaben der Organisationsentwicklung zu, die v.a. unter einer räumlich-integrativen Kooperationsperspektive relevant werden. Denn sich verändernde interne Bedingungen, Organisationsziele und exogene Umwelteinflüsse machen die organisationale Weiterentwicklung notwendig. Gerade hinsichtlich Vernetzungs- und Kooperationsanforderungen darf sich das Handeln von Volkshochschulleitungen aber nicht nur auf die eigene Einrichtung beziehen.

„Es geht um Strategien der Einflussnahme, um Kontakt zu Politik und Gesellschaft, um die Berichterstattung in politischen Gremien, um Marketing und Öffentlichkeitsarbeit." (Gummersbach 2004, 204)

Als Repräsentant oder Repräsentantin der Volkshochschule geht es somit stets um Strategien einer öffentlichkeitswirksamen Präsenz und um die Aufrechterhaltung eines guten und vertrauensvollen Verhältnisses zu verwaltungs- und kommunal- bzw. bildungspolitischen Instanzen. Gerade letztgenannter Punkt wird von Kil als Problembereich dargestellt, wenn das Leitungshandeln von kommunalpolitischen Entscheidungsorganen abhängig ist und ein großer Legitimationsdruck z.B. über die Verwendung öffentlicher Gelder nach außen hin besteht.

Die Vorstellung der *unterschiedlichen Personalebenen* spiegelt in der Zusammenschau das umfassende Aufgaben- und Kompetenzspektrum organisationalen Handelns in der Volkshochschule wider und macht auf die Möglichkeit aufmerksam, die breite personelle Kompetenz sowie die organisatorische Differenziertheit für die Realisierung kooperativer Aktivitäten bereitzustellen. Trotz eigens zugewiesener Kompetenzbereiche, trägt jede einzelne Mitarbeitergruppe in ihrem Handeln zur Organisationsstruktur und zur Erreichung der Organisationsziele bei, insofern ein Bewusstsein über die Weitläufigkeit und Einbindung der eigenen Tätigkeit in die Volkshochschule besteht. Voraussetzung hierfür ist die Verbindung von Kontextwissen und Relationsbewusstsein (vgl. Schäffter 2001, 118). Das Wissen um den eigenen Wirkungshorizont, das eigene Profil, aber auch die eigene Selbstbeschränktheit zählen beispielsweise zum Kontextwissen. Relationsbewusstsein bedeutet hingegen, dass ein Bewusstsein über Verschränkungsmöglichkeiten der eigenen Tätigkeiten mit anderen Leistungsanteilen besteht, dass explizit auf übergreifende Sinnzusammenhänge Bezug genommen werden kann und dass die eigene Tätigkeit als Zwischenglied einer Handlungskette erkannt wird. Erst durch die Existenz beider Elemente können synergetische Effekte in einer Organisation freigesetzt werden. Gelingt diese

Anforderung, so ist die Volkshochschule als multiprofessionelles Team[88] zu verstehen, da Volkshochschulen organisationsstrukturell unterschiedliche professionelle und organisationale Handlungslogiken[89] aufweisen, die unter einem gemeinsamen Organisationsziel zusammengeführt werden. So ist es der übergreifende „funktionale Gesamtzusammenhang" (Schäffter 2003a, 63), der das Pädagogische ermöglicht. Nach Schäffter erfüllt erst die Gesamtheit einer Weiterbildungsorganisation mit den einzelnen Berufspositionen und Tätigkeitsmerkmalen die spezifisch pädagogische Funktion. Nach Dollhausen (2008, 24ff.) könnte man ergänzen, dass sich die pädagogisch professionellen und organisationalen Handlungslogiken in Volkshochschulen nach einem spezifischem „pädagogischen Programm" ausrichten, wobei Dollhausen hier nicht Programmhefte und das Angebot an sich meint, sondern vielmehr die dahinter liegenden strategischen Selektions- und Steuerungsprinzipien, die eine Orientierungs- und Reflexionsgrundlage für Volkshochschulen bilden.

Die strategischen Selektions- und Steuerungsprinzipien entwickeln sich nicht ausschließlich in den Einrichtungen selbst, sondern werden darüber hinaus durch die *Verbandszugehörigkeit* geprägt. So sind die meisten Volkshochschulen zum einen in Landesverbänden und zum anderen innerhalb des Deutschen Volkshochschul-Verbandes e.V. (DVV) organisiert und werden durch ihn bildungs- und verbandspolitisch auf Bundes- und europäischer Ebene vertreten. Über den DVV findet eine Förderung der Zusammenarbeit und des Erfahrungsaustausches zwischen den Volkshochschulen statt. Außerdem trägt er zur Qualitätssteigerung erwachsenenpädagogischer Arbeit und zur Weiterentwicklung von Grundsätzen und Leitlinien bei (vgl. DVV 2011, 25ff.). Es ist demnach davon auszugehen, dass eine Volkshochschule, die Teil eines Bildungs- und Kulturzentrums ist, nicht nur einrichtungsspezifische Interessen verfolgt, sondern auch immer in Verbandsinteressen eingebunden ist. Inwiefern diese Gegebenheit loyalitätsbezogene Herausforderungen nach sich zieht, ist bislang empirisch nicht untersucht. Anzunehmen ist, dass sich aus Perspektive des Bildungs- und

---

88 In Anlehnung an den v.a. im Gesundheitswesen geläufigen Begriff des „multiprofessionellen Teams" oder der „multiprofessionellen Kooperation" (vgl. Jungbauer 2009) – wenn z.B. in der Psychiatrie Ärzte und Ärztinnen, Pflegekräfte, Therapeuten und Therapeutinnen sowie Sozialarbeiter und -arbeiterinnen zusammenarbeiten, um vielfältigen und komplexen Anforderungen gerecht zu werden – kann die Volkshochschule als multiprofessionell bezeichnet werden.

89 Professionelle und organisationale Handlungslogiken werden als zusammengehörig betrachtet im Sinne interdependenter und verschränkter Logiken (vgl. Gieseke 2003; Robak 2003). Eine Unterscheidung zwischen situativ bestimmter, personenbezogener professioneller pädagogischer Handlungslogik und auf Standardisierung und Verfahrensbildung hin ausgerichteter organisationaler Handlungslogik begünstigt die Trennung von Organisation und Pädagogik, die so nicht zu halten ist. Vielmehr muss beides zusammengedacht werden, was sich sowohl in der Beschreibung organisationsstrategischer als auch -struktureller Merkmale von Weiterbildungseinrichtungen zeigt.

Kulturzentrums besondere organisationale Anforderungen ergeben, denn neben der Volkhochschule sind auch andere räumlich integrierte Einrichtungen, wie z.b. Bibliotheken, verbandpolitisch aufgestellt und eingebunden. Als letztes organisationsstrukturelles Merkmal gilt es, das überwiegende *Fehlen eigener Räume* für Volkshochschulen zu thematisieren:

> „Bislang finden wohl kaum 10% des vhs-Angebots in eigenen Räumen oder gar Häusern statt. Die vhs ist vorrangig Gast in fremden Räumen. Erwachsenengerechte Lernbedingungen lassen sich aber in fremden Räumen, in Schulräumen gar, nur selten schaffen. (...) Sowohl für den Neubau von vhs-Häusern als auch für die Umnutzung alter Gebäude gibt es inzwischen vorzügliche Beispiele, die jeweils aus der Volkshochschule auch ein räumliches Markenzeichen gemacht haben. Volkshochschule als Treffpunkt, als Kulturort, als Stätte des Gesprächs, als Ort des angenehmen Lernens und der lebendigen gemeinsamen Arbeit mit anderen – die Erreichung solcher Ziele ist zweifellos mit der Qualität der Raumgestalt besonders eng verknüpft." (Jüchter 1982, 65f.)

Was Jüchter für die 1980er Jahre herausstellt, gilt weitverbreitet auch noch heute: Aktuell sind die meisten Volkshochschulen höchstens mit ihren Büro- und Verwaltungsräumen und im günstigsten Fall auch mit wenigen Kursräumen in einem Gebäude untergebracht; ein Großteil der Kurse findet dagegen dezentral in Schulen, Turnhallen und Gemeindesälen statt. Die Problematik dieses raumbezogenen Organisationsmerkmals verdeutlicht obiges Zitat, da zum einen aus Teilnehmerperspektive eigene Räume und Häuser für die Erwachsenenbildung wesentlich für kommunikative und lebendige Lernprozesse sind und zum anderen aus Organisationsperspektive eigene Räume eine zentrale Einflussgröße für die Identitätsbildung und den Arbeitsbezug der Volkshochschulen darstellen. Der Einzug von Volkshochschulen in Bildungs- und Kulturzentren sichert eine große Anzahl von Räumlichkeiten in einem Gebäude und verbindet Verwaltungs-, Büro- und Kursräume unter einem Dach. Es ist davon auszugehen, dass die räumliche Nähe eine größere Bindung zwischen den unterschiedlichen Personalgruppen, den Teilnehmenden sowie zwischen den einzelnen Einrichtungen des Zentrums fördert.[90]

Diese organisationsstrukturellen Merkmale geben bereits erste Hinweise auf die Art der Arbeitsgemeinschaft sowie das Selbstverständnis von Volkshochschulen. Im Folgenden gibt die Darstellung von organisationskulturellen Merkmalen weitergehend Auskunft.

---

90 So verweist beispielsweise Manger (2009, 27ff.) auf räumliche Nähe als machtvolle Einflussvariable von kooperativen Aktivitäten, da hierüber vermehrt Kontakte entstehen und ein erhöhter Wissenstransfer stattfinden kann. Gleichzeitig stellt Manger einschränkend fest, dass räumliche Nähe in Kooperationen nicht gleichzusetzen ist mit einem Gewinn an sozialer Nähe und Vertrauen.

b) Kulturmerkmale: Organisationskulturelle Merkmale von Volkshochschulen sind empirisch nur am Rande untersucht[91] und können zudem nicht analog zu strukturellen und strategischen Merkmalen als objektive Fakten einer Volkshochschuleinrichtung beschrieben oder entschlüsselt werden. Sie lassen sich aber zumindest ansatzweise, z.B. über Werte, Normen und Überzeugungen, die Volkshochschulen in Leitbildern oder Selbstbeschreibungen anderer Art explizieren, ableiten.[92] Ausgangspunkt der Überlegungen stellt dabei die bereits erwähnte spezifische Struktur von Volkshochschulen dar, die zunächst darauf hinweist, dass es unterschiedliche kulturelle Ausprägungen in Volkshochschulen zu berücksichtigen gilt:

> „Diese lose gekoppelten Teilsysteme der Organisation können teilweise durchaus unterschiedliche Kulturen herausbilden, was ihre übergeordnete Steuerung im Sinne der Gesamtorganisation erschwert." (Zech 2008a, 7)

In Volkshochschulen arbeitet eine Vielzahl von Handlungsakteuren in unterschiedlichen ‚Abteilungen' mit differenzierten *Aufgabenrollen und Relevanzbereichen* an der Erfüllung des funktionalen Gesamtzusammenhangs. Organisationskulturell kommen unterschiedliche Teilperspektiven zum Tragen, was eine Beschreibung einer einheitlichen institutionellen Identität erschwert. Der DVV (2011, 42) gibt folgenden Hinweis auf diese Anforderung:

> „Bei aller Pluralität bemühen sich Volkshochschulen kontinuierlich um die Einheit ihrer Organisation, ihren gemeinsamen Kern, ihre Identität. Vielfalt bedarf dieser Markenpflege, damit sie nicht zum Vielerlei wird."

Es gilt also eine Einheit der Differenz über die *gemeinsame Marke ‚Volkshochschule'* zu erlangen.[93] Nimmt man die Herausforderung an, den gemeinsamen

---

91 Beispielsweise nimmt Kil (2003) Organisationsveränderungsprozesse an Volkshochschulen in den Blick und analysiert dabei auch die Veränderung von Organisationskulturen. Feld (2007) untersucht Volkshochschulen als lernende Organisationen und entwickelt u.a. bezogen auf die Organisationskultur ein Anforderungsprofil. Ebenfalls lassen sich über die Selbst- und Fremdbeschreibungen von Volkshochschulen bei Zech u.a. (2010) organisationskulturelle Merkmale ableiten.

92 Diese Annahme lässt sich daraus ableiten, dass Kommunikationsprozesse zugleich auch immer Selbstbeschreibungsprozesse darstellen. Schäffter (2003b, 170) spricht hierbei von der „reflexive[n] Rückwirkung von Kommunikation auf den Sender als ständig mitlaufender Selbst-Ausdruck."

93 Die Realisierung einer Corporate Identity bei fast 1.000 Volkshochschulen sowie rund 3.500 Außen- und Zweigstellen, kann jedoch auch kritisch gesehen werden. So spricht Bourseaux (2010, 166) von einer „Vernebelung der enorm ausgeprägten Varietät und Differenz von Volkshochschulen in ihrer Gesamtheit" und verweist auf unterschiedliche Qualitätsstandards und Bedingungen für die Teilnehmerschaft.

4.1 Organisationstheoretische Vorüberlegungen

Kern von Volkshochschulen herauszustellen, dann stellt sich die Frage, was die gemeinsame Marke der Volkshochschule ausmacht – abgesehen von einem fast bundesweit verbreiteten gemeinsamen Emblem bzw. Logo sowie ähnlich strukturierten Programmbereichen, die man nach Schein (1995, 30) zu den sogenannten „Artefakten" einer Einrichtung zählen könnte? Der DVV verweist dabei auf folgende Punkte:

- öffentlicher Auftrag;
- kommunale Zugehörigkeit,
- soziale Funktion[94],
- ganzheitliches Bildungsverständnis[95] sowie
- parteiliche und konfessionelle Unabhängigkeit.

Nach Schein (1995, 31) sind hier *„bekundete Werte"* beschrieben, also öffentlich propagierte Ziele, Philosophien und Normen, die sich nicht nur auf das Organisationsziel, das Angebotsprofil oder die Zielgruppen, sondern auch auf das Verständnis der Organisation selbst beziehen lassen, was sich bereits an der Beschreibung der Strukturmerkmale angedeutet hat. So wird in Volkshochschulen großer Wert auf Sozialität, persönliche Beziehungen, zwischenmenschliche Wärme, Zufriedenheit und Harmonie gelegt (vgl. Schunter 2010, 219ff.). Das Bedürfnis nach einem freundschaftlich kollegial geprägten Arbeitsklima stellt auch Kil (2003, 65) fest. Dieses ist charakterisiert durch die Organisationskulturmerkmale Offenheit, Hilfsbereitschaft, Engagement, Eigenverantwortung, Systemdenken sowie Veränderungs- und Lernbereitschaft (ebd., 128). Speziell auf letzteres bezogen, zeigt Feld (2007, 226) auf, dass Volkshochschulen durchaus bewusst ist, wie prägend der *Faktor Organisationskultur* für die Entwicklung und Veränderungsbereitschaft der eigenen Einrichtung und die Ermöglichung einer „Lernkultur" (ebd.) sein kann. Dass eine stark „dialoggeprägte Kommunikationskultur" (ebd., 275) vorherrscht, kann als Konsequenz aus der relativ flachen Hierarchie in Volkshochschulen sowie dem vorrangig konsensuellen Erar-

---

94 Die Volkshochschule sieht sich als Organisation, „die Wert auf ihre soziale Grundhaltung und Ausrichtung legt." (Zech 2010a, 35). Dies bestätigen die organisationalen Selbst- und Fremdbeschreibungen der empirischen Analyse von Zech u.a. (2010).

95 An dieser Stelle kann mit Bourseaux (2010) kritisch darauf verwiesen werden, dass hier eine Diskrepanz zwischen Anspruch und Wirklichkeit auf drei Ebenen von Volkshochschule festzustellen ist: In der Makroperspektive des Programmangebots und des öffentlichen Auftretens zeigt sich, dass es kaum programmübergreifende Verbindungen gibt. Die Betrachtung der Mikro- bzw. der konkreten Veranstaltungsebene verdeutlicht mangelhafte innere und äußere Bedingungen zur Förderung eines ganzheitlichen Lernens. Mesoperspektivisch, also auf der organisationalen Ebene, ist ebenfalls die häufige Vernachlässigung von v.a. äußeren, also raumbezogenen Bedingungen zur Förderung eines ganzheitlichen Lernens feststellbar.

beiten von Organisationszielen und den gemeinsamen Planungen sowie gemeinsamen Entscheidungsfindungen abgeleitet werden. Folgt man den Forschungsergebnissen von Zech u.a. (2010), lassen sich Volkshochschulen mit diesen genannten persönlich-interaktiven, dialogorientierten und ganzheitlich-integrativen Merkmalen zum habituellen Typ der „familiären Organisation"[96] zählen, der sich insbesondere von vorwiegend wirtschaftlich bzw. stark hierarchisch orientierten Organisationen abgrenzt.

Implizite Prämissen, also tief verwurzelte, meist unbewusste Grundannahmen, nach denen Volkshochschulakteure handeln, lassen sich hieraus allerdings nicht direkt ableiten. Hierfür würde sich das Konzept institutioneller Schlüsselsituationen anbieten, dessen Vorteile Schäffter (2003b, 175) folgendermaßen beschreibt:

> „Es bietet einen analytischen Rahmen, mit dem geklärt werden kann, wie in einer konkreten Einrichtung die unterschiedlichen Handlungsperspektiven situativ miteinander verknüpft werden und welche übergreifende institutionelle Gesamtstruktur wiederum durch das Netz dieser situativen Verknüpfungen entsteht."

Zu beobachten bzw. abzufragen wären also „pädagogisch bedeutsame Relevanzbereiche an strukturellen Schnittstellen einer Einrichtung" (ebd., 176). So kann der ausdifferenzierte organisationskulturelle Kontext des institutionellen Zusammenwirkens deutlich werden. Deduktiv können hierfür beispielsweise folgende kooperationsbezogenen Schlüsselsituationen in Frage kommen: Finanzverhandlungen, Programmplanungsprozesse, Veranstaltungsvorbereitung und -durchführung, formelle und informelle Kommunikationswege oder die Außendarstellung der Einrichtung. In der Auswertung von empirischem Datenmaterial wird somit – unter der Perspektive offen zu sein für weitere sich induktiv entwickelnde Schlüsselsituationen – auf diese Rücksicht genommen.

Die *Teilnahme an kooperativen Aktivitäten* wird als eine für diese Arbeit besondere Schlüsselsituation in den Blick genommen werden. Denn Selbstbeschreibungen verweisen darauf, dass Kooperationen explizit zum organisationskulturellen Selbstverständnis von Volkshochschulen dazu gehören:

---

96 Vgl. Zech (2010a, 33): „Der habituelle Typ bezeichnet also die den Individuen übergeordnete Funktionslogik der Organisation. Er ist institutionalisiert als ein mit einer bestimmten Zeitfestigkeit versehenes Muster stabilisierter Erwartungen und Erwartungserwartungen, das die Organisation in ihrer eigenen Praxis herausgebildet hat und das nun ihre Praxis strukturiert." Die familiäre Organisation zeichnet sich durch die im Vergleich zu anderen Organisationstypen stärkere Betonung von Beziehungs- und Dialogorientierung, Sozialität, Selbstbestimmung und Partizipation aus (vgl. Zech 2010b, 245ff.).

4.1 Organisationstheoretische Vorüberlegungen

> „Volkshochschulen unterstützen diese [Anm.: kooperativen] Entwicklung in vorderster Reihe, treiben sie voran und initiieren sie zum Teil überhaupt erst." (DVV 2011, 55)

Trotz intensiver Betonung der Kooperationserfahrenheit und -kompetenz, fällt jedoch auf, dass qualitative Beschreibungen von Kooperationsbeziehungen häufig fehlen bzw. oberflächlich und unkonturiert bleiben und stattdessen auf quantitative Zahlen von Kooperationsaktivitäten verwiesen wird (vgl. Zech 2010a, 38).[97] Bourseaux (2010, 167) hält zudem kritisch fest, dass Netzwerke teilweise nicht nachhaltig ausgebaut sind und sich viele Kooperationen auf funktional und kurzfristig angelegte Projekte beziehen:

> „Im Bewusstsein der Planenden sind die Volkshochschulen weitaus ‚vernetzter' als sie es in Wirklichkeit sind."

Die Diskrepanz zwischen der organisationskulturellen Annahme einer starken Kooperationsorientierung von Volkshochschulen und einer fehlenden qualitativen Bewertung bzw. Nachhaltigkeit dieser, verweist auf noch ungeklärte Widersprüche im organisationalen Handeln, die im empirischen Forschungsprozess dieser Studie berücksichtig werden sollen.

Die kooperative Orientierung von Volkshochschulen lässt sich nicht nur über das organisationskulturelle Selbstverständnis beschreiben, sondern zeigt sich auch in den Organisationszielen, wie im Folgenden herausgearbeitet wird.

c) Strategiemerkmale: Unter Strategiemerkmalen werden der Organisationszweck bzw. die Organisationsziele von Volkshochschulen dargelegt, um daran anschließend das Angebotsprofil sowie Kooperation als spezifisches strategisches Organisationsmerkmal von Volkshochschulen zu begründen.

Volkshochschulen müssen wie andere Einrichtungen der Erwachsenenbildung verstärkt wirtschaftlich arbeiten, doch stehen Kommerzgesichtspunkte trotz zunehmender Ökonomisierung von öffentlichen Weiterbildungseinrichtungen i.d.R. nicht an erster Stelle (Zech 2008a, 5).[98] Stattdessen kann das spezielle

---

97 Vgl. hierzu auch Huntemann/Reichart (2011, 13): Die Gesamtzahl der Kurse in Kooperation mit anderen Einrichtungen liegt seit drei Jahren konstant bei rund 23.000. Prozentual verteilen sich die Anteile kooperativ organisierter Angebote v.a. auf folgende Kooperationspartner: Kultureinrichtungen (14,8%), Vereine und Initiativen (12,6%), Ämter und Behörden (11,4%), Einrichtungen der Erwachsenenbildung (8,8%) und Schulen (7,4%).

98 Vgl. hierzu auch Kil (2003, 53), die die zunehmende Ökonomisierung von Volkshochschulen über vier Aspekte verdeutlicht: Erstens über die verstärkte staatliche Nachfrage über Verwendungszwecke von öffentlichen Geldern; zweitens über die zunehmende Verarmung öffentlicher Haushalte die zu Sparmaßnahmen im kommunalen Bereich führen; drittens über die Umgestaltungsnotwendigkeit von öffentlichen Verwaltungen, in die auch Volkshochschulen eingebun-

volkshochschulbezogene Hauptorganisationsziel kurz als die *Ermöglichung von Bildungsprozessen* bezeichnet werden, wobei Ehses und Zech (2004, 76) darunter die Trias Persönlichkeitsentwicklung, Qualifikation und demokratische Integration fassen. Als Zielperspektive verweisen sie sowohl auf das Individuum als auch die Wirtschaft und das gesellschaftliche Zusammenleben. Ergänzend versteht Feld (2007, 39f.) hierunter sowohl die neuhumanistische Sichtweise von Bildung als Selbstbildung bzw. Selbstbestimmung in Auseinandersetzung mit der Welt als auch die erweiterte Perspektive des lebenslangen Lernens. Letztere wird auch von Zech (2008a, 14) aufgegriffen, wenn er Volkshochschulen als unverzichtbare kommunale Instanz des Bildungswesens bezeichnet.

> „Die Volkshochschulen sind der organisationale Kern der deutschen Erwachsenenbildung; sie sind als institutionalisierte kommunale bzw. regionale Weiterbildungseinrichtungen eine unverzichtbare Instanz im öffentlichen System lebenslangen Lernens, der kulturellen Daseinsvorsorge und sozialen Integration."

Unter Einnahme einer *Gemeinwohlorientierung mit kommunaler Verantwortung* ist es in diesem Grundverständnis wesentlicher Organisationszweck von Volkshochschulen „Bildung für alle, unabhängig von sozialer Schicht, Geschlecht, Bildungsabschluss und Alter, Religion, Weltanschauung und Staatsangehörigkeit" (Süssmuth 2011, 6) bereitzustellen. Dieser Organisationszweck ist als öffentlicher Auftrag von Ländern und Kommunen definiert und für die Identität von Volkshochschulen konstitutiv. Sie unterscheiden sich damit von anderen Einrichtungen der Erwachsenenbildung, die ein spezialisierteres Angebot vorhalten und damit auch mögliche Teilnehmergruppen ausgrenzen. Ziel von Volkshochschulen ist es hingegen, gesellschaftliche Integration und Partizipation, bürgerschaftliche Begegnung und Kommunikation, Lebensqualität und Wohlbefinden sowie individuelle Emanzipation und Qualifikation flächendeckend für alle zu ermöglichen und zu fördern. Als bedeutende *Zielgruppe* werden insbesondere sozial schwache und benachteiligte Personen angesprochen.[99] Die Volkshochschule richtet ihren Organisationszweck somit an einem ganzheitlichen Bildungsverständnis und an einer sozialen Grundhaltung aus (vgl. Zech 2010a, 35; Gummersbach 2004, 201).

Das *Angebotsprofil* von Volkshochschulen ist entsprechend umfassend und ausdifferenziert, wobei sich je nach Bundesland, Region und Stadt unterschiedliche thematische Schwerpunktsetzungen vorfinden. Der Deutsche Volkshoch-

---

den sind und viertens über die Tatsache, dass auch kommerzielle Anbieter mittlerweile öffentliche Gelder erhalten und Volkshochschulen somit in Konkurrenz zu diesen treten.

99 Hierzu bemerken Zech (2010b, 246) kritisch, dass ein ‚blinder Fleck' in Volkshochschulen existiert: Das elaborierte Bildungsverständnis steht im Gegensatz zur Zielgruppe der Bildungsfernen und Benachteiligten.

4.1 Organisationstheoretische Vorüberlegungen

schulverband zeigt zusammenfassend die Angebotsbereiche Politik-Gesellschaft-Umwelt, Kultur-Gestalten, Gesundheit, Sprachen, Arbeit-Beruf, Grundbildung-Schulabschlüsse auf (vgl. DVV 2011, 30). Volkshochschulen zeichnen sich dadurch aus, dass sie sich nicht nur auf einen Kontext konzentrieren, sondern sich mit ihrem Angebotsprofil in unterschiedlichsten Bereichen bewegen und damit nach Schrader (2008, 52) als „hybride Organisation der Weiterbildung" zu bezeichnen sind. Demnach zählen Volkshochschulen zu den Organisationstypen, die durch sehr vielfältige Ziele charakterisiert sind, die sich ständig an einer sich ändernden Umwelt bzw. auf eine direkte Auseinandersetzung mit Menschen und ihren sich ständig verändernden Ansprüchen und Bedürfnissen ausrichten (vgl. Terhart 1986, 209 und Schnurr 2006, 140). Gnahs und Dollhausen (2006, 16) vermuten, dass auf Grund der fachlichen Spannbreite sowie des großen Zielgruppenspektrums, Volkshochschulen besonders in der Lage sind, die Arbeit von Kooperationspartnern kompetent einzuschätzen. Die Besonderheit des Organisationsziels liegt somit auch darin, zu dessen Erreichung flexible, teilweise auch kooperative Strategien zu verfolgen.

Deutlich hervorzuheben ist hierbei, dass der Organisationszweck, ganzheitliche Bildungsprozesse herzustellen, im eigentlichen Sinne nicht von der Einrichtung selbst – und auch nicht in Kooperation mit anderen Einrichtungen – erreicht werden kann, sondern nur mit der Teilnehmerschaft zusammen bzw. in Eigenaktivität derselbigen (vgl. Ehses/Zech 2004, 76). Dies erklärt die *vorrangige Teilnehmer- bzw. Kunden- bzw. Nachfrageorientierung*[100] von Volkshochschulen und dass Lernprozesse ‚lediglich' unterstützt werden können, indem Lernangebote, -umgebung und -unterstützung bereitgestellt, also Kontextbedingungen gestaltet werden. Systematische Bedarfsanalysen stellen hierbei ein wichtiges strategisches Instrument von Volkshochschulen dar.

Um die Kontextbedingungen von Lernen ideal zu gestalten, das umfassende Angebotsprofil aufrecht zu erhalten und nicht zuletzt als eine wesentliche Marktbehauptungsstrategie sind *Kooperation und Vernetzung* für Volkshochschulen schon immer von großer Bedeutung gewesen. Wie bereits in Kapitel 2 aufgezeigt, beteiligen sich Volkshochschulen nicht erst seit kurzem aktiv am Aufbau von kooperativen Strukturen, sondern sind seit den Anfängen der Volks-

---

100 Je nach Wahl der Begrifflichkeit schwingen unterschiedliche Akzentuierungen der strategischen Ausrichtung einer Volkshochschule mit. Teilnehmerorientierung betont sowohl bildungspolitisch wie auch didaktisch die Ausrichtung eines ganzheitlichen Bildungsangebots, das für alle offen ist und auf die Selbstbestimmung und -verwirklichung des Einzelnen abzielt bzw. dessen Bedürfnisse berücksichtigt. Nachfrageorientierung wird als Gegenbegriff der Angebotsorientierung verwendet, um zu verdeutlichen, dass trotz eines bereitzustellenden Pflichtangebots Volkshochschulen sich nach von außen herangetragenen Bedarfen richten. Dem Begriff der Kundenorientierung ist dagegen vorrangig eine ökonomische Betrachtungsweise von Bildungsangeboten und Teilnehmerschaft inhärent. (Vgl. hierzu auch Bourseaux 2010, 162).

bildung in kooperative Bildungsarrangements eingebunden. Der Entwicklungszeitraum von Volkshochschulen ist gleichzeitig der Entwicklungszeitraum kooperativer Strukturen, was Müller-Blattau (1986, 333) sprachlich über den Begriff „Dauerbrenner" verdeutlicht und damit das immerwährende – zum Teil auch von außen an die Volkshochschule herangetragene[101] – Anliegen anspricht, Kooperationswege zu suchen. Von einer aktuellen Bedeutungszunahme von kooperativen Aktivitäten von Volkshochschulen ist auszugehen, was sich beispielsweise daran zeigt, dass sich die Anzahl kooperativ angebotener Kurse in den letzten zehn Jahren fast verdoppelt hat (vgl. Dollhausen 2010, 61ff.).[102] Weiterhin zeigt sich die verstärkte Relevanz von kooperativen Aktivitäten in der regen Beteiligung von Volkshochschulen an Weiterbildungsverbünden sowie politisch induzierten und über bildungspolitische Programme finanzierten Netzwerken wie beispielsweise ‚Lernende Regionen' und das Nachfolgeprogramm ‚Lernen vor Ort', wo Volkshochschulen teilweise die Rolle des Initiators oder Moderators einnehmen (vgl. Gnahs/Dollhausen 2006).[103] Aengenvoort (2009, 5) bezeichnet Volkshochschulen sogar als Netzwerkprofis und beschreibt ihre strategische Ausrichtung folgendermaßen:

> „Volkshochschulen haben den Anspruch nicht nur Bestandteil der kommunalen Bildungslandschaft zu sein, sondern sie wollen vielmehr treibende Kraft und Motoren der Entwicklung sein. Sie haben in den vergangenen Jahren bereits zahlreiche Netzwerke aufgebaut und dabei erhebliches Kooperations-Know-how erworben. (...) Auf diese Expertise kann die Kommune zurückgreifen."

Begründen lässt sich die Teilnahme von Volkshochschulen an kooperativen Aktivitäten dreifach. Erstens über eine bewusste und aktive *Entwicklungsorientierung* von Volkshochschulen, die sie als sogenannte „intermediäre Organisationen" (Zech 2008a, 8) hervorragend umsetzen können. Als Schnittstelle sind sie zwischen Bildungssystem, Politik, Wirtschaft, Arbeitsmarkt und Lernenden

---

101 Nicht zuletzt sind es bildungspolitische Empfehlungen und rechtliche Verankerungen, wie z.B. Weiterbildungsgesetze, die Kooperations- und Vernetzungsgebote beinhalten. So heißt es z.B. im aktuellen Weiterbildungsgesetz von Nordrhein-Westfalen in der Fassung von 2005 in Paragraph §5 (1): „Zum Aufbau eines Systems lebensbegleitenden Lernens arbeiten die Einrichtungen der Weiterbildung, die Schulen, insbesondere Schulen des Zweiten Bildungswegs, die Hochschulen und die Einrichtungen der beruflichen Aus- und Weiterbildung zusammen."
102 Vgl. Dollhausen (2010, 62): 1998 lag die Anzahl der kooperativ angebotenen Kurse insgesamt bei 11.413. Im Jahr 2008 lassen sich 22.764 Kurse in Kooperation verzeichnen. Bei den Kooperationspartnern handelt sich zu einem großen Teil um Partner aus ebenfalls öffentlichen Einrichtungen und weniger um Kooperationspartner aus wirtschaftlichen Unternehmen.
103 So betont auch der Deutsche Volkshochschulverband auf seiner Homepage, dass Volkshochschulen „neue Dienstleistungsfunktionen wahr[nehmen], etwa in der Lernberatung oder als Initiatoren und Moderatoren lokaler Netzwerke und Kooperationen (z.B. im Programm ‚Lernende Regionen')." (http://dvv-vhs.de/vhs/; Stand: 17.05.2012).

verortet und eigenen sich deshalb besonders für die Entwicklung kooperativer Bildungsarrangements.[104] Zweitens stärkt die Beteiligung an Netzwerken und Kooperationen die Stellung von Volkshochschulen in der Bildungspolitik und im lokalpolitischen Kontext, da sie gemeinsam mit weiteren lokalen öffentlich-rechtlichen Einrichtungen und Unternehmen ihre Standpunkte vertreten. Drittens zeigt sich zudem, dass Volkshochschulen mehrfachen Veränderungs- und Modernisierungsdynamiken ausgesetzt sind.[105] So richtet sich die kooperative Ausrichtung von Volkshochschulen auch nach exogenen Rahmenbedingungen bzw. Reproduktionskontexten: Neben sich wandelnden Erwartungen hinsichtlich des lebenslangen Lernens (Entgrenzung, neue Lehr-Lernkulturen), einer sich verändernden Teilnehmerschaft und Bildungsnachfrage (demografische Entwicklung, steigende Bedeutung von Medien, Integrationsorientierung), sind sich *verändernde Finanzierungsstrukturen* (Rückläufigkeit der öffentlichen Zuschüsse, Bedeutungszunahme wirtschaftlichen Arbeitens und der Ressourceneinsparung) sowie Fragen der Zertifizierung und des Qualitätsmanagements zu benennen.[106] Auf Grund dieses erhöhten mehrdimensionalen Problemdrucks wird auch für Volkshochschulen die Option zu einer kooperativen Aufgabenbewältigung virulent.

Der Dreiklang von organisationsstrategischen, -strukturellen und -kulturellen Merkmalen von Volkshochschulen zeigt auf, dass Volkshochschulen als Träger, Initiator und Koordinator von kooperativen Aktivitäten eine wichtige Rolle spielen (vgl. hierzu auch Klingebiel 2007, 95f.). Gleichzeitig deuten die Organisationsmerkmale darauf hin, dass volkshochschulspezifische Anforderungen und Eigenheiten innerhalb der Zusammenarbeit mit anderen Akteuren zu berücksichtigen sind.

4.1.2 Organisationsmerkmale von Bildungs- und Kulturzentren

Die Besonderheit von Bildungs- und Kulturzentren macht die Tatsache aus, dass mehrere Organisationen eine neue Organisationsform bilden, ohne dass sich die

---

104 Beispielhaft wird dies an der Zusammenarbeit von Volkshochschulen mit Hochschulen, um eine Schnittstelle zwischen der Weiterbildung für breite Personengruppen und der wissenschaftlichen Bildung zu schaffen. „Hochschulen nutzen Kompetenzen der Volkshochschulen, indem sie bestimmte studienbegleitende Dienstleistungen auf die Volkshochschulen übertragen" (Süßmuth/Wintermantel 2011, 283).
105 Vgl. hierzu Kapitel 2.3.1, das Veränderungsanforderungen und Kooperationsperspektiven von Weiterbildungseinrichtungen aufzeigt.
106 Vgl. hierzu u.a. Geißler (1995), Meisel (1997), Gummersbach (2004), Schöll (2006) sowie Kil (2003), die sich mit dem Thema Volkshochschule im Kontext von Veränderungs- und Modernisierungsdynamiken auseinandersetzen.

jeweils einrichtungsspezifischen Organisationsmerkmale auflösen bzw. verschmelzen. Um zu verdeutlich, dass es wegen der mehrdimensionalen organisatorischen Verfasstheit zu einer Komplexitätssteigerung der genannten Merkmale kommt und sich spezifische organisationale Anforderungen stellen, wird im Folgenden die Organisationsform ‚Bildungs- und Kulturzentrum' systematisch nach den Organisationsmerkmalen Struktur, Kultur und Strategie vorgestellt.

a) Strukturmerkmale: Die Struktur von Bildungs- und Kulturzentren wird im Folgenden über drei wesentliche Determinanten beschrieben. Erstens anhand Mitgliedschaftsregelung, also an der Zusammensetzung der Akteure, zweitens anhand der Aufbau- und Ablauforganisation und drittens über die Rechtsform. Sowohl die historischen als auch die aktuellen Beispiele haben aufgezeigt, dass es innerhalb von Bildungs- und Kulturzentren sehr unterschiedliche *Mitgliedschaftsregelungen*, also Konstellationen von Kooperationsakteuren geben kann: Neben Volkshochschulen und Bibliotheken, die in den meisten Fällen die klassischen Initiativ- oder Starteinrichtungen darstellen, sind ebenso Kulturämter, Museen, Galerien, Stadtarchive, Bürgerserviceeinrichtungen, Schulen, Theater und Musikschulen integriert. Wenn auch nicht organisatorisch oder über die Rechtsform eingebunden, sind teilweise des Weiteren Geschäfte des Einzelhandels sowie Gastronomie im selben Gebäude ansässig. Eine meist eingangs befindliche zentrale Informationsstelle, die übergreifend über die Einrichtungen im Haus Auskunft gibt, teilweise auch Serviceleistungen wie Kursanmeldungen oder den Ticketverkauf für städtische Veranstaltungen anbietet, ist eine wichtige Orientierungshilfe und ein verbindendes Element innerhalb vieler Bildungs- und Kulturzentren.

Schließt sich diese Vielfalt von Akteuren unter einem Dach zusammen, treffen auch die Mitarbeitenden als Akteure des neuen Bildungs- und Kulturzentrums aufeinander. Sie bringen unterschiedliche professionalitätsbezogene Sichtweisen und Erfahrungen ein, handeln aus verschiedenartigen beruflichen Ausbildungen und Wissensbeständen heraus, sind bestimmte Arbeitszeitrhythmen und -routinen gewöhnt, verlassen sich auf einrichtungsbezogene Standardisierungen und Verfahrensbildungen, beziehen sich auf unterschiedliche Angebote, Kunden- und Nutzergruppen und führen zudem unterschiedliche Gehaltsniveaus mit (vgl. hierzu u.a. Jouly 2006, 766). Diese Differenzen werden dann relevant, wenn ein unbeteiligtes Nebeneinander aufgegeben wird und sich ein Beziehungsgefüge zwischen den Akteuren entwickeln soll. Dies stellt sich als große Herausforderung für die Ausgestaltung der Organisationsstruktur von Bildungs- und Kulturzentren heraus, wobei die Chance im gemeinsamen Aufgabenfeld der Einrichtungen (ebd., 767), nämlich im Sinne des lebenslangen Lernens einen vielfältigen Lern- und Begegnungsort kooperativ auszugestalten, gesehen wird (vgl. c) Strategiemerkmale).

4.1 Organisationstheoretische Vorüberlegungen

Je nach Ausgestaltung der Organisationsstruktur werden in Bildungs- und Kulturzentren teilweise gemeinsame Service- und Verwaltungseinheiten geschaffen, die einrichtungsübergreifende Bereiche wie z.b. das Hausmanagement, die Technik, das Finanzmanagement sowie die Öffentlichkeitsarbeit bzw. das Marketing übernehmen (vgl. Weißenberg/Sedlack 2007, 60f.). Kooperation als mehr oder weniger verbindlicher Rahmen wird in Bildungs- und Kulturzentren sehr unterschiedlich über neue Organisations- und Steuerungsstrukturen bewerkstelligt, die gleichzeitig die *Aufbau- und Ablauforganisation* andeutungsweise kennzeichnen. Stang (2011) unterscheidet hier zwischen vier Modellen der Steuerung:

	Kontraktmodell	Steuerungsmodell	Intendanzmodell	Institutionalisierungsmodell
Leitungsstruktur	Koordination	Übergeordnete Einrichtung	Intendanz	Leitungsperson
Rahmen für Zusammenarbeit	Verträge	Koordination	Koordination	Institutionell verankert
Grad der Selbstständigkeit der einzelnen Institutionen	Große Selbstständigkeit	Selbstständigkeit im Rahmen des vorgegebenen Rahmens	Selbstständigkeit bezogen auf den jeweiligen Betriebsteil	Keine Selbstständigkeit mehr

Tabelle 4: Steuerungsstrukturen (Quelle: Stang 2011, 20)

- So kann über die Form eines *Kontraktmodells* der Rahmen der Zusammenarbeit vertraglich geregelt werden, was die Selbstständigkeit der einzelnen Einrichtungen bewahrt.[107]
- Über die Form eines *Steuerungsmodells* hingegen übernimmt eine übergeordnete Einrichtung die Koordination der Zusammenarbeit. Eine relative Selbstständigkeit aller Einrichtungen bleibt erhalten.[108]
- Bei einem *Intendanzmodell* nimmt ein Geschäftsführer, also der Intendant (frz. der Leiter, vgl. Textor 2002, 147), diese Aufgabe wahr. Einzelne Ein-

---

107 Vgl. Kapitel 3.1.3: Beispielhaft wurde der Südpunkt in Nürnberg vorgestellt.
108 Als Beispiel und als organisationaler Kontext der empirischen Studie, wird in Kapitel 7.1 das Zentrum für Information und Bildung (zib) in Unna vorgestellt.

richtungsleitungen bleiben dennoch bestehen, was die Selbstständigkeit der einzelnen Betriebsteile wahrt.[109]

- Keine oder eine eingeschränkte Selbstständigkeit der einzelnen Einrichtungen ist dann gegeben, wenn das gesamte Bildungs- und Kulturzentrum von einer Leitung über ein sogenanntes *Institutionalisierungsmodell* geführt wird.[110]

Diese unterschiedlichen Steuerungsformen machen das Spektrum unterschiedlichster Organisationsformen von Bildungs- und Kulturzentren deutlich; sie oszillieren gewissermaßen zwischen Betriebsförmigkeit und ‚Netzwerk unter einem Dach'. Über den Austausch in der Expertengruppe ‚Lernzentren'[111] wird deutlich, dass Bildungs- und Kulturzentren im Regelfall schwerpunktmäßig eines dieser unterschiedlichen Steuerungsmodelle anwenden, um Kooperationen zu ermöglichen. Sowohl diese Modelle als auch die Rechtsform können sich jedoch nach kommunalen, finanzpolitischen oder einrichtungsbezogenen Anforderungen jederzeit ändern.[112] Es handelt sich in der Organisationsrealität also um Konferenzsysteme, die sich verändern und sich ständig weiterentwickeln können – und es teilweise auch auf Grund von äußeren Rahmenbedingungen müssen. Die Organisationsform von Kooperation nimmt damit eine dynamische und transitorische Bedeutung ein: Solange sie brauchbar erscheint bleibt sie bestehen oder entwickelt sich nach neuen Entscheidungsprämissen weiter.

Eine vorhandene *Mehrdimensionalität der Organisationsstrukturen* zeigt sich in mehr oder minder allen vorgestellten Organisations- und Steuerungsmodellen. So herrscht Arbeitsteiligkeit in den einzelnen Einrichtungen selbst und gleichzeitig versuchen die einzelnen Einrichtungen in kooperativen Handlungen die gemeinsamen Organisationsziele des Bildungs- und Kulturzentrums zu erfüllen. Formale und informelle Regeln bestehen ebenso in doppelter Weise, nämlich in den Einrichtungen selbst und bezogen auf die gesamte Organisation des Bildungs- und Kulturzentrums. Zudem besitzt jede Einrichtung eine Leitung und gleichzeitig wird das gesamte Bildungs- und Kulturzentrum durch eine weitere,

---

109 Hier gilt es DAS tietz in Chemnitz – ebenfalls als organisationaler Kontext der empirischen Studie – in Kapitel 7.1 exemplarisch vorzustellen.
110 Zu nennen wäre hier beispielsweise der Wissensturm in Linz, der in Kapitel 3.1.3 vorgestellt wurde.
111 Der sich neu entwickelnde und sich ständig verändernde Bereich der Bildungs- und Kulturzentren erforderte aus Sicht der Autorin einen ständigen Feldkontakt. So fand im Verlauf der Promotionsphase zwei Mal im Jahr eine Beteiligung an den Expertenworkshops zum Thema ‚Lernzentren', die über das Deutsche Institut für Erwachsenenbildung (Bonn) in Kooperation mit der Hochschule der Medien (Stuttgart) organisiert wurden, statt.
112 Vgl. hierzu das zib in Unna: Zum Zeitpunkt der Datenerhebung war die Rückführung des eigenbetriebsförmig aufgestellten Zentrums in die Fachbereichsstruktur der Stadt auf Grund von Haushaltsveränderungen und finanziellen Restriktionen bereits im Gespräch.

4.1 Organisationstheoretische Vorüberlegungen

unterschiedlich geartete Leitungsinstanz gesteuert und koordiniert. So zeigt Stang (2005, 33) auf, dass sich „(...) gerade bei der Etablierung integrierter Organisationseinheiten (...) Fragen der Prozesssteuerung und Organisationsentwicklung auf besondere Weise" stellen. So nehmen sowohl die Leitungsinstanzen der Bildungs- und Kulturzentren als auch die einzelnen Einrichtungsleitungen insbesondere die Förderung kooperativer Prozesse neu in den Blick. Dass dies eine immens komplexe Aufgabe ist, die unterschiedlichste Anforderungen mit sich führt, zeigt folgendes Schaubild, das im Rahmen eines Expertenworkshops mit Vertretern und Vertreterinnen von Bildungs- und Kulturzentren entstanden ist:[113]

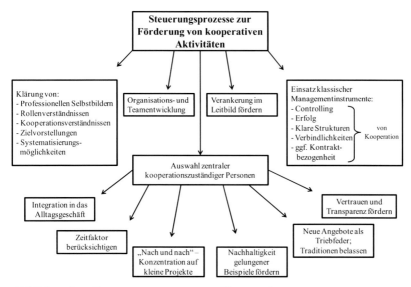

Abbildung 5: Steuerungsprozesse von Kooperation

Deutlich wird die Idealvorstellung eines Zwei-Ebenen-Modells, in welchem eine übergeordnete Leitungsinstanz zwar für die Grundsteinlegung zur Klärung und Ermöglichung von kooperativen Aktivitäten zuständig ist sowie Kooperationserfolge kontrolliert und fördert. Die Leitungsebene bestimmt jedoch im Idealfall weitere zentrale kooperationszuständige Personen, deren Aufgabe es ist, koope-

---

113 Der Expertenworkshops zum Thema ‚Lernzentren' fand am 24./25.06.2010 im Südpunkt in Nürnberg statt. Neben Vertretern und Vertreterinnen der für die Untersuchung ausgewählten Volkshochschulen, nahmen auch noch weitere aus Bildungs- und Kulturzentren in Deutschland und Österreich teil.

rative Aktivitäten konkret zu fördern. Um erfolgreich arbeiten zu können, sollten sie den entsprechenden Kompetenz- und Handlungsspielraum insbesondere bezogen auf die Stellenstruktur und Zeiterfordernis eingeräumt bekommen. Die Komplexität und Vielfältigkeit spiegelt sich schließlich auch in der Gegebenheit wider, dass Bildungs- und Kulturzentren in unterschiedlichen *Rechtsformen* aufgestellt sein können bzw. mehrere Rechtsformen unter einem Dach vereinen, wenn beispielsweise gastronomische Angebote oder Geschäfte des Einzelhandels integriert sind. Diese Konstellation verweist auf eine besondere Beeinflussung der Organisationsstruktur und -strategie und gilt es bei der Auswertung des empirischen Materials zu berücksichtigen. Da die für den organisationalen Kontext der empirischen Studie untersuchten Zentren zum Zeitpunkt der Erhebung eigenbetriebsförmig aufgestellt waren, soll an dieser Stelle auf diese Rechtsform der Schwerpunkt gelegt werden.[114] Gemeindeeigene Betriebe dieser Art sind Organisationsformen des öffentlichen Rechts, die auf einer Betriebssatzung beruhen und eine größere wirtschaftliche Unabhängigkeit und Selbstständigkeit in Entscheidungen bezüglich der angemessener Personal- und Sachausstattung ermöglichen. Krobbach (1998, 88) betont als weiteren Vorteil, dass ein Eigenbetrieb „freier in der Entwicklung einer Corporate Identity" ist. Daraus abgeleitet könnte somit auch die gemeinsame Marke des Bildungs- und Kulturzentrums gestärkt werden. Diese Annahme kann mit Ehmann (1991, 25) untermauert werden, der aufzeigt, dass diese Rechtsform zudem die Chance zur Profilstärkung der Gesamteinrichtung mitführt, u.a. da auf Grund eines gemeinsamen Haushalts eine kontinuierliche Verständigung über gemeinsame Ziele des Eigenbetriebs unumgänglich ist. Dies zwingt einzelne Einrichtungen zum Umdenken, da gemeinsam Erwirtschaftetes schwächere Mitglieder des Eigenbetriebs subventionieren und somit gegenseitige Abhängigkeit entstehen könnte. Diese Konstellation führt allerdings für die Gesamtorganisation zugleich Spannungsfelder mit, wenn wirtschaftlich besser aufgestellte Einrichtungen, finanziell weniger gut aufgestellte Einrichtungen unterstützen müssen.

Die wesentlichen Strukturmerkmale von Bildungs- und Kulturzentren sind in der Zusammenführung bisher eigenständiger Bereiche und zuvor getrennter Ressourcen, in der Veränderung von Steuerungs- und Leitungsaufgaben, in einer neuen Rechts- teilweise auch Finanzierungsform sowie in der Schaffung gemeinsamer administrativer bzw. serviceorientierter Bereiche zu sehen (vgl. hierzu auch Weißenberg/Sedlack 2007, 60f.).[115]

---

114 Ein Überblick über verschiedene Rechtsformen von Weiterbildungseinrichtungen, die sich ebenso auf Bildungs- und Kulturzentren übertragen lassen, geben Meisel und Feld (2009, 63) mit Bezugnahme auf Langenscheidt (1994).

115 Analog zu der organisatorischen Vorstellung von Volkshochschulen gilt auch für Bildungs- und Kulturzentren, dass jede einzelne Einrichtung sich je nach Entstehungshintergrund und re-

4.1 Organisationstheoretische Vorüberlegungen

b) Kulturmerkmale[116]: Bildungs- und Kulturzentren haben ein wesentliches organisationskulturelles Kennzeichen:

> „Wenn Bibliotheken und Weiterbildungseinrichtungen, wie z.b. Volkshochschulen, in einer Institution zusammengeführt werden, geht es nicht nur darum, eine integrierte Organisationsstruktur zu entwickeln, sondern in besonderem Maße um die Integration unterschiedlicher Organisationskulturen." (Stang 2005, 33)

Integrative Kooperationsformen vereinen verschiedene, über Jahre hinweg entwickelte Organisationskulturen unter einem Dach und führen damit den Aspekt der *Diversität*[117] als zu bearbeitendes Thema mit. So ist das Handeln der Akteure eines Bildungs- und Kulturzentrums eingebettet in komplexe organisationskulturelle Rahmenbedingungen: Eine zweidimensionale Organisationskultur besteht in der Hinsicht, dass sowohl die eigene Einrichtung als auch das Bildungs- und Kulturzentrum ihre spezifische Organisationskultur aufweisen, die sich nicht unbedingt entsprechen müssen.[118] Die Organisationskultur gibt einer Einrichtung Identität und schafft den Rahmen, sich selbständig zu organisieren und Ziele zu erfüllen (vgl. Schein 1995). Findet eine organisationale Veränderung durch eine Art Zusammenschluss mit anderen Einrichtungen unter einem Dach statt, sind es nicht die äußeren Strukturen, die Orientierung und Sicherheit geben können, weil diese neu sind, noch nicht angeeignet wurden bzw. teilweise auch noch nicht vorhanden sind. Es ist vielmehr die ‚mitgebrachte' Organisationskultur der einzelnen Einrichtungen, die weiterhin eine Ordnungsfunktion hat.

---

gionalen Spezifika unterscheidet und es an dieser Stelle um die Darstellung grundsätzlicher Charakteristika geht.
116 Im Folgenden werden Überlegungen dargestellt, die die Autorin in Teilen bereits an anderer Stelle vorgelegt hat (vgl. Mickler 2012).
117 Diversität wird verstanden als Ausdruck der Vielfalt oder des Facettenreichtums (vgl. Aretz/Hansen 2002, 7ff.) und bezieht sich häufig auf die wenig unveränderbaren Faktoren Geschlecht, Ethnizität, Befähigung/Behinderung, Alter, sexuelle Orientierung und Religion (vgl. Jung 2003, 93f.). Die Perspektive dieser Arbeit nimmt bezogen auf Organisationskulturen die unterschiedlichen Perspektiven, Wertvorstellungen, Überzeugungen und Meinungen der Mitarbeitenden in den Blick.
118 Von einer vierdimensionalen Organisationskultur könnte man sogar insofern sprechen, als dass sowohl formale als auch mentale Mitgliedschaften existieren. Hartz (2008, 371f.) spricht hier von einer doppelten Mitgliedschaft, wobei die Betrachtungsweise einer formalen Mitgliedschaft davon ausgeht, dass strukturelle Vorgaben akzeptiert und umgesetzt werden und somit eine lineare Steuerung bzw. eine institutionelle Vermittlung möglich ist. Die Berücksichtigung einer mentalen Mitgliedschaft hingegen schließt zudem die Selbstkonstitution bzw. individuelle Aneignung von organisationalem Handeln ein, welche partiell über unbewusste organisationskulturelle Prozesse geprägt ist. Bildungs- und Kulturzentren potenzieren demnach die Anforderung, das Handeln unterschiedlicher Einrichtungen und deren Akteure zu koordinieren.

„Das System als ganzes reagiert anfangs mit einer Verstärkung der Prozesse, die die bestehende Organisationskultur stabilisieren." (Schuldt 2007, 72)

Folglich kann davon ausgegangen werden, dass zunächst eine Konzentration auf die eigene Einrichtung – also eher eine Abgrenzung – stattfindet, anstatt sich auf Kooperation und eine neue Organisationsform einlassen zu können (vgl. Doppler/Lauterburg 2008, 473). Diese Einschätzung lässt sich systemtheoretisch untermauern, da in Bildungs- und Kulturzentren eine Begegnung von mehreren sozialen Systemen stattfindet, die sich durch Erzeugung und Erhaltung einer Differenz zur Umwelt konstituieren.[119] Bei einer solchen Betrachtungsweise wirkt die weitgehend in traditionellen Kultur-Definitionen akzeptierte Differenzlinie zwischen ‚eigener' und ‚fremder' Kultur (vgl. Zalucki 2006). Der vorhandene ‚Inter-Organisations-Kulturalität' hebt dann die Existenz klar unterscheidbarer Organisationskulturen hervor und leitet folgerichtig Abgrenzung als Reaktion ab. Jedoch sind gerade in der systemtheoretischen Betrachtungsweise Anstöße durch Umweltsysteme möglich (vgl. Luhmann 2009, 124ff.). Soziale Systeme unterliegen z.B. einer Modifikation, wenn Umweltveränderungen als sinnhaft oder nicht sinnhaft reflektiert werden. Findet also eine Umweltveränderung statt, wie durch das gemeinsame Beziehen eines neuen Gebäudes, das als infrastrukturelle Verbesserung für die eigene Einrichtung gesehen wird, dann ist nach Neubauer (2003, 139) davon auszugehen, dass diese Änderung eines hier beispielsweise räumlichen Organisationsstrukturmerkmals auch zu einer Änderung der Organisationskulturen führen kann, wenn auch zunächst ungeplant und unsystematisch. Die Annahme über stabile Organisationskulturen gilt es demnach zu relativieren. Denn idealerweise bilden die Einrichtungen unter einem Dach zusätzlich zu ihrer eigenen Organisationskultur gemeinsam eine veränderte Organisationskultur aus.

> „Was die sukzessive Entwicklung einer Organisationskultur angeht, so könnte die Dynamik – im günstigsten Fall – auf die Herausbildung von zwei Corporate Identities hinauslaufen: Einerseits wird jede Einrichtung, sobald sie Teil des Campus ist, auch weiterhin auf ihrem eigenen unverwechselbaren Profil bestehen, andererseits die Subsumtion unter die kollektive Identität der Gesamteinrichtung billigen und den Status, Teil eines Ganzen zu sein, wohlwollend akzeptieren." (Nittel 2006, 256)

Als wesentlicher Entscheidungsfaktor für diese auf den Hessencampus Dreieich bezogene Sichtweise sieht Nittel die Tatsache, wie sich die Gesamteinrichtung in der lokalen Öffentlichkeit als eine Art „Marke" (ebd.) mit positivem Image, also als *Corporate Identity* etablieren kann. Er deutet damit an, dass die Außenwahr-

---

[119] Vgl. Kapitel 4.2, in dem systemtheoretische Aspekte einer Organisationsbetrachtung ausführlicher zum Tragen kommen.

nehmung einer integrierten Kooperationsform die innere Wahrnehmung der Akteure, also auch die Organisationskultur beeinflussen kann. Dies ist als wesentliche Herausforderung zu begreifen, da jede Einrichtung innerhalb des Bildungs- und Kulturzentrums weiterhin ihr unverwechselbares und tief verwurzeltes Profil mit den je eigenen Organisationskulturen und Handlungslogiken behalten und gleichzeitig eine Art *kollektive Identität* einer Gesamteinrichtung entwickeln soll, die nach außen hin vertreten wird. Inter-Organisations-Kulturalität zeigt sich entsprechend in einem Modus von Einheit und Differenz. Einheit kann gesehen werden, weil ein gemeinsames kooperatives Arrangement mit einem hohen Intensitäts- und Bindungsgrad angestrebt wird und v.a. durch ein gemeinsames Gebäude, also die räumliche Nähe sowie den gemeinsamen Öffentlichkeitsauftritt gefördert werden soll. Gleichzeitig kann insofern von Differenz gesprochen werden, als dass in diesem Arrangement weiterhin die jeweils spezifischen, also unterschiedlichen Organisationskulturen sowie professionellen und organisationalen Handlungslogiken vorzufinden sind. Nuissl (2000, 94) stellt in diesem Zusammenhang fest:

> „Kooperation ist nur möglich, wenn sichergestellt ist, daß die kooperierenden Partner sich ihrer eigenen Identität bewußt sind."

Auch Leggewie (2010, 23) betont, dass das eigene Einrichtungsprofil bei Kooperationen nicht verwischt werden sollte, um einrichtungsspezifische Ressourcen und Kompetenzen deutlich und für einen wechselseitigen Nutzen sichtbar machen zu können.

Die Herausforderungen, die auf Grund unterschiedlicher Planungs- und Organisationskulturen zu bewältigen sind rekonstruiert Stang (2011, 124ff.) in seiner Studie zu „Strukturen und Leistungen von Lernzentren" folgendermaßen:

- Schaffung eines gemeinsamen Bewusstseins, dass man fortan in einem Haus arbeitet: *Das gemeinsame Haus als Identitätsrahmen;*
- Veränderungen als längerfristigen Prozess begreifen lernen, der verstärkte Anstrengungen und gezielte Strategien bedarf; Bereitschaft der Mitarbeiter und Mitarbeiterinnen, sich auf Veränderungen einzulassen;
- Stärkung des organisationalen Selbstbewusstseins, Teil von etwas Besonderem zu sein;
- Unterstützung und Transparenz von Entscheidungen durch das Leitungspersonal;
- Berücksichtigung lokaler Gegebenheiten;
- Etablierung einer gemeinsamen Außendarstellung (gemeinsamer Internetauftritt);
- Bereitstellung breiter Angebote zur Teamentwicklung.

Diese Auflistung verweist zum einen deutlich auf die zeitintensive und „aufwändige Phase des Zusammenwachsens" (Schuldt 2007, 74) und zum anderen auf die zwingend erforderliche Beantwortung der Frage nach einer einheitlichen „organisationsintern verfügbare[n] Orientierungsgrundlage" (Kuper 2004, 147f.). Die Art und Weise der Beantwortung hängt entscheidend von der Perspektive der Mitarbeitenden ab, was darauf hindeutet, bei empirischen Untersuchungen alle Personalebenen von Volkshochschulen bei der Datenerhebung zu berücksichtigen.

c) Strategiemerkmale: Die strategische Ausrichtung von Bildungs- und Kulturzentren lässt sich zum einen aus Sicht der Organisation selbst über die öffentlichen Auftritte, z.B. in Form von Flyern, Homepages oder Leitbildern darstellen. Zum anderen ergänzt aber auch der Fremdblick, z.B. über bildungspolitische oder wissenschaftliche Auseinandersetzungen, das Bild.

Ein zentrales Ziel, nämlich veränderten *Bedürfnissen der Bürger und Bürgerinnen* gerecht zu werden, wie es beispielsweise das zib auf seiner Homepage formuliert[120], verweist auf die typischen Strategiemerkmale von Bildungs-, Kultur- und Serviceeinrichtungen. Sie zählen zu den Organisationen, die sich auf eine direkte Auseinandersetzung mit Menschen und damit ihren sich ständig verändernden Ansprüchen und Bedürfnissen spezialisiert haben. Speziell Weiterbildungseinrichtungen haben eine ausgeprägte Orientierung an Lernenden und sich ständig verändernden Lerninteressen sowie Lernanlässen in der Gesellschaft. Bildungs- und Kulturzentren, wie z.B. DAS tietz begreifen dies als organisationale Programmausrichtung und identifizieren sich mit dem Auftrag, *lebenslanges Lernen* für alle Menschen zu initiieren und zu fördern (vgl. DAS tietz unveröffentlichtes Leitbild, o.J.). Daran anschließend ließe sich sowohl aus bildungspolitischer (vgl. Europäische Kommission 2000) als auch aus erziehungswissenschaftlicher Perspektive mit Kade und Seitter (1998, 52f.) aufzeigen, dass Lernen dabei nicht ausschließlich zweckdienlich zur Behebung eines Mangels verstanden und die Lernabsicht der Teilnehmenden nicht rein aus einer ‚Um-zu-Relation'[121] betrachtet wird, sondern Bildungs- und Kulturzentren mit ihrem breiten Angebot und den vielfältig nutzbaren Möglichkeitsräumen das lebenslange Lernen als Medium von Freiräumen begreifen und unterstützen, indem sie an einem Ort Bildung, Information, Kultur und Beratung mit Freizeit, Gastronomie, Geselligkeit und Konsum verknüpfen:

---

120 Zu finden ist diese Zielformulierung unter http://www.unna.de/kreisstadt+unna/konzernstadt/kulturbetriebe-unna/startseite-zib/was-ist-das-zib.html (Stand: 17.05.2012).
121 Vgl. hierzu ausführlicher Kade/Seitter (1998, 52f.): Unter einer distanziert-ökonomischen Perspektive heraus erhält Lernen einen gesellschaftlichen „Zwangscharakter" und wird zur „sozialen Zumutung". Dem gegenüber steht eine „positiv-affirmative Perspektive", die die demokratisch-emanzipatorischen Potenziale des lebenslangen Lernens betont.

4.1 Organisationstheoretische Vorüberlegungen

„Mit seinen Mischformen und polyfunktionalen Vernetzungen verliert das lebenslange Lernen seinen monopolistischen Charakter." (Kade/Seitter 1998, 56)

Über diese kooperativ ausgestaltete Institutionalform kann sich das lebenslange Lernen im Idealfall beiläufig in die Lebenswelt der Teilnehmerschaft einfügen. In zeitlicher Hinsicht unterstützt ein Bildungs- und Kulturzentrum folglich die Verbindung der „Zeit des Lernens" mit der „Zeit des Nichtlernens" (vgl. Geissler 2004,14).

Wie soll dieses ambitionierte Ziel erreicht werden? Bildungs- und Kulturzentren verfolgen die Strategie der räumlichen, inhaltlichen und zum Teil strukturellen *Zusammenführung spezifischer Kompetenzen,* um eine *erweiterte Programmatik* und einen *erweiterten Adressatenbezug* zu erreichen. Die inhaltlich-konzeptionelle Zusammenarbeit, z.B. bei der Entwicklung von Angeboten wird angestrebt und zeigt sich beispielsweise in integrierten Selbstlernzentren als mediengestützte Infrastruktur, die diverse Formen der einrichtungsübergreifenden Bildungs- und Lernberatung als Hilfestellung für selbstgesteuerte Lernprozesse vereint, gemeinsam von einzelnen Institutionen ausgestattet und betrieben und oftmals als Herzstück eines Bildungs- und Kulturzentrums etabliert sind (vgl. Stang 2010b, 40). Das Merkmal der räumlichen Nähe von mehreren Einrichtungen weckt große Erwartungen an sogenannte *Mitnahmeeffekte*: Teilnehmende sollen nebenbei auf die Angebote anderer Einrichtungen aufmerksam gemacht werden, diese nutzen und mit bereits wahrgenommen Lernmöglichkeiten verknüpfen, was außerdem einer *Steigerung der Nutzungszahlen* und Bedeutung aller integrierten Einrichtungen zuträglich sein soll.[122]

Aus wirtschaftlichen Gesichtspunkten gesehen geht es bei einem Zusammenschluss mehrerer Einrichtungen nicht nur um Synergiepotenziale inhaltlich-konzeptioneller Art, sondern mit an erster Stelle um eine ökonomische *Ressourcenoptimierung* (vgl. Weißenberg/Sedlack 2007, 55). Beispielsweise werden Einsparungen durch die gemeinsame Raum-, Technik- und Material- sowie Personalnutzung erhofft. Zudem ist ein neues bzw. umgebautes Gebäude für mehrere Einrichtungen, die aktuell in renovierungsbedürftigen Gebäuden untergebracht sind, günstiger für die Kommunen als für jede einzelne Einrichtung eine Lösung zu finden. Dennoch ist der Einsparungsgedanke nicht ausreichend für die Realisierung solcher integrativen Kooperationsformen, was sich daran aufzeigen lässt, dass öffentliche Zuschussgelder erst in Zusammenhang eines inhaltlichen Konzepts des Zusammenwirkens fließen (vgl. Henning 2007, 46).

---

122 Für Volkshochschulen, die Teil eines Bildungs- und Kulturzentrums sind, findet durch diese organisationale Neuverfassung ein Bedeutungszuwachs auf kommunaler Ebene statt, was in der Konsequenz beispielsweise für den Direktor der Volkshochschule Wiesbaden, Hartmut Boger, bedeutet, dass die Volkshochschule „ihren alten Anspruch, kommunales Bildungszentrum für alle zu sein, vollständiger einlösen" kann (zitiert nach Otto 2007, 154).

Typische raumbezogene Merkmale wie die *innovative Lernarchitektur* in Form von Neubauten, teilweise unter Einbezug alter Gebäudestrukturen sowie der Anspruch an eine hohe Flexibilität der Räumlichkeiten inklusive moderner medientechnischer Ausstattung sind weiterhin Indiz für die strategische Ausrichtung von Bildungs- und Kulturzentren jenseits von Ressourceneinsparungsaspekten.[123] Architektonisch auffallend ist der oftmals breite Einsatz von Glaselementen und die offene Bauweise, die Einblicke in das Gebäude, von Raum zu Raum, Etage zu Etage, aber auch Einrichtung zu Einrichtung sowie Arbeitsbereich zu Arbeitsbereich zulassen. Im übertragenen Sinne entsteht der Eindruck, dass die Einrichtungen nicht additiv unter einem Dach zusammengebracht wurden, sondern sich gegenseitig wahrnehmen und gemeinsam Bildungs- und Kulturangebote gestalten. Ebenso soll auf diese Weise Bildung und Kultur für alle Interessierten transparent und zugänglich gemacht werden. Ausgegangen wird von einer Wechselbeziehung zwischen Lernen und materiellem Raum, so dass sich die Herausforderung an Bildungs- und Kulturzentren stellt „eine Lernumwelt zu schaffen, die auch dann Lernanregungen bereit hält, wenn Besucher/innen gänzlich ohne Lernabsichten das Haus benützen" (Hummer 2007, 6). Demnach spielt die Aufenthaltsqualität eine große Rolle, die z.B. durch eine ansprechende, einladende, helle und transparente Architektur sowie durch bequeme einrichtungsunspezifische Sitzgelegenheiten, gastronomische Angebote und große Ausstellungsflächen, die zum Verweilen und Umschauen animieren, erreicht werden soll. Die für Bildungs- und Kulturzentren feststellbaren raumbezogenen Merkmale richten sich dabei an „pädagogisch-andragogischen Leitlinien zur lerneffektiven Gestaltung von Bildungsräumen" (Fell 2009, 1206ff.) aus: Neben funktionalen Räumen, die konkrete methodisch-didaktische Zielsetzung erfüllen, wie z.B. Vortragsräume, Seminarräume, Werkstätten etc., sind auch immer extrafunktionale „Zwischenräume" (ebd. 1208) verwirklicht. So fördern z.B. gastronomische Angebote, Biopträume, Gärten und Innenhöfe vielseitige Begegnungen, den dialogischen Austausch und die gemeinsame Freizeitgestaltung, aber auch den individuellen Rückzug. Insgesamt erzielt die vordergründig raumbezogene Komponente von Bildungs- und Kulturzentren, dass die integrative Kooperationsform im Vergleich zu den zuvor vorgestellten Kooperationsformen sichtbarer ist – sowohl für den Teilnehmenden als auch für die Mitarbeitenden. So hält

---

123 Dass sich gerade in solchen multifunktional und flexibel nutzbaren Räumen eine gewisse Entgrenzungstendenz widerspiegelt, reflektiert Geissler (2004, 12) in seinem Festvortrag anlässlich der Feier „50 Jahre Arbeitsgemeinschaft der Bildungshäuser Österreichs". Gleichzeitig hält er fest: „Gerade weil wir heutzutage so mit Entgrenzungszumutungen konfrontiert werden, gerade weil wir uns so extensiv von traditionellen Verortungen gelöst haben, brauchen wir Orte, von denen wir zu diesen ortlosen Reisen aufbrechen können und von denen wir wieder zurückkehren können. Bildungshäuser sind solche Orte. Sie verorten in der Ortlosigkeit." (ebd., 13).

auch Geissler (2004, 14) fest: „Bildungshäuser sind Institutionen, die als Organisationen Gestalt gewinnen." Das gemeinsame Gebäude rahmt somit die kooperative Tätigkeit der Einrichtungen und lässt diese unter einer gemeinsamen Marke, nämlich dem Eigennamen des Bildungs- und Kulturzentrums, als *einheitliche und greifbare Organisation* erscheinen.

Mit Blick auf die bereits aufgezeigten volkshochschulspezifischen Organisationsstrategien, stellt sich in Bildungs- und Kulturzentren die besondere Anforderung sowohl die übergeordneten Organisationsziele des gesamten Bildungs- und Kulturzentrums sowie die einrichtungsspezifischen Ziele von Volkshochschule, Bibliothek und anderen integrierten Akteuren zu berücksichtigen und zu ermöglichen. Im besten Fall gibt es Überschneidungen in den jeweiligen Zielformulierungen – wie zu Beginn der Darstellung der strategischen Merkmale am Beispiel der Bedürfnisorientierung von Bildungs-, Kultur- und Serviceeinrichtungen gezeigt werden konnte.

Angesichts der beschriebenen organisationalen Verfasstheit und der spezifischen Merkmale von Bildungs- und Kulturzentren, lässt sich abschließend die These untermauern, dass das Zusammentreffen unterschiedlicher Organisationsstrategien, -strukturen und -kulturen eine Herausforderung für alle Akteure darstellt, erst recht unter dem Postulat der Zusammenführung von Kompetenzen und unter einer mehr oder weniger verbindlichen Rahmung durch Kooperation. Die Bearbeitung der These erfolgt im weiteren Verlauf der Arbeit unter Rückgriff auf wesentliche Organisationstheorien. Erzielt werden soll ein tiefergehender Erkenntnisgewinn für das Verständnis von Bildungs- und Kulturzentrum und die spezifische Rolle von Volkshochschulen.

4.2 Organisationstheorien und ihr spezifischer Erkenntnisgewinn

Organisationstheorien dienen dem Zweck, Organisationen zu analysieren, zu verstehen und zu erklären. Sie beschäftigen sich damit, wie Organisationen entstehen, funktionieren, sich wandeln, wie sie ihre Umwelt beeinflussen und wie sie ihrerseits von ihrer Umwelt beeinflusst werden (vgl. Jones/Bouncken 2008, 40; Scherer 2006, 20; Vahs 2005, 22). Es gibt jedoch nicht *die eine* Organisationstheorie, die alle hier genannten Erkenntnisinteressen und alle Merkmale von Organisationen berücksichtigen und untersuchen könnte. Zum einen wird je nach fachwissenschaftlichem Interesse die Organisationsrealität selektiv betrachtet.[124]

---

124 Als wesentliche Disziplinen, die sich mit Organisationen theoretisch, aber in unterschiedlichen Zugriffsformen auseinandersetzen, sind die Soziologie, die Wirtschaftswissenschaft, die Organisationspsychologie und die Erziehungswissenschaft zu nennen (vgl. Schnurr 2006, 135).

Zum anderen macht Scherer (2006, 21) darauf aufmerksam, dass Organisationstheorien auf unterschiedlichen Ebenen zu verorten sind. Er spricht von mikrotheoretischen Ansätzen, wenn das Verhalten von Individuen in Organisationen im Fokus steht; Mesotheorien der Organisation beschäftigen sich hingegen mit dem Verhalten ganzer Organisationen. Sind die Beziehungen zwischen Organisationen von Interesse und werden Umwelteinflüsse berücksichtigt, dann findet die theoretische Betrachtung auf der Makroebene statt. Die Fragestellung dieser Arbeit ist auf allen drei Ebenen zu verorten. Denn über die Verhaltens- und Einstellungsbeschreibungen der Volkshochschulakteure soll eine theoretische und empirische Betrachtung der Organisation Volkshochschule innerhalb von Bildungs- und Kulturzentren stattfinden, wobei das Verhältnis zu anderen kooperativ und räumlich integrierten Einrichtungen genauso eine Rolle spielt wie auch der bildungs- und städteplanerische Umweltbezug. Entsprechend dieser Verortung des Forschungsinteresses werden im Folgenden ausgewählte Organisationstheorien aller drei Ebenen vorgestellt, um alle Perspektiven zu berücksichtigen. Eine weiterführende Systematisierung wird zudem vorgenommen, da die ausgewählten Theorien in vorrangig organisationsstrukturelle, organisationskulturelle bzw. organisationsstrategische Ansätze gegliedert werden, wobei dabei nicht der Eindruck erzeugt werden soll, dass eine ausschließliche Zuordnung möglich ist. Denn genauso wie Organisationsstruktur, -kultur und -strategie eng zusammenhängen und sich gegenseitig beeinflussen, spielen häufig mehrere Organisationsmerkmale in den ausgewählten Ansätzen eine Rolle. Dennoch kann eine Hauptblickrichtung in den Theorien entdeckt werden, die die vorrangige Zuordnung zu einem der Organisationsmerkmale begründet und eine fokussierte theoretische Betrachtungsweise auf eines der drei Merkmale ermöglicht. In den folgenden Erläuterungen der Theorieansätze wird zudem deutlich, dass Organisationen je nach Theoriefokus eher als zweckrational-geschlossen oder als wertintegriert und verhaltensorientiert oder als entscheidungsbezogen, entwicklungsorientiert, umweltoffen und umweltabhängig charakterisiert werden können.

Ebenfalls beschäftigen sich die Politikwissenschaft und die Verwaltungswissenschaft mit organisationstheoretischen Ansätzen (vgl. Tacke 2004, 23).

4.2 Organisationstheorien und ihr spezifischer Erkenntnisgewinn 123

vorrangig	Organisations-strukturelle Theorieansätze	Organisations-kulturelle Theorieansätze	Organisations-strategische Theorieansätze
Makro-Ebene			
Meso-Ebene			z.B. •Anreiz-Beitrags-Theorie •Neo-Institutionalismus •Organisationales Lernen
Mikro-Ebene	z.B. •Bürokratiemodell •Managementlehre	z.B. •Human-Relations-Bewegung •Integrativ-dyamischer Kulturansatz •Strukturationstheorie	
vorrangig	Zweckrational-geschlossen	Wertintegriert und verhaltensorientiert	Entscheidungsbezogen, entwicklungsorientiert, umweltoffen und -abhängig

Abbildung 6: Organisationstheoretische Ansätze

Bei den dargestellten organisationstheoretischen Ansätzen handelt es sich um wissenschaftlich etablierte und relevante, durch häufige interdisziplinäre Rezeption anerkannte Theorien. Ziel der organisationstheoretischen Annäherung ist es dabei nicht, eine umfassende Darstellung aller bestehenden Organisationstheorien aufzuzeigen bzw. sich für einen organisationstheoretischen Hintergrund dieser Arbeit zu entscheiden, sondern hinsichtlich der Organisationsform von Bildungs- und Kulturzentren möglichst breit (Mikro-, Meso- und Makroebene sowie organisationsstrukturell, -kulturell und -strategisch) zu ermitteln, auf welche spezifischen Merkmale, Problem- und Fragestellungen bestimmte organisationstheoretische Ansätze aufmerksam machen.

Grafisch nicht in die Abbildung integriert, jedoch im Weiteren aufgeführt, sind systemtheoretische Ansätze, die als solche auch keine Organisationstheorien im engeren Sinne darstellen, sondern den breiten Anspruch erheben, auf alle sozialen Phänomene angewandt zu werden sowie ganzheitliche Beschreibungen von Sachverhalten und Zusammenhängen vornehmen zu können. Die Übertragung systemtheoretischer Kerngedanken auf Organisationen eröffnet neue Perspektiven, Denkweisen und Erklärungsmuster, wobei diese quer liegen zur dargestellten zweidimensionalen Systematisierung: Systemtheoretische Ansätze beziehen alle Organisationsebenen und alle Organisationsmerkmale ein.

Nachdem nun in Folge zunächst organisationsstrukturelle (a), -kulturelle (b) und -strategische Theorieansätze (c) und ihre jeweilige Bedeutung für Bildungs- und Kulturzentren vorgestellt werden, fällt abschließend ein übergreifender systemtheoretischer Blick (d) auf den Untersuchungsgegenstand. Eine theoriebasierte Erarbeitung dieser Art dient sowohl zur Vorbereitung der Datenerhebung als auch der Auswertungsrichtung.

a) Organisationsstrukturelle Theorieansätze: Klassische Ansätze wie das *Bürokratiemodell* von Max Weber oder die *Managementlehre* nach Frederick Taylor fokussieren fast ausschließlich Organisationsstrukturen und resultieren aus dem Übergang der handwerklichen Produktion des 19. zur industriellen Produktion des 20. Jahrhunderts. Auf der mesotheoretischen Ebene gehen beide Ansätze der Frage nach, wie in Organisationen effizient gearbeitet werden kann bzw. „mit welchen strukturell vermittelten Transformationsprozessen die Grenze zwischen Mitarbeiter und Organisation aufgehoben und eine verlustarme Übersetzung organisationaler Imperative realisiert werden kann" (Hartz 2008, 373). Beide Ansätze unterstellen einen zunehmenden Prozess der Rationalisierung, verstehen Organisation als ordnungsherstellendes Instrument zu effizienten Steuerung von Komplexität und widmen sich von daher auch vorrangig der formalen Ordnung von Organisationen. Während sich Weber der organisationalen Frage mit herrschaftstheoretischen Annahmen annähert, untersucht Taylor experimentell, wie Verfahrensabläufe zu verbessern und zu standardisieren sind. Ziel beider Zugänge ist die Erhöhung der Berechenbarkeit von Organisationen, indem weitgehend persönliche durch sachliche Entscheidungsstrukturen ersetzen werden, so dass die Funktions- und Leistungsfähigkeit von Organisationen steigerbar ist und Organisationen steuerbarer werden (vgl. Schnurr 2006, 137f.). Die Prinzipien des Bürokratiemodells[125] wie auch des arbeitswissenschaftlichen Ansatzes von Taylor[126] spiegeln ein enges Verständnis von Organisationen als zweckrationale, kontrollierte, nach innen gerichtete und geschlossene Systeme wider: Individuelle Handlungsspielräume werden beschnitten, relevante Aspekte des menschlichen Verhaltens (wie z.B. Motivation, Wohlbefinden und Konflikt) bleiben ebenso unbeachtet wie informale Wirkungsgrößen (wie z.B. Meinungsführerschaft, Partizipationsmöglichkeiten oder Machtverteilung). Ebenso spielen

---

125 Vgl. hierzu Schnurr (2006, 136): Prinzip der regelhaften und personenunabhängigen Zuweisung von Kompetenzen und Befugnissen, Prinzip der Amtshierarchie; Prinzip der Aufgabenerfüllung nach generellen Normen und Regeln; Prinzip der Schriftlichkeit zur Sicherung der Überprüfbarkeit und Fixierung. (Ebenso Vahs 2005, 24f.).

126 Vgl. hierzu Kieser (2006b, 106), aber auch Vahs (2005, 26): Trennung von Hand- und Kopfarbeit; Festlegung der Arbeitsleistung durch Pensum und Bonus; Auslese und Anpassung der Arbeiter; Einführung eines Differenzial-Lohnsystems.

Umwelteinflüsse unter dieser Theorieperspektive keine Rolle. Zudem kritisiert Schreyögg (2008, 38f.) bezüglich Taylors Organisationsbetrachtung die damit verbundene Sinnentleerung der Arbeit, die vorrangige Fremdbestimmung und Monotonie von Arbeitsprozessen. Die Ausrichtung von Webers Bürokratiemodell kann ebenso als nachteilig ausgelegt werden, da durch die starke Fokussierung von Funktionalität und Regeltreue die Regeleinhaltung zum vorrangigen Organisationszweck wird und eigentliche Ziele vernachlässigt werden:

> „(...) strenge Regelgebundenheit ist für alle solchen Situationen unangemessen und ineffizient, in denen die Anforderungen an die Organisation einem Wandel unterliegen." (Schreyögg 2008, 33)

Volkshochschulen, die Teil eines Bildungs- und Kulturzentrums sind, stellen eine Organisation im Wandel dar, an die sich neue kooperative Anforderungen und Aufgaben stellen, die mit einer veränderten organisationalen Ausrichtung verbunden sind. Würde jede Einrichtung eines Bildungs- und Kulturzentrums in ihrer je spezifischen Regelgebundenheit verharren, ist anzunehmen, dass kooperatives Handeln misslingt. Selbst wenn ein neues gemeinsames Regelwerk für die Kooperation entworfen wird, die Einhaltung desselbigen jedoch im Vordergrund steht, rückt das eigentliche Ziel der Kooperation in den Hintergrund. Generell werfen das Bürokratiemodell und die Managementlehre Fragen hinsichtlich der Zielerreichung einer Organisation, die über den ‚one-best-way' bewerkstelligt werden soll, auf: Bei einer Organisationsform mit mehreren unterschiedlichen Einrichtungen unter einem Dach sind Zweifel angebracht, ob es einen Königsweg bzw. eine einheitliche Organisationsstruktur zur Erfüllung eines gemeinsamen Organisationszweck geben kann.[127] Da unter einem klassischen organisationstheoretischen Zugriff nach Weber und Taylor zudem die Maximierung der Effizienz einer Organisation im Vordergrund steht, gilt es für ein Bildungs- und Kulturzentrum zu klären, in welchem Verhältnis Aufwand und Ertrag von kooperativen Aktivitäten stehen und wie mit den vorhandenen Ressourcen ‚mehr' erreicht werden kann. Stellt man kooperatives Handeln als gemeinsames Organisationsziel von Bildungs- und Kulturzentren in den Vordergrund, so ergeben sich aus Perspektive klassischer organisationsstruktureller Theorien weitere Schwierigkeiten, da in der tayloristischen Betriebsorganisation Kooperation als flexible Anforderung im individuellen, selbstgesteuerten Arbeitshandeln einzelner Mitarbeiter oder Mitarbeiterinnen idealtypisch ausgeschlossen ist.

---

127 Vgl. hierzu auch die unterschiedlichen Steuerungsmodelle von Bildungs- und Kulturzentren, die nur eingeschränkt hierarchische Weisungsbefugnisse für das gesamte Zentrum zulassen (Kapitel 4.1.2 und Stang 2011, 20).

„Dementsprechend gelten unmittelbare wechselseitige Zusammenarbeit sowie Austausch von Informationen und Wissen auf der Ebene des individuellen Arbeitshandelns als Anzeichen und Folge defizitärer Planung." (Bolte u.a. 2008, 15)

Kooperation ist nach Taylor vielmehr als von ‚oben abgestimmte' Koordination zu verstehen und ist auf der Ebene der funktionalen Arbeitsteilung zu finden. Eine wechselseitige Zusammenarbeit, die über die additive Erfüllung einer gemeinsamen Aufgabe hinaus geht und sich z.B. der inhaltlichen Konzeptionierung eines innovativen Angebotes widmet, wäre auf Grund des Erfordernisses flexibler und verknüpfter Arbeitsweisen undenkbar. An dieser Stelle weist jedoch Kuper (2001 86ff.) auf die Chancen eines bürokratietheoretischen Ansatzes hin, Verfahren zu entwickeln, die kooperative Interaktionen stabilisieren, Orientierung geben und Zeitzonen ausdifferenzieren, die „vom unmittelbaren Handlungsdruck entlastet sind und somit die Möglichkeit der Reflexion des Handelns bieten" (ebd., 91). Organisationsstrukturelle Ansätze machen also trotz aller Nachteile darauf aufmerksam, kooperative Vorhaben in die formale Struktur der Organisation einzustufen, indem entsprechende zeitliche, finanzielle, energetische und arbeitskraftbezogene Ressourcen zur Verfügung gestellt werden (vgl. hierzu auch Manger 2010, 29). So gilt es Dienst- und Arbeitsabläufe den kooperativen Anforderungen in Bildungs- und Kulturzentren anzupassen sowie Stellenbeschreibungen, Kompetenzzuweisungen und Wissenssicherung auf Funktionalität und hinsichtlich der Erreichung der kooperativen Organisationsziele zu überprüfen, deutlich zu kommunizieren bzw. weiterzuentwickeln und veränderten Situationen anzupassen.

b) Organisationskulturelle Theorieansätze: Eine Revision der organisationsstrukturellen Rationalitätsannahme von Weber und Taylor und damit verbunden die stärkere Berücksichtigung von individuellem Verhalten sowie von sozialen Beziehungen zwischen den Mitgliedern einer Organisation zeigen verhaltenstheoretische Ansätze wie z.B. die *Human-Relations-Bewegung*[128] und der damit einhergehende Aufschwung der Organisationspsychologie auf. Nicht die Organisation als solches steht im Mittelpunkt, sondern das Verhalten der Organisationsmitglieder auf der Mikroebene in Bezug zur Organisation auf der Mesoebene. Das diesem Ansatz zu Grunde liegende Menschenbild des „social man" bzw. des „sozialen Wesens" (Vahs 2005, 31) verweist darauf, dass neben formal geregelten Strukturen immer auch informelle Merkmale existieren, die sich nicht oder nur begrenzt regeln und kontrollieren lassen, welche aber als weiche Faktoren

---

[128] Vgl. Vahs (2005, 32): Der Ansatz geht auf die Hawthorne-Experimente der Forschergruppe um Mayo, Roethlisberger und Dickson Ende der 20er Jahre zurück, die den Einfluss von Arbeitsbedingungen auf die Arbeitsleistung untersuchten und die Bedeutung von psychischen, informellen bzw. sozialen Faktoren nachweisen konnten. Ebenso wären hier motivationstheoretische Ansätze wie z.B. von Maslow, McGregor oder Herzberg zu nennen.

kulturprägend für die Organisation sind. Vahs (ebd., 32) formuliert die Kernaussage dieses Theorieansatzes folgendermaßen:

> „(...) eine positive Einstellung gegenüber der Arbeit und dem sozialen Umfeld [führt] zu einer hohen Arbeitszufriedenheit (...), die wiederum eine hohe Arbeitsleistung bewirkt."

Verhaltenstheoretische Ansätze würdigen demnach die Bedeutung individueller Handlungsspielräume, wertintegrierter Arbeitsausrichtung sowie menschlicher Verhaltensmerkmale. Sie tun dies zwar ebenfalls unter Einbeziehung tayloristischer Annahmen, da auch hier der Frage nachgegangen wird, wie Arbeitsleistung gesteigert werden kann. Sie erweitern diese jedoch um den wichtigen Teilaspekt der zwischenmenschlichen Beziehungen. Deutlich wird dadurch, dass formale Organisationsstrukturen, wie sie in den klassischen Organisationstheorien vorgestellt wurden, zwar notwendig aber nicht hinreichend sind und um die informelle Dimension der weichen Faktoren erweitert werden müssen. In Bezug auf Bildungs- und Kulturzentren rückt damit die Gegebenheit in den Fokus, dass interaktiv entwickelte Annahmen, Einstellungen, Normen und Werte in jeder einzelnen Einrichtung des Bildungs- und Kulturzentrums existieren und sich schon jahrelang in den zuvor eigenständigen Einrichtungen herausgebildet haben. Darüber hinaus liegt die Qualität dieser Theorieperspektive in der Hervorhebung individueller und informeller Handlungsspielräume und zwischenmenschlicher Beziehungen als wesentlicher Erfolgsfaktor für Koordinierungsleistungen, die bei mehreren Einrichtungen unter einem Dach von großer Bedeutung sind.

Einen weiteren theoretischen Anknüpfungspunkt für die Verbindung von Handeln auf der Mikroebene und Struktur in Organisationen auf der Mesoebene bietet der *strukturationstheoretische Ansatz* von Anthony Giddens (1988, 51ff.)[129]. Demnach ist die Organisationsstruktur den Organisationsmitgliedern und ihrem Handeln zwar übergeordnet, aber sie bleibt nicht äußerlich, sondern formt und entwickelt sich erst durch die wechselseitige Bezogenheit der Handlungen bzw. der sozialen Praktiken ihrer Mitglieder:

> „Struktur bleibt dem Mitarbeiter nicht äußerlich. Sie wird vielmehr im Handeln vereinnahmt und dadurch existent." (Hartz/Schardt 2010, 31)

Das Handeln in Organisationen erfolgt weder frei noch völlig strukturdeterministisch, sondern vermittelt zwischen beiden Perspektiven:

---

129 Auch wenn es sich nicht um eine explizite Organisationstheorie handelt, sondern vielmehr um eine allgemeine Sozialtheorie, bietet sie sich u.a. nach Walgenbach (2006, 404) an, das Verhalten und Handeln in Organisationen verstehen und erklären zu können.

> „(1) Die sozialen Akteure produzieren und reproduzieren durch ihre Handlungen die Bedingungen (Struktur), die ihr Handeln ermöglichen, und (2) Strukturen sind sowohl das *Medium* als auch das *Ergebnis* sozialen Handelns." (Walgenbach 2006, 406; Hervorhebungen im Original)

Dabei handeln Organisationsmitglieder zwar reflektierend und intentional, jedoch auch immer mit begrenztem Bewusstsein über die Einflüsse von Organisationsstrukturen (vgl. Giddens 1988, 55). Akteure greifen für ihr Handeln auf Konzepte der „Routinisierung" (ebd., 37; vgl. hierzu auch Roback 2006, 208) und tradierter, teilweise nichtbewusster bzw. impliziter Werte zurück, um den Alltag zu bewältigen sowie um „Gefühle des Vertrauens bzw. der Seinsgewißheit" (ebd.) aufrechtzuerhalten.[130] Diese Konzepte fließen ihrerseits wieder in die Strukturbildung ein. Trotz der begrifflichen Dominanz von ‚Struktur' führen gerade die zuletzt genannten Aspekte der Strukturwirksamkeit von Routine und Werten dazu, Giddens Theorieansatz an dieser Stelle als einen organisationskulturellen Ansatz zu fassen. Erinnert sein soll dabei an die in Kapitel 4.1 vorgenommene Kulturdefinition, die beschreibt, dass die internen Aktivitäten der Organisation und damit auch die Organisationsstruktur, sowie die externe gegenüber ihrer Umwelt durch eine Kombination aus im Laufe der Zeit in einer Organisation entstandenen gemeinsamen impliziten und expliziten Werte, Normen und Überzeugungen beeinflusst und geregelt wird. Unter einem strukturationstheoretischen Zugriff stellt sich dann die Frage, wie die übergeordnete Organisationsstruktur eines Bildungs- und Kulturzentrums das Handeln der einzelnen Einrichtungen und deren Mitglieder beeinflusst und umgekehrt. So macht diese Theorieperspektive darauf aufmerksam, dass inkonsistentes oder inhomogenes Handeln der Akteure verschiedener Einrichtungen zu einer undurchsichtigen, die Koordinations- und Kooperationsleistungen hemmenden, formalen und informellen Struktur innerhalb von Bildungs- und Kulturzentren führen kann. Robak (2006, 208) sieht in diesem Theorieansatz jedoch auch Hinweise für das strategische Management von Institutionalisierungsprozessen – hier übertragen auf den Prozess, Kooperationen institutionell durch das bewusste Setzen von „wissensbasierten Strukturmomenten" (ebd.) zu verankern. Leitungskräfte innerhalb einer Organisation und erst recht innerhalb eines inter-organisationskulturellen Bildungs- und Kulturzentrums müssen demnach in erster Linie ‚Kultur-Kenner' sein. Erst wenn Leitungsinstanzen in Bildungs- und Kulturzentren

---

130 Giddens (1988, 431) versteht unter Routinisierung „[d]ie gewohnheitsmäßige, für selbstverständlich hingenommene Natur der großen Masse der Handlungen des Alltagsleben; das Vorherrschen vertrauter Verhaltensstile und -formen, die ein Gefühl der Seinsgewißheit sowohl fördern wie umgekehrt in diesem auch ihren Rückhalt finden." Dabei bedeutet Seinsgewißheit „Zuversicht oder Vertrauen, daß Natur und Sozialwelt so sind, wie sie erscheinen, einschließlich der grundlegenden existentiellen Parameter des Selbst und der sozialen Identität." (ebd.)

4.2 Organisationstheorien und ihr spezifischer Erkenntnisgewinn

die routinisierten Handlungsmuster der Mitarbeiter und Mitarbeiterinnen erkennen, können sie ihr Wissen einer reflexiven Bearbeitung zuführen, um das Handeln in der Gesamtorganisation inhaltlich und kooperationsbezogen auszurichten und in einen wechselseitigen Zusammenhang zu bringen.

Dass Organisationskultur zugleich Ergebnis und Prozess bzw. Bedingung menschlicher Interaktion ist, lässt sich schließlich mittels des *integrativ-dynamischen Kulturansatzes* verdeutlichen (vgl. Sackmann 1990, 162ff.), dessen Sichtweise es ist, dass Organisationen einerseits eine Kultur *haben*[131], Organisationen aber gleichzeitig auch Kultur *sind*[132]. Organisationskultur besteht aus unterschiedlichen sicht- und unsichtbaren Facetten, entwickelt sich interaktiv weiter, ist komplex und dynamisch und erfüllt gewisse Funktionen sowohl in förderlicher als auch in hinderlicher Weise. Dabei entstehen in einer Organisation „unterschiedliche Kulturperspektiven (z.B. Subkulturen) (...), die voneinander unabhängig, komplementär oder in Konkurrenz zueinander existieren" (Neubauer 2003, 66). Über diese Theorieperspektive wird deutlich, dass in Bildungs- und Kulturzentren sich die Anzahl unterschiedlicher Kulturen und Subkulturen auf Grund der räumlichen Nähe mehrerer Einrichtungen potenziert und die Akteure der Einrichtungen als sogenannte „Kulturträger" (ebd.) nach ihren je spezifischen kulturellen Selektions- und Interpretationsmustern wahrnehmen und handeln. Entsprechend unterschiedlich kann z.B. das Kooperationsengagement ausfallen – je nachdem wie sinnvoll sich die Funktion von Kooperationen bzw. das Handeln anderer Akteure mit den eigenen kulturellen Manifestationen vereinbaren lässt. Der weiche Faktor Kultur wird entscheidend für das Zustandekommen und den Erfolg von Kooperationen.

Alle hier vorgestellten organisationskulturellen Ansätze machen auf den organisationalen Einflussfaktor Kultur aufmerksam und zeigen gleichzeitig auf, dass dieser Faktor nicht linear zu steuern ist – er entzieht sich also einer direkten Machbarkeit. Diese Erkenntnis verweist auf die Notwendigkeit eines kultursensiblen Kooperationsmanagements als Gestaltung und Steuerung von Beziehungen – denn Beziehungen stehen bei Kooperationen im Vordergrund: Jeder Akteur muss

---

131 Vgl. Neubauer (2003, 19f. und 49ff.): Wird Kultur als ein veränderbarer Teil der Organisation bzw. als Ergebnis organisationaler Aktivitäten verstanden, wird die Perspektive des Variablenansatzes eingenommen. Organisationskultur ist dann mit funktionalistischen und objektiven Kennzeichen ausgestattet und somit gestaltbar.

132 Vgl. Neubauer (2003, 20): Im Gegensatz zum Variablenansatz, spricht man von einem Metaphernansatz, wenn von der Annahme ‚Organisation ist Kultur' ausgegangen wird. Unter einer subjektiv-interpretativen Perspektive wird Kultur als Lebenswelt und Bedeutungssystem der Organisationsmitglieder bzw. als eine soziale Konstruktion organisatorischer Wirklichkeit verstanden. In dieser Theoriesichtweise kann Organisationskultur zwar erklärt, aber nicht gestaltet werden.

ein Stückweit aus seiner Organisation heraustreten, um Verbindungen eingehen zu können (vgl. Bornhoff/Frenzer 2006, 50).

c) Organisationsstrategische Theorieansätze: Die vorrangig strategisch ausgerichtete *Anreiz-Beitrags-Theorie* von Barnard begreift Organisationen generell als kooperative Systeme, deren Existenz von der Bereitschaft der Mitglieder und aller weiteren Anspruchsgruppen abhängt, an einem solchen Kooperationsbund mitzuwirken (vgl. Barnard 1953, 65ff.). In dieser sowohl auf die Meso- als auch auf die Makroebene gerichteten Theorieperspektive wird eine Organisation „als ein System von Handlungen, dessen Bestand jederzeit prekär ist" (Schreyögg 2008, 44), verstanden. Der prekäre Zustand ergibt sich aus einem nur fragil vorhanden Gleichgewicht zwischen formalen und informalen Beziehungen, internen und externen Ansprüchen sowie Anreizen und Beiträgen. Während die Ausführungen formaler Organisationsstrukturen in diesem Theorieansatz genauso diffus bleiben wie die Bezugnahme auf informale oder kulturbezogene Aspekte, wird die zentrale Frage, wie die Stabilität einer Organisation erreicht werden kann, vorrangig auf der organisationsstrategischen Ebene beantwortet: Die Organisation stellt materielle und immaterielle Anreize als Gegenleistung für die Beiträge zur Verfügung, welche sie zur Zielerreichung benötigt. Fehlen ausreichend Anreize, reduzieren sich die Beiträge (vgl. Barnard 1953, 139ff.).[133] Zielrelevante Handlungen erfolgen also nur soweit, wie diese innerhalb der Kooperationsvereinbarungen akzeptabel sind. Die Anreiz-Beitrags-Theorie geht dabei von einer sogenannten „Indifferenzzone" (ebd., 168) aus, die beschreibt, dass die Organisationsleitung innerhalb bestimmter Grenzen eine Art „Vertrauensvorschuss" (Schreyögg 2008, 47) erhält. Bestimmte Vorgaben werden mit Eintritt in die Organisation anerkannt; nur so kann eine Organisation einigermaßen stabil agieren. Schreyögg (2008, 46) kritisiert, dass der Ansatz die Gleichberechtigung aller Beteiligten unterstellt und damit signifikante Machtunterschiede unberücksichtigt bleiben. Zudem kann mit Hartz (2008, 374) auf die nicht zu unterschätzende Bedeutung einer begrenzten, subjektiven und relativen Seite von Rationalität verwiesen werden, die die strategische Anreiz-Steuerung

---

133 Auf dieser Theoriegrundlage entwickeln sich sogenannte kontingenz- bzw. entscheidungstheoretische Ansätze mit unterschiedlichen Analyseblickwinkeln. Zum einen sind hier *entscheidungslogisch-orientierte Ansätze* wie z.B. die Spieltheorie oder der Rational-Choice-Ansatz zu nennen, welche nach optimalen Lösungen von organisatorischen Gestaltungsproblemen, z.B. in Form von Modellierungen von Handlungsentscheidungen auf Grundlage von quantitativen Berechnungen, suchen (vgl. Abraham/Büschges 2009, 89). Zum anderen befassen sich *entscheidungsprozess-orientierte Ansätze* wie z.B. die verhaltenswissenschaftliche Entscheidungstheorie mit dem Einfluss der Organisationsstruktur auf das Entscheidungsverhalten der Organisationsmitglieder. Unter der Annahme, dass die Informationskapazitäten von Menschen und auch die Bereitschaft, sich zu engagieren, begrenzt sind, sind organisatorische Einflüsse entscheidend für das Erreichen von Organisationszielen (vgl. Berger/Bernhard-Mehlich 2006, 169ff.).

beeinträchtigt und verstärkt die mentale Bindung an die Organisation in den Fokus rückt, die bei der Selektion und Deutung von Entscheidungsfaktoren eine wesentliche Rolle spielt. Dennoch macht der Theorieansatz darauf aufmerksam, dass Bildungs- und Kulturzentren Anreize und Belohnungen – materieller, aber auch insbesondere immaterieller Art wie z.b. Anerkennung der Arbeitserfolge oder Einflussmöglichkeiten auf die Arbeitsumgebung – bereithalten sollten, die größer sind als der Beitrag oder die Bemühungen, die ein einzelnes Organisationsmitglied leisten muss, um beispielsweise einrichtungsübergreifende, kooperative Aufgaben zu bewältigen. Des Weiteren muss für jede an der integrativen Kooperationsform beteiligten Einrichtung klar sein, welchen Nutzen sie daraus zieht. Schließlich rückt unter diesem Ansatz die Frage in den Fokus, inwiefern eine Indifferenzzone in Bildungs- und Kulturzentren existiert, die sicherstellt, dass das Organisationsziel, die Kooperationsbasis und Weisungsbefugnisse nicht jeweils neu mit den Organisationsmitgliedern und relevanten Umweltakteuren ausgehandelt werden müssen. Die interne und externe Anerkennung des Bildungs- und Kulturzentrums bildet die Basis für die Entfaltung kooperativer Tätigkeiten, wobei insbesondere die Legitimation durch die Gesellschaft im folgenden theoretischen Ansatz im Fokus steht.[134]

So bildet die Schnittstelle von Organisation und Umwelt bzw. Gesellschaft im *Neo-Institutionalismus* den Ausgangspunkt der organisationstheoretischen Betrachtungsweise.

„Organizations both deal with their enviroments at their boundaries and imitate environmental elements in their structures." (Meyer/Rowan 1977, 347)

Organisationen werden hier verstanden als umweltabhängige und offene Systeme, „die ihre formale Struktur nicht im Rückgriff auf Rationalitätsgewinne oder Optimierungserfordernisse gewinnen, sondern über ihre Auseinandersetzung mit ihrer jeweiligen Umwelt" (Zech 2010a, 19). Der neo-institutionalistische Blick richtet sich demnach nicht nach innen, sondern adressiert vielmehr die Schnittstelle zwischen Organisation und Gesellschaft und thematisiert die stabilitätsgewinnende Strategie von Organisationen, durch Legitimationsaufbau Unsicherhei-

---

134 An dieser Stelle sei auch auf den situativen Ansatz verwiesen, der sich ebenfalls von der Auffassung einer universell effizienten Organisationsstruktur distanziert und stattdessen Situationen, also Kontexte und Eigenschaften der Organisation und ihrer Umwelt, in den Mittelpunkt der Organisationsanalyse rückt (vgl. Kieser 2006a, 215). Es wird nicht nur nach situativen organisationsinternen Einflüssen gefragt, sondern ebenfalls explizit nach der Beziehung zwischen verschiedenen Umweltbedingungen und der jeweiligen Organisationsstruktur (vgl. Abraham/Büschges 2009, 88). Dieser Ansatz macht darauf aufmerksam, dass Organisationen offene und damit beeinflussbare und unbestimmte Systeme sind bzw. dass die Organisationsstruktur immer determiniert ist durch Situationen.

ten abzubauen. Im Gegensatz zu klassischen Ansätzen der Organisationstheorie, in denen Organisationsstrukturen als technisch-rationales und verstetigtes Instrument vorgestellt wurden, dient die formale Struktur in der neo-institutionalistischen Perspektive dazu, der Organisation Legitimität zu verschaffen, indem sie Regeln und Erwartungen der Umwelt stetig berücksichtigt und integriert und damit die *Vorstellung* einer rationalen Organisation bedient.

> „Der Neo-Institutionalismus unterscheidet sich von anderen Organisationstheorien u.a. dadurch, dass die Quelle von Rationalität nicht in der Organisation selbst, sondern in ihrer gesellschaftlichen Umwelt platziert wird." (Koch 2009, 114)

Dabei stellt die Wissenssoziologie von Berger und Luckmann (2000) eine wesentliche theoretische Bezugstheorie dar, denn die gesellschaftliche Umwelt bzw. Wirklichkeit wird als sozial konstruiert betrachtet und durch kollektive und individuelle Erfahrungen des Alltags bestimmt. Im Mittelpunkt einer solchen Analyseebene stehen demnach die Fragen, welcher Umwelt gegenüber sich Organisationen als legitimationsbedürftig begreifen und wie Organisationen die Rationalitätserwartungen ihrer Umwelt adaptieren und erfüllen.

> „Die Rezeption neo-institutionalistischer Konzepte eröffnet die Möglichkeit, Veränderungen in Organisationen an der Schnittstelle zur Umwelt als bewusste oder unbewusste Reaktionen im Spannungsfeld von Zwang, normativem Druck und Imitation zu analysieren." (Hartz/Schrader 2008, 18)

Die vorgestellte neo-institutionalistische Perspektive erklärt Bildungs- und Kulturzentren somit über grenzüberschreitende Kontakte, zum einen zwischen den kooperierenden Einrichtungen selbst, zum anderen zwischen der Organisation ‚Bildungs- und Kulturzentrum' und institutionalisierten Umwelten. Es gilt danach zu fragen, inwiefern und welche gesellschaftlichen Rahmenbedingungen die Verwirklichung kooperativer Ziele und pädagogischer Überlegungen beeinflussen und somit als strukturbildend und strategieleitend für Organisationen verstanden werden können. Umweltbezüge verweisen beispielsweise auf Fragen der Rechtsform und der Ressourcenversorgung und machen deutlich, dass Bildungs- und Kulturzentren nicht unbedingt autark agieren können und exogene Einflussfaktoren berücksichtigen bzw. in ihre Entscheidungsprozesse einbinden müssen (vgl. Kuper 2001, 91ff.). Unter dieser Theorieperspektive sind Organisationen mit ihren bestimmten Funktionen und Ausformungen nicht auf Dauer gestellt, sondern werden als dynamische Gebilde verstanden.[135] Begreifen sich

---

135 Vgl. hierzu auch die vorgestellten Strukturmerkmale von Bildungs- und Kulturzentren in Kapitel 4.1.2: Die Wahl der Rechtsform und des Steuerungsmodells von Kooperation richtet sich wesentlich an äußeren Rahmenbedingungen aus.

4.2 Organisationstheorien und ihr spezifischer Erkenntnisgewinn 133

Bildungs- und Kulturzentren trotz Abhängigkeit von öffentlichen Geldern und rechtlichen Vorgaben dennoch als Gestalter? Anzunehmen ist, dass der Zusammenschluss von Bildungs- und Kulturzentren auf Legitimationsgewinne abzielt. Aus Sicht von Volkshochschulen könnten beispielsweise der ihnen obliegende öffentliche Auftrag sowie die Anforderungen der bildungspolitischen Programmatik des lebenslangen Lernens besser erfüllt werden:

- Eine moderne Infrastruktur fördert vielseitiges Lernen;
- die gemeinsame Ressourcennutzung führt zu Einsparungen;
- die Zusammenarbeit mit anderen Einrichtungen unter einem Dach sowie der Einbezug unterschiedlicher Kompetenzen sichert und erweitert das breite Angebot;
- Bibliotheken, die einen starken und sehr breit gestreuten Kundenzulauf haben sowie Museen, die ein überregionales Publikum anziehen, tragen außerdem zu einer breiten adressaten- und lebensweltbezogenen Legitimationserhaltung bei.

Bildungs- und Kulturzentren bilden dann die organisatorische Voraussetzung für die Weiterentwicklung des lebenslangen Lernens. Sie organisieren nicht nur Lernprozesse, sondern verstehen sich selbst als eine entwicklungsorientierte, also lernende Organisation.

Aktuell gewinnt die Bezeichnung ‚*lernende Organisation*' zunehmend an Bedeutung, um Bedingungen thematisieren zu können, wie Einrichtungen der Weiterbildung unter Veränderungen erfolgreich (weiter-)existieren können (vgl. Schrader 2010a, 270 und Feld 2007). Die erweiterte Theorie des organisatorischen Wandels dient der „Erklärung der Reaktion von Organisationen auf veränderte Umweltzustände und der dabei maßgeblichen Veränderungsprozesse" (Schreyögg 2008, 437). Es existiert eine Vielfalt von theoretischen Ansätzen, die sich aus unterschiedlichen Perspektiven mit organisationalem Lernen auseinandersetzen.[136] Nach der anfänglichen Übertragung der Stimulus-Response-Logik auf Organisationen (vgl. March/Olsen 1976, 54ff.) und der damit einhergehenden Ansicht, dass organisationales Lernen erst dann in Gang gesetzt wird, wenn es zu einer Differenzwahrnehmung zwischen organisationalen Handlungsentscheidungen auf der Mesoebene und umweltbezogenen Erwartungen auf der Makroebene kommt, setzte sich immer mehr die Ansicht, durch, dass Organisationen ihre Lernpotenziale proaktiv einsetzen:

---

136 Eine differenzierte Übersicht und Erläuterung etablierter Theorieansätze finden sich bei Feld (2007, 87ff.).

> „*Organisatorisches Lernen* ist dann der Prozess, in dem Organisationen Wissen erwerben, in ihrer Wissensbasis verankern und für zukünftige Problemlösungserfordernisse hin neu organisieren." (Schreyögg 2008, 440; Hervorhebung im Original)

An dieser Stelle kommen auch *organisationspädagogische Ansätze* zum Tragen.[137] Organisationspädagogik bezieht sich dabei auf die Gestaltbarkeit von (nicht nur pädagogischen) Organisationen durch organisationales Lernen mit dem Ziel der produktiven Bearbeitung organisationaler Veränderungsprozesse. Unter den Annahmen, dass Veränderungen nie abgeschlossen sind und Organisationen aus dynamischen Elementen bestehen, geht es um die Unterstützung bzw. Ermöglichung und Kultivierung von Lernprozessen in und von Organisationen (vgl. Feld/Meisel 2010, 45). Somit verschiebt sich der pädagogische Fokus: Nicht mehr individuelle Lernprozesse stehen im Mittelpunkt, sondern die Lernprozesse und die permanente entwicklungsorientierte Bearbeitung von Wirklichkeitssichten, Kommunikations- und Verhaltensmustern von Kollektiven. Dass sich organisationales Lernen dabei aber nicht nur auf die einrichtungsinterne Organisationsentwicklung bezieht, sondern immer auch auf einen institutionellen Strukturwandel insgesamt, macht Schäffter (2010) dadurch deutlich, dass er Organisationen als integralen Bestandteil gesellschaftlicher Institutionalisierung beschreibt. Ansätze des organisationalen Lernens stellen die ständige Dynamik und permanente Veränderungsanforderungen von Organisationen in den Interessensfokus. Neue Lernanforderungen stellen sich an alle Einrichtungen des Bildungs- und Kulturzentrums, so betreffen Kooperationen auch immer das „innere Gefüge" (Nuissl 2000, 95) einer Einrichtung, stellen diese teilweise in Frage und verändern sie auch. So können Kooperationssysteme als Lernorte verstanden werden:

> „In der Aktion zwischen den Beteiligten wird ständig gelernt beziehungsweise verlernt, wenn es um Routinen geht, die es zu überwinden gilt. Ein Kooperationssystem organisiert das Lernen und kann die Lernfähigkeit selbst zum Gegenstand des Lernens machen." (Zimmermann 2011, 255)

Damit werden Fragen nach einrichtungsspezifischen und -übergreifenden Lernanlässen und nach der Ermöglichung und der Unterstützung eines gemeinsamen Lernprozesses virulent.

---

137 Während lange Zeit Pädagogik und Organisation als striktes Gegensatzpaar oder Organisation nur im Sinne des Organisierens verstanden wurde (vgl. Schäffter 1988, Fuhr 1994), lässt sich in den letzten Jahren ein pädagogisch geprägter Zugriff auf die Organisationsthematik feststellen (vgl. Wilkesmann 1999, Geißler 2000, Schäffter 2003a, Göhlich 2005, Feld/Meisel 2010).

4.2 Organisationstheorien und ihr spezifischer Erkenntnisgewinn 135

d) Systemtheoretische Ansätze: Seit den 1950er Jahren haben sich verschiedene systemtheoretische Strömungen entwickelt, die die Gemeinsamkeit haben, dass sie ein einfaches Ursache-Wirkungs-Denken überwinden wollen und mittels der Leitdifferenz von System und Umwelt aufzeigen, warum soziale Systeme wie z.B. Organisationen nicht oder nur eingeschränkt steuerbar sind.[138] So thematisiert die frühe kybernetische Systemtheorie komplexe und dynamische Systeme mit einem starken Ausmaß an Interdependenz, welche das Verhältnis von System und Umwelt erstmals als Problem von Konstanz und Veränderung verdeutlicht (vgl. Ashby 1974, 21, Orig. 1956; vgl. hierzu auch Schreyögg 2008, 68). Die Systemstabilität ist also auf Grund sich verändernder Umweltrahmenbedingungen in Frage gestellt. Dieser Kerngedanke spiegelt sich bereits im richtungsweisenden Begriff ‚System' wider, der aus dem Griechischen stammt (systema) und ein „Gebilde" (Gemoll 1991, 722) meint und auf ein gegliedertes, aus mehreren Teilen zusammenhängendes Ganzes verweist. Nach der Definition des Lexikons der Soziologie (Fuchs-Heinritz u.a. 1993, 661) ist ein System

> „eine Menge von untereinander abhängigen Elementen und Beziehungen. Der Begriff dient zur Bezeichnung beliebiger Gegenstände (...). Dabei handelt es sich stets um theoretische Konstruktionen. Etwas als ein System aufzufassen bedeutet nicht mehr, als sich dem jeweiligen Gegenstand mit bestimmten Begriffen und unter einem bestimmten Gesichtspunkt zu nähern."

Diese Definition betont an erster Stelle die Relationen zwischen Teilbereichen eines Systems und macht damit auf relationale Gesichtspunkte von Kooperationen aufmerksam. An zweiter Stelle der Definition wird die theoretische Annäherung an ein zu untersuchendes System thematisiert, die je nach Beobachtungspunkt und Relevanz eine andere sein kann. In einer weiteren Systemdefinition wird das Zusammenwirken verschiedener Teile insofern relevant, als dass auf Durkheims Ansatz verwiesen wird, dass das Ganze mehr ist, als die Summe seiner Teile beziehungsweise die Summe individueller Handlungen.

> „Der Begriff System meint ursprünglich etwas Zusammengesetztes im Vergleich zum Elementaren. Er rekurriert stets auf Ganzheiten im Sinne einer Einheit, die mehr sei als bloß die Summe ihrer Teile." (Kneer/Nassehi 1993, 17)

Teile eines Systems sind also immer miteinander verknüpft und beeinflussen sich im Zusammenwirken. Der systemtheoretisch angenommene Sachverhalt,

---

138 Es wird nicht der Anspruch verfolgt, alle systemtheoretischen Stränge aufzuzeigen oder diese in ihrer Komplexität zu erörtern. Vielmehr bezieht sich die Hauptrichtung dieses Abschnittes auf den funktional-strukturellen Ansatz von Niklas Luhmann (2009) und arbeitet die wesentlichen Aspekte heraus, die auf Organisationen übertragen werden können bzw. Denkperspektiven hinsichtlich Bildungs- und Kulturzentren eröffnen.

dass Ganzheiten nicht additiv aus den Teilen erklärbar sind, wird in kooperativen Bildungsarrangements, die für sich beanspruchen mehr zu sein als nur die Summe der einzelnen Einrichtungen unter einem Dach, mit den Begriff der ‚Synergie' gefasst. Allzu leicht entsteht über eine solche Definition der Eindruck, dass sich ein solcher emergenter[139] Zustand automatisch ergibt. Die folgende Erörterung wesentlicher systemtheoretischer Dimensionen, soll dieser vereinfachten Sicht entgegen stehen.

Begreift man Organisationen als System, so sind diese in Abgrenzung zu Maschinen, Organismen und psychischen Systemen zunächst einmal als *soziale Systeme* zu verstehen, zu welchen ebenfalls Gesellschaft[140] und Interaktion[141] zählen. Die sozialen Systeme Organisation, Interaktion und Gesellschaft bestehen aus Kommunikation und sind nach obiger Definition nicht als getrennte Systeme, sondern im Sinne einer zusammenhängenden Ebenendifferenzierung zu verstehen. Organisationen lassen sich systemtheoretisch als formalisierte rekursive Beziehungsnetzwerke beschreiben, die sich aus Kommunikation ergeben, die weit mehr Menschen als die anwesenden erreicht. Beispielsweise bezieht ein Bildungs- und Kulturzentrum weit mehr Kommunikationszusammenhänge in sein Organisationsgeschehen ein als über die Mitarbeiter und Mitarbeiterinnen der einzelnen Einrichtungen bzw. die Teilnehmerschaft zu erklären wäre – exemplarisch sei hier auf administrative, bildungs-, verbands- oder städteplanerische Zusammenhänge verwiesen. An die Bezugssysteme der Binnen- und Außenperspektive schließt sich eine zweifache systemische Perspektive der Grenzbearbeitung an (vgl. Kuper 2004, 143): Bildungs- und Kulturzentren als kooperative Organisationsform bearbeiten erstens die Systemgrenze zur Interaktion und zweitens die Systemgrenze zur Gesellschaft. In der ersten Perspektive der Interaktion steht der operative Bereich der Organisation im Fokus der Bearbeitung, und zwar unter der Frage, wie Bildungs- und Kulturangebote unter kooperativen Gesichtspunkten und unter einem Dach ausgestaltet werden können. In der zweiten Perspektive liegt die Aufmerksamkeit dagegen auf den „Fremderwartungen" (Kuper 2004, 143), die an kooperative Arrangements von außen gestellt werden und integriert werden können. Eine Organisation als soziales System besteht demnach immer aus einer Vielzahl von Elementen, was insofern auf eine hohe *Komplexität* verweist, als dass es in diesen Teilbereichen nahezu

---

139 „'Emergenz' bedeutet so viel wie das Auftauchen oder Entstehen eines neuen Ordnungsniveaus, das nicht auf die einzelnen Elemente einer emergenten Ordnung zurückgeführt werden kann" (Martens/Ortmann 2006, 433).
140 Als Gesellschaft bezeichnet Luhmann das alles Soziale umfassende System und die Gesamtheit aller irgendwie aufeinander bezogener Kommunikation (vgl. Martens/Ortmann 2006, 430).
141 Als Interaktion bezeichnet Luhmann die eingeschränkte Form der Kommunikation, die sich auf eine Situation von Anwesenden bezieht und damit auch auf diese, deren Selektion der Themen und deren Wahrnehmungen und Reaktionen begrenzt ist (vgl. Martens/Ortmann 2006, 431).

unmöglich ist, gleichzeitig miteinander in Beziehung zu treten (vgl. Luhmann 2009, 167ff.). Systemtheoretisch folgt zwingend daraus, dass eine Selektion von Beziehungen stattfinden muss, was zur Folge hat, dass bestimmte Relationen ausgeschlossen und andere eingeschlossen werden. Relevante, handlungsleitende Kriterien werden dabei über kommunizierte Entscheidungen festgesetzt. Dabei gibt es nicht nur eine mögliche Art der Selektion von Beziehungen, sondern das „Auch-anders-möglich-Sein-Seiende" (Luhmann zitiert nach Willke 1993, 19) ist möglich. Diesen sich auf die Verhaltensalternativen beziehenden Sachverhalt beschreibt der Begriff der *Kontingenz* und führt für Bildungs- und Kulturzentren und darin stattfindende Kooperation ein spezifisches Spannungsverhältnis mit. Hier kann nämlich von *doppelter Kontingenz* gesprochen werden, wenn mehrere Einrichtungen – Ego und Alter – mit ihren je spezifischen Entscheidungsmustern aufeinander treffen. Kooperative Planungen werden dann durch die wechselseitigen Beobachtungsverhältnissen, aber auch durch die relevanten Umwelten der Kooperationspartner beeinflusst. Jeder Akteur hat in dieser Situation verschiedene Handlungs- und Entscheidungsalternativen, die kommunikativ bearbeitet werden müssen. Es gilt die Fremdperspektive des Kooperationspartners in den Binnen- und Entscheidungsraum der eigenen Einrichtungen aufzunehmen, was mit einer enormen Reflexions- und gleichzeitigen Verunsicherungssteigerung verbunden ist. Luhmann (2009, 124) bevorzugt in diesem Zusammenhang den Begriff der „*Irritation*" und meint damit nicht, dass die Umwelteinflüsse die Struktur und die Strategien einer Organisation determinieren, sondern dass es sich eher um eine Aktivierung der Resonanzfähigkeit von Organisationen handelt. Systemtheoretische Betrachtungsweisen machen somit auf die wesentliche Kooperationsanforderung von Organisationen aufmerksam, einen Informationsverarbeitungsprozess bzw. eine funktionale Balance zwischen systematischer Überprüfung der einrichtungsspezifischen Entscheidungen und den ständigen, unplanbaren Kommunikationsprozessen, die in Kooperationen stattfinden, herzustellen. Als Ordnungsform und Lösung für diese Herausforderung kommt die *Bedeutung des Sinns* und der damit einhergehende „Selektionszwang" (Luhmann 2009, 236) ins Spiel. Denn kooperative Handlungen in einem Bildungs- und Kulturzentrum geschehen mittels kognitiver Verfahrensprozesse. Die Fähigkeit zwischen sinnvollen, also relevanten und nichtsinnvollen, also nichtrelevanten Möglichkeiten der Zusammenarbeit zu entscheiden, ist die notwendige Fähigkeit der Akteure, die die Komplexität auf der einen Seite reduzieren, auf der anderen Seite aber wiederum produzieren kann, beispielsweise wenn durch Kooperationen zusätzliche Akteure für die Einrichtung relevant werden und sich neue Funktionszusammenhänge bilden.

Entsprechend lassen sich Organisationen unter systemtheoretischen Gesichtspunkten als *selbstreferentielle Systeme*, sprich als kommunikativ geschlossene und sich selbst konstituierende Sinnzusammenhänge beschreiben. Hinsichtlich Bildungs- und Kulturzentren, tritt dann die Analyseebene der ‚Eigenlogik' der einzelnen Einrichtungen in den Fokus. Unter diesem speziellen Blick gilt zu betrachten, wie beispielsweise Volkshochschulen durch intern relevante Bedeutungszuweisungen handeln und die eigene Abhängigkeit und Einflussfaktoren im Gesamtkomplex des Bildungs- und Kulturzentrums mitdenken.[142] Denn trotz des *Autopoiesis-Konzepts*[143], welches besagt, dass operativ geschlossene Systeme die Fähigkeit besitzen, sich selbst zu reproduzieren und zwar nur mit Hilfe der Elemente, aus denen sie bestehen, besteht dennoch eine gewisse Offenheit bzw. Wechselwirkung: Nur durch die Umwelt kann Abgrenzung geleistet werden und ohne die Einflüsse der Umwelt würden Organisationen Gefahr laufen, „sich in der Reproduktion des Immergleichen zu erschöpfen" (Hartz 2008, 375). Luhmann bezieht sich hierbei auf den ursprünglich von Parsons eingeführten Begriff der *Interpenetration*, wobei

> „(...) Interpenetration so etwas wie die Berücksichtigung des Abwesenden ist. Was ausgeschlossen wird, wird dadurch, dass es ausgeschlossen ist, wieder als anwesend behandelt." (Luhmann 2009, 266)

Bei Parsons stellt dies die Begründung dafür dar, dass verschiedene Teilsysteme überhaupt miteinander in Berührung kommen bzw. gekoppelt werden können oder anders gesprochen, dass es gewissen „Überschneidungsbereiche" (ebd. 264) verschiedener Systeme gibt und damit kooperative Bildungsarrangements überhaupt erst ermöglicht werden.

---

142 An dieser Stelle sei auf die Erörterung der Organisationsmerkmale von Volkshochschulen in Kapitel 4.1.1 verwiesen, die auf eigenlogische strukturelle, strategische und kulturelle Merkmale von Volkshochschulen verweisen.
143 Autopoiesis leitet sich aus dem Griechischen ab: autos = selbst, poiein = machen (vgl. Fuchs-Heinritz u.a. 1993, 219).

5. Zusammenschau: Theoriebasierte Anforderungsanalyse

Bezugnehmend auf den ersten Teil der Hauptfragestellung, welche kooperativen Anforderungen sich aus Sicht von Volkshochschulen in Bildungs- und Kulturzentren stellen, münden die theoretisch generierten Erkenntnisse in eine erste Zusammenschau. Diese zielt darauf ab, die allgemein gefasste Annahme von kooperativen Anforderungen zu spezifizieren. Über eine „dimensionale Analyse" (vgl. Weischer 2007, 143f. und Zetterberg 1973, 104ff.) können Ausprägungen oder Eigenschaften eines Gegenstandsbereichs bestimmt werden. Diese systematisieren die theoretischen Vorüberlegungen und geben weiterführend Hinweise zur Konstruktion und Strukturierung des Leitfadens für die Datenerhebung sowie die Richtung der Auswertungsperspektive.

Drei Analyseschritte führen zu einer Taxonomie, also einer Eingliederung der vielfältigen Anforderungen in ein Ordnungsschema:

- Ermittlung der Einflussgrößen von kooperativen Bildungsarrangements: Determinierend sind hierbei drei interdependente Dimensionen, die sich als Begründungskontext, Kooperationskontext (Bildungs- und Kulturzentrum) und Organisationskontext (vhs) begrifflich fassen lassen.
- Ableitung von kooperativen Anforderungen: Exogene Anforderungen ergeben sich vorrangig aus dem Begründungskontext von Kooperationen; interorganisationale Anforderungen resultieren aus dem Kooperationskontext; endogene Anforderungen folgen aus dem Organisationskontext.
- Abstrahierende Zusammenfassung der einzelnen Anforderungen zu übergreifenden Anforderungsdimensionen: Diese sind in der Abbildung vermerkt und werden im Folgenden erläutert.

5. Zusammenschau: Theoriebasierte Anforderungsanalyse

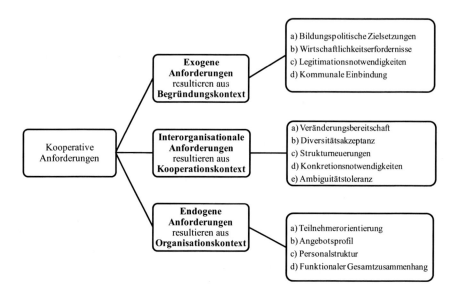

Abbildung 7: Theoriebasierte Taxonomie kooperativer Anforderungen

5.1 Exogene Anforderungen des Begründungskontextes

Die erörterten Begründungs- und Entwicklungsmerkmale sowie organisationstheoretisch abgeleitete Umwelteinflüsse von kooperativen Bildungsarrangements verweisen auf mögliche Anforderungen, die sich innerhalb von Kooperationen stellen können.

a) Bildungspolitische Zielsetzungen können kooperative Anforderungen in vier Bereichen mitführen:

- Inhalt: Ausrichtung an bildungspolitisch vorgegebenen Zielperspektiven, Entwicklung von geeigneten Maßnahmen und Erfüllung des vereinbarten Kooperationszwecks.
- Zeit: Etablierung der Zusammenarbeit innerhalb eines vorgegebenen Unterstützungszeitraums sowie Verankerung und Verstetigung von Kooperation.
- Raum: Kooperationsentwicklung für einen bestimmten Wirkungskontext (Stadt, Region, Bundesland, bundesweit, international).

- Soziales: Akquise von geeigneten Kooperationspartnern, Etablierung eines Kooperationsmanagements oder einer Projektkoordination.

b) Wirtschaftlichkeitserfordernisse ergeben sich aus zwei Konstanten der Weiterbildung:

- Abhängigkeit von öffentlichen Mitteln: Akquirierung von Finanzierungsquellen, Optimierung von zur Verfügung stehenden Ressourcen sowie Vereinbarung von Nachfrage- und Angebotsperspektive.
- Wettbewerbsorientierung: Orientierung an marktwirtschaftlichen Notwendigkeiten, (kooperative) Leistungs- und Qualitätsentwicklung bei gleichzeitiger Abgrenzung und Vergewisserung der eigenen Stärken und Kompetenzen.

c) Legitimationsnotwendigkeiten erwachsen aus unterschiedlichen Interessens- und Anspruchsgruppen und beziehen sich insbesondere auf zwei Dimensionen:

- Inhalt und Soziales: Berücksichtigung, Adaption und Erfüllung unterschiedlicher Interessenslagen, Erwartungen und Regeln.
- Zeit: Aufrechterhaltung von Legitimationsgewinnen.

d) Die *kommunale Einbindung* als Kennzeichen öffentlicher Weiterbildung verweist auf zwei wesentliche Anforderungen kooperativer Bildungsarrangements:

- Kommunale Verantwortung: Aktive Gestaltung städtischer und regionaler Veränderungsprozesse.
- Kommunale Betroffenheit: Umsetzung von kommunalpolitischen Vorgaben und Ausrichtung an ordnungspolitischem Entscheidungsrahmen.

5.2 Endogene Anforderungen des Organisationskontextes

Volkshochschulspezifische Organisationsmerkmale lassen Rückschlüsse auf weitere kooperative Anforderungen zu.

a) Teilnehmerorientierung: Die vorrangige Ausrichtung am Kursgeschehen und den damit verbundenen Aspekten der Zeitlogik und des Gruppenlernens verweist auf besondere Herausforderungen bei kooperativen Angebotsausgestaltungen. Zudem ist die starke Teilnehmerorientierung der Volkshochschule eng verbunden mit einem individuellen und/oder kollektiven Projektbezug, der mit einer einrichtungsübergreifenden Kooperationsstrategie kollidieren könnte.

b) Angebotsprofil: Die Bewältigung breiter Angebotsfelder und die Erfüllung des Pflichtangebots stellen Volkshochschulen vor die Anforderung, diese Aufgaben weiterhin trotz (bzw. mit) zusätzlichem Kooperationsaufwand und neuen Tätigkeitsfeldern zu bewältigen.

c) Personalstruktur: Unterschiedliche Beschäftigungsverhältnisse und Identifikationsgrade sowie die Einbindung einer Vielzahl von neben- und freiberuflichen Kursleitungen erfordern besondere Umgangsformen in kooperativen Kontexten.

d) Funktionaler Gesamtzusammenhang: Die Erfüllung eines übergreifenden pädagogischen Gesamtzusammenhangs in Volkshochschulen macht das Ausbalancieren von autonomem und programmbereichsübergreifendem Denken und Handeln sowie die Verbindung von Kontextwissen und Relationsbewusstsein notwendig. In einer integrativen Kooperationsform ist von einer Komplexitätssteigerung dieser Anforderung auszugehen.

5.3 Interorganisationale Anforderungen des Kooperationskontextes

Auf Grund der besonderen Kooperationsform von Bildungs- und Kulturzentren werden aus interorganisationaler Perspektive weitere kooperative Anforderungen relevant.

a) Veränderungsbereitschaft ist in Bezug auf vier Bereiche gefordert:

- Raum: Umzug in ein neues Gebäude und Umgang mit räumlicher Zentrierung.
- Inhalt: Offenheit für die kooperative Entwicklung von Inhalten und Konzepten.
- Soziales: Bereitschaft zur Veränderung von Orientierungs-, Handlungs- und Institutionsroutinen.
- Zeit: Berücksichtigung von Flexibilitätserfordernissen und hohem Zeitaufwand für kooperative Tätigkeiten.

b) Diversitätsakzeptanz lässt sich als kooperative Anforderung auf drei organisationalen Ebenen verorten:

5.3 Interorganisationale Anforderungen des Kooperationskontextes

- Struktur: Erkennen von unterschiedlichen strukturellen Voraussetzungen, Arbeitsbedingungen sowie Rollen- und Kooperationsverständnissen.
- Kultur: Entwicklung einer gemeinsamen Organisationskultur unter Beibehaltung von Einrichtungsidentitäten.
- Strategie: Gleichzeitige Ermöglichung von einrichtungsspezifischen und einrichtungsübergreifenden Zielen.

c) Strukturneuerungen sind innerhalb einer räumlich-integrierten Kooperationsform notwendig und ziehen Anforderungen in mindestens drei Bereichen nach sich:

- Organisationsform: Ausgestaltung mehrdimensionaler Organisationsstrukturen und Anpassung an kooperative Ziele.
- Steuerungsform: Einführung eines Steuerungsmodells zur Organisation von Kooperation sowie Etablierung eines Kooperationsmanagements.
- Rechtsform: Umgang mit unterschiedlichen Rechtsformen bzw. Ausgestaltung des Entscheidungsspielraums einer neuen Rechtsform.

d) Konkretionsnotwendigkeiten beziehen sich insbesondere auf

- die Klärung einrichtungsspezifischer Aufwandserfordernisse im Vergleich zum Nutzen,
- die Analyse von Kooperationspotenzialen,
- die klare Profil- und Kompetenzbestimmung der eigenen Einrichtung innerhalb von Kooperationen.

e) Ambiguitätstoleranz beschreibt die Fähigkeit, Mehrdeutigkeiten und Unsicherheiten zu erkennen und einen produktiven Umgang mit diesen zu finden. In Bildungs- und Kulturzentren werden mindestens vier Spannungsfelder ersichtlich:

- Bearbeitung von multidimensionalen und kontingenten Handlungs- und Entscheidungsalternativen.
- Erarbeitung von vertrauensförderlichen und transparenten Kommunikationsstrukturen innerhalb von neuen und unbekannten Strukturen.
- Bereitschaft zu Offenheit und Austausch trotz bestehender Konkurrenzanlässe.
- Gleichzeitige Grenzziehung und Grenzbearbeitung.

Bezugnehmend auf die in der Einleitung formulierten Thesen, bestätigt sich erstens, dass Volkshochschulen mit interorganisationalen Anforderungen des Kooperationskontextes konfrontiert sind, die mit Veränderungen auf organisationsstruktureller, -strategischer und -kultureller Ebene einhergehen. Zweitens erhärtet sich der Eindruck, dass neben der räumlichen Zentrierung weitere komplexe Kooperationsmerkmale die Art und Weise der Zusammenarbeit beeinflussen. Insbesondere die für Bildungs- und Kulturzentren erforderliche Diversitätsakzeptanz und Ambiguitätstoleranz bekräftigen die dritte These, dass sich die organisationale Volkshochschulidentität und Strategien der organisationalen Selbstbehauptung innerhalb eines Bildungs- und Kulturzentrums nicht auflösen.

Eine weiterführende Untermauerung der Thesen sowie die Ergänzung, Ausdifferenzierung und Konkretion der kooperativen Anforderungen werden durch den empirischen Zugang vorgenommen. Hierbei werden als mögliche Einflussgrößen alle drei Kontextebenen berücksichtigt.

6. Methodische Anlage, empirischer Gegenstand und Forschungsprozess

Dieses Kapitel dient der Offenlegung und Erläuterung des methodischen Vorgehens. Neben der Begründung des qualitativ-empirischen Zugangs (6.1), wird beschrieben, welche Kriterien zur Festlegung des Untersuchungsgegenstandes geführt haben (6.2). Daran anschließend werden die Felderschließung (6.3), die Art und Weise der Datenerhebung (6.4) sowie das Auswertungsverfahren (6.5) offengelegt. Das Kapitel schließt mit einer Erläuterung zur Darstellungsform der empirischen Ergebnisse (6.6).

6.1 Begründung der qualitativen Forschungsmethodik

Gegenstandstheoretisch geht die Studie der Frage nach, inwiefern sich aus Sicht von Volkshochschulen kooperative Anforderungen innerhalb von Bildungs- und Kulturzentren stellen und wie sich der Umgang mit diesen gestaltet. Damit ist das Ziel verbunden, über Akteure der Volkshochschulen valides Wissen in Bezug auf Kooperationsbereitschaften, -möglichkeiten und -schwierigkeiten zu generieren. Im Gegensatz zu einem überprüfenden quantitativen Ansatz spielt bei dieser Fragestellung demnach eine „entdeckende Forschungslogik" (Brüsemeister 2008, 19) eine Rolle und verweist auf eine qualitative Vorgehensweise, in der bereits kleine Fallzahlen zu neuen Spuren hinsichtlich einer Fragestellung führen können.

Grundlagentheoretisch wird dieses Forschungsinteresse und die damit verbundene qualitative Methodik durch die sozialkonstruktivistische Annahme nach Berger und Luckmann (2000) gerahmt, dass soziale Realität und damit auch Organisationen sinnhaft von Akteuren strukturiert sind. Um den sozialen Sinn, aber auch das Funktionieren einer Organisation aus den subjektiven Sinnäußerungen herauszuarbeiten, bedarf es einer Analyse von Deutungsmustern, Haltungen und Erfahrungen. Ein solcher rekonstruktiver Ansatz stützt sich auf die phänomenologische Forschungstradition nach Schütz (1981), die von den Erfahrungen des Einzelnen ausgeht, diese in reflexiver Form bearbeitet und das Ziel hat, sozial geteilte Sinngehalte durch „methodisch kontrolliertes Fremdverstehen"

(Hollstein/Ullrich 2003, 36) nachzuvollziehen. Um dieses Fremdverstehen der differenzierten Sinnäußerungen zu gewährleisten, gilt für das theoretische Vorverständnis, die Erhebung und die interpretative Auswertung das Prinzip der Offenheit (vgl. Flick u.a. 2000, 24). Dies bedeutet jedoch nicht, dass ohne jegliches Vorwissen an den Gegenstand herangetreten wird. Oswald (2010, 198) vertritt sogar die Auffassung, dass erst eine intensive Lektüre eine breite theoretische Bildung vermittelt, die es ermöglicht, kontrolliert und distanziert mit Vorannahmen und Vorurteilen umzugehen, eine unvoreingenommene Haltung einzunehmen und dadurch offen für neue Erkenntnisse zu sein. Generell ist die Erfassung von Einstellungen und Überzeugungen in Organisationen methodisch nur schwer zu bewerkstelligen, wie auch Kil (2003, 23) es beschreibt:

> „Kaum nähert sich ein/e Organisationsforscher/in (...) dem Feld und erhebt Daten, wird aus der ursprünglichen eine ‚neue' Organisation konstruiert, nämlich jene, die sich in der Kommunikation zwischen Mitgliedern der Organisation und dem temporärem Mitglied/Forscher kommunizieren bzw. beobachten lässt."

Kausale Zusammenhänge können entsprechend dieser Feststellung kaum abgeleitet werden, jedoch eine Prognose bzw. wichtige Hinweise oder Deutungsunterstützungen, die auf zukünftige Entwicklungen und Aufgaben einer Weiterbildungsorganisation aufmerksam machen, professionsbezogene Herausforderungen und Gestaltungsmöglichkeiten aufzeigen und den Möglichkeits- und Handlungshorizont von Akteuren in kooperativen Bildungsarrangements erweitern.

Die Güte qualitativer Forschung wird dabei neben bereits erwähntem methodisch kontrolliertem Fremdverstehen zudem über die Begründung des gewählten theoretischen Bezugsrahmens und die transparente Darstellung des Forschungsprozesses gewährleistet (vgl. Bennewitz 2010, 49). Unter diesem Fokus sind die folgenden Unterkapitel zu lesen.

6.2 Kriterienbasierte Festlegung des Untersuchungsgegenstandes

In einem qualitativen Forschungsansatz wird nicht mit einem statistischen Sample gearbeitet, stattdessen richtet sich die Auswahl des Untersuchungsgegenstandes nach der Fragestellung und dem theoretischen Vorwissen der Forscherin bzw. des Forschers. Qualitative Forschung zeichnet sich also durch die Passung der Fragestellung, des theoretischen Vorwissens bzw. des wissenschaftstheoretischen Ansatzes sowie des Untersuchungsgegenstandes aus (vgl. Bennewitz 2010, 49). Die Festlegung des Untersuchungsgegenstandes dient der wissenschaftlichen Datenerhebung, -analyse und -interpretation und hat zum Ziel, im

6.2 Kriterienbasierte Festlegung des Untersuchungsgegenstandes 147

individuellen Fall[144] Typisches aufzuzeigen, Verallgemeinerungen zu leisten und somit neue wissenschaftliche Erkenntnisse zu gewinnen (vgl. Fatke 2010). Der nach spezifischen Kriterien ausgewählte Untersuchungsgegenstand dient dazu, beispielhaft strukturelle Elemente herauszuarbeiten, „(...) so dass das Individuelle als prinzipielle Möglichkeit des Allgemeinen bzw. theoretischer Erkenntnis erscheint, an Theorien anschlussfähig wird bzw. diese detailliert, ergänzt und verändert" (Küchler 2007, 10).[145]

Unter der Perspektive der Erforschung kooperativer Anforderungen sind in erster Linie Bildungs- und Kulturzentren von Interesse, die über die sechs theoretisch generierten Kooperationsmerkmale zu definieren sind.[146]

- *Räumliche Zentrierung:* Eine räumliche Integration von verschiedenen Einrichtungen bildet die konzeptionelle Basis der sogenannten „One-Stop Shops" (Stang 2010b, 37). Neu-, An- und Umbauten sind dabei wesentlicher Bestandteil, um über Architektonik innovative und integrative kooperative Lernarrangements zu gestalten, das Zusammenwirken der Einrichtungen zu ermöglichen und diese angestrebte Einheit nach außen hin als eine ‚Marke' sichtbar zu machen.[147]
- *Volkshochschule als definierter Kooperationsakteur:* Dem Forschungsvorhaben immanent ist das Interesse an veränderten Organisationsstrukturen in der Erwachsenenbildung, im Speziellen der Volkshochschulen. Unverzichtbar bei der Auswahl der Fälle ist also, dass Volkshochschulen Teil der ausgewählten Bildungs- und Kulturzentren sind.
- *Diagonale Arbeitsgemeinschaft:* Bildungs- und Kulturzentren sollen zentrale Anlaufstellen für Bürger und Bürgerinnen einer Stadt in Sachen Bildung, Kommunikation, Information und Beratung sein (vgl. Stang 2010b, 39). Entsprechend sind die Zentren von Bedeutung, in denen eine Zusammenführung spezifischer Kompetenzen aus diesen genannten Bereichen unter

---

144 Unter ‚Fall' wird hier keine einzelne Person, sondern der organisatorische Kontext, nämlich der des Bildungs- und Kulturzentrums gefasst.
145 Wenn sich organisatorische, personelle oder strukturelle Gegebenheiten des untersuchten Falls nach der Datenerhebung und -auswertung verändert haben, wird dies in dieser Arbeit zwar in Fußnoten aufgeführt, eine Neuauswertung wurde jedoch nicht vorgenommen. Begründet werden kann dies über die bestehenbleibende Relevanz der Ergebnisse, da sie weiterhin die wissenschaftliche und praxisbezogene Bedeutung bestimmter Themen oder Schlussfolgerungen aufzeigen, unabhängig davon, wie sich Rahmenbedingungen verändert haben.
146 Vgl. hierzu Kapitel 3.2, in dem eine Arbeitsdefinition von Kooperation im Kontext von Bildungs- und Kulturzentren vorgeschlagen wurde.
147 Die Größe der Bildungs- und Kulturzentren, die sich über die Quadratmeter der zur Verfügung stehenden Fläche, die Anzahl der Einrichtungen, Teilnehmenden, Kurse, Unterrichtsstunden etc. bestimmen lässt, war bei der Fallauswahl nicht entscheidend. Vielmehr stand als Kriterium der Typ einer diagonalen Arbeitsgemeinschaft im Vordergrund der Entscheidung.

einem Dach stattfindet. Das Merkmal von Bildungs- und Kulturzentren, dass unterschiedliche Handlungslogiken und Organisationskulturen aufeinander treffen, ist mit der Fallauswahl erfüllt.

- *Kooperation als formalisierte Zusammenarbeit:* Die Bildungs- und Kulturzentren sollen zum Zeitpunkt der Datenerhebung der gleichen Rechtsform zugeordnet sein, da diese das Profil und die Organisationsform der Einrichtung maßgeblich beeinflusst. Da Bildungs- und Kulturzentren mehrere Einrichtungen zusammenfassen, die denselben oder ähnlichen Zwecken dienen, werden insbesondere eigenbetriebsähnliche Rechtsformen virulent. Neben einer größeren Selbständigkeit und Eigenverantwortlichkeit bezüglich Finanzen, Personalfragen, Veranstaltungsgestaltung und Öffentlichkeitsarbeit, betonen Krobbach (1998, 90) und Ehmann (1991, 25), dass diese Rechtsformen einer gemeinsamen Identifikation mit ‚dem Betrieb', gemeinsamen Zielsetzungen und einem gemeinsamen Profil zuträglich sei.
- *Institutionelle Zusammenarbeit:* Kooperative Binnenstrukturen zwischen den Einrichtungen der Bildungs- und Kulturzentren sollen als mehr oder weniger organisationsstrategischer Rahmen vorhanden sein. Hinweise über die Erfüllung dieses Kriteriums geben entweder Konzepte oder Internetseiten der Zentren oder können über Vorgespräche geklärt werden.
- *Partielle Integration:* Die ausgewählten Bildungs- und Kulturzentren sollen eine teilweise organisatorische Eingliederung aufweisen. Erkennbar ist diese partielle Integration, wenn Prozesse und Arbeitsweisen im Sinne einer „additiven Kooperation" (Barth 2007, 3) zusammengefasst werden, um effizientere Organisationsabläufe zu erzielen.

Weiterhin sind für die Fallauswahl drei weitere Merkmale ausschlaggebend, wie im Folgenden begründet wird.

- *Geografische Lage:* Die Auswahl der Bildungs- und Kulturzentren schränkt sich auf die Bundesrepublik Deutschland ein, da im Mittelpunkt des Interesses kein Ländervergleich, sondern der organisationale Wandel in der Erwachsenenbildung und die damit verbundenen Anforderungen an Volkshochschulen in Deutschland stehen.
- *Entwicklungszeitraum:* Neben der einheitlichen Rechtsform soll ein vergleichbar langer Entwicklungszeitraum von mehreren Jahren zum einen die Einheitlichkeit des Samples gewährleisten, zum anderen aber auch sicherstellen, dass eine gewisse Routine in den Organisations- und Arbeitsabläufen der Bildungs- und Kulturzentren eingekehrt ist und kooperative Aktivitäten bereits angelaufen sind.

6.2 Kriterienbasierte Festlegung des Untersuchungsgegenstandes 149

- *Hohe Aufenthaltsqualität:* Gastronomische und konsumorientierte Einrichtungen wie Cafés und/oder Läden unterstützen den Gedanken, an einem Ort viele lebensweltliche Anlaufpunkte für unterschiedliche Bedürfnisse zu vereinen und Bildungs- und Kulturzentrum für längere Aufenthalte, die über das eigentliche Kursgeschehen hinaus gehen, attraktiv zu machen (vgl. Reichert 2010). Die zu untersuchenden Zentren sollen mindestens eine gastronomische bzw. konsumorientierte Einrichtung als räumlich integriert aufweisen, um diesem Anspruch zu entsprechen.

Ausgehend von diesem Kriterienkatalog wurden über Literaturrecherchen, Dokumentendurchsichten und Analysen von Internetseiten das zib (Zentrum für Information und Bildung) in Unna und DAS tietz in Chemnitz ausgewählt.[148] Dabei ist zu betonen, dass die Entscheidung zwei Bildungs- und Kulturzentren in die Untersuchung mit einzubeziehen nicht fiel, um einen Vergleich zwischen unterschiedlichen Gegenstandsausprägungen anzustreben, sondern um die Samplezahl der Interviewten zu erhöhen.

Um die integrierten Volkshochschulen angemessen darstellen zu können, kommen für die Interviews alle Akteure der Volkshochschule in Frage, die auf Ebene der Verwaltung, der Kursleitung, der Fachbereichsleitung und der Volkshochschulleitung tätig und maßgeblich an Gestaltung und Entwicklung der Volkshochschulen beteiligt sind.[149] Bei einer solchen Personenauswahl kann davon ausgegangen werden, dass mehrdimensionale Auskünfte bezüglich der kooperativen Anforderungen innerhalb eines Bildungs- und Kulturzentrums eingeholt werden können.[150] Die Festlegung der Stichprobe geht also mit den Fragen einher, welche Perspektiven berücksichtigt werden müssen, um die Volkshochschule in ihrer einrichtungsspezifischen Gesamtheit möglichst unverzerrt darstellen zu können, bzw. welche unterschiedlichen Sichtweisen für die Betrachtung der Volkshochschule in einem Bildungs- und Kulturzentrum vorliegen. Die Auswahl der Interviewpartner und -partnerinnen richtet sich nach folgenden Kriterien:

- *Anzahl der Interviewpartner und -partnerinnen pro Personalebene:* Pro Volkshochschule werden neben der Leitung vier bis fünf hauptberufliche Fachbereichsleitungen, zwei bis drei freiberufliche Kursleitungen sowie ein

---

148 Die Schreibweise der Eigennamen entspricht den Logos der Bildungs- und Kultureinrichtungen und wird für diese Arbeit übernommen.
149 Hausmeister und Hausmeisterinnen wurden nicht in die Datenerhebung mit eingebunden, da die Organisationsform des Bildungs- und Kulturzentrums einen zentralen Hausmanagementservice beinhaltet und dieser demnach nicht mehr direkt der Volkshochschule zuzuordnen ist.
150 Vgl. Kapitel 4.1.1, in dem die Tätigkeits-und Kompetenzfelder der unterschiedlichen Personalgruppen von Volkshochschulen vorgestellt werden.

bis zwei Personen aus dem Verwaltungsbereich befragt. Die Anzahl der potenziellen Interviewpartner und -partnerinnen aus der jeweiligen Personalgruppe gründet dabei auf der Annahme, wie stark diese in kooperative Aktivitäten eingebunden ist.
- *Dauer der Beschäftigung:* Die potenziellen Interviewpartner und -partnerinnen sollen unterschiedlich lange für die Volkshochschulen tätig sein. Personen, die bereits vor der Integration in das Bildungs- und Kulturzentrum für die Volkshochschulen arbeiteten, sind ebenso Teil des Samples wie auch Personen, deren Berufsbeginn zeitlich nach der Integration lag, um die Vielfalt von Sichtweisen nicht einzuschränken.
- *Fachbereiche:* Durch die Auswahl der Fachbereichsleitungen und der Kursleitungen werden möglichst unterschiedliche Volkshochschul-Fachbereiche repräsentiert. So wird vermieden, dass nur Vertreter und Vertreterinnen aus besonders kooperationsaktiven Fachbereichen zu Wort kommen. So wird kein Wert darauf gelegt, Personen zu finden, die ihre Arbeitsweise und ihr Tätigkeitsfeld als besonders ‚kooperativ' beschreiben.
- *Außenperspektive:* Eine Außenperspektive auf die Volkshochschule im Bildungs- und Kulturzentrum wird nicht explizit angestrebt, jedoch besteht eine Offenheit gegenüber Hinweisen, welche Akteure Informationen über die Volkshochschule als Teil eines Zentrums geben und einen übergreifenden Blick einnehmen könnten. So fällt die Entscheidung, eine zentrale Verwaltungskraft eines Bildungs- und Kulturzentrums und im anderen Fall eine Eigenbetriebsleitung als Interviewpartner bzw. -partnerin in das Sample aufzunehmen. Die einzeln interviewte Eigenbetriebsleitung wird in der Auswertung der Gruppe der Leitungen zugeordnet, da hier eine Schilderung der kooperativen Anforderungen von Volkshochschule aus Leitungsperspektive stattfindet und im vorliegenden Fall eine enge Zusammenarbeit zwischen der Volkshochschulleitung und der Eigenbetriebsleitung zu erkennen ist. Analog wird die zentrale Verwaltungskraft eines Eigenbetriebs der Gruppe der Verwaltungskräfte zugeordnet.

Insgesamt können 21 Personen für die Interviews gewonnen werden, wobei mit den Volkshochschulleitungen jeweils ein Vorgespräch und ein Hauptinterview geführt wurden, so dass insgesamt 23 Interviews die Datenbasis bilden:

6.3 Felderschließung und Kontaktaufnahme

Perspektiven des sozialen Systems vhs (angelehnt an König/Luchte 2005, 159)	Stichprobe
Volkshochschulleitung (je ein Vorgespräch und ein Hauptinterview)	2 (+2)
Fachbereichsleitungen in der Volkshochschule	9
Kursleitungen in der Volkshochschule	6
Verwaltungskräfte in der Volkshochschule	2
Eigenbetriebsleitung	1
Zentrale Verwaltungskräfte im Eigenbetrieb	1
Summe der Interviews	**23**

Tabelle 5: Perspektiven des sozialen Systems

Vergleicht man die Volkshochschulleitungen, so ist ein relevanter Unterschied im Vorfeld der Auswertung festzuhalten: Die Volkshochschulleitung im zib ist seit der Zusammenführung der Einrichtungen auch gleichzeitig Leitung der Bibliothek, während die Volkshochschulleitung im tietz ausschließlich für die Volkshochschule zuständig ist.

6.3 Felderschließung und Kontaktaufnahme

Ein Anschreiben an die Volkshochschulleitungen der beiden in Frage kommenden Bildungs- und Kulturzentren erläuterte das Forschungsvorhaben und bat um Unterstützung sowie die Möglichkeit eines Termins für Austausch und Nachfragen. Nach durchweg positiven Rückmeldungen fanden ein erstes Treffen mit den Volkshochschulleitungen und eine Begehung der beiden Bildungs- und Kulturzentren statt. Neben der Besichtigung wurde mit beiden Volkshochschulleitungen ein erstes Gespräch geführt, um ein Vorverständnis über Entstehung, Aktivitäten und Binnenstruktur der Bildungs- und Kulturzentren und die Rolle der Volkshochschulen zu erlangen. In beiden Einrichtungen wurde bereits an diesem Termin die Mitarbeit am Forschungsvorhaben zugesichert. So erwies sich der Feldzugang als unkompliziert, da die Volkshochschulleitungen von Beginn an ein starkes Interesse an einem Austausch und an der Teilnahme an einem Forschungsprojekt bekundeten. Daraus abzuleiten ist eine prinzipielle Aussage über das untersuchte Feld: Aus Sicht der Volkshochschule erfordert eine neue Organisations- und Kooperationsform eine offene Haltung sowie neue Denkanstöße und Erkenntnisse durch eine wissenschaftliche Begleitung bzw. den Fremdblick von außen zur Weiterentwicklung der eigenen Reflexivität.

Die in Frage kommenden Interviewpartner und -partnerinnen wurden zum Teil über die Leitungen der Volkshochschulen und zum Teil über die Fachbereichsleitungen vermittelt, wobei die von der Forscherin vorgegebenen Kriterien eingehalten wurden. Dass das Auswahlverfahren über die Volkshochschul- und Fachbereichsleitungen stattfand und nicht über die Forscherin selbst, ist einem pragmatischen und datenschutzrechtlichen Vorgehen geschuldet, beispielsweise bei Kontaktdaten freiberuflicher Kursleitungen.

6.4 Das leitfadengestützte Interview als Erhebungsmethode

Ein typischer Verfahrensschritt zur Erhebung qualitativer Daten stellt das Interview dar, wobei es darum geht, die Perspektiven der Befragten möglichst unverfälscht zu erfassen. Um sich vollständig auf die Gesprächspartner und -partnerinnen zu konzentrieren und einen möglichst freien Erzählraum zu lassen, bietet sich die Durchführung von Einzelinterviews an. Unter der Vielzahl qualitativer Interviewtypen (vgl. Übersichten bei Hopf 2000; Friebertshäuser/Langer 2010; Lamnek 2005) eignet sich die problemzentrierte Interviewführung nach Witzel (1982) bzw. ein halbstandardisiertes Leitfadeninterview, um der konkreten Forschungsfrage gerecht zu werden und um sicherzustellen, dass die von der Forscherin fokussierten Themen auch tatsächlich angesprochen werden. In der Interviewsituation selbst gibt der Leitfaden der Interviewerin darüber hinaus die nötige Orientierung, um den Gesprächsverlauf unterstützen und ausdifferenzieren zu können. Soll es in der Auswertung zu einem Vergleich zwischen den Einzelinterviews kommen, ist ein Leitfaden ebenso dienlich, da die unterschiedlichen Fragekomplexe in jedem Interview thematisiert werden. Trotz Vorstrukturierung durch einen Leitfaden wird das Prinzip der Offenheit durch die Dialogform der Interviews und durch den Verzicht auf Antwortvorgaben gestützt, so dass es den Interviewten ermöglicht wird, eigene Relevanzsetzungen in ihren jeweiligen Bezugsrahmen vornehmen zu können (vgl. Witzel 1982, 70).

6.4.1 *Der Interviewleitfaden*

Die Erstellung des Interviewleitfadens erfolgte auf Grundlage des theoretischen Vorwissens der Forscherin, der theoriebasierten Taxonomie kooperativer Anfor-

6.4 Das leitfadengestützte Interview

derungen und in Diskussionen mit Forschenden aus dem Bereich der Erwachsenenbildung.

Der Erzählimpuls „Erzählen Sie mir doch einfach mal, wie das war, als Sie das erste Mal vom Bildungs- und Kulturzentrum gehört haben?" gewährleistete einen Interviewbeginn, in dem die Interviewten die Möglichkeit bekamen, eigene Schwerpunktsetzungen vorzunehmen. An diesen richteten sich die Fragen der Interviewerin aus, wobei sich diese grob in drei zeitliche Erzähldimensionen (Anfangssituation, Ist-Situation, Zukunftsperspektive) gliederten bzw. fünf thematische Subkategorien berücksichtigten, die einen unterschiedlichen Erkenntnisgewinn verfolgten.

In Abhängigkeit vom Interviewverlauf wurden Verdeutlichungen anhand von Beispielen erbeten, implizit angesprochene Erfahrungen mit Bitte um Konkretisierung aufgegriffen, ergänzende Fragen gestellt sowie Gesprächsinhalte widergespiegelt, zusammengefasst oder strukturiert, um die „relevanten Konstrukte (Begriffe) (...) mit deren Hilfe der Interviewpartner die Situation beschreibt" (König 2005, 86) möglichst unverzerrt und deutlich zu erfassen.

Die Interviewerin gab am Ende der Gesprächssituation mit der offenen Frage „Gibt es noch etwas, was Ihnen wichtig ist, worauf Sie noch eingehen möchten?" den Interviewten noch einmal Raum für Themen, die bisher noch nicht angesprochen worden waren.

Oberthema/ Hauptkategorie	Subkategorie	Begründung/Erkenntnisgewinn
Anfangssituation	Erwartungen	Offenlegung von Begründungszusammenhängen? Anfängliche Erwartungen gegenüber dem Bildungs- und Kulturzentrum?
Ist-Situation	Identität/Wir-Gefühl (bezogen auf die Gesamteinrichtung)	Bedeutung des Bildungs- und Kulturzentrums? Organisationales Selbstverständnis? Bedeutung u. Einschätzung der eigenen Einrichtung? Einstellung zu und Begründung von Einheit und Differenz?
	Kooperation als Chance und Herausforderung (org. Ebene der vhs)	Gemeinsamkeiten und Unterschiede zwischen den Einrichtungen? Diagnose Ist-Zustand von Kooperation? Kooperationsförderliche Aspekte? Kooperationshinderliche Aspekte? Handlungs- und Gestaltungschancen?
	Kooperation als Chance und Herausforderung (indiv. Ebene, eigene Tätigkeit)	Bedeutung des Bildungs- und Kulturzentrums für die eigene Tätigkeit? Sinnhaftigkeit von Kooperation? Konfliktpotenzial und -ursachen? Eigene Handlungsmöglichkeiten, wahrgenommener Handlungsspielraum?
Zukunftsperspektive	Veränderung/Perspektive	Entwicklungsmöglichkeiten und -anforderungen? Hinweise auf Gelingensfaktoren? Handlungsaufforderung an die eigene Einrichtung? Handlungsaufforderung an die anderen Einrichtungen? Nutzen/neue Handlungsmöglichkeiten der vhs?

Tabelle 6: Kategorien des Interviewleitfadens und erhoffter Erkenntnisgewinn

6.4.2 Kurzfragebogen und Gedächtnisprotokoll

Neben dem Leitfaden diente das Instrument des Kurzfragebogens dazu, vorab per Email demographische Daten der potentiellen Interviewpartner und -partnerinnen abzufragen, die Auswahlkriterien zu überprüfen und einen geeigneten Gesprächstermin für die Interviews zu finden. Der Kurzfragebogen wurde zudem dafür genutzt, mittels zweier Assoziationsfragen[151] erste Hinweise auf Haltungen der Akteure zu gewinnen und eventuelle Ergänzungen für den Leitfaden zu erhalten bzw. für den Gesprächsverlauf im Interview thematische Anknüpfungspunkte aufzugreifen.

Nach jedem Interview wurde von der Interviewerin ein Gedächtnisprotokoll angefertigt, das neben Angaben zu den konkreten Rahmenbedingungen der Interviewführung (Dauer, Ort, allgemeine Störfaktoren, insbesondere Unterbrechungen durch Telefon oder durch andere Personen) auch Bemerkungen zur Situation vor dem Interview (Vorgespräche, eventuelle Einwände), zum Gesprächsverlauf und zur Nachinterviewphase (Interesse, Desinteresse, weitere Gespräche) enthielt.

6.4.3 Datenerhebung und weiterer Untersuchungsverlauf

Auf Grund der geografischen Entfernungen, aber auch um ausreichend Zeit für weitere Erkundungen, Beobachtungsgespräche, die Sammlung von offiziellen Dokumenten und die fotografische Aufzeichnung der Bildungs- und Kulturzentren zu haben, wurde jeweils ein einwöchiger Aufenthalt für die Interviewführung eingeplant. Die Datenerhebung fand im August und im September 2009 statt. Die durchschnittliche Interviewdauer der 23 durchgeführten Interviews betrug 50 Minuten. Alle Interviews wurden am Arbeitsplatz der befragten Personen oder in unmittelbarer Nähe zu diesem geführt. Dies geschah in der Absicht, dass die vertraute Umgebung ein offenes Gespräch unterstützen würde. Rechtzeitig vor den Interviewterminen bekamen die Interviewpartner und -partnerinnen ein Informationsschreiben, das noch einmal den Termin bestätigte, das Forschungsvorhaben beschrieb, die Themenblöcke des geplanten Interviews vorstellte, die Dauer des Interviews mit ca. 60 Minuten festlegte und die Anonymisierung der personenbezogenen Daten zusicherte. Direkt vor dem Interview gaben die Interviewpartner und -partnerinnen schriftlich ihr Einverständnis zur Aufzeichnung des Gesprächs und zur ausschließlich wissenschaftlichen Verwendung der Transkripte. Die Interviewsituationen selbst gestalteten sich meist als sehr offene Gespräche mit sehr heterogenen Inhalten und Positionen. Obwohl das Verwaltungspersonal und die meisten Kursleitungen Zweifel äußerten, inwiefern ihre Aussagen zuträglich sein könnten, konnte mit Ausnahme von einem Fall eine motivierte Gesprächssituation geschaffen werden.

---

151 Gefragt wurde zum einen „Beschreiben Sie bitte kurz die Elemente, die einen typischen Arbeitsalltag ausmachen." und „Beschreiben Sie bitte in einem Satz, welche Bedeutung das Bildungs- und Kulturzentrum für Ihre Tätigkeit in der Volkshochschule hat."

Der sich neu entwickelnde und sich ständig verändernde Bereich der Bildungs- und Kulturzentren erforderte aus Sicht der Autorin einen ständigen Feldkontakt. So fand im weiteren Verlauf der Promotionsphase zwei Mal im Jahr eine Beteiligung an den Expertenworkshops zum Thema ‚Lernzentren' statt, die über das Deutsche Institut für Erwachsenenbildung (Bonn) in Kooperation mit der Hochschule der Medien (Stuttgart) organisiert wurden. Neben Vertretern und Vertreterinnen der für die Untersuchung ausgewählten Volkshochschulen nahmen auch noch weitere Personen aus Bildungs- und Kulturzentren in Deutschland und Österreich teil. In regelmäßigen Abständen konnten diese Treffen für einen Austausch über neueste Entwicklungen, Rückfragen, Diskussionen und Besichtigungen anderer Bildungs- und Kulturzentren genutzt werden.

6.5 Das Auswertungsverfahren

6.5.1 Aufbereitung des Datenmaterials: Transkription der Interviews

Bis auf eines[152] wurden alle Interviews aufgenommen und als digitalisierte Audiodatei am Computer mittels einer Transkriptionssoftware verschriftlicht.[153] Bezugnehmend auf Langer (2010, 515) dient die Verschriftlichung der Verstetigung von flüchtigen Gesprächsinhalten, da die Transkripte innerhalb der empirischen Forschung belegfähige Referenztexte bilden. Da in erster Linie die thematischen Inhalte von Interesse sind, wurde auf eine vollständige Dialektprotokollierung ebenso verzichtet wie auf eine durchgehende Transkription parasprachlicher, emotionaler oder überlappender Äußerungen.

Die Anonymisierung von Personennamen, Ortsnamen, Organisationen und sonstigen personenbezogenen Daten fand während der Transkription statt, so dass keine Rückschlüsse von den Interviewaussagen auf die jeweiligen befragten Personen möglich sind.[154]

---

152 Im Falle dieser Ausnahme wurde die digitale Aufzeichnung des Gesprächs abgelehnt, so dass eine möglichst genaue Protokollierung des Interviews stattfand.
153 Eine Übersicht über Transkriptionsregeln und -systeme, die sich je nach Fragestellung und forschungsmethodischem Hintergrund unterschiedlich anwenden lassen, findet sich bei Kowal/O'Conell (2000).
154 Eine Ausnahme bilden hier die befragten Leitungspersonen, die eine exponierte Stellung einnehmen und somit personenbezogene Rückschlüssen gezogen werden können. Dieser besondere Umstand wurde vor den Interviews thematisiert. Die teilweise eingeschränkte Anonymisierungsmöglichkeit wurde von den befragten Leitungspersonen akzeptiert, da sie sich als Experten ihrer Einrichtungen und ihrer Profession begreifen, an die sich ein öffentliches und wissenschaftliches Interesse richtet.

6.5.2 Kategorienzentriertheit als Auswertungsprinzip

Es gibt eine Vielzahl qualitativer Auswertungsverfahren (vgl. Überblick u.a. bei Kuckartz 2010 oder Lamnek 2005). Die Wahl eines adäquaten Verfahrens bzw. das Zusammenspiel verschiedener Analysetechniken richtet sich zum einen nach der Fragestellung, dem Erkenntnisinteresse und dem methodischen Ansatz der Erhebung, zum anderen aber auch nach pragmatischen Erwägungen wie z.B. Zeit- und Arbeitskraftressourcen.

Kategorienzentriertheit[155] als leitendes Auswertungsprinzip lässt sich über folgende drei zentrale Motive der Forscherin begründen:

- Eine nach Kategorien strukturierte und damit themen- bzw. problemzentrierte Auswertung wird angestrebt, da im Mittelpunkt des Forschungsvorhabens die Frage nach kooperativen Anforderungen und den Umgang mit diesen steht. Trotz offener Forschungshaltung wird der Interviewleitfaden auf Basis theoretischer Vorannahmen entwickelt und berücksichtigt demnach vorab bestimmte Themen stärker als andere. Eine kategorienbasierte Auswertung greift diese Themen entsprechend in einem ersten Schritt deduktiv, also theoriegeleitet auf. Somit lehnt sich die Struktur der Auswertung an die Struktur der theoriebezogenen Kapitel an und legt entsprechende Kategorien der Inhaltsanalyse zugrunde.
- Neben dieser theoriegeleiteten Kategorienentwicklung, werden induktiv weitere Kategorien aus dem Material abgeleitet. Eine Auswertung in ständiger Auseinandersetzung mit dem Material wird angestrebt, da davon ausgegangen wird, dass über individuelle Einstellungen und Konstruktionen der Interviewten organisationale Anforderungen beschreibbar gemacht werden können sowie eine fallbezogene Theorieüberprüfung des Vorwissens vorzunehmen ist, um theoretische Annahmen weiterzuentwickeln
- Nicht zuletzt soll das Auswertungsverfahren nachvollziehbaren Regeln folgen und Transparenz gewährleisten, was über die Definition von Kategorien, Ankerbeispielen und deskriptiven Indikatoren realisiert wird.

Der Einstieg in das Material erfolgte über die Erstellung von Kurzbeschreibungen einiger ausgewählter Interviews wie sie Flick (2000, 207) empfiehlt, wobei in diesen festgehalten wurde, welche Themen angesprochen werden, ob typische Aussagen, aber auch inhaltliche Brüche oder interessante thematische Übergänge

---

155 Vgl. Kuckartz (2010, 57): Kategorie bedeutet hier, dass ein Begriff oder ein Label definiert wird, d.h. ein Wort, mehrerer Wörter, ein Zeichen oder ein kurzer Satz, die nicht notwendigerweise auch im Text vorkommen müssen. Kategorien werden demnach Textstellen zugeordnet, um bestimmte Phänomene im Interviewmaterial identifizieren und bezeichnen zu können.

auszumachen sind und wie sich Argumentationen und der Gesamtzusammenhang des Interviews gestalten.

Die Abfolge der darauffolgenden Auswertungsschritte – angelehnt an Kuckartz (2010, 84ff.) – orientierte sich am thematischen Codieren, das sich aus der Grounded Theory (Glaser/Strauss 1979) entwickelt hat. Während eine Auswertung nach der Grounded Theory in den Anfängen stark induktivistisch ausgelegt ist, werden beim thematischen Codieren das theoretische Vorwissen und die Hauptfragestellung einer Forschungsarbeit stärker berücksichtigt. Das Codieren stellt in erster Linie eine Systematisierungsleistung dar, die für die spätere Interpretation unabdingbar ist. Bei diesem Verfahren dominiert das Ziel der Materialverdichtung, um eine Konzentration auf die wesentlichen Themen der Interviews und auf die Fragestellung der gesamten Untersuchung zu bewerkstelligen:

- Als Grundgerüst für die – zunächst deduktive – Entwicklung eines Kategoriensystems bzw. Codierleitfadens dienen die Themen des Interviewleitfadens und die zusätzlich über die erstellten Kurzbeschreibungen ermittelten Themen. Mit diesen findet eine computergestützte *Grobcodierung*[156] des Interviewmaterials statt.
- Die Beschäftigung mit den Interviews, den Kurzbeschreibungen und den Ergebnissen sequenzanalytischer und dokumentanalytischer Textstelleninterpretationen macht deutlich, dass das Kategoriensystem induktiv ergänzt, ausdifferenziert, dimensionalisiert und präzisiert, teilweise auch wieder zusammengefasst werden muss.[157] Mittels dieses veränderten Codierleitfadens findet im nächsten Schritt eine *Feincodierung* statt, in der weitere Textstellen identifiziert werden, die explizit oder implizit über eine bestimmte Kategorie Auskunft geben können. Verschiedene Ausprägungen oder Dimensionalisierungen werden dann entsprechend als Subcodes – also Unterkategorien – angelegt.
- Die anschließende *Überprüfung des Kategoriensystems* findet statt, indem zunächst die einzelnen Kategorien mit ihren Subkategorien nacheinander mit den ihnen zugeordneten Textstellen verglichen werden. Hier fällt der Blick also von jeweils einer ausgewählten Kategorie auf alle betreffenden

---

[156] „Wenn hier von Codieren die Rede ist, so wird darunter zunächst ganz allgemein die Zuordnung von Kategorien zu relevanten Textpassagen bzw. die Klassifikation von Textmerkmalen verstanden." (Kuckartz 2010, 57). Die Zuhilfenahme von Computersoftware – hier MAXQDA – ermöglicht zum einen ein vereinfachtes, übersichtliches und handbares Textmanagement, zum anderen unterstützen die in Dateien festgehaltenen Materialzusammenschauen und Codierresultate die intersubjektive Nachprüfbarkeit.

[157] MAXQDA unterstützt diesen Ausdifferenzierungsprozess z.B. durch die Zusammenstellung aller Textstellen, die einem bestimmten Code zugeordnet wurden. Diese Zusammenstellung kann auf einen Blick eingesehen und entsprechend neu systematisiert werden.

Textstellen aller Interviews. Im Anschluss daran werden die Trennschärfe der Kategorien und die Zuordnung der Textstellen überprüft, indem das Gesamtmaterial erneut untersucht wird, ohne das Kategoriensystem in den Blick zunehmen. Dieser zweite Blick soll verhindern, dass das Interviewmaterial nur noch fragmentarisch wahrgenommen wird und überprüft weitgehend objektiv die Interkoderreliabilität, also die Zuverlässigkeit der Kategorienzuordnung zu Textstellen. In Ansätzen findet schließlich eine konsensuelle Codierung statt, d.h. über eine unabhängige, aber parallele Auswertung mindestens zweier weiterer Forscher bzw. Forscherinnen wird eine unabhängige Kategorienentwicklung und Codierung vorgenommen, um einen Zugewinn an Reliabilität und Validität zu erreichen.[158]

- Abschließend entsteht ein *endgültiges Kategoriensystem*, das die Grundlage für weitere, tiefergehende Auswertungs- und Interpretationsvorgänge darstellt.[159]
- An das endgültige Kategoriensystem anschließend werden *quantifizierende Materialübersichten* erstellt, die Häufigkeiten, Zusammenhänge oder eine Gesamtübersicht der Ergebnisse aufzeigen. Diese quantitative Auswertung dient zum einen als Informationsgrundlage für weitere qualitative Auswertungsschritte sowie zum anderen der Auswahl vertiefender Einzelfall- oder Gruppenanalysen bzw. der Suche nach Ausnahmefällen.

Als Ziel der themenbasierten Auswertung kann eine thematische Struktur für die Interpretation des vorliegenden Materials ermittelt werden, indem die Komplexität des Materials über eine zunehmende Verdichtung bearbeitet wird.

Sequenzanalytische Verfahren zur Kategorienentwicklung

Die induktive Kategorienbildung wird punktuell durch ein sequenzanalytisches Verfahren unterstützt, wobei sich das Vorgehen an die objektive Hermeneutik

---

[158] Beim konsensuellen Auswerten werden Interviewpassagen von mindestens zwei Personen unabhängig voneinander codiert, um über ein späteres diskursives Verfahren zu einem Konsens zu gelangen. Es handelt sich dabei um einen Versuch einen Zugewinn an Ergebnisgüte zu erreichen. Schmidt (2010, 481) problematisiert dies jedoch, indem sie auf die Gefahr hinweist, dass sich Codierteams gegenseitig in ihrer unabhängig voneinander gefundenen, aber unangemessenen Einschätzung bestätigen könnten. Trotz dieser Einschränkung wurde eine Gruppe von fünf Studierenden der Diplom-Pädagogik im Rahmen des Seminars ‚Alles unter einem Dach – die Volkshochschule als Teil eines Bildungs- und Kulturzentrums' in die Codierung von mehreren Interviews miteinbezogen.

[159] Das endgültige Kategoriensystem (der Codebaum) besteht aus 85 Kategorien und Subkategorien sowie 1.161 Codings, d.h. zugeordneten Textstellen.

von Ulrich Oevermann (1997) anlehnt. Diese hat nicht zum Ziel personenbezogene Begründungen für bestimmte Gesprächsinhalte zu ermitteln, sondern nach allgemeineren Regel- bzw. Strukturmechanismen zu suchen, die hinter den in den Interviews beschriebenen Handlungen oder Entscheidungen liegen (vgl. Brüsemeister 2008, 199f.).

In mehreren Interpretationswerkstätten, an denen Wissenschaftler und Wissenschaftlerinnen des Fachbereichs Erziehungswissenschaften der Universität Marburg teilnahmen, wurden ausgewählte Interviews in ihrer Gänze kommentiert, für spezifische Textabschnitte in einer sequenziellen Feinanalyse denkbare Interpretationen bzw. Lesarten erzeugt, diese auf Kongruenz hin überprüft und nicht haltbare Interpretationen ausgeschlossen.

> „Die Hermeneutik soll Inhalte oder Bedeutungen eines Textes aus- bzw. offen legen, die zunächst – z.b. bei der oberflächlichen Lektüre – nicht auffallen. Sie öffnet gewissermaßen den Blick für Textgehalte (...)." (Rittelmeyer/Parmentier 2007, 2)

Diese Art der Auswertung bringt für die ausgewählten Interviews unterschiedliche Lesarten und jeweils unterschiedliche Facetten und damit auch eine gewisse Multiperspektivität hervor, die eine einzelne Forscherin unter Umständen nicht gewährleisten kann. So entstehen zum einen ein breiterer Spielraum des Verstehens und zum anderen ein hilfreicher Reflexionsraum für die Überprüfung der Plausibilität der eigenen Deutungen und die Zugrundelegung von Begründungskontexten. Ein wesentlicher Gewinn besteht in der Weiterentwicklung der deduktiv angelegten Kategorien und in der Erschließung neuer induktiver Kategorien, die für die Ausdifferenzierung des Codierleitfadens sorgen.

Dokumentenanalyse als kategorienerschließende Methode

Weitere Kategorien werden über eine Dokumentenanalyse entwickelt, die sich auf die Thematik der anfänglichen Ziel- und Risikobewertung von Bildungs- und Kulturzentren beziehen und im Fall des zibs Konzepte und im Fall des tietz Presseberichte untersuchen. Da nicht das Erkenntnisinteresse besteht, eine vollständige Erhebung der konzeptionellen und medial vermittelten Ziele und Risiken solcher Kooperationsformen durchzuführen, sondern die Kategorienentwicklung zu bereichern, wird darauf verzichtet, Konzeptionen bzw. Presseberichte des jeweils zweiten untersuchten Bildungs- und Kulturzentrums zu analysieren. Die Dokumentenanalyse dient vor allem der Eröffnung neuer analytischer Zugänge zum Interviewmaterial; sie eignet sich zudem dazu, zurückliegende Ereignisse zu analysieren (vgl. Mayring 2002, 47). So werden dokumentanalytische rekonstruierte Erkenntnisse in Bezug gesetzt zu den in den Interviews – also in der Rückschau – geäußerten Einschätzungen.

6.6 Darstellung der Untersuchungsergebnisse

Die Darstellung von Untersuchungsergebnissen ist auf Grund der Komplexität qualitativer Interpretationsleistungen eine methodische Herausforderung. Der Auswertungsprozess kann teilweise nicht in der chronologischen Form schriftlich wiedergeben werden, da der Lesefluss behindert würde und die Systematisierungsleistung weniger bei der Forscherin als bei dem Leser oder Leserin selbst läge. Die für diese Studie gewählte Darstellungsform entspricht somit nicht dem Gewinnungsprozess der Ergebnisse, sondern richtet sich an einer themenzentrierten Systematisierung der Resultate aus. Entsprechend spiegeln die empirisch ermittelten Ergebnisse nicht die Linearität des Codierleitfadens wider. Stattdessen werden Themen herausgegriffen, zusammengefasst oder Aspekte unterschiedlicher Kategorien miteinander verknüpft. Der Codierleitfaden kann dabei als Handwerkszeug einer Vorabstrukturierung verstanden werden, die auf Plausibilitätsüberlegungen beruht, jedoch nicht abgeschlossen ist, sondern sich im interpretativen Prozess stetig weiterentwickelt.

Die Darstellung der empirischen Ergebnisse orientiert sich an der Abfolge der theoriebezogenen Kapitel. Die Analogie stellt sich wie folgt dar:

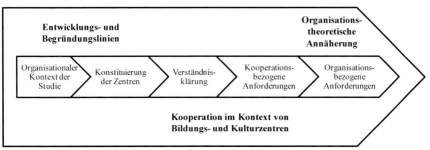

Abbildung 8: Darstellung der empirischen Ergebnisse

Entsprechend zu den Entwicklungs- und Begründungslinien von kooperativen Bildungsarrangements konzentriert sich die Darstellung der empirischen Ergebnisse zu Beginn auf den organisationalen Kontext der Studie sowie die Konstituierungszusammenhänge der untersuchten Bildungs- und Kulturzentren. Daran anschließend werden kooperationsbezogene Anforderungen empirisch rekonstruiert, wobei hierunter auch die Verständnisklärung von integrativen Kooperationsmodellen fällt. Abschließend werden analog zu der zuvor vorgenommen organisationstheoretischen Betrachtung organisationsbezogene Anforderungen empirisch generiert.

In den einzelnen empiriebezogenen Kapiteln erfolgt eine analytische Verdichtung, die sich weitgehend wie folgt beschreiben lässt: Nach einer kurzen themenzentrierten Einführung und Darstellung der Auswertungszielperspektive, beginnt jedes Unterkapitel unter Zuhilfenahme von Original- bzw. Belegzitaten[160] mit einer querschnittsanalytischen Auswertung, Deskription und Systematisierung der Interviewinhalte. Daran schließen sich themenbezogene Konklusionen und teilweise in einem analytisch verdichtenden Schritt der Dateninterpretation eine übergreifende Abstraktion an, welche die Basis für die empiriebasierte Anforderungsanalyse darstellt.[161]

---

160 Aus Gründen der verbesserten Lesbarkeit sind die im Folgenden aufgeführten Interviewzitate geringfügig sprachlich überarbeitet worden, ohne jedoch den Wortsinn oder Aussagesinn zu verfälschen.
161 Teilweise werden bestimmte Themenaspekte in mehreren Kapiteln aufgegriffen, weil sie in den Interviews unter unterschiedlichen Blickwinkeln zur Sprache kommen. Dies ist z.B. bei der Thematisierung der räumlichen Zentrierung der Fall: Es gilt diese nicht nur als organisationsstrukturelle Rahmenbedingung zu untersuchen, sondern ebenso als Kooperationszweck oder als ein Aspekt von Kooperation, der in anfangs bestehenden Befürchtungen der Volkshochschulakteure eine Rolle spielt.

7. Empirische Rekonstruktion kooperativer Anforderungen und Umgangsweisen aus Sicht der Volkshochschule

In der Auseinandersetzung mit der Zusammenlegung stellen sich aus Sicht der räumlich integrierten Volkshochschulen vielfältige Anforderungen. Im Folgenden werden sowohl diese Anforderungen als auch mögliche Umgangsweisen rekonstruiert, wobei zunächst die organisationalen Kontexte der Bildungs- und Kulturzentren vorgestellt werden, um anschließend auf kooperations- sowie organisationsbezogene Anforderungen einzugehen.

7.1 Organisationaler Kontext der Studie

Neben Informationen aus den Internetauftritten, fließen Hinweise, die aus den transkribierten Vorgesprächen mit den Volkshochschulleitungen stammen sowie verschriftlichte bzw. öffentlichkeitsbezogene Aspekte der Organisation, wie z.B. Publikationen, Flyer und Betriebssatzungen, in die nun folgende Beschreibung der organisationalen Kontexte mit ein, um die sachliche Ausgangslage der untersuchten Bildungs- und Kulturzentren zu klären (vgl. Brüsemeister 2008, 68). Die Deskription der beiden für die Untersuchung gewählten Zentren konzentriert sich dabei auf drei Gesichtspunkte: Lokaler Kontext, Entstehungsgeschichte sowie strukturelle Rahmenbedingungen. Die Klärung der organisationalen Kontexte dient zum einen der verständnisfördernden Einordnung der zitierten Interviewpassagen. Zum anderen gibt sie Hinweise auf die Richtung der Auswertung, die als themenbasierte Querschnittsanalyse prinzipielle kooperative Anforderungen und Umgangsweisen von Volkshochschulen in Bildungs- und Kulturzentren rekonstruiert.

7.1.1 Das zib

a) *Lokaler Kontext:* Die Stadt Unna gehört mit knapp 70.000 Einwohnern und Einwohnerinnen zum Demographietyp stabiler Mittelstädte mit geringem Familienanteil.[162] Ein typisches Merkmal ist die zentralörtliche Funktion der Stadt für das ländliche Umfeld. Die Bertelsmann Stiftung sieht für Städte dieser Art eine Qualitätssteigerung v.a. in der Verbesserung weicher Standortfaktoren, wie z.b. des städtebaulichen Ambientes sowie der Kultur- und Freizeitangebote. Die Verfolgung einer solchen Strategie zur Qualitätssteigerung zeigt sich beispielsweise in der Entwicklung des Zentrums für Information und Bildung (zib) als integrative Kooperationsform.

b) Entstehungsgeschichte: Das Zentrum der Stadt Unna wird geprägt von einer langen, rechtwinkligen Fußgängerzone bzw. Einkaufsstraße, die zum einen durch den Hauptbahnhof und zum anderen durch ein altes Brauereigelände bzw. eine Industriebrache begrenzt wird. Der Marktplatz, auf dem lange Zeit auch die Stadtbibliothek in einem mittlerweile zu klein gewordenen Gebäude angesiedelt war, bildet den Winkel der Einkaufsstraße. Vor Entstehung des zibs war in erster Linie die Passage zwischen Hauptbahnhof und Marktplatz belebt, während die Strecke zwischen Marktplatz und altem Brauereigelände wenig besucht war. Mit Eröffnung des zibs auf dem alten Brauereigelände kam es zu einer Wiederbelebung der gesamten Strecke. Gezielte Urbanisierung war demnach ein wesentlicher Entstehungsgrund; ebenfalls waren die beengten Räumlichkeiten der Stadtbibliothek ausschlaggebend. Da ein Neubau allein für die Bibliothek aus landespolitischer Sicht keine ausreichende Begründung für ein Finanzierungskonzept darstellte, entwickelte die Stadt ein Konzept, in dessen Rahmen die bereits in einem städtischen Fachbereich als Ämter zusammengefassten Einrichtungen Bibliothek, Volkshochschule und Kulturamt sowie das ebenfalls räumlich beengt untergebrachte Stadtarchiv in einem gemeinsamen Neubau vereint werden sollten. Neben dem Ziel der Ressourceneinsparung ging es darum,

> „(...) die traditionell getrennten Einrichtungen auch konzeptionell zu einem regionalen Informations- und Kompetenzzentrum um[zubauen], um den Wünschen und Bedürfnissen der Bürger/innen sowie den Zukunftsaufgaben in der Region Rechnung zu tragen." (Weißenberg/Sedlack 2007, 55)

Das Ministerium für Wirtschaft, Energie, Bauen, Wohnen und Verkehr des Landes Nordrhein-Westfalen förderte die Phase der Ideenentwicklung und die Einbindung von Expertisen finanziell. Hintergrund hierfür waren Gesichtspunkte der Stadtentwicklung und Infrastrukturverbesserung der Stadt Unna als touristischer Ankerpunkt der Route der Industriekultur. Die Kosten des Neu- und Umbaus wurden von der Wirtschaftsförderung des Landes zu 70% getragen; ein weiterer Teil wurde durch den Verkauf alter Gebäude und über Mittel der Bundesagentur

---

162 Vgl. Bertelsmann-Stiftung, die mit dem „Wegweiser Kommune" ein Online-Informationssystem über unterschiedliche Politikfelder zur Verfügung stellt.

für Arbeit finanziert. Die Entstehungsgeschichte des zibs steht ganz im Zeichen einer regional- und städteplanerischen Steuerungs- und Wirtschaftlichkeitsstrategie. Finanzielle Mittel des Förderprogramms der Lernenden Regionen spielten dabei keine Rolle.[163]

c) Strukturelle Rahmenbedingungen: Das zib der Stadt Unna vereint seit 2004 auf insgesamt 5.750 Quadratmetern und drei Etagen die städtischen Einrichtungen Volkshochschule[164], Stadtbibliothek, Kulturamt, Stadtarchiv und Stadtinformation – genannt I-Punkt – als „eigenbetriebsähnliche Einrichtung" unter einem Dach (vgl. Weißenberg/Sedlack 2007, 55).[165] Ein Selbstlernzentrum mit dem Namen ‚Lerntreff' ist innerhalb des zibs entstanden. Es wird als Schnittstelle von Volkshochschule und Bibliothek verstanden und betrieben. Außerdem ist im Gebäude der in den Kulturbereich eingebundene ‚Medien Kunst Raum' zur Förderung von Kunst- und Medienprojekten angesiedelt. Außerhalb der Rechtsform, aber ebenfalls im Gebäude integriert sind ein Café und das Zentrum für Lichtkunst mit im I-Punkt integrierten Museumsshop. Der moderne und transparente Neubau wurde eigens für das zib auf dem ausgedienten Brauereigelände unter Einbindung alter Bauwerke geschaffen. Architektonisch auffallend sind Hallen und Passagen, die vielfältige Ausstellungs- und Veranstaltungsmöglichkeiten bieten. Seminar-, Schulungs- und Konferenzräume stehen nicht nur den integrierten Einrichtungen zur Verfügung, sondern werden ebenso an externe Interessenten vermietet, die bildungsfördernde, kulturelle, politische, soziale oder gemeinnützige Angebote realisieren möchten.

Nach der Betriebssatzung für die eigenbetriebsähnliche Einrichtung ‚Kulturbetriebe Unna' (2005) wird das zib zum Zeitpunkt der Untersuchung als „organisatorisch und wirtschaftlich eigenständige Einrichtung ohne eigene Rechtspersönlichkeit wie ein Eigenbetrieb" (§1, Abs. 1) mit dem Zweck der „Pflege und Förderung des kulturellen Lebens in der Stadt Unna" (§1, Abs. 2) geführt.

---

163 Die Projektskizze „zib-Netzwerk" (vgl. Werkstatt im Kreis Unna GmbH 2002) vermittelt zwar den Eindruck, dass die Entstehungsgeschichte des zibs verknüpft ist mit der Entwicklung der Lernenden Regionen Unna; dies ist jedoch nicht der Fall wie sich in Gesprächen mit der Volkshochschulleitung herausstellte. So ist das zib auch kein Mitglied der als Verein organisierten Lernenden Region. Dennoch ist es im Beisitz des Vereins vertreten und ist insbesondere über das Selbstlernzentrum an kooperativen Projekten innerhalb des Förderprogramms beteiligt. Spätestens ab dem Zeitpunkt des Auslaufens der öffentlichen Fördermittel entstand jedoch eine Konkurrenzlage um den Bereich der Fort- und Weiterbildung der Stadt Unna, der sowohl vom zib als auch den Lernenden Regionen beansprucht wurde.

164 Die Außenstellen der städtischen Volkshochschule bleiben weiterhin erhalten. Die vorgenommene Zentralisierung geht entsprechend nicht zu Lasten dezentralisierter Bildungs- und Kulturangebote.

165 Ebenfalls Teil der Kulturbetriebe sind ein weiteres Museum sowie eine weitere Bibliothek, die sich jedoch nicht im Gebäude des zibs befinden und demnach als nicht-integrativer Bestandteil des Bildungs- und Kulturzentrums im weiteren Verlauf der Arbeit unberücksichtigt bleiben.

Die Leitung des zibs unterliegt einem Betriebsleiter (vgl. §3). Diese Position wurde von der Eröffnung 2004 bis 2010 durch den Leiter des Kulturamts besetzt. Zudem wurde ein Betriebsausschuss (vgl. §4) mit beratender Funktion eingerichtet, dessen Zustimmung z.b. bei Mehrausgaben oder höhergruppierten Personalanstellungen von Nöten ist.[166] Das zib erhält in dieser Rechtsform einen Gesamtzuschuss der Stadt als gemeinsamen Haushalt. Organisationsintern wird dieser auf die einzelnen Einrichtungen verteilt, wobei ein Teil des Budgets für zentrale Sachaufwendungen zurückgehalten wird. Ein Etat für einrichtungsübergreifende, kooperative Projekte ist jedoch nicht vorhanden; diese müssen über Zuschüsse aus den einzelnen Einrichtungen realisiert werden. Quersubventionierungen finden dann statt, wenn Mehreinnahmen der einen Einrichtung fehlende Mittel einer anderen ausgleichen können. Die Organisationsform des zibs ist nach Stang (2011, 20) als „Steuerungsmodell" zu bezeichnen. Alle beteiligten Einrichtungen bleiben zwar organisatorisch getrennt, stellen aber gemeinsame Angebote bereit. Koordiniert wird diese Form der Zusammenarbeit über einen Betriebsleiter, der gleichzeitig Leiter einer integrierten Einrichtung ist. Der anfänglich für alle Einrichtungen geplante gemeinsame Servicebereich sollte den Informationspunkt, Verwaltungsaufgaben, das Hausmanagement, die Haustechnik, das Finanzmanagement sowie die Marketing- und Öffentlichkeitsarbeit umfassen (Weißenberg/Sedlack 2007, 60f.). Doch in der Auswertung des Interviewmaterials zeigt sich, dass der Aspekt der einrichtungsübergreifenden Marketing- und Öffentlichkeitsarbeit bisher unzureichend umgesetzt wurde.

7.1.2 DAS tietz[167]

a) Lokaler Kontext: Mit einer prognostizierten Bevölkerungsentwicklung von -15,2% bis zum Jahr 2025 und einem Median-Alter von 46,9 Jahren, gehört die Stadt Chemnitz mit momentan knapp 241.000 Einwohnern und Einwohnerinnen zum Demographietyp der schrumpfenden und alternden ostdeutschen Großstädte.[168] Chemnitz ist geprägt von tiefgreifenden Umstrukturierungsprozessen sowie einem engen finanziellen Spielraum der Kommune, weshalb diese laut Bertels-

---

166 Ende 2010 wurden die einzelnen Einrichtungen des zibs wieder in städtische Fachbereiche überführt. Zum Zeitpunkt der Datenerhebung war die Rückführung in die Fachbereichsstruktur der Stadt auf Grund von Haushaltsveränderungen bereits im Gespräch.
167 Seit Heinrich und Chaskel Tietz das Gebäude 1912 im neoklassischen-repräsentativen Monumentalstil bauen ließen und darin ein Kaufhaus im Jahre 1913 eröffneten, trägt das Gebäude und damit auch das heutige Bildungs- und Kulturzentrum unverändert den ursprünglichen Namen der jüdischen Kaufhaus-Dynastie Tietz (vgl. Dörries 2009).
168 Vgl. Bertelsmann-Stiftung, die mit dem „Wegweiser Kommune" ein Online-Informationssystem über unterschiedliche Politikfelder zur Verfügung stellt.

7.1 Organisationaler Kontext der Studie

mann Stiftung auf kreative Ideen angewiesen ist, um ihre Attraktivität zu steigern und um ihr Stadtzentrum zu revitalisieren. Mit der integrativen Kooperationsform ‚DAS tietz' ist ein Magnetpunkt im Zentrum der Stadt entstanden, der zur Belebung beiträgt (vgl. Leitung_1_Vorgespräch, Z. 55).

b) Entstehungsgeschichte: Der Innenstadtbereich von Chemnitz war lange Zeit von einem brachliegenden Gelände geprägt, da die in den Randgebieten der Stadt liegenden großen Einkaufszentren den Publikumsverkehr nach außen verlagert haben. Die Idee, mittels eines modernen Bildungs- und Kulturzentrums eine feste Teilnehmer- und Kundschaft in den Innenstadtbereich zu bringen und diesen damit auch wieder für Einzelhandel und Gastronomie interessant zu machen, sollte neben weiteren Urbanisierungsmaßnahmen eine Lösung des Problems darstellen. Der Einbezug der Volkshochschule, die bisher für die Teilnehmerschaft wenig sichtbar und in maroden Gebäuden in einem Hinterhof einer Schule untergebracht war, brachte für die Idee eines solchen Bildungs- und Kulturzentrums zwei wesentliche Vorteile mit: Zum einen die zahlungskräftige Kundschaft und zum anderen den Kursbetrieb, der von früh bis spät stattfindet und damit sowohl tagsüber als auch abends das Stadtzentrum beleben würde. Von der zusätzlichen räumlichen Integration der Stadtbibliothek wurde eine hohe Anzahl von Kunden aus allen Altersstufen erhofft. Auf Grund der räumlichen Enge des Naturkundemuseums und der Neuen Sächsischen Galerie wurden diese ebenfalls für das Bildungs- und Kulturzentrum eingeplant. Um eine ‚Brücke zwischen Kultur und Kommerz' zu schlagen, wurde im Erdgeschoss zudem eine Ladenpassage eingerichtet. Insgesamt ist die Entstehung des tietz auf eine vorrangig städteplanerische Steuerungs- und Wirtschaftlichkeitsstrategie zurückzuführen. Das Bildungsforum Südwestsachsen als Lernende Regionen spielte im Entstehungsprozess keine Rolle.[169]

Vor allem aus Perspektive der Nutzer und Nutzerinnen sollte das Motto „Altes bewahren, Neues erleben und alles zusammen genießen"[170] realisiert werden. So wurde für den angedachten „außergewöhnliche[n] Ort für Kultur, Kunst, Bildung und Wissenschaft"[171] das ehemalige, bei den Chemnitzern sehr bekannte und beliebte Kaufhaus tietz ausgewählt. Unter Bewahrung der historischen Fassade und der Entwicklung moderner außen- und innenarchitektonischer Elemente wurde das Gebäude umgebaut. Hierfür standen Mittel der städtischen Wohnungsbaugesellschaft sowie weitere Städtebaumittel des Freistaats Sachsen zur Verfügung.

---

169 Dennoch wurde DAS tietz als übergeordneter Standort, zur Durchführung von Bildungsevents sowie als Ort der Begegnung für Bürger und Bürgerinnen konzeptionell in der Projektbeschreibung der Lernenden Regionen berücksichtigt (vgl. TU Chemnitz 2003).
170 Vgl. Flyer des tietz mit dem Titel ‚Wo Kultur zu Hause ist' (o.J.).
171 Ebd.

c) Strukturelle Rahmenbedingungen: Seit 2004 sind die Volkshochschule[172] der Stadt Chemnitz, die Stadtbibliothek und das Museum für Naturkunde unter der Rechtsform eines Eigenbetriebes und räumlich als DAS tietz zusammengefasst. Auf der Gesamtfläche von 17.000 Quadratmetern sind zudem ein Café, die Neue Sächsische Galerie e.V. und eine Ladenpassage im selben Gebäude untergebracht. Eine Servicestelle im Eingangsbereich des tietz gibt Informationen zu allen integrierten Einrichtungen, fungiert als Museumskasse und verwaltet den Museums- und tietz-Shop. Architektonisch wurde das ehemalige, verkehrsgünstig und zentral gelegene Großstadtkaufhaus denkmalschutzgerecht in ein modernes Bildungs- und Kulturzentrum umgebaut: Lichthöfe[173], gläserne Giebel, Glasfassaden sowie einsehbare Etagen und Räume gestatten vielfältige Ein- und Ausblicke im ganzen Gebäude. Ein großer Veranstaltungssaal wird sowohl intern genutzt als auch an externe Interessenten vermietet.

Volkshochschule und Bibliothek, die bisher als eigene Ämter geführt wurden sowie das Museum für Naturkunde, das als nachgeordnete Einrichtung des Kulturamtes organisiert war, erfuhren im Zuge der Entwicklung des tietz eine rechtliche Zusammenführung in Form eines Eigenbetriebs. Das Gesetz über kommunale Eigenbetriebe im Freistaat Sachsen von 1994 lässt Eigenbetriebe als Rechtsform von mehreren Einrichtungen zu, sofern sie denselben oder ähnlichen Zwecken dienen (vgl. §2). Die Betriebssatzung des Eigenbetriebes ‚DAS tietz' von 2004 führt den Zweck der Zusammenführung mehrerer Einrichtungen als „Förderung von Kunst, Kultur, Bildung, Wissenschaft und Forschung sowie Betrieb und Unterhaltung" (§3, Abs. 1) näher aus. Die Satzung legt die Einrichtung einer Betriebsleitung (vgl. §6) und eines Betriebsausschusses (vgl. §9) fest. So wird DAS tietz durch eine Geschäftsführung geleitet, die jedoch nicht gleichzeitig Vertreter einer integrierten Einrichtung ist. Stang (2011, 20) spricht in diesem Fall von einem sogenannten „Intendanzmodell", da der Betriebsleiter als Intendant[174] fungiert. Die jeweiligen Betriebsteile sind in dieser Organisationsform relativ selbstständig in ihren Entscheidungen, kooperieren aber bezüglich gemeinsamer Aktivitäten. Dies zeichnet sich im Leitspruch des tietz ab: „Vernetzt und doch eigenständig – das ist das Motto des Hauses" (DAS tietz Geschäftsbericht 2005, o. S.). Die Eigenständigkeit der Einrichtungen lässt sich auch über die Gesamtfinanzierung des tietz ableiten: Das zur Verfügung stehende Budget wird in einer Spartenrechnung den einzelnen Einrichtungen zugeteilt,

---

172 Vergleichbar zum zib bleiben die Außenstellen der städtischen Volkshochschule weiterhin erhalten. Die vorgenommene Zentralisierung geht entsprechend nicht zu Lasten dezentralisierter Bildungs- und Kulturangebote.
173 Als touristische Attraktion befindet sich – zugehörig zum Naturkundemuseum – ein 290 Millionen Jahre alter versteinerter Wald in einem der Lichthöfe.
174 v. franz. l'intendant: der Verwalter, der Aufseher.

wobei die Kosten für Querschnittsbereiche, wie z.B. die Buchhaltung, die Servicestelle im Eingangsbereich, das Hausmanagement und die Haustechnik sowie die Marketing- und Öffentlichkeitsarbeit, auf die Einrichtungen umgelegt werden. Die interviewte Volkshochschulleitung im tietz vermutet eine Anpassung im laufenden Geschäftsjahr 2012, die dazu führen könnte, dass Quersubventionierungen zwischen den Einrichtungen realisiert werden.

7.1.3 Übergreifende Betrachtung der organisationalen Kontexte

Als übergreifende Entwicklungs- und Begründungslinie der Bildungs- und Kulturzentren zib und tietz ist festzustellen, dass vorrangig regional- und städteplanerische sowie wirtschaftliche Aspekte eine Rolle bei der Entstehung spielten. So waren die alten Gebäude, in denen die kommunalen Einrichtungen untergebracht waren, teilweise stark renovierungsbedürftig oder zu klein. Darüber hinaus wurde nach Konzepten zur Belebung bestimmter Innenstadtbereiche gesucht, wobei den Bildungs- und Kulturzentren in Chemnitz und Unna eine Art ‚Magnetfunktion' zugeschrieben wurde. Es entsteht der Eindruck, dass bildungs- und kulturpolitische Argumente erst zeitlich nachgelagert folgten, um das Vorhaben zu konzeptionell zu begründen und zu realisieren. Empirisch tiefer nachzuvollziehen wäre, inwiefern sich hieraus Konsequenzen für die Entwicklung und Verstetigung von Kooperationen innerhalb der Bildungs- und Kulturzentren ableiten lassen und auf welche Weise die räumlich-integrierten Einrichtungen kooperative Möglichkeiten als Organisationsentwicklungsstrategie (be- und) ergreifen und hierbei auch organisationskulturelle Herausforderungen berücksichtigen.

Als weitere Gemeinsamkeit zeigt die organisationale Verfasstheit der beiden Zentren auf, dass die Eigenständigkeit der einzelnen Einrichtungen innerhalb der integrativen Kooperationsform und eigenbetriebsförmigen Rechtsform klar erhalten bleiben und sich keinesfalls in einer neuen, durch Fusion entstandenen Organisationsform auflösen. Organisationale Veränderungen sind jedoch vorhanden, da Querschnittseinrichtungen von allen Einrichtungen genutzt werden bzw. diese beeinflussen. Ebenso stellen die Betriebsleitungen eine neuartige Hierarchiestufe für die integrierten Einrichtungen dar, die in Entscheidungsprozessen eine mehr oder weniger starke Rolle spielt. Die aus Sicht der untersuchten Volkshochschulen veränderten organisationsstrukturellen sowie -strategischen Merkmale werden im Laufe der empirischen Auswertung als Anforderungen von Kooperationen rekonstruiert.

7.2 Zur Konstituierung der Bildungs- und Kulturzentren: Eine Rückschau

Analog zum Interviewleitfaden, der zunächst einen Erzählimpuls[175] zur Anfangs- bzw. Entstehungssituation der Bildungs- und Kulturzentren setzte, werden im Folgenden die Begründungslinien für eine integrative Kooperationsform sowie die Zweifel an dieser aus Sicht der Volkshochschulakteure rekonstruiert.

7.2.1 Begründungslinien für eine integrative Kooperationsform

Die Begründungslinien für Bildungs- und Kulturzentren können in einem Dreischritt aufgezeigt werden: Erstens wird die Einflussgröße ‚städtische Bildungspolitik' fokussiert. Zweitens stehen die konkreten Ziel- und Risikoperspektiven der Zentren, die an beispielhaften Dokumenten analysiert werden, im Mittelpunkt. Drittens fällt der Blick auf die, in den Interviews erinnerten anfänglichen Erwartungshaltungen.

Ein quantitativer Vergleich der Personalebenen zeigt, dass sich unterschiedlich stark mit der Entstehungssituation auseinandergesetzt wird. Die befragten Verwaltungskräfte kommentieren die Entstehungssituation des Bildungs- und Kulturzentrums kaum.[176] Die städtische Bildungspolitik als Einflussgröße spielt nahezu ausschließlich in den Aussagen der Fachbereichsleitungen und Volkshochschulleitungen eine Rolle. Die Kursleitungen benennen in den Interviews keine Erwartungen bezogen auf die Entstehungssituation des Bildungs- und Kulturzentrums.[177]

Kooperation als bildungspolitisches Postulat

Wie bereits aufgezeigt, spielen der politische Wille und bildungspolitische Förderprogramme eine wesentliche Rolle bei der Realisierung kooperativer Bil-

---

175 Der Erzählimpuls lautete: „Erzählen Sie mir doch einfach mal, wie das war, als Sie das erste Mal vom BKZ gehört haben?"
176 Hier sind insgesamt nur fünf Textstellen als relevant codiert worden. Möglicherweise ist dies auf die fehlende Einbindung der Verwaltungskräfte in die Entstehungs- und Planungsphase zurückzuführen. Eine weitere Begründung ist in der geringen Wahrnehmung breiter organisationsstruktureller Aufgabe von Verwaltungskräften zu finden.
177 Auf Grund der Frei- oder Nebenberuflichkeit von Kursleitungen gestaltet sich die Einbeziehung in organisatorische Erfordernisse schwierig. Die Partizipation an Prozessen des organisationalen Wandels steht der prekären Arbeitssituation entgegen, weshalb ein Engagement in Tätigkeitsfelder außerhalb des Kursbetriebs und der vhs kaum realisierbar ist. Hieraus erklärt sich die Zurückhaltung bei der Formulierung von Erwartungen hinsichtlich des Bildungs- und Kulturzentrums.

7.2 Zur Konstituierung der Bildungs- und Kulturzentren 171

dungsarrangements. In den Interviews berichten die Leitungskräfte und Fachbereichsleitungen ausführlich und mitunter kritisch von der Wichtigkeit der öffentlichen Förderung durch Stadt und Land und zeigen gleichzeitig auf, welche Voraussetzungen hierfür mindestens erfüllt sein müssen. In diesem Zusammenhang werden in den Interviews drei Themenbereiche relevant.

a) Voraussetzungsvolle Förderung und Einsparungspotenziale: „[G]ünstig eine neue Unterbringung von [mehreren Einrichtungen] finanzieren zu können" (FBL_9, Z. 84f.) ist mehreren Interviewten als wesentliche Begründungslinie für die Entstehung eines Bildungs- und Kulturzentrums in Erinnerung geblieben. Obwohl die Argumentation des Einsparungspotenzials im Vordergrund steht, ist es jedoch nicht ausreichend, darüber die öffentliche Finanzierung des kooperativen Vorhabens sicherzustellen.

> „Und dann hat man sich an das Land gewandt und das Land hat gesagt: ‚Also Bibliotheksbau allein finanzieren wir Euch nicht. Wenn, dann überlegt Euch was Neues, was Innovatives'." (Leitung_2_Vorgespräch, Z. 16-18)

So setzte die bildungspolitische Förderung erst ein, als konzeptionell begründet wird, dass ein Bildungs- und Kulturzentrum innovative Potenziale birgt und deutlich über die räumliche Zusammenlegung von Einrichtungen hinausgeht.

> „Und uns wurde dann im Grunde genommen von Seiten der Landesregierung nahe gelegt ein Konzept zunächst zu entwickeln. (...) und wir haben dann (...) angefangen uns erste Gedanken zu machen, dass wir jetzt nicht nur vier, fünf Einrichtungen unter einem Dach sein wollen, sondern mehr." (Leitung_2_Vorgespräch, Z. 35-38)

Das Innovations- und Synergieargument ist diesen Aussagen nach grundlegende Voraussetzung für die politische und damit auch finanzielle Förderung eines Bildungs- und Kulturzentrums. Die Anerkennung, die ein solches kooperatives Arrangement über Konzepte zur Synergieerreichung erhält, gewährleistet jedoch keine kontinuierliche Förderung wie sich im Folgenden zeigt.

b) Fehlende kontinuierliche Förderung: Trotz anfänglicher Unterstützung stellt sich die Kontinuität der öffentlichen Förderung der Zentren als mangelhaft heraus. Dies führt zu Unverständnis bei den Volkshochschulakteuren, wenn gleichzeitig von wissenschaftlicher Seite große Anerkennung von kooperativen Arrangements festgestellt wird:

> „Und die andere Ebene ist, das muss man ja auch klar sagen, wir sind hier auf europäischer Ebene als Innovationszentrum ausgezeichnet worden, wir sind vom Forschungsinstitut_1 und was weiß ich, und was nützt uns das alles? (...) Das ärgert mich dann immer hinterher, wenn's wirklich ans Eingemachte geht, ist das wieder so egal wie nur was. Dann kann ich Preise an die Wand hängen, (...) und das interessiert hinterher keine Sau. Das find ich schon frustrierend, ne. Wenn man jetzt

> die entsprechende Lobby hätte, man macht hier was für die Wirtschaft, wäre das wahrscheinlich alles überhaupt kein Thema, dann würden die beim Bürgermeister auf der Matte stehen und sagen: ‚Die sind wichtig für uns'." (FBL_6, Z. 921-933)

Das Zitat macht deutlich, dass trotz wissenschaftlicher Legitimation, teilweise auch auf internationaler Ebene, die kooperative Einrichtung unter einem enormen „Spardruck" (FBL_8, 279) steht. Auszeichnungen führen nicht zu einer kontinuierlichen Förderung, sattdessen werden Fürsprecher aus der lokal ansässigen Wirtschaft als gewichtigere Einflussfaktoren eingeschätzt. Da diese jedoch auf Grund mangelnder Lobbyarbeit fehlen, werden die „äußeren Rahmenbedingungen" (FBL_7, 312f.) als sehr einschränkend wahrgenommen und führen zu einer gewissen Hilflosigkeit, wie die Aussage einer Fachbereichsleitung zeigt:

> „Wenn der Kämmerer sagt ‚nee, kein Geld', was wollen Sie da machen?" (FBL_8, Z. 519f.)

Das Bildungs- und Kulturzentrum wird zum Spielball finanzpolitischer Entscheidungen. Hier bestätigt sich eine grundsätzliche Herausforderung kooperativer Bildungsarrangements, über die Anfangsfinanzierung hinaus Mittel für die Nachhaltigkeit des Zentrums zu akquirieren.

c) Forderung nach Planungssicherheit: Konsequenterweise stellen mehrere Interviewpartner und -partnerinnen konkrete Forderungen an die Politik, die sich auf mehr „Planungssicherheit" (FBL_3, 441) beziehen. Konkretisiert bedeutet dies in den Augen einer weiteren Fachbereichsleitung, dass von Seiten der Kommunalpolitik Zielperspektiven formuliert werden sollten, für welche dann auch entsprechende Mittel zur Verfügung gestellt werden:

> „Also da würde ich mir erst mal wünschen, dass man an das BKZ bestimmte Anforderungen stellt, von der Stadt her, Erwartungen stellt, die auch fixiert, schriftlich von mir aus, aber dass man dann von der Seite der Stadt auch bereit ist, dafür die nötigen Mittel (...) zu geben, und dass es da nicht jährlich zu irgendwelchen Streichorgien kommt oder wieder zurückgerudert wird (...) das bindet Kräfte enorm, und das ist alles kontraproduktiv. Man soll sagen ‚perspektivisch die nächsten fünf Jahre steht soundso viel Geld zur Verfügung, macht was draus'. Und dann soll man von mir aus auch da eine bestimmte Kontrolle machen, und darauf basierend dann die nächsten fünf Jahre oder den nächsten Zeitraum uns mit finanziellen Mitteln ausstatten, damit einfach eine kontinuierliche Arbeit möglich ist." (FBL_3, Z. 467-475)

Verbindlichkeit auf beiden Seiten wird hier als ein Lösungsmodell vorgeschlagen, um Produktivität und Kontinuität von kooperativen Leistungen in Bildungs- und Kulturzentren zu ermöglichen. Dies setzt jedoch das lokalpolitische Interesse voraus, von Beginn an bildungs- und kulturbezogene Zielvereinbarungen zu

7.2 Zur Konstituierung der Bildungs- und Kulturzentren

schließen, konkrete Ergebnisse zu fordern und letztlich die kooperativen Möglichkeiten eines Bildungs- und Kulturzentrums überhaupt zu erkennen. So wünscht sich beispielsweise eine befragte Volkshochschulleitung dringend eine politische Diskussion über die Frage, „welchen Stellenwert (...) Kultur und Bildung in einer Kommune" (Leitung_2, Z. 620f.) tatsächlich hat.

Es gilt demnach Finanzsicherheit als Voraussetzung für Planungssicherheit im Entstehungsprozess von kooperativen Bildungsarrangements als Gelingensfaktor zu berücksichtigen. Die folgenden Ziel- und Risikobeschreibungen erwecken jedoch den Eindruck, dass der Aspekt der nachhaltigen Finanzierung in der Entstehungsphase der Zentren vernachlässigt worden ist zu Gunsten einer Schwerpunktsetzung auf räumlich, kooperative und organisatorische Ausgestaltungsmöglichkeiten eines Bildungs- und Kulturzentrums.

Ziel- und Risikobeschreibungen im Spiegel verschriftlichter Überzeugungsstrategien

Da zum Zeitpunkt der Interviewdurchführung die Planungsphase der Bildungs- und Kulturzentren mehrere Jahre zurücklag, bestand auf Seiten der Forscherin das Interesse, die in der Rückschau in den Interviews geäußerten Anfangserwartungen und Befürchtungen mit konzeptionell verankerten und medial vermittelten Ziel- und Risikobeschreibungen zu vergleichen. Im Rahmen einer Dokumentenanalyse wurden ein dreiteiliger Konzeptentwurf[178] des zibs sowie mehrerer Presseberichte[179] über DAS tietz untersucht, wobei an beide Materialtypen die gleichen Fragen gestellt wurden, um das Verhältnis von Ziel- und Risikoformulierungen bewerten zu können:

- Finden sich Textstellen zu Zielen, Chancen und zur Potenzialität von Bildungs- und Kulturzentren und welche sind dies?

---

[178] Hierbei handelt es sich um den Konzeptentwurf I, der Grundgedanken und allgemeine Anforderungen festhält, Konzeptentwurf II, der sich dem konkreten Raumprogramm widmet und Konzeptentwurf III, der Ergebnisse zusammenfasst und erneut das Raumprogramm thematisiert.

[179] Es handelt sich dabei um Presseartikel, die die Volkshochschule im tietz gesammelt und archiviert hat. Artikel folgender Zeitungen sind untersucht worden: „Die Welt", „Freie Presse", „Wochenspiegel Sachsen", „Morgenpost Sachsen", „Sächsische Zeitung" und das „Amtsblatt Chemnitz". Die Analyse bezog sich auf den Entstehungszeitraum 2003 bis 2005 und schließt damit die Berichterstattung für das Jahr vor der Eröffnung des tietz und für das Jahr nach der Eröffnung mit ein.

- Finden sich Textstellen zu offenen, ungeklärten und brisanten Fragen, die auf Risiken und Herausforderungen von Bildungs- und Kulturzentren hinweisen und welche sind dies?

Diese zweifache Auswertungsperspektive geht von der These aus, dass sowohl Konzepte als auch Presseberichte der internen und externen Überzeugung dienen und sich an unterschiedliche Anspruchsgruppen – eigene Mitarbeiter und Mitarbeiterinnen, kommunalpolitische Akteure, mögliche Kooperationspartner, Bürger und Bürgerinnen, Teilnehmende usw. – wenden, um das Vorhaben über Ziele, Chancen und Potenzialitäten zu legitimieren.[180] Die Relation von Zielen und Risiken gibt dann Hinweise auf mögliche übersteigerte Erwartungshaltungen hinsichtlich der Realisierung der integrativen Kooperationsform. Darüber hinaus ist es möglich über eine solche Dokumentenanalyse, ursprünglich formulierte Ziele mit tatsächlich realisierten Kooperationszwecken zu vergleichen.

Das Ergebnis der Dokumentenanalyse stellt sich in einer Verdichtung der Zielperspektiven und Risikobeschreibungen wie in Tabelle 7 zusammengefasst dar.

Bei einer qualitativen Analyse zeigt sich, dass die extrahierten Textstellen fünf unterschiedlichen Kategorien zugeordnet werden können: Raum/Gestalt, Kooperation und Synergie, Bedeutungszuwachs, Organisation sowie Finanzierung.

Eine quantitative Auswertung macht deutlich, dass sich innerhalb beider untersuchten Materialtypen mehr als doppelt so viele Textstellen mit Zielen, Chancen und Potenzialität als mit Risiken und Herausforderungen befassen. Dieses unausgewogene Verhältnis untermauert die hypothetisch angenommene Intention von Konzeptionen bzw. von Presseberichten, mit möglichst vielen Pro-Argumenten und einer positiven Grundhaltung unterschiedliche Anspruchsgruppen zu überzeugen.

---

180 An dieser Stelle muss auf die eingeschränkte Auswahl der offiziellen Dokumente aus dem Entstehungsprozess der Bildungs- und Kulturzentren verwiesen werden. Auf diese Weise kann keine vollständige Bewertung der konzeptionell und medial vermittelten Begründungslinien vorgenommen werden. Dennoch lassen sich Hinweise auf mögliche Tendenzen von Ziel- und Risikobeschreibungen finden.

7.2 Zur Konstituierung der Bildungs- und Kulturzentren

		Raum/Gestalt	Kooperation u. Synergie	Bedeutungs-zuwachs	Organisation	Finanzierung	Anzahl Textstellen
Ziele, Chancen u. Potentialität	Konzeptentwurf (zib)	Transparenz, Innovation, Qualitätsgewinn, räumliche Nähe als Förderfaktor für Zusammenarbeit u. Austausch, Offenheit u. Begegnungsraum. (9)	Angebotserweiterung u. -vernetzung; gemeinsame Ressourcennutzung, Innovations- u. Synergiermöglichung; Stärkung externer Kooperationen; Kundengewinnung. (11)	(0)	Neues Aufgabenspektrum, Effektivierung u. Optimierung als Chance; Zukunftsfähigkeit der eigenen Einrichtung sichern (2)	(0)	(22)
	Presseberichte (tietz)	Transparenz, Innovation, Qualitätsgewinn, räumliche Nähe als Förderfaktor für Zusammenarbeit u. Austausch, Offenheit u. Begegnungsraum. (9)	Angebotserweiterung u. Angebotsvernetzung; Innovations- u. Synergiermöglichung (7)	Neuartigkeit u. Leuchtturmprojekt bei gleichzeitiger Reurbanisierung (3)	(0)	Bereitwillige Investition in ein Prestigeobjekt. (1)	(20)
Risiken u. Herausforderungen	Konzeptentwurf (zib)	Fehlende gemeinsame Raumplanung, Einklang von Architektur u. Zweck; Modernitätsansprüche vs. Denkmalschutz; Anforderungen an Raumgröße. (3)	(0)	(0)	Neues Aufgabenspektrum, Effektivierung u. Optimierung; Umgang mit Veränderungen u. Diversität; neue Personalentwicklungs-konzepte. (6)	(0)	(9)
	Presseberichte (tietz)	Hohe Investition in Architektur; architektonische Umsetzung ohne Orientierungs-grundlage. (2)	Zeitaufwand der Realisierung, Orientierungslosigkeit, fehlendes Marketingkonzept, fehlende Leitbildidentität. (4)	(0)	Fehlendes Management der Interessensbündelung, v.a. auch mit Einzelhändlern; Zweifel am Mehrwert der Rechtsform. (2)	Politisch geförderte Einsparmaßnahmen; ständiges Abwägen von Investitionen u. Ideenumsetzungen. (3)	(11)

Tabelle 7: Analyse von Ziel- und Risikodarstellungen

Sowohl konzeptionell als auch über Presseberichte vermittelt spielt die *Raumdimension* eine wichtige Rolle in der Außendarstellung des Vorhabens: Während sich die positiven Aspekte weitgehend gleichen, beziehen sich Herausforderungen in unterschiedlicher Weise auf Raumplanung, architektonische Fragen und Modernitätsansprüche. Unterschiede zeigen sich in der *Bewertung von Kooperationen und Synergien*, die im Konzeptentwurf ausschließlich als chancenreich eingeschätzt werden, während die Presseberichte zudem die Herausforderungen und Risiken dieser Dimension in den Blick nehmen. Ebenfalls zeigt sich ein Unterschied in der *Dimension des Bedeutungszuwachses*. Dieser spielt in den Konzeptionen des zibs keine Rolle. In der Presse hingegen werden Aspekte der Neuartigkeit, der Reurbanisierung und des Prestiges genannt, die sich allesamt auf den Bedeutungszuwachs der Städte, aber nicht auf die Einrichtungen beziehen. Der Konzeptentwurf thematisiert hinsichtlich *organisationaler Fragen* sowohl Chancen als auch Herausforderungen, wobei weit mehr Textstellen die organisationalen Herausforderungen in den Blick nehmen. Über die Presse wird diese Dimension weniger häufig und ausschließlich hinsichtlich verbesserungswürdiger Aspekte benannt, wenn es z.B. um Missmanagement oder um Zweifel an der Sinnhaftigkeit der Rechtsform geht. Während sich im Konzeptentwurf keine direkten Aussagen bezüglich *finanzieller Chancen oder Risiken* finden[181], beleuchten die Presseberichte das finanzielle Risiko, wobei einschränkend hinzugefügt werden muss, dass die Berichterstattung über Einsparmaßnahmen aus dem Jahr 2005, also aus der Zeit kurz nach der Eröffnung des tietz stammt.

Übergreifend werden sowohl in den untersuchten Konzeptionsentwürfen des zibs als auch in den Pressemitteilungen über DAS tietz eine vorwiegend positive Erwartungshaltung gegenüber eines Bildungs- und Kulturzentrums erzeugt. Schlussfolgernd lässt sich festhalten, dass dieses Vorgehen als eine Art verschriftlichte Überzeugungsstrategie vorgelagert wird, um die Realisierung des Bildungs- und Kulturzentrums zu ermöglichen. Welche Erwartungen sich an solche Überzeugungsstrategien anschließen können, wird im Weiteren aus dem Interviewmaterial herausgearbeitet.

---

181 Das Kapitel 3.6 in Konzeptentwurf I geht zwar auf den ‚Finanzrahmen' ein, dies ist allerdings angesichts der 13 hierfür verwendeten Zeilen ein sehr geringer Anteil im Vergleich zu drei Konzeptionsentwürfen, die insgesamt 59 Seiten aufweisen. Inhaltlich wird lediglich festgestellt, mit welcher Summe zu rechnen ist, nachdem der Förderzuschuss des Landes mit dem zu erbringenden Eigenanteil verrechnet wird, ohne diese zur Verfügung stehende Finanzierung als Chance oder Risiko zu bewerten (vgl. Konzeptentwurf I, 14). Indirekt könnte die gemeinsame Ressourcennutzung als finanzielle Chance verstanden werden, wird jedoch im inhaltlichen Kontext von Kooperation und Synergie genannt und wurde deshalb dieser Dimension und nicht der ‚Finanzierung' zugeordnet.

7.2 Zur Konstituierung der Bildungs- und Kulturzentren

Erwartungshaltungen der Volkshochschulakteure

> „*Wie soll denn das dann werden? Also von der räumlichen Hülle und so, das konnte man sich dann, also konnte ich mir dann schon ganz gut vorstellen, dass das irgendwie dann in dem Haus hier ist (Schmunzeln), aber so konkret auch inhaltlicher Art denke ich, da waren auch die Planungen gar nicht so konkret.*" (FBL_2, 9-12)

Das Anfangszitat deutet an, dass sich die Erwartungshaltungen der Volkshochschulakteure schwerpunktmäßig auf die konkrete räumliche Dimension unter Vernachlässigung der inhaltlich-konzeptionellen Aspekte beziehen. Unter den Begriff Erwartung fallen alle Interviewpassagen, in denen anfängliche Hoffnungen oder Annahmen beschrieben werden oder die sich auf ein Vorgefühl oder eine Haltung gegenüber der neuen Organisationsform beziehen. Auch die sprachliche Konkretisierung, dass anfänglich eine eher neutrale Haltung eingenommen wurde, wird unter die Kategorie ‚Erwartung' gefasst. In den Interviews lassen sich vier Erwartungsdimensionen wiederfinden. Im Vergleich zu den offiziell formulierten Zielvorstellungen zeigt sich, dass sowohl die Dimension der Finanzierung als auch die der Organisation nicht thematisiert werden.

a) Erwartungen bezüglich einer räumlichen Verbesserung: Werden Erwartungen von den Volkshochschulakteuren geschildert, so beziehen sie sich in den meisten Fällen auf eine räumliche und baulich-ästhetische Verbesserung, z.B. in Form von Modernität, Attraktivität und qualitativer Hochwertigkeit der Räume in einem Bildungs- und Kulturzentrum. Zudem stellt die Aussicht, den beengten Verhältnissen zu entkommen, für die Volkshochschule eine positive Annahme dar.

> „Hm, also da hab ich mich eigentlich schon drauf gefreut, weil das halt was Besonderes mal ist und die Gegebenheiten, die wir hatten, die waren nicht <u>so</u> toll sag ich mal. Also von den Räumlichkeiten her waren wir sehr begrenzt und auch von den Kursen, die wir so anbieten konnten, waren wir auch sehr begrenzt. Zum Beispiel grade Kochkurse, da waren wir in der Schule eingemietet, das war nicht so toll. Und jetzt haben wir ja auch unsere eigene Lehrküche und da kann man ganz andere Sachen machen." (Verwaltung_1, Z. 4-9)

Es wird erwartet, dass das neue Haus die Begrenztheit der alten Volkshochschule aufhebt, wobei sich die gewünschte Unbegrenztheit in dieser Aussage auf die Möglichkeit richtet, angebotsadäquate Räumlichkeiten zur Verfügung zu haben. So besteht die Hoffnung, Inhalte der Volkshochschularbeit in eigens hierfür gestalteten Räumlichkeiten besser umsetzen zu können (vgl. hierzu auch FBL_7, Z. 8ff.). Der sichtbare Referenzpunkt der Zusammenlegung, nämlich das neue

Gebäude und die einzelnen Räume stehen demnach im Vordergrund der Erwartungshaltungen, wie auch folgende Fachbereichsleitung beschreibt (FBL_4, Z. 17): „Also BKZ war zunächst mal für mich nicht mehr als das Gebäude." Das Bildungs- und Kulturzentrum als integratives Kooperationsmodell bleibt abstrakt, das Gebäude jedoch nimmt konkrete Formen an, beobachtbar am „Fortschreiten des Baugeschehens" (FBL_3, Z. 30).

b) Erwartungen, die sich auf einen Bedeutungszuwachs beziehen: Aus raumbezogenen Merkmalen leitet sich auch die Erwartung ab, dass ein deutlicher Unterschied zu spüren ist, wenn die Volkshochschule aus dem „Hinterhof" (FBL_3, Z. 20), wo sie bisher untergebracht war, in ein neues, zentrales und repräsentatives Gebäude zieht. Es wird die Hoffnung auf eine Neupositionierung und einen Bedeutungszuwachs der Volkshochschule geweckt (vgl. Leitung_2_Vorgespräch, Z. 64ff.). Im Vergleich zu den Ergebnissen der Dokumentenanalyse von Konzepten und Presseartikeln, steht in den Interviewaussagen nicht der Bedeutungszuwachs der Städte, sondern vielmehr die Bedeutungszunahme der einzelnen Einrichtungen durch den Einzug in das Bildungs- und Kulturzentrum im Mittelpunkt der Beschreibungen.

c) Kooperations- und Synergieerwartungen: Beschreibungen zur erwarteten Zusammenarbeit der Einrichtungen innerhalb des Bildungs- und Kulturzentrums liegen in den Interviews vor, sind aber wesentlich unkonkreter als zuvor genannte Erwartungen.[182] Die abstrakt formulierten Kooperations- und Synergieerwartungen erfahren eine überwiegend positive Konnotierung und beziehen sich auf das gemeinsame Haus als identitätsbildender Referenzpunkt, wie folgendes Zitat beispielhaft zeigt:

> „Auch einfach die Erwartung, wir sind dann alle zusammen in einem Haus, und dann kann man einfach was Tolles machen. Also so dieses, also ich kann's jetzt auch nicht so detailliert beschreiben, aber (Lachen) irgendwie so da musste was Tolles daraus werden dann. (Lachen) Das war so der Gedanke." (FBL_2, Z. 33-36)

Eine inhaltliche oder organisatorische Spezifizierung der erhofften Zusammenarbeit findet nicht statt. Stattdessen beruht die Aussage auf einer emotionalen Aussage, dass etwas „Tolles" entstehen kann und muss. Eine andere Fachbereichsleitung beschreibt das Zusammensein ähnlich emotional mit einem Verweis auf familiäre Gefühle:

> „[D]as war ja so das Konzept, wir alle unter einem Dach, eine ‚große Familie' in Gänsefüßchen." (FBL_8, 116f.)

---

182 Teilweise wird das über die fehlende Kenntnis über die anderen räumlich-integrierten Einrichtungen begründet (vgl. FBL_2, Z. 27ff.).

7.2 Zur Konstituierung der Bildungs- und Kulturzentren

Das gemeinsame Dach wird als zentral für die Entwicklung der gemeinsamen Organisationsidentität als ‚Familie' betrachtet. Darüber hinaus ist das Zusammensein an einem Ort eine Gelingensbedingung für die Entwicklung des kooperativen Leistungsspektrums, wie folgende Fachbereichsleitung schildert.

> „Und das war die positive Seite, zu hoffen, dass wenn man näher beieinander ist, schlicht und ergreifend räumlich, häufiger Gespräche mit den Kollegen informeller Art stattfinden, was ich nachher an Beispielen zeigen kann, sich bewahrheitet hat." (FBL_6, Z. 17-20).

So findet erneut eine Begründung über die räumlichen Gegebenheiten statt, die als förderlich für den spontanen und informellen Austausch angesehen werden. Somit verweist die Analyse der Begründungslinien für ein Bildungs- und Kulturzentrum auf eine grundsätzliches Diskrepanz: Das Haus als Neubau und Zugewinn ist konkret in den Vorstellungen der Beteiligten verankert; welche inhaltlich-konzeptionellen Möglichkeiten die räumliche Nähe bietet, bleibt jedoch mehr oder weniger abstrakt. Während die räumliche Komponente als sicht- und erfahrbarer Referenzpunkt sehr genau beschrieben werden kann, tun sich die Befragten schwer mit einer Konkretisierung der inhaltlichen und kooperativen Erwartungen und Zielperspektiven.

d) Neutrale Erwartungshaltung: Die meisten Interviewpartner und -partnerinnen, die ausdrücklich herausstellen, dass sie anfänglich eine eher neutrale Haltung gegenüber einem Bildungs- und Kulturzentrum hatten, sind zu einem Zeitpunkt Mitarbeiter oder Mitarbeiterin der Volkshochschule geworden als diese bereits Teil des Bildungs- und Kulturzentrums war. So wird diese Einstellung über Desinteresse, Unkenntnis und fehlendes Vorstellungsvermögen begründet wie aus folgenden Aussagen abzulesen ist:

> „Entsprechend hab ich das auch nur so peripher wahrgenommen und hab mir da kaum eine Meinung gebildet, weil ich's eben nicht erlebt hab." (FBL_5, Z. 21f., vgl. auch FBL_1, Z. 9ff.)
> „Darunter konnte ich mir auch erst gar nichts vorstellen. In der freien Wirtschaft gibt es so etwas nicht." (Verwaltung_2, Z. 42f.)
> „Also was das bedeutet, mit anderen unter ein Dach zu gehen, das hab ich mir jetzt also so nicht genauer vorstellen können. Und da hab ich mich auch nicht mit beschäftigt." (FBL_7, Z. 36-38)

Eine Fachbereichsleitung, die bereits in der ‚alten' Volkshochschule tätig war, schildert ebenso die anfängliche Unklarheit „weil in der Anfangsphase auch nicht ganz klar war, was sich dadurch in der alltäglichen Arbeit und im gesamten Aufgabenprofil ändern wird" (FBL_9, Z. 10f.). Die neutrale Haltung, die sie einnimmt, wird darüber begründet, dass sie bereits vor dem Zusammenschluss unter einem Dach in Kooperationen mit den beteiligten Einrichtungen eingebunden war und diesbezüglich keine Veränderung, sondern eher eine Beibehaltung der Zusammenarbeit erwartete (ebd., Z. 31ff.).

7.2.2 Zweifel an einer integrativen Kooperationsform: Eine Kontrastierung

Zweifel an der Realisierung der Bildungs- und Kulturzentren und deren kooperativen Ausgestaltung bzw. Bedenken hinsichtlich des organisationalen Wandels der Volkshochschule lassen sich über Interviewaussagen zweifach aufzeigen: Zum einen thematisieren die Interviewpartner und -partnerinnen Befürchtungen, die zu Beginn des Vorhabens bestanden. Zum anderen begründen die Interviewten ihre Bedenken rückschauend anhand eines Vergleichs des Ist- und Soll-Zustandes.

Befürchtungen der Volkshochschulakteure

Unter Befürchtungen werden anfängliche Bedenken summiert, die sich in Aussagen über Risiken, Herausforderungen, Einschränkungen oder Unwägbarkeiten wiederfinden. Die im Interviewmaterial auffindbaren Dimensionen beziehen sich auf vier wesentliche Aspekte.[183]

a) Bedenken hinsichtlich Raum/Gestalt: Entsprechend der zuvor beschriebenen, überwiegend raumbezogenen Erwartungen, schließen sich zu diesem Thema die meisten Bedenken an. Das architektonische Ziel, Transparenz zu schaffen, ruft beispielsweise zu Beginn bei Kursleitungen die Furcht hervor „wie im Aquarium" (DozentIn_2, Z. 13) begafft zu werden. Zudem wird die Modernität des Gebäudes mit einer fehlenden Atmosphäre gleichgesetzt – „Ach, wie ungemütlich, wie kalt und nüchtern" (DozentIn_3, Z. 36f., vgl. auch DozentIn_6, Z. 35ff.). Ebenfalls entsteht Skepsis zur Frage „wer wie viel kriegt" (DozentIn_4, Z. 8), womit die Raumverteilung unter den Einrichtungen gemeint ist. Schließlich besteht die Befürchtung, dass der Ortswechsel und das neue Gebäude zur Orientierungslosigkeit bei den Teilnehmern und Teilnehmerinnen führen könne: „Das heißt große Orientierungslosigkeit mit dem Umzug" (FBL_6, Z. 314, vgl. auch Leitung_2_Vorgespräch, Z. 200ff.).

b) Umzug als logistische Herausforderung: Der Umzug stellt nicht nur für die Teilnehmerschaft eine Schwierigkeit dar, sondern wird als Herausforderung der einzelnen Einrichtungen thematisiert. So erinnert sich folgende Kursleitung:

---

183 Im Vergleich der Personalebenen zeigt sich, dass es insbesondere die befragten Kursleitungen und Fachbereichsleitungen sind, die Befürchtungen mitteilen und damit auf das Wagnis eines Bildungs- und Kulturzentrums aufmerksam machen.

7.2 Zur Konstituierung der Bildungs- und Kulturzentren

> „[Das war] Gesprächsthema Nr.1, wie wird wohl dieser Umzug über die Bühne gehen?" (DozentIn_2, Z. 261f.)

Damit wird die Herausforderung einer guten Logistik angesprochen, die notwendig ist, um mehrere Einrichtungen unter einem Dach zu vereinen. Angedeutet wird hier, dass sich die Befürchtungen dabei nicht nur auf logistische Schwierigkeiten beziehen. Gleichsam bestehen Bedenken, dass sich anfängliche Problematiken dieser Art negativ auf das Zusammenwirken der Einrichtungen im gemeinsamen Gebäude auswirken könnten.

c) Organisationsbezogene Befürchtungen: Tiefgreifende Befürchtungen beziehen sich auf die organisatorischen Folgen eines Zusammenschlusses mehrerer Einrichtungen unter einem Dach. So stellt sich eine Kursleitung die Frage, „ob die vhs nicht eventuell [ein] bisschen verliert" (DozentIn_4, Z. 5). Und auch Leitung_3 sah zu Beginn eine starke Überzeugungsnotwendigkeit, da „Volkshochschulen ja so erst mal ein autonomes (...) Selbstbewusstsein haben" (Leitung_3, Z. 21), das möglicherweise eingeschränkt werden würde. Ausführlich und konkret äußert sich eine Fachbereichsleitung zum befürchteten Autonomieverlust der Volkshochschule:

> „Wir waren ja eine relativ kleine, dazu noch periphere Einheit. (...) Wir haben im Prinzip mit der Stadt_2, drei, vier Mal im Jahr ernsthaft zu tun gehabt, nämlich immer dann, wenn's darum ging a) in die Ausschusssitzungen zu gehen und den Haushaltsplan aufzustellen. Und ansonsten waren wir sehr, sehr autonom. (...) Und da hatte ich schon die Befürchtung, wenn Du jetzt in einen Verwaltungsorganismus reinkommst, in dem nicht eine Handvoll Leute oder zwei Händevoll Leute sind, sondern 40 Planstellen sind, da verändert sich was. Plötzlich wird nämlich ein Apparat aufgebaut, der auch ganz klar automatisch bestimmte Strukturen haben muss, der auch von oben durchregiert werden will (...)." (FBL_6, Z. 25-41)

Was die Volkshochschule früher auf ihre Art selbstständig, hierarchiefrei, schnell und unbürokratisch lösen konnte, wird bei einem Einzug in das Bildungs- und Kulturzentrum und damit in einen großen Verwaltungsapparat eines Eigenbetriebs in Frage gestellt. Aufwändigere Verwaltungsvorgänge und Antragsverfahren sind die befürchtete Folge. Die Sorge dadurch als Fachbereichsleitung mehr administrativen Aufwand zu haben und dies zu Lasten der pädagogischen Arbeitszeit, wird nicht nur durch eine veränderte Verwaltungsstruktur begründet, sondern auch durch die Befürchtung, dass es bei einem Zusammenschluss mehrerer Einrichtung zu Personalabbau kommen wird (ebd., 119ff.). Darüber hinaus gibt es aber auch Bedenken, dass es zu Einmischungen inhaltlicher Art kommen könnte:

> „Und das zweite war noch, dass ich auch befürchtet habe, dass es nicht nur das im ersten benannte sagen wir mal positive Beleben der Elemente gab, von kollegialem

> Austausch und Kooperation, sondern dass plötzlich auch unter Umständen eine Ebene von Einmischung dazu kommt. Das heißt, dass man jedes Detail, was man macht, letztlich plötzlich vor irgendwelchen Ebenen rechtfertigen muss, was vorher überhaupt kein Thema war." (ebd., Z. 42-46)

Hier zeigen sich Befürchtungen, dass es unter dem Postulat der Kooperation zu einer Einschränkung der freien Planung und Gestaltung von Angeboten, wie sie in Volkshochschulen üblich ist, kommt. Diese Aussagen verweisen demnach auf eine Organisationsveränderung, die das innere Gefüge bzw. den Kern von Volkshochschulen mit Einzug in ein Bildungs- und Kulturzentrum in Frage stellt.[184]

d) Finanzierung als Risiko: Einzelne wenige Nennungen in der Kategorie ‚Befürchtungen' beziehen sich zudem auf die Themen Finanzierung. So erinnert sich eine Fachbereichsleitung an die anfänglich bestehenden Ängste bezüglich der Folgefinanzierung:

> „Im Nachhinein hat sich das bewahrheitet, was wir damals auch befürchtet haben, dass die Folgekosten letztendlich dadurch, dass vieles nicht so gemacht wurde, wie wir es wollten, höher sind als ursprünglich geplant." (FBL_8, Z.67-69)

In dieser Aussage zeigt sich, dass ursprüngliche Planungen nicht umgesetzt wurden und in der Konsequenz finanzielle Belastungen entstanden sind. Diese Aussage deutet eine Diskrepanz zwischen Ist- und Soll-Zustand der Bildungs- und Kulturzentren an, die im Folgenden konkretisiert wird.

Hinweise auf Diskrepanzen zwischen *Ist* und *Soll*

Analog zu den konkret formulierten Befürchtungen und Erwartungen hinsichtlich der räumlichen und baulichen, also direkt sichtbaren Seite von Bildungs- und Kulturzentren, wird entsprechend konkret die nicht erfolgreiche Umsetzung dieser geschildert. Finanzielle Restriktionen zwingen beispielsweise dazu, den ursprünglich geplanten Ausbau des für das Bildungs- und Kulturzentrum vorgesehenen Gebäudes einzuschränken:

> „(...) die Stadt hat an der falschen Stelle gespart beim Bauen. Wir haben zu wenig große Kursräume, (...) da ist eine ganze Etage gestrichen worden aufgrund von Kosten. Und ich glaub, das merken wir." (FBL_6, Z. 386-392)

---

[184] Vgl. hierzu auch die in Kapitel 7.5 empirisch generierten organisationsbezogenen Anforderungen.

7.2 Zur Konstituierung der Bildungs- und Kulturzentren

Die im vorherigen Kapitel erwähnten ‚Folgekosten' äußern sich in diesem geschilderten Fall als Einschränkung im Angebotsspektrum auf Grund von Raumeinsparungen. Es ist die Aussage einer weiteren Fachbereichsleitung, die auf die wesentliche Planungsaufgabe hinweist, dass bei einem Bildungs- und Kulturzentrum „die inhaltlichen Ansprüche mit dem architektonischen auch so zusammen gebracht werden müssen" (FBL_7, Z. 15f.). Ebenso werden bauliche Mängel auf fehlende Finanzen zurückgeführt. So beeinträchtigen fehlende Belüftungs- und Klimasysteme das Wohlbefinden von Mitarbeitenden und Teilnehmenden (vg. Verwaltung_1, Z. 283ff.), räumliche Fehlplanungen führen zu beengten Kursräumen (vgl. DozentIn_2, Z. 29ff.), und architektonische Mängel sind der Grund für unzureichende Aufenthaltsqualität (vgl. Leitung_3, Z. 606ff.). Schließlich begünstigen auch bauliche Mängel den Störfaktor Lärm, wenn sich Kursräume direkt neben Räumen befinden, die mit Bühnen ausgestattet sind, auf denen kulturelle Veranstaltungen stattfinden (vgl. DozentIn_5, Z. 146ff.).

Neben diesen raumbezogenen Kritikpunkten werden die Schwierigkeit der Realisierung von inhaltlich-konzeptionellen oder organisationsstrukturellen Zielen und die damit verbundene Enttäuschung in den Interviewaussagen deutlich.

> „Und wir hatten unsere Vorstellungen, unsere Pläne, Visionen und es ist dann schon enttäuschend gewesen, was alles nicht gemacht wurde." (FBL_8, Z. 72f.)

So lassen sich eine Vielzahl an ursprünglich geplanten Zielen in den Interviews finden, die aktuell nicht, noch nicht oder nur eingeschränkt umgesetzt wurden. Es wird z.B. erwähnt, dass die einzelnen Bereiche „eher so für sich" (Verwaltung_3, Z. 50) bleiben, obwohl dies anders „gewollt" (ebd., Z. 54) war. Diese Diskrepanz spiegelt sich z.B. auf der administrativen Ebene wider, denn trotz integrativem Kooperationsmodell und gemeinsamem Budget ist eine buchhalterische Spartenbetrachtung der öffentlichen Fördergelder für Volkshochschulen erforderlich.[185] Eine befragte Volkshochschulleitung hebt hervor, dass sich diese trennende Sichtweise zum Teil auch in der Gesamtorganisation abbildet (vgl. Leitung_1_Vorgespräch, Z. 213ff.). In den Augen einer Fachbereichsleitung führt jedoch genau diese wirtschaftliche Trennung das gemeinsame Konzept ad absurdum:

> „Wir haben mittlerweile auch einen neuen Verwaltungsleiter, der war bei der konzeptionellen Erarbeitung des BKZs überhaupt nicht dabei. (...) Und ich hab so den Eindruck, (...) dass dem das Konzept überhaupt nicht bewusst ist. Der spricht im-

---

185 Im speziellen Fall der Volkshochschulen muss das Weiterbildungsgesetz Berücksichtigung finden: Mittel für Weiterbildung müssen gesondert ausgewiesen werden, weil es sich um gebundene Landesmittel handelt, die beispielsweise nur für das hauptberufliche pädagogische Personal ausgegeben werden dürfen.

mer noch von: ‚Das ist vhs, das ist Bibliothek'. Sag ich: ‚Du, wir sind doch alle eins'. ‚Nein, das kommt jetzt aus <u>Deinem</u> Budget'. Sag ich: „Meine Güte, wir sollen doch das BKZ sein'." (FBL_8, Z. 119-123)

In dieser Aussage klingt an, dass in diesem Bildungs- und Kulturzentrum zwar die Aufforderung besteht, sich als eine Gesamteinrichtung zu begreifen; die eigentlich als verbindendes Element gedachte Querschnittseinrichtung der Verwaltung jedoch muss aus finanzrechtlichen Gründen, eine einrichtungsspezifische Perspektive einnehmen. Anzunehmen ist, dass unter der wirtschaftlichen Spartenbetrachtung kooperative Aktivitäten und das Auftreten nach außen als ‚eine Marke' erschwert werden.

Die wahrgenommene Diskrepanz zwischen Ziel und Realität wird in den Interviews zudem über fehlende inhaltliche Anknüpfungspunkte begründet (vgl. FBL_1, Z. 112). In der Konsequenz ist die Zusammenarbeit teilweise „sehr oberflächlich" (DozentIn_3, Z. 354), obwohl „man vom Konzept her sich das auch anders vorgestellt hat" (ebd.). Die fehlende Umsetzung konkreter inhaltlich-konzeptioneller Ziele zeigt sich weiterhin an diesen Beispielen:

- Der Wunsch eines Bildungs- und Kulturzentrums, sich als Medienkompetenz-Zentrum zu etablieren, schlug aus finanziellen Gründen fehl.
- Der ursprüngliche Plan, die Fachbereichsbibliothek der Volkshochschule mit der Stadtbibliothek zusammenzulegen, scheitert in einem der untersuchten Bildungs- und Kulturzentren an einer fehlenden Konzeption.
- Ein Bildungs- und Kulturzentrum hatte anfangs die einrichtungsübergreifende Entwicklung eines Lernzentrums geplant, aber nicht in die Tat umgesetzt.
- Das Ziel, die verschiedenen Einrichtungsangebote auch virtuell zu einer vernetzten Serviceleistung zu verknüpfen, erfordert neue IT-Lösungen, die bisher nicht entwickelt wurden.
- Die Zentralisierung von Öffentlichkeitsarbeit und Veranstaltungsorganisation wurde in einem der untersuchten Bildungs- und Kulturzentren nicht realisiert.
- Die anfängliche Idee eines Sieben-Tages-Betriebes solcher Zentren lässt sich auf Grund von Personalmangel nur sehr eingeschränkt umsetzen.

Das Ziel, Bildungs-, Kultur- und Serviceeinrichtungen „räumlich wie auch inhaltlich (...) zukunftsfähig" (Leitung_3, Z. 7f.) zu gestalten, konnte demnach nicht in gewünschter Weise realisiert werden. So gilt es zu erkennen, „dass es nicht einfach so [ist], wie das vielleicht ursprünglich mal geplant war so, aha, dann geht man zusammen und irgendwann fühlen sich alle wie BKZ und die Einrichtungen sind aufgehoben." (FBL_2, Z. 221f.). Aus dieser Rückschau las-

7.2 Zur Konstituierung der Bildungs- und Kulturzentren

sen sich drei zentrale Begründungen für die wahrgenommene Ist-Soll-Diskrepanz ableiten:

- Die vorrangige Ausrichtung und Konkretion von raumbezogenen Zielperspektiven der Bildungs- und Kulturzentren geht mit einer nachrangigen Konkretion von inhaltlich-konzeptionellen Anforderungen einher.[186]
- Die räumliche Nähe fördert nicht automatisch die inhaltlich-konzeptionelle und organisationsstrukturelle Zusammenarbeit.
- Anzunehmen ist, dass eine überwiegend auf Ziele, Chancen und Potenzialität ausgerichtete Strategie zu einer Vernachlässigung von Risiken und Herausforderungen und deren frühzeitigen Bewusstmachung und Bearbeitung führt.

Nichtsdestotrotz werden im Verlauf der Interviews sehr wohl realisierte Ziele geschildert.[187] Es sind insbesondere solche, die sich auf den Bedeutungszuwachs der Städte und die räumliche Verbesserung der einzelnen Einrichtungen beziehen, die als weitgehend erfolgreich umgesetzt beschrieben werden. So zeigen die Volkshochschulleitungen gleichermaßen auf, dass die Konzeptionierung eines Bildungs- und Kulturzentrums auf die Urbanisierung also Belebung der Innenstädte und die Aufwertung der Stadt oder eines Stadtteils abzielt, ein städtischer, kultureller und optischer Anziehungspunkt geschaffen und die Identifizierung der Bürger und Bürgerinnen mit ihrer Stadt gestärkt wurden.

> „Und, ja, (...) im Wesentlichen hat sich das auch umgesetzt, das mit der baulichen Landmarke hier oder mit (...) der baulichen Präsenz wir auf der einen Seite gut erkennbar sind in der Innenstadt, aber auch was die Themen anbelangt, was die Veranstaltung anbelangt, die Zeitungen auch viel über uns berichten. Also das BKZ ist einfach präsent mit dem, was hier läuft, was hier veranstaltet wird und das hat uns auch noch mal in unserer Bedeutung gestärkt." (Leitung_2, Z. 81-87)

Der erreichte Bedeutungszuwachs und die für alle Einrichtungen gesteigerte Präsenz werden in erster Linie über bauliche Maßnahmen, also das imposante Gebäude begründet. Dies zeigt sich auch daran, dass das Bildungs- und Kulturzentrum „einfach auch im Bild vieler Einwohner und Einwohnerinnen der Stadt_1 jetzt gar nicht mehr wegzudenken ist" (FBL_2, Z. 61f.). Raum und Gestalt haben demnach eine enorme Bedeutung für die Entwicklungsdynamik von Bildungs- und Kulturzentren. Dennoch bleibt als herausforderndes Ziel bestehen, die inhaltlich-konzeptionelle sowie organisationsstrukturelle Zusammenarbeit

---

186 Aus neo-institutionalistischer Perspektive findet hier eine postrationale Bedeutungszuweisung der räumlichen Zusammenlegung statt.
187 Vgl. hierzu Kapitel 7.4.1, das realisierte Kooperationszwecke ausführlich vorstellt.

weiter zu entwickeln und die finanzielle Nachhaltigkeit zu sichern. Hauptperspektive ist es, mehr sein zu wollen als nur die Summe der einzelnen Teile, damit es nicht zu einer ‚Auskühlung' der anfänglichen Dynamik kommt. So beschreibt eine Volkshochschulleitung diesen Prozess als Anstrengung, die über das gemeinsame Gebäude hinausweisen muss:

> „Wir versuchen die Einrichtungen so zusammen zu führen, dass sie auch mehr miteinander zu tun haben, dass sie miteinander arbeiten, dass man nicht sagt, wir sind zwar in einem neuen schönen Gebäude, aber ansonsten macht hier jeder sein Streifen und das war's, sondern wir gucken auch, wo sind denn da gemeinsame Akzente, die wir auch gemeinsam gestalten können? Und das war von Anfang an dann auch der Ansatz, dass wir gesagt haben, wir wollen ja mehr sein als die Summe der einzelnen Teile und von daher müssen wir auch noch mal gucken, wo hat jede Einrichtung ihre Stärken, ihre Potenziale, die sie dann einbringt und wir werden hier mit dem BKZ noch mal eine andere Bedeutung auch bekommen für Kultur und Weiterbildung in dieser Stadt, wenn wir unsere Kompetenzen zusammen führen." (Leitung_2, Z. 73-81)

Hierbei könnte ein gemeinsames Verständnis über die integrative Kooperationsform hilfreich sein. Denn anzunehmen ist, dass nicht nur das Gebäude als sichtbarer und konkreter Referenzpunkt zur Etablierung eines Bildungs- und Kulturzentrums beiträgt. Sondern darüber hinaus ist es auch eine sprachliche Benennungspraxis, die den Gesamtzusammenhang eines solchen Zentrums verdeutlicht und die Voraussetzung für einen gemeinsamen Organisationsentwicklungsprozess bildet. Inwiefern diese Verständnisklärung bereits besteht, wird das nächste Kapitel aus Sicht der befragten Volkshochschulakteure offenlegen.

7.3 Verständnisklärung: Bildungs- und Kulturzentrum

> *„Was ist so die Essenz? (...) Die es so auf einen Punkt, auf einen Begriff bringt?"* (Leitung_2_Vorgespräch, Z. 704-708)

Anknüpfend an das theoriebezogene Kapitel 3.1.3, das sich u.a. der Begriffs- und Verständnisschärfung von Bildungs- und Kulturzentren widmet, richtet auch die empirische Auswertung ihr Augenmerk auf das Verständnis, das die befragten Volkshochschulakteure von ihren Bildungs- und Kulturzentren haben.[188] Grundlegend ist die These, dass eine klare Beschreibung notwendig ist, um zum einen ein eindeutiges Profil und eine Verankerung von Bildungs- und Kulturzenten in

---

[188] Zur Verständnisbildung ‚Bildungs- und Kulturzentrum' äußern sich alle befragten Personalebenen gleichermaßen.

7.3 Verständnisklärung: Bildungs- und Kulturzentrum

der Weiterbildungslandschaft und damit auch in den Köpfen der Teilnehmerschaft zu erreichen, zum anderen kann eine eindeutige Begrifflichkeit die Identifizierung der Einrichtungsakteure mit dem Bildungs- und Kulturzentrum und auch die Zusammenarbeit untereinander fördern. Denn Begriffsdefinitionen haben einen operativen Charakter: Je nachdem wie Begriffe oder Beschreibungsdimensionen gewählt werden, wird eine bestimmte Vorstellung von Bildungs- und Kulturzentren und der Art der Zusammenarbeit, die innerhalb dieser Organisationsform stattfinden soll, erzielt.

Um das Verständnis der Volkshochschulakteure über ihr Bildungs- und Kulturzentrum nachzuvollziehen, wurde das Interviewmaterial auf drei Fragestellungen hin untersucht:

- Wie wird das Bildungs- und Kulturzentrum begrifflich gefasst?
- Welche prinzipiellen Beschreibungsdimensionen werden gewählt?
- Welche Perspektive wird eingenommen, wenn das Bildungs- und Kulturzentrum erklärt wird (externe Nutzerperspektive oder interne Einrichtungsperspektive)?

Insbesondere Interviewpassagen, die sich auf die Leitfrage „Für was steht das BKZ Ihrer Meinung nach?" bezogen, gaben entsprechend Aufschluss über die oben gestellten Fragen.

Vorweg zu nehmen ist, dass die Suche nach und die Diskussion um eine treffende Begrifflichkeit und eine umfassende Beschreibungsdimension in beiden untersuchten Fällen nicht zu Beginn der Konzeptionen der Bildungs- und Kulturzentren stattfand, sondern erst einige Jahre nach Zusammenschluss der Einrichtungen. Dies kann an Interviewpassagen belegt werden, in denen erläutert wird, dass „erst vor ein paar Monaten (...) das dann auch für das BKZ auch erarbeitet [wurde], so ein gemeinsames Verständnis aller Einrichtungen" (FBL_1, Z. 32-34) oder dass „Diskussionen ohne Ende" (Leitung_1_Vorgespräch, Z. 395) stattfinden und noch lange nicht abgeschlossen sind oder dass sich ein anfänglich als Arbeitstitel vorgesehener Name verselbstständigt und routinisiert hat, so dass keine Auseinandersetzung über weitere mögliche, treffendere Begrifflichkeiten und Beschreibungsdimensionen stattfinden konnte (vgl. Leitung_2_Vorgespräch, Z. 576ff.). Diese späte und als unzureichend eingeschätzte Auseinandersetzung kann als wesentlicher Einflussfaktor dafür interpretiert werden, dass in den Interviews keine Einigkeit über Begrifflichkeiten, Beschreibungsdimensionen und Perspektivwahl festgestellt werden konnte, weder innerhalb einer Personalgruppe noch innerhalb einer Volkshochschule. Darüber hinaus kann in Anlehnung an Fachbereichsleitung_1 sogar formuliert werden, dass das Verständnis über das eigene Bildungs- und Kulturzentrum als weitgehend „schwammig" (FBL_1, Z.

35) bezeichnet werden kann, somit also nicht nur kein gemeinsames, sondern auch kein konkretes Verständnis vorliegt. Dies bestätigt auch eine weitere Fachbereichsleitung (FBL_6, Z. 280f.) folgendermaßen: „vhs war eindeutig nur Bildung. Und das andere ist so eine Mischung."

Für die eigene Einrichtung ist ein fester Begriff vorhanden: Die Volkshochschule ist „eindeutig" eine Bildungseinrichtung. Das Bildungs- und Kulturzentrum hingegen wird als „Mischung" verstanden, die jedoch nicht näher konkretisiert werden kann. Die Begrenztheit der eigenen Fähigkeit, etwas begrifflich genau zu fassen, schildert Fachbereichsleitung_4 (Z. 596f.) und Fachbereichsleitung_5 stellt die existentiellen Fragen:

> „(...) wie sehr kann man das BKZ als BKZ verstehen, wenn man die Einrichtung nicht wahrnimmt oder nicht kennt? Und deshalb ist das auch ganz schwer gefallen bei der Leitbilderstellung, da wirklich auch einen klaren Gedanken zu fassen, was sind wir hier eigentlich?" (FBL_5, Z. 341-344)

Bestimmte Interviewpassagen zeigen die Suche nach den richtigen Begriffen deutlich auf, wie hier stellvertretend an folgendem Beispiel gezeigt wird:

> „Jetzt so für uns als, als Mitarbeiter würd ich sagen, so ganz persönlich, also das BKZ steht für mich schon als Zentrum und eigentlich auch das Bildungs- und Kul-, na Kultur nicht so richtig, aber Bildungs- und (4) Begegnung ist vielleicht auch nicht so richtig, der richtige Begriff, (...). Also von daher schon als eigentlich das Bildungszentrum in Stadt_1. Wobei es ist ja nicht nur Bildung. Also mir fehlt bloß halt noch so ein bissel der andere Begriff (Schmunzeln), um das noch weiter zu fassen. Also Kommunikations- Kul- Kulturzentrum. Ich weiß nicht, also das greift's noch nicht so richtig. Aber im Moment komm ich auch nicht auf den anderen Begriff." (FBL_2, Z. 67-78)

Hier wird der Versuch unternommen, das Bildungs- und Kulturzentrum über vier Beschreibungsdimensionen, nämlich Kultur, Bildung, Begegnung und Kommunikation zu erklären, denn einen treffenden, weiter gefassten oder übergreifenden Begriff kann die Fachbereichsleitung nicht finden. Einzeln für sich betrachtet wird in ihren Augen keine dieser Dimensionen der Gesamtheit des Bildungs- und Kulturzentrums gerecht. Eine Aneinanderreihung der Dimensionen stellt auch keine Lösung dar, weil dann zwar die einzelnen Einrichtungsschwerpunkte zum Tragen kommen, jedoch lediglich in Form einer additiven Aufzählung. Wenn eine solche vorrangig summierende Beschreibung in Form von Eigenschaftsaufzählungen dominiert, sind unter Umständen auch eher additive Kooperationsformen in Bildungs- und Kulturzentren zu erwarten. Dieses Vorgehen entspricht also nicht dem Anspruch, beschreiben zu wollen, dass Bildungs- und Kulturzentren ‚mehr' sein sollen als eine Ansammlung von Einrichtungen, was folgende Aussagen verdeutlichen, die sich an dem Begriff des ‚Lernzentrums' abarbeiten:

7.3 Verständnisklärung: Bildungs- und Kulturzentrum

> „Gebilde nenn ich's mal, das klingt ja ganz schrecklich. Lernzentrum ist auch zu wenig." (Leitung_1_Vorgespräch, Z. 502f.)
>
> „Dann, finde ich, beschreibt dieser Begriff Lernzentrum aber nicht genau das, was es hier ist, weil ich finde, man kommt nicht nur zum Lernen hier her. Also das ist ja schon als ein Mehr gedacht." (Leitung_2_Vorgespräch, Z. 558-560)

Dass die Unbegriffenheit des Bildungs- und Kulturzentrums weitreichende Folgen hat zeigt sich in folgender Aussage einer Volkshochschulleitung:

> „Also, es ist nur ein Symptom jetzt. Wie erklärt man das BKZ? Also einen Begriff zu finden. Genauso ist es mit dem Leitbild. Deswegen kommen wir auch nicht voran." (Leitung_1_Vorgespräch, Z. 463-465)

Fehlende Erklärungsmöglichkeiten bzw. Begrifflichkeiten sind in ihren Augen ein Symptom, ein Anzeichen dafür, dass – medizinisch gesprochen – das System krankt, die Erstellung des Leitbildes dadurch enorm erschwert und der weitere Entwicklungsprozess behindert wird.[189] So steht diese Unbegriffenheit einem sehr einheitlichen und verfestigten Verständnis der Institution Volkshochschule gegenüber. Während die Volkshochschulakteure für ihre Einrichtung sehr klare Beschreibungsparameter finden, gestaltet sich dieses Unterfangen für das Bildungs- und Kulturzentrum als Ganzes schwierig. Dieser Umstand könnte sich symptomatisch auf die Art der Zusammenarbeit innerhalb eines Bildungs- und Kulturzentrums auswirken.

Nichtsdestotrotz gibt es Interviewpassagen, in denen der Versuch gelingt, Beschreibungsdimensionen für Bildungs- und Kulturzentren zu entwickeln.

7.3.1 Beschreibungsdimensionen

Im Interviewmaterial sind insgesamt fünf Dimensionen auszumachen, die als zutreffende Beschreibung von Bildungs- und Kulturzentren von den Befragten herangezogen werden (hier nach Anzahl der zugeordneten Codings gelistet und im Folgenden näher beschrieben)[190]:

---

189 Vgl. Manger (2009, 125): Sie vergleicht Kooperationen mit der biblischen Geschichte des „Turmbaus von Babel". Das gemeinsame Projekt scheitert am Sprachgewirr der unterschiedlichen beteiligten Gruppen. Bezogen auf Bildungs- und Kulturzentren bedeutet dies, dass unterschiedliche Einrichtungsverständnisse, aber auch voneinander abweichende Sinnwelten und Organisationskulturen Kooperation erschweren.

190 Die Textstellen stammen dabei aus unterschiedlichen Interviews, das heißt, dass nicht nur eine befragte Person eine bestimmte Beschreibungsdimension an mehreren Stellen des Interviews angesprochen hat, sondern dass die aufgezeigten Dimensionen in mehreren Interviews vorzufinden sind: ‚Bildung' wurde von drei, ‚Zentrum und Marktplatz' von vier, ‚Sehenswürdigkeit'

a) Bildung (4)
b) Zentrum und Marktplatz (5)
c) Sehenswürdigkeit (7)
d) Kultur (9)
e) Vielfalt und Offenheit (19)

a) Bildung: Ein Bildungs- und Kulturzentrum kann zunächst einmal als „Kombination verschiedener Bildungsmöglichkeiten" (Dozentin_3, Z. 52f.) verstanden werden. Dieser Meinung schließt sich auch eine weitere Kursleitung an, die feststellt, dass das gesamte Bildungs- und Kulturzentrum als „Bildungsinstitut" (DozentIn_1, Z. 28 und Z. 184) ausgerüstet ist. Und Leitung_2 stellt fest, dass „man mit dem BKZ doch auch sehr stark das Bildungsthema verbindet" (Leitung_2, Z. 679f.).

b) Zentrum und Marktplatz: Andere beschreiben das Bildungs- und Kulturzentrum eher unter der Perspektive eines Zentrums oder eines Marktplatzes, wenn insbesondere der soziale und kommunikative Treffpunktcharakter in den Vordergrund gestellt wird (vgl. Leitung_1, Z. 80) oder die Lebendigkeit des Hauses beschrieben wird, „dass es da was schönes Zentrales gibt, wo man hingehen kann, wo man auch das Gefühl hat, ok, hier <u>passiert</u> jetzt was" (FBL_5, Z. 25f.).

c) Sehenswürdigkeit: Andere Aussagen machen eine weitere Sichtweise deutlich, in der das Bildungs- und Kulturzentrum als Sehenswürdigkeit beschrieben wird. Die Befragten stellen den „überregionalen Charakter" (Verwaltung_2, Z. 49f., vgl. auch FBL_7, Z. 449f. und Z. 473f.) in den Mittelpunkt, vergleichen mit einem „Leuchtturm" (FBL_1, Z. 22) bzw. mit einem „Marktführer" (FBL_2, Z. 71) oder sprechen von einem „Highlight" (FBL_3, Z. 60).

d) Kultur: Wird der Schwerpunkt auf Kultur gelegt, um Bildungs- und Kulturzentren zu beschreiben, dann wird Kultur als ein sehr umfassendes Phänomen aufgefasst wie folgende Aussage verdeutlicht:

> „Also es ist halt ein Haus der Kultur, sag ich mal. Also für jeden offen, für jede Altersgruppe, für jede Nationalität und ein Treffpunkt für Weiterbildung oder auch generell Freizeitgestaltung, so sehe ich das eigentlich. (...) Also und es ist jetzt auch noch mal ein Anziehungspunkt in ganz Deutschland, weil das schon irgendwie was Außergewöhnliches ist, was es so nicht noch mal gibt." (Verwaltung_1, Z. 30-36)

Die Universalaussage steht am Anfang des Zitats, wenn die Verwaltungskraft feststellt, dass das Bildungs- und Kulturzentrum ein „Haus der Kultur" ist. Danach folgt die nähere Ausführung und die ‚Füllung' des Hauses mit den übrigen

---

von sechs, ‚Kultur' ebenfalls von sechs und ‚Vielfalt und Offenheit' von zehn verschiedenen Personen als Beschreibungsdimension gewählt.

7.3 Verständnisklärung: Bildungs- und Kulturzentrum

Beschreibungsdimensionen. Ähnlich sehen das auch andere Befragte: Die Ausführungen reichen beispielsweise von einem „Kulturzentrum (...), das so was so gut vereint (...)" (Dozentin_2, Z. 59f.), über ein „Kulturkaufhaus" (FBL_1, Z. 11), in dem die Institutionen eingebettet sind, bis hin zu „verschiedenen Facetten der drei Einrichtungen" (FBL_3, Z. 56f.), die gemeinsam ein kulturelles Zentrum bilden. Eine Fachbereichsleitung begründet die Entscheidung für die vorrangige Kulturbegrifflichkeit ausführlich damit, dass Bildung und lebenslanges Lernen als Teilaspekte von Kultur verstanden werden müssen:

> „Was haben wir hier für Gemeinsamkeiten? Für was stehen wir als Einrichtung? So das waren so Kernfragen in der Leitbildentwicklung und das war interessant und da ist es auch ganz klar geworden, wir sind hier wirklich eine Kultureinrichtung (...). Also es ist nicht das bloße Museum, es ist auch nicht die bloße Stadtbibliothek oder die Volkshochschule, sondern wir finden hier über mehrere Bereiche hinweggehend eine Kultureinrichtung, wo sich ja auch Bildung mit eingliedert. Und auch im Leitbild wurde gesagt, dass es hier eben auch stark um lebenslanges Lernen geht. Also das ist nicht nur was, was man jetzt annimmt, das ist jetzt was, was die Volkshochschule denkt, sondern das wird von den anderen Einrichtungen auch so verstanden. (...) Das war ganz wichtig dieser Prozess dann auch für mich das dann so zu begreifen, dass auch die anderen Einrichtungen sich als Einrichtung des lebenslangen Lernens mit begreifen, ne? Und so kann man das BKZ dann auch als kulturelle Einrichtung für lebenslanges Lernen verstehen. Und das wäre so meine Kurzdefinition vom BKZ. (...) Also ich glaube, dass Bildung ein Bereich der Kultur darstellt." (FBL_5, Z. 88-112)

e) Vielfalt und Offenheit: Ein Großteil der Interviewaussagen lassen sich so deuten, dass über die als wesentlich beschriebene Charaktereigenschaft der Vielfalt und Offenheit von Bildungs- und Kulturzentren, die anderen Beschreibungsdimensionen Kultur, Bildung und die Aspekte der Sehenswürdigkeit sowie des Zentralen bzw. Lebendigen zusammengefasst werden. Offenheit zeigt sich dabei besonders in Beschreibungen über die Ansprache aller möglichen Zielgruppen von Bildungs- und Kulturzentren:

> „Nach außen hin wird vermittelt, dass Menschen egal welcher Herkunft, welchen Bildungsstands, welcher finanziellen Mittel willkommen sind. Es geht darum den Menschen Kultur und Bildung weiterzugeben und möglichst viele zu erreichen." (Verwaltung_2, Z. 47-49)

Dass eine möglichst „große Anzahl von Leuten" (FBL_2, Z. 73) erreicht werden soll, ist also ein zentrales Anliegen eines Bildungs- und Kulturzentrums, das als „offenes Haus" (Verwaltung_1, Z. 93) bezeichnet wird und wie ein Kaufhaus für alle Interessierte zugänglich sein muss (vgl. Leitung_3, Z. 556-562). Offenheit zeigt sich zudem in der Wahlfreiheit was Angebote und Kurszeiten betrifft sowie der Tatsache, dass alle Angebote eines Bildungs- und Kulturzentrums freiwillig wahrgenommen werden. Dieser Überzeugung ist zumindest diese Kursleitung:

> „Denn zum Beispiel hier in der Volkshochschule haben alle Teilnehmer die freie Wahl, zum Beispiel zwischen Kursen und mehr oder weniger zwischen Tag und Zeit. Das ist ähnlich zur Bibliothek und zum Museum, die Teilnehmer haben eine freie Wahl. Sie können sich wohlfühlen, weil sie auch keinen Druck haben. Sie können sich selber entscheiden, was sie wollen und wann sie wollen (...)." (DozentIn_1, Z. 180-184)

Die Vielfalt in Bildungs- und Kulturzentren wird zum Thema, wenn erklärt wird, dass „verschiedene städtische Angebote gebündelt sind" (FBL_9, Z. 59), damit eine „faszinierende Mischung zwischen Kommerz und Kultur und Bildung" (Leitung_1, Z. 88) oder ein „vielfältige[s] Haus mit Kreativität und Bildung" (FBL_7, Z. 425) entsteht. Vielfalt ergibt sich demnach aus einem Mosaik, das aus (Weiter-)Bildung, Information, Kultur, Freizeit-, Vergnügungs- und Treffpunktaspekten, Lebendigkeit, Verwirklichung von Ideen und bürgerschaftlichem Engagement, aber auch unterschiedlichem Klientel, unterschiedlichen Altersgruppen, langen Öffnungszeiten und vielem mehr besteht. So soll das Bildungs- und Kulturzentrum als „Haus der Möglichkeiten" (Leitung_2_Vorgespräch, Z. 668) bzw. als „Erlebnishaus" (Leitung_3, Z. 606) verstanden werden, das neben zweckdienlichen und qualifikationsbezogenen Angeboten auch Spaß und Geselligkeit mit einbezieht. Die folgende Erläuterung unterstreicht dieses breite Themenspektrum:

> „Wir sehen uns als emanzipatorische Einrichtung, wir sehen uns gleichzeitig auch als Einrichtung, das wurde in der Leitbildentwicklung zum Beispiel stark betont von einem der Mitarbeiter, also als Einrichtung wo man hingehen kann, um mal Spaß zu haben. Nicht bierernste Kultur, auch, wir sehen uns als Einrichtung in der auch politische Bildung stattfinden kann mit kommunalen politischen Veranstaltungen." (FBL_5, Z. 204-208)

In dieser zuletzt aufgeführten Dimension der Vielfalt und Offenheit rückt die Hybridität von Bildungs- und Kulturzentren klar ersichtlich in den Vordergrund. Das Zentrum bildet eine Schnittstelle aus unzähligen Möglichkeiten und spricht insofern auch einen vielfältigen Adressatenkreis an.

Als Zwischenergebnis ist festzuhalten, dass die Begriffe ‚Bildung' und ‚Kultur' in den Interviews nicht vorrangig zur Beschreibung der integrativen Kooperationsform gewählt werden. Viel häufiger wird von ‚Vielfalt und Offenheit' gesprochen. Die von den Volkshochschulakteuren gewählte Vielfalts- und Offenheitsdimension nimmt jedoch keine inhaltliche Schwerpunktsetzung vor, sondern verweist vorrangig auf die hybride Eigenschaft von Bildungs- und Kulturzentren und damit unter Umständen auch auf die Hybridisierung von Bildung

7.3 Verständnisklärung: Bildungs- und Kulturzentrum

und Kultur. Zudem wird durch die starke Betonung sozial-kommunikativer Aspekte eine gesellige Dimension von Bildung aufgewertet, während Bildung und Lernen an sich als nicht ausreichende Beschreibung erscheinen.[191]

7.3.2 Einfluss- und Wirkfaktoren der Verständnisklärung

Neben der Innenperspektive der Volkshochschulakteure sind es insbesondere zwei weitere Faktoren, die die Verständnisbildung beeinflussen. Im Folgenden werden diese Einfluss- und Wirkfaktoren näher erläutert.

Adressaten- und Nutzerperspektive: Dass die Adressaten und deren Bedeutungszuschreibungen eine wesentliche Rolle für das unklare Verständnis von Bildungs- und Kulturzentren spielen wird in den Interviews angedeutet. Beispielsweise fällt es einer Fachbereichsleitung schwer zu sagen, wofür das Bildungs- und Kulturzentrum eigentlich steht, weil Zweifel daran bestehen, ob die Nutzer und Nutzerinnen dieses also solches überhaupt wahrnehmen.

> „Also ich kann jetzt schlecht sagen, das BKZ steht für Bildung oder das BKZ steht für Kommunikation oder so, weil ich weiß nicht, ob die Leute das so wahrnehmen oder ob das einfach trotzdem noch so ‚aha, ich geh da in die Volkshochschule' oder ‚ich geh da in die Bibliothek', also ob die das auf so eine abstrakte Ebene heben in der Wahrnehmung." (FBL_2, Z. 64-67)

Diese Ansicht bestätigt eine weitere Fachbereichsleitung, wenn sie betont, „dass es für die außenstehenden Leute immer noch sehr stark für die einzelnen Zwecke steht, die sie jeweils hier vorfinden" (FBL_6, Z. 233f.). Solange die Nutzer und Nutzerinnen lediglich die einzelnen Einrichtungen wahrnehmen, können sie nichts mit dem Bildungs- und Kulturzentrum als Ganzes anfangen: „Die verbinden mit vhs was, aber die verbinden nichts mit BKZ" (ebd., Z. 277). Auch eine andere Fachbereichsleitung bestätigt, dass viele Leute sich nichts unter dem Bildungs- und Kulturzentrum vorstellen können. Sie begründet dies mit einer hohen Fluktuation unter den Einwohnern und Einwohnerinnen der Stadt und zudem damit, dass der Anteil „aus den bildungsgewohnteren Schichten" (FBL_9, Z. 75), der von den Einrichtungen des Bildungs- und Kulturzentrums angesprochen wird, sehr gering sei. Es zeigt sich die Problematik, dass die gemeinsame

---

191 Der für diese Arbeit gewählte Oberbegriff des ‚Bildungs- und Kulturzentrums' wird für die vorliegende wissenschaftlich-analytische Auseinandersetzung weiterhin verwendet. Für eine Etablierung im kooperativen Praxishandeln ist er jedoch nicht tragbar. Um hierfür geeignetere Beschreibungsdimensionen oder gar eine genauere Bezeichnung zu generieren, ist nicht nur die Perspektive der Kooperationsakteure, sondern insbesondere die der Nutzergruppen von Bildungs- und Kulturzentren relevant. Es gilt entsprechend in zukünftigen Studien weitere Kooperationsakteure sowie die Teilnehmerperspektive mit einzubeziehen.

Verständnisbildung als stark abhängig von Adressaten- und Nutzerbedeutungszuschreibungen gesehen wird. Folglich besteht die Anforderung, sich als Bildungs- und Kulturzentrum nach außen hin zu erklären, um gleichzeitig die interne Diskussion um ein klares Verständnis zu bereichern.

Marketingstrategie des Bildungs- und Kulturzentrums: So beschreibt eine Volkshochschulleitung, dass eine einrichtungsübergreifende Marketingstrategie[192] daran arbeitet, das Bildungs- und Kulturzentrum für Nutzer und Nutzerinnen greifbarer zu machen. Diese Strategie, die eine Einheitsperspektive favorisiert, kollidiert jedoch mit den vielfältigen Bedeutungszuschreibungen der einzelnen Einrichtungen bzw. Mitarbeitenden. So setzt die gemeinsame Marketingabteilung eines der untersuchten Bildungs- und Kulturzentren den Kulturbegriff als öffentlich wirksam fest, obwohl die internen Diskussionen der Mitarbeitenden um die Verständnisbildung noch nicht abgeschlossen sind. Der Vorschlag der Einrichtungen, den Bildungsbegriff in den Mittelpunkt zu stellen, wird von der Marketingabteilung mit der Begründung abgelehnt, dass Bildung nicht zu ‚verkaufen', Kultur hingegen allumfassend und damit vermittelbar sei. Diese marketingstrategische Entscheidung wird als „einfach aufgesetzt" (Leitung_1_Vorgespräch, Z. 396) und „künstlich" (ebd., Z. 443) empfunden.

Folgende Grafik fasst die oben benannten Beschreibungsdimensionen mit Fokus auf Einfluss- und Wirkfaktoren zusammen, die bei der Begriffsklärung eines Bildungs- und Kulturzentrum eine Rolle spielen. Hierbei wird ein idealer Prozess der Verständnisbildung aufgezeigt.

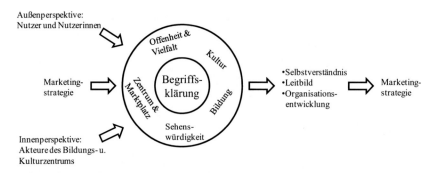

Abbildung 9: Einfluss- und Wirkfaktoren der Begriffsklärung

---

192 Vgl. Möller (2011, 109): „Marketing (englisch für ‚absetzen', ‚vermarkten') ist eine marktorientierte, mehrstufige Strategie und Denkrichtung für Unternehmen, deren Aktivitäten geplant, organisiert, durchgeführt und kontrolliert sind, um ihre Sach- und Dienstleistungen am Nutzen für den aktuellen und potenziellen Kunden zu orientieren." Strategie bezeichnet dabei den geplanten und systematischen Ablauf von Entscheidungen und ihren Umsetzungen (ebd., 110).

7.3 Verständnisklärung: Bildungs- und Kulturzentrum

Die begriffliche Klärung eines Bildungs- und Kulturzentrums findet zunächst additiv über unterschiedliche Beschreibungsdimensionen statt, die in der Abbildung als ringförmiger Rahmen dargestellt sind. Die Art und Weise der Begriffsklärung hat dann entsprechend Auswirkungen auf das Selbstverständnis eines Bildungs- und Kulturzentrums, auf die Form und Ausgestaltung eines Leitbilds und auf Prozesse der Organisationsentwicklung. Die bereits bestehende oder neu zu entwickelnde Marketingstrategie nimmt die Impulse auf und vermittelt das geklärte Bild eines Bildungs- und Kulturzentrums nach innen und außen. Insgesamt spielen bei diesem Klärungsprozess drei wesentliche Einflussfaktoren eine Rolle: Die Innenperspektive der Akteure des Bildungs- und Kulturzentrums, die Außenperspektive der Nutzer und Nutzerinnen sowie eine bewusst gesetzte Marketingstrategie, welche im Idealfall nach den beiden zuerst genannten Perspektiven ausgerichtet wird. Dieser Prozess der Begriffsklärung ist dabei nicht linear, sondern zirkulär angelegt und bedarf der kontinuierlichen Bearbeitung und Reflexion, da nicht von statischen Einfluss- und Wirkfaktoren ausgegangen werden kann. Über die Abbildung und die in den Interviews thematisierten Einfluss- und Wirkfaktoren hinausgehend, sind weitere Außenperspektiven bei der Verständnisbildung zu berücksichtigen, wie die Aussage einer Volkshochschulleitung bei einem Expertenworkshop[193] zeigt: Die Kommunal- und Landespolitik kann sehr einflussreich sein, wenn diese insbesondere Bildungseinrichtungen – und weniger Kultureinrichtungen – fördern will und kann. In diesem Fall möchte das betroffene Bildungs- und Kulturzentrum aus finanzpolitischen Gründen eher als ein ‚Bildungshaus' verstanden werden.

Die feststellbare Diskrepanz unterschiedlich verwendeter Beschreibungsdimensionen, wie sie in den Interviews geschildert wurden, weist auf einen noch ausstehenden Verständigungsprozess hin. Analog zur Verständnisklärung von Bildungs- und Kulturzentren stellt sich darüber hinaus die Anforderung ‚Kooperation' zu konkretisieren, was im folgenden Kapitel geschieht.

---

193 Der Expertenworkshops zum Thema „Innovative Bildungsräume gestalten/Lernzentren" fand am 30./31.05.2011 im zib in Unna statt. Neben Vertretern und Vertreterinnen der für die Untersuchung ausgewählten Volkshochschulen, nahmen auch noch weitere aus Bildungs- und Kulturzentren in Deutschland und Österreich teil.

7.4 Kooperationsbezogene Anforderungen

Inhaltsanalytisch wird in diesem Kapitel dem Erkenntnisinteresse nachgegangen, wie sich die Interviewten hinsichtlich kooperativer Anforderungen äußern. Es stehen Verständnisse, Bewertungen und Wahrnehmungen von Kooperation im Mittelpunkt der Auswertung (7.4.1). Daran anschließend werden das Kooperationspostulat ,Synergie' (7.4.2) sowie Konkurrenz als Teil von Kooperationen (7.4.3) erörtert, da sich hier eine thematische Schwerpunktlegung im Interviewmaterial feststellen ließ.

7.4.1 Verständnisklärung: Kooperation

Im Folgenden steht die Frage im Fokus, welche Kooperationsverständnisse sich über die Interviewaussagen rekonstruieren lassen. Dabei liegt das Hauptaugenmerk der Analyse auf den genannten Kooperationszwecken, d.h. hier wird aufgezeigt, auf welche Inhalte und auf welchen Nutzen sich Kooperationen im Bildungs- und Kulturzentrum aus Sicht der Volkshochschulakteure beziehen. Des Weiteren wird dargestellt, wie das Kooperationshandeln in den Interviews beschrieben wird und welche Formen der Zuständigkeiten vorliegen. Demnach stehen zwei Fragen im Zentrum dieses Kapitels:

- Zu welchem Zweck wird kooperiert?
- Wie werden das Kooperationshandeln und die Kooperationszuständigkeit auf den unterschiedlichen Personalebenen beschrieben?

Es gilt demnach Kooperation als inhaltliche bzw. strukturelle (Kooperationszwecke) und als organisatorische bzw. verfahrensbezogene (Kooperationszuständigkeit und -handeln) Kategorie zu analysieren, um das Gesamtverständnis darstellen und Anforderungen ableiten zu können.

Kooperationszwecke: Warum wird kooperiert?

Verglichen mit den verschriftlichten Zielformulierungen wird deutlich, dass sich diese in der aktuellen Organisationsrealität der beiden untersuchten Bildungs- und Kulturzentren ausgeweitet, zum Teil realisiert und insbesondere konkreti-

7.4 Kooperationsbezogene Anforderungen

siert haben. Die in den Interviews genannten Kooperationszwecke[194] lassen sich in sechs Inhaltsbereiche zusammenfassen:

a) Angebotserweiterung
b) Austausch und Unterstützung
c) Hausübergreifende Administration
d) Qualitätssteigerung
e) Prestige- und Präsenzgewinn
f) Kundengewinnung

So wird im Folgenden dargestellt, welche Nutzen in den einzelnen Inhaltsbereichen zum einen für die Volkshochschule an sich, aber auch insgesamt für die Einrichtungen des Bildungs- und Kulturzentrums gesehen werden.

a) Angebotserweiterung: Unter der Kategorie ‚Angebotserweiterung' wurden alle Aussagen zu Kooperationszwecken gefasst, die eine Erweiterung des ursprünglichen Angebots durch Kooperation bzw. durch die neue Organisationsform beschreiben. Die Form der Erweiterung stellt sich in den Interviews in einer vierfachen Differenzierung dar, die im Folgenden ausgeführt wird: ‚Einfach mehr', gemeinsame Programmplanung und -durchführung, Angebotsergänzungen sowie Zusammenarbeit mit externen Kooperationspartnern.

Erstens werden Aussagen darüber gemacht, dass seitdem die Volkshochschule Teil eines Bildungs- und Kulturzentrums ist ‚*einfach mehr*' gemacht wird, dass die Angebote vielfältiger und das Spektrum breiter geworden sind. So sprechen Interviewpartner von einer Zunahme der Kurse und Angebote der Volkshochschule. Die kooperative Organisationsform wird als Begründung hierfür herangezogen. So wird beispielsweise die Angebotserweiterung über die Zusammenarbeit verschiedener Einrichtungen sowie die gemeinsame Nutzung des Hauses, also durch eine Bündelung der Ressourcen und Arbeitskraft, begründet (vgl. DozentIn_2, Z. 273f.). Weiterhin sind die neuen Räumlichkeiten in den Augen der Kursleitung förderlich:

> „Wie gesagt, man sieht's am Kursangebot. Auch die Vielfalt was so geboten wird, das hätte es früher so nie gegeben. Und da bin ich schon der Meinung, das kommt auch aufgrund der Räumlichkeiten, die wir hier haben." (DozentIn_2, Z. 477-479)

Der Volkshochschule stehen mehr Platz, moderne Räume, kreativ ausgestaltete sowie vielfältig nutzbare Lehr- und Lernsettings an einem zentralen Ort zur Ver-

---

194 Jütte (2002, 60) spricht in dieser Hinsicht von „Handlungsfeld[ern] der Kooperation". Die von ihm empirisch erhobenen kooperativen Interaktionsorientierungen münden in einer Auflistung von vielfältigen Aspekten, die sich aus Sicht der befragten Volkshochschulakteuren auch teilweise für Bildungs- und Kulturzentren bestätigen lassen.

fügung, die für breitere und neue Angebote genutzt werden können. Schließlich ist es auch die integrative Kooperationsform an sich, die Veränderungen und damit auch eine Weiterentwicklung des Angebots mit sich bringt:

> „Also wir hätten uns überhaupt nicht so entwickeln können, also inhaltlich von den Kursen her und auch als Team denke ich so nicht entwickeln können. Weil wir sind ja auch in diesen Herausforderungen gewachsen und wir haben Strategien entwickelt damit umzugehen und haben denke ich auch durch diese Konflikte und Herausforderungen im BKZ auch noch, noch stärker auch unsere Identität als vhs schärfen können." (FBL_2, Z. 567-572)

Eine inhaltliche und strategische Weiterentwicklung wird demnach über die Herausforderungen und Konflikte, die sich in einem Bildungs- und Kulturzentrum ergeben, sowie die dadurch gestärkte Identität der Volkshochschule begründet.

Darüber hinaus äußern sich Interviewpartner *zweitens* konkreter zu *gemeinsamen Programm- und Angebotsplanungen sowie -durchführungen*, die es bisher zwischen der Volkshochschule und anderen kommunalen Einrichtungen nicht gab.

> „Ja, also Unterschiede sind dahingehend zu sehen, dass wir in der alten Volkshochschule aufgrund der Gegebenheiten in Anführungsstrichen nur den Kursveranstaltungsbetrieb hatten. Jetzt kommen andere Sachen dazu wie das [kooperative Angebot x], wie gemeinsame Ausstellungen und, und, und. Also so andere nicht explizit vorher vorhandene Sachen kommen dazu." (FBL_3, Z. 287-290)

Die „Gegebenheiten" der „alten Volkshochschule" ließen dieser Aussage zufolge „nur" eine vorrangige Konzentration auf den Kursbetrieb zu. Durch die Zusammenlegung mit anderen Einrichtungen kommen hingegen neue Veranstaltungstypen, Angebote und Projekte hinzu, die kooperativ bearbeitet werden. Hier sind beispielsweise Kinder- Familien- und Thementage zu nennen, die im ganzen Bildungs- und Kulturzentrum stattfinden. Bibliotheksbezogene Kooperationen von Volkshochschulakteuren beziehen sich auf gemeinsam veranstaltete Lesungen, Literaturabende oder das Veranstaltungsformat ‚Lesemarathon'. Zudem beteiligt sich die Volkshochschule themenbezogen an Museumsnächten oder Veranstaltungen des Kulturbereichs. Einzelne Fachbereiche der Volkshochschule entwickeln ihrerseits spezifische kooperative Projekte beispielsweise mit dem Archiv (z.B. Geschichtswerkstätten), dem Kulturbereich (z.B. Trommelworkshops), den Museen (z.B. Fotokunstausstellungen) oder der Bibliothek (z.B. Familienbildungsreihen). In einem Fall ist ein Selbstlernzentrum als kooperative Schnittstelle zwischen Bibliothek und Volkshochschule entstanden. Den spezifischen Kooperationsgewinn wird in der Möglichkeit gesehen, komplexe Themen

7.4 Kooperationsbezogene Anforderungen

zu durchdringen und gemeinsam aus unterschiedlichen Perspektiven beleuchten zu können:

> „Also wir könnten ein großes Thema, ‚Thema_1', zwar anfassen, wir könnten es im Programm mit bestimmten Kursen auch bespielen, aber in der Breite des Durchdringens, in der Bearbeitung von unterschiedlichsten Seiten, da sind immer Kooperationspartner notwendig. Das wäre sonst möglich, aber eben nicht so einfach, weil man nicht gemeinsam irgendwo sitzt unter einem Dach. Das ist der große Vorteil." (FBL_3, Z. 489-493)

Eine themenbezogene Zusammenarbeit wäre aus Sicht dieser Fachbereichsleitung also auch außerhalb von Bildungs- und Kulturzentren möglich, dennoch wird der Faktor der räumlichen Nähe als ein wesentlicher Vorteil für eine gelingende Kooperation gewertet. So ist der Aspekt der räumlichen Zusammenlegung auch ausschlaggebend dafür, dass sich ein ursprüngliches Veranstaltungsformat der Volkshochschule neu ausrichtet:

> „Wir haben zum Beispiel ein [kooperatives Angebot x], also dies ist eine Veranstaltungsreihe, also eigentlich geboren aus dem vhs-Spezial. (...) Es war ein, also ein exklusives vhs-Spezial mit dem nahezu ausschließlichem Schwerpunkt Innenstadt. Und das hat über Jahre die Veränderungen der Innenstadt begleitet. Und als wir dann drin waren, dann war klar, die Volkshochschule existiert so nicht mehr allein und somit würde es ein [kooperatives Angebot x]. Und das fand ich auch sehr schlüssig und folgerichtig. Das haben auch alle mitgetragen im Haus, so dass wir jedes Semester, Volkshochschulsemester einen Themenschwerpunkt haben, den alle Einrichtungen bedienen. Jeder aus seiner fachspezifischen Sicht." (Leitung_1, Z. 186-199)

In diesem Beispiel hatte die Volkshochschule innerhalb einer Veranstaltungsreihe die eigene Stadtentwicklung zum Thema gemacht, wobei die Entstehung eines Bildungs- und Kulturzentrums eine wesentliche Rolle spielte. Die Volkshochschule als Teil dieser integrativen Kooperationsform führt folglich die Veranstaltungsreihe aktuell nicht mehr aus der Einzelperspektive fort, sondern bezieht die spezifischen Sichtweisen aller Einrichtungen mit ein und zeigt damit nach außen hin, dass nicht nur städtebaulich eine Veränderung, sondern auch eine angebotsspezifische Entwicklung bzw. Erneuerung im Bildungs- und Kulturbereich stattgefunden hat.

Neben solchen gemeinsamen Angeboten machen Interviewaussagen *drittens* zudem deutlich, dass die eigenen, traditionellen Kursangebote durch die Nutzung oder Inanspruchnahme der anderen Einrichtungen und deren Dienstleistungen erweitert bzw. ergänzt werden. *Angebotsergänzungen* liegen beispielsweise dann vor, wenn Kurs- oder Fachbereichsleitungen auf die Selbstlernmöglichkeiten im Bildungs- und Kulturzentrum verweisen oder Besuche der anderen Einrichtungen in den Kursablauf einbinden:

> „[D]ass wir zum Beispiel auch im Deutschbereich (...) ganz konkret auch (...) in den Deutschkursen geplant haben, dass in einem bestimmten Modul, also in einem Abschnitt vom Kurs dann die Gruppe einfach in die Bibliothek mal geht und die Kurse finden ja auch hier bei uns im Haus statt, es sind also kurze Wege und wir dann dort in dem Bereich Bibliothek einfach eine einführende Führung bekommen. Also wir hoffen, damit auch tatsächlich so ein bisschen das Interesse an einer Bibliothek zu wecken und zu zeigen also dass vielleicht auch Hemmschwellen, die da sind, jetzt auch bei Menschen die eben noch nicht so gut Deutsch können, dass die überwunden werden können." (FBL_2, Z. 276-284)

In diesem Beispiel wird eine Bibliotheks(ein-)führung in einen Deutschkurs integriert, wobei hierfür die kurzen Wege im Hause genutzt werden und darauf gehofft wird, dass die Kursteilnehmenden auch in Zukunft die Bibliothek nutzen werden.

Schließlich lässt sich die Angebotserweiterung *viertens* – zumindest für einen untersuchten Fall – über eine verstärkte *Zusammenarbeit mit externen Kooperationspartnern* begründen, die auf Grund der neuen Organisationsform ‚Bildungs- und Kulturzentrum' ausgebaut werden konnte:

> „Ich meine die Volkshochschulen hatten eigentlich schon immer viele Kooperationspartner. Das ist auch ein bisschen so in der Tradition der Volkshochschulen, aber ich glaube, wir sind da an der Stelle noch mal ein Stück interessanter auch geworden." (Leitung_2, Z. 720-723)

Nicht zuletzt ist es das Selbstlernzentrum, das in einem Fall existiert und zum Ausbau von Kooperationsbeziehungen mit externen Institutionen, Einrichtungen und Initiativen wie z.B. Schulen, Jugendzentren oder Alteneinrichtungen beiträgt. Aber auch weitere Kooperationspartner von außerhalb intensivieren ihre Zusammenarbeit mit den Einrichtungen des Bildungs- und Kulturzentrums, da sie das attraktive Arrangement von mehreren Einrichtungen unter einem Dach schätzen und das vielfältige Gebäude sowie die breite Zielgruppenansprache für eigene oder kooperativ geplante Veranstaltungen nutzen können, wie Leitung_2 weiterhin ausführt:

> „Aber da merkt man einfach, das Haus hat eine gewisse Attraktivität und da kommen die Kooperationspartner auch auf uns zu und fragen uns auch: ‚Habt ihr Lust mit uns was zusammen – ?'" (Leitung_2, 710-714)

7.4 Kooperationsbezogene Anforderungen

Externe Kooperationspartner können die Räumlichkeiten des Bildungs- und Kulturzentrums zwar mieten[195], präferieren aber oftmals die kooperative Nutzung, die insofern als gewinnbringender angesehen wird, da sowohl Kosten als auch Verantwortung für die Veranstaltungsplanung und -durchführung geteilt sind.

b) Austausch und Unterstützung: Neben der vorangehend beschriebenen Angebotserweiterung lässt sich zudem inhaltsanalytisch rekonstruieren, dass Kooperation auch dem gegenseitigen Austausch und der Unterstützung untereinander dienen kann. In dieser Kategorie lassen sich drei Ausdifferenzierungen von komplementären und supportiven Kooperationszwecken erkennen: Expertentum, Medienpool, Aushelfen.

Erstens findet in den befragten Bildungs- und Kulturzentren aus Sicht der Volkshochschulakteure eine wechselseitige Bereicherung durch das *Expertentum* anderer statt. So nehmen sich die Einrichtungen mit ihren Kompetenzen und Zuständigkeiten sowie ihrem Erfahrungs- und Fachwissen gegenseitig wahr, verweisen aufeinander, tauschen sich aus, lernen von einander, motivieren und inspirieren sich durch den jeweiligen Experten- und Fremdblick und ermöglichen sich gegenseitig einen erweiterten Blickwinkel:

> „Also, dass manche Dinge gar nicht möglich wären ohne Volkshochschule oder manche Dinge gar nicht möglich wären ohne Stadtbibliothek oder eben gerade Museum_1, die diese internationalen Gäste, die wir haben, das ist ja für eine kommunal arbeitende Einrichtung einfach toll. Das ist einfach ein Blick weit über den Tellerrand hinaus. (...) Aber, das bringt sehr viel wieder für die eigene Arbeit zurück. Das ist toll." (Leitung_1, Z. 335-341)

So profitiert die Volkshochschule vom „Blick über den Tellerrand", der ihr ohne die räumliche Nähe zu anderen Einrichtungen, nicht gegeben wäre. Umgekehrt profitieren die Einrichtungen im Bildungs- und Kulturzentren beispielsweise von Schulungen, die direkt für sie von der Volkshochschule am Arbeitsplatz konzipiert und angeboten werden.[196] Leitung_1 beschreibt ihre Wahrnehmung entsprechend als eine gegenseitige Professionalisierung:

---

195 Über eigene Räume zu verfügen und diese vermieten zu können, ist eine infrastrukturelle Veränderung für die Volkshochschule, die bisher selbst Mieter von Schulräumen, Gemeindesälen, Musikschulen oder Turnsälen war. So stellt Verwaltung_2 (Z. 82f.) fest: „Und natürlich ist die vhs wegen des Vermietungsgeschäfts, also wegen der Räume und der Technik attraktiv" und verweist damit auf ein neues Feld, über das die Volkshochschule zunächst auf sich aufmerksam machen kann, darüber hinaus aber auch ihre speziell nach den Bildungs-, Lehr- und Lernbedarfen der Volkshochschulteilnehmenden ausgestatteten Räume für eine breitere Zielgruppe zugänglich machen kann.

196 Beispielhaft kann an dieser Stelle die interne Schulung ‚Rückenstärkung am Arbeitsplatz' des Gesundheitsbereichs der Volkshochschule für Bibliotheksmitarbeiter und -mitarbeiterinnen genannt werden.

> „Es ist direkter, der Austausch ist direkter. Also, wir professionalisieren unsere Arbeit auch durch die Professionalität der anderen. So simpel ist das. Und das genieße ich auch, also das ist toll. Das wäre ohne das BKZ nicht möglich." (Leitung_1, Z. 639-641)

Die zentrale Kooperationsform eines Bildungs- und Kulturzentrums und die dadurch gegebene direkte Austauschmöglichkeit untereinander sind in ihren Augen ausschlaggebend für eine gegenseitige Professionalitätsentwicklung. Deutlich wird hier, dass Professionalität nicht als Zustand, sondern als sich situativ zu bewährende Kompetenz begriffen wird, die sich durch die Anerkennung und die direkte, also nicht räumlich getrennte Erfahrung der Professionalität anderer weiterentwickeln kann (vgl. hierzu auch Gieseke 2010, 243).

Die volkshochschulspezifische Professionalität wird von den befragten Personen an vielen Stellen der Gespräche konkretisiert. Der nachfolgende Exkurs fasst zusammen, wovon – aus Sicht der Volkshochschulakteure – ein Bildungs- und Kulturzentrum profitieren kann.

Exkurs: Das Kompetenzprofil der Volkshochschule

Der Begriff des Kompetenzprofils wird im Regelfall subjektbezogen verwendet (vgl. Arnold 2010, 173), soll im Folgenden aber insofern auf die Volkshochschule übertragen werden, als dass ihr organisationales Kompetenzprofil alle Potenziale aller Mitarbeiter und Mitarbeiterinnen zur erfolgreichen Bewältigung komplexer Anforderungen umfasst. Im Wesentlichen lassen sich über das vorhandene Material empirisch drei Kompetenzbereiche als vhs-spezifisch generieren:[197]

Erstens wird der *Kompetenzbereich der Lehr- und Lerngestaltung* als Alleinstellungsmerkmal von Volkshochschulen genannt:

> „(...) wie sehe ich unsere Einrichtung, wann sehe ich sie alleine? Das ist einerseits unser Kursprogramm, das wir anbieten, wo wir natürlich zeigen wollen, was wir können, wie wir da etwas umsetzen." (FBL_3, Z. 118f.)

Das Kursprogramm und das damit verbundene ‚Können' und die Art der ‚Umsetzung' tritt für diese Fachbereichsleitung als prägendes Kompetenzmerkmal von Volkshochschulen in den Vordergrund. Weiter ausdifferenziert wären darunter beispielsweise die Entwicklung, Planung, Organisation, Durchführung und Evaluation von Kursen sowie die Akquise von Kursleitungen zu fassen.

Zweitens wird die *konzeptionelle und fachliche Kompetenz* hervorgehoben:

> „Also die Kollegen in der Bibliothek wissen, wenn sie irgendwas mit pädagogisch-didaktischen Konzepten wollen, dann gibt es gute Leute in der Volkshochschule, die ich da ansprechen kann und wir können solche Konzepte entwickeln lassen, (...) denn die sagen auch immer: ‚Wir sind ja keine Pädagogen, aber wir müssen trotzdem heutzutage ja Schulklassen durch die Bibliothek führen und da wird schon so was erwartet, dass das ein durchdachtes Konzept ist, was die Kinder interessiert und was natürlich auch einen gewissen Lernerfolg garantieren kann'." (Leitung_2_Vorgespräch, Z. 245-251)

---

[197] Diese drei Bereiche geben kein vollständiges Bild des Kompetenzprofils von Volkshochschulen wieder, sondern zeigen lediglich die Schwerpunktsetzung der Interviewten in Abgrenzung zu den Kompetenzprofilen der anderen Einrichtungen im Bildungs- und Kulturzentrum auf.

7.4 Kooperationsbezogene Anforderungen

Hier wird aufgezeigt, dass es die dezidierte Kompetenz der Volkshochschule ist, zielgruppenspezifische Konzeptionsentwicklung, z.b. für andere Einrichtungen im Bildungs- und Kulturzentrum, zu betreiben. Weitere Aussagen beziehen sich zudem auf das breite Fachwissen, das über die fachlich vielseitig qualifizierten Fachbereichs- und Kursleitungen vorhanden ist (vgl. FBL_2, 324ff.). Außerdem werden der starke Wissenschaftsbezug sowie die verschiedenen Differenzierungsgrade bezüglich der Anwendung und Vermittlung von Fachwissen erwähnt (vgl. Leitung_1, Z. 216ff.).

Schließlich verweisen Interviewpassagen auf eine spezifische *Managementkompetenz* der Volkshochschule:

> „Ich könnte mir auch vorstellen, aber das ist jetzt aus der Innensicht heraus, (...) dass wir einfach in den Jahren der Zusammenarbeit auch gezeigt haben, dass wir eben auch na ja, wie soll ich sagen, (2) Organisationstalent haben. Also dass wir wissen, wie man Sachen organisieren kann. Ob das immer so gewünscht ist, das (Schmunzeln) weiß ich nicht, das ist eben auch die Sache mit den unterschiedlichen Arbeitsweisen, (...) weil das ja auch unser Geschäft ist Veranstaltungen zu organisieren, auch viele Dinge einfach viel strukturierter angehen, als jetzt vielleicht die Bibliothek oder das Museum_1, deren Aufgaben eben andere sind. Aber ich könnte mir vorstellen, dass eben dort auch von Seiten der anderen Einrichtungen unsere Organisationskompetenz auch geschätzt wird." (FBL_2, Z. 314-324)

Neben einer allgemeinen Nennung einer besonders stark ausgeprägten Organisations- und Strukturierungskompetenz, wird hier insbesondere die Veranstaltungsorganisation als das ureigene „Geschäft" hervorgehoben. Weitere Textstellen beziehen sich auf Programmplanung und Projektmanagement, wobei beispielhaft für Letzteres insbesondere die Erfahrenheit mit Qualitäts-, Zertifizierungs- und Leitbilderstellungsprozessen angeführt wird (vgl. FBL_3, Z. 521ff.). So sind beide untersuchten Volkshochschulen initiativ und aktiv bei der Leitbildgestaltung für das gesamte Bildungs- und Kulturzentrum eingebunden. Außerdem wird das vhs-bezogene Personal- und Finanzmanagement als „klar durchdacht", „transparent" und „schnell nachvollziehbar" (Leitung_1, Z. 226f.) beschrieben.

Die Interviewten zeigen insgesamt auf, wie andere Einrichtungen im Bildungs- und Kulturzentrum von den volkshochschulspezifischen Kompetenzen profitieren können, wenn beispielsweise auf Erfahrungswissen der Volkshochschule zurückgegriffen wird, die Volkshochschule organisationale Entwicklungsprozesse anschiebt und vorantreibt oder das fachliche Know-How der Volkshochschulmitarbeiter und -mitarbeiterinnen in Anspruch genommen wird.

Der Kooperationszweck ‚Austausch und Unterstützung' konkretisiert sich *zweitens* unter dem Stichwort ‚*Medienpool*'. Es zeigt sich, dass eine gemeinsame Nutzung von Medien sowie eine gemeinsame Medienbestandsabstimmung in den Bildungs- und Kulturzentren stattfinden, z.B. über einen Austausch zwischen Volkshochschule und Bibliothek:

> „Also wenn's zum Beispiel darum geht den Bestand der Bücher abzustimmen, also welche Lehrwerke wir verwenden, dass sie auch präsent sind in der Bibliothek. Darüber hinaus natürlich noch viele andere Materialien, Medien da sind, aber wenigstens auch die, die wir hier aktuell verwenden. Also da sprechen wir uns regelmäßig auch ab." (FBL_2, Z. 255-259)

Die Absprachen sind hier nicht einseitig und nicht nur materialbezogen zu verstehen. Zwar nimmt die Volkshochschule durch ihr Kursangebot Einfluss auf die Anschaffungen der Bibliothek, gleichzeitig informiert aber auch die Bibliothek die Volkshochschule beispielsweise über Trends in der Ausleihe und kann somit ihrerseits die Entscheidungsfindung und Programmplanung der Volkshochschule beeinflussen (vgl. Leitung_1, Z. 375ff.). Die Bibliothek stellt zudem auf Anfrage veranstaltungsspezifische Materialien zur Verfügung, z.b. in Form eines Büchertisches oder durch das Zusammenstellen von Bücherlisten (vgl. FBL_4, Z. 253ff.). Die Fachbereichsleitung bewertet diese Form der Zusammenarbeit zwar als „oberflächlich" (ebd.), da hier lediglich die Dienstleistung einer anderen Einrichtung in Anspruch genommen wird. Vor der Zentralisierung der Einrichtungen wäre es jedoch in ihren Augen schwierig gewesen, gegenseitige Dienstleistungen dieser Art zu koordinieren.

Schließlich lässt sich *drittens* die unterstützende Funktion des *Aushelfens*, zumindest in den Interviews eines der Bildungs- und Kulturzentren, erkennen. So hilft beispielsweise diese Verwaltungskraft bei Personalmangel im Bereich des Informationstresens aus:

> „Und wie gesagt, Einblicke aus anderen Bereichen, ja vielleicht am Informationstresen noch, wenn ich da unten bin, dass ich dann mal ein bisschen was mitmache, wenn gerade mal eine Kollegin nicht da ist. (...) Da springe ich dann mal ein, so eben in der Mittagspause, mal wenn niemand greifbar ist. Aber dann muss ich die Kunden auch vertrösten. Was ich dann eben nicht machen kann." (Verwaltung_3, Z. 96-104)

Dieser Kooperationsaspekt verschafft den ‚einspringenden' Volkshochschulakteuren Einblicke in einen anderen Bereich. Gleichzeitig beschreibt die Verwaltungskraft jedoch auch, dass sie in diesem fremden Arbeitsbereich nur eingeschränkte Handlungsmöglichkeiten habe.[198]

c) Hausübergreifende Administration: Die Verwaltungskräfte der Volkshochschule sind über das soeben geschilderte ‚Aushelfen' hinaus zudem in hausübergreifende Tätigkeiten eingebunden, da die Koordination der volkshochschuleigenen Räume in ihr Aufgabenfeld fällt:

> „Also was wir halt untereinander haben, wenn irgendwie Räume benötigt werden, dass wir uns da drum kümmern, dass zum Beispiel die Stadtbibliothek hier mit einen Raum nutzt oder so." (Verwaltung_1, Z. 99-101)

Es sind die Volkshochschulen, die in beiden Bildungs- und Kulturzentren über die meisten und die am vielfältigsten nutzbaren Räume verfügen und entsprechend Aufgaben der Raumverwaltung – auch mit Blick auf die anderen Einrichtungen oder externe Kooperationspartner – erfüllen müssen.

---

198 Ähnliches schildert Fachbereichsleitung_8 (Z. 328ff.), die ebenfalls von Zeit zu Zeit im Bereich des Informationstresens aushilft, aber ihrer Meinung nach lediglich volkshochschulspezifische Dienstleistungen erbringen kann.

7.4 Kooperationsbezogene Anforderungen

Darüber hinaus existieren in beiden Bildungs- und Kulturzentren sogenannte Querschnittseinrichtungen, die hausübergreifende und administrationsbezogene Kooperationszwecke erfüllen, wie an dieser Interviewpassage verdeutlicht wird:

> „Also in der Organisation selber haben wir schon von Anfang an Schnittstellen ausgelotet. Das heißt, wir haben also eine zentrale Verwaltung geschaffen, ne. Also, eine Querschnittsverwaltung geschaffen, die im Prinzip als Serviceeinheit für alle drei Einrichtungen fungiert. Also da sind untergebracht die gesamte Kommunikation, also EDV, Telefon usw., Administration, die Buchhaltung natürlich, dann die Haustechnik und Hausverwaltung und eben die Betriebsleitung. So, habe ich noch was vergessen? Marketing und Öffentlichkeitsarbeit, natürlich. (...) Und so haben wir dann unser Personal, das vorhandene Personal in dieser Abteilung rein gegeben im Querschnitt, ne?" (Leitung_1, Z. 170-178)

Administrative Dienstleistungen, die von allen Einrichtungen in Anspruch genommen werden, wie z.B. die Buchhaltung, die Haustechnik, das IT-Wesen, die Hausverwaltung sowie die Öffentlichkeitsarbeit[199] sind gebündelt worden, um Doppelstrukturen zu vermeiden sowie die Arbeitsflexibilität und -leistung in Krankheitsfällen und Urlaubszeiten zu erhöhen (vgl. Leitung_1, Z. 180-182). Teilweise sind diese Querschnittsstellen personell über ehemalige Sachbearbeiterinnen der Einrichtungen besetzt worden, um Kontinuität zu wahren und eine Rückbindung in die einzelnen Einrichtungen zu gewährleisten. Diese Tatsache bleibt nicht ohne Auswirkungen auf die Volkshochschulen und die Arbeit des hauptberuflich pädagogischen Personals, wenn die Stellen der abgeordneten Sachbearbeiterinnen nicht neu besetzt werden:

> „Unsere Verwaltung ist geschrumpft worden ohne Ende, jetzt die klassische vhs-Verwaltung. Das war auch eine Befürchtung. Wir haben, bevor wir hier rüber gingen, vier Planstellen gehabt, wir haben jetzt noch zwei. (...) Was dann dazu geführt hat, dass wir als Pädagogen einen Sack voll organisatorischer Verwaltungsaufgaben jetzt mittlerweile völlig selbstverständlich nebenbei machen. Nebenbei heißt, da geht pädagogische Arbeitszeit verloren." (FBL_6, Z. 120-126)

In den Augen der Fachbereichsleitung geht die strukturelle Veränderung der Querschnittsbereiche zu Lasten der eigenen pädagogischen Arbeitszeit.

d) Qualitätssteigerung: Aus Sicht der meisten befragten Volkshochschulakteure lässt sich trotz der kritischen Beurteilung zur mangelnden pädagogischen Arbeitszeit eine Qualitätssteigerung feststellen. Diese wird jedoch weniger auf

---

199 Im Falle eines Bildungs-und Kulturzentrums existiert zum Zeitpunkt der Datenerhebung keine gemeinsame Marketingabteilung. Stattdessen müssen alle von den einzelnen Einrichtungen erstellten, öffentlichkeitswirksamen Produkte über die Leitung des Bildungs- und Kulturzentrums genehmigt werden.

der inhaltlichen Ebene der Kooperation, sondern insbesondere für den infrastrukturellen Bereich thematisiert. So hat die Volkshochschule mit dem Einzug in das Bildungs- und Kulturzentrum moderne, helle, behindertengerechte, technisch sehr gut ausgestattete und vielseitig nutzbare (Kurs- und Büro-)Räume erhalten, was in den Interviews im Vergleich zum alten Gebäude als wesentliche Verbesserung gewertet wird. Hinzu kommen die eingerichteten Erholungs-, Aufenthalts- und Kommunikationsräume, die sowohl von Mitarbeitenden des Bildungs- und Kulturzentrums als auch von Teilnehmenden als neues Qualitätsmerkmal geschätzt werden. Interessanterweise lässt die infrastrukturelle Qualitätssteigerung gleichzeitig die Qualitätsansprüche von außen wachsen, wie diese Fachbereichsleitung feststellt:

> „Vorher waren wir Hinterhof, da hat man uns vieles verziehen (...), na ja, ‚die können's wahrscheinlich nicht besser' oder ‚die geben sich ja Mühe, aber was sollen sie denn nu machen?' So sag ich das mal lax, also mit dem neuen Haus kamen doch Qualitätsanforderungen, auch an uns, und auch Qualitätswünsche, wo ich doch erstaunt bin. Die Preise haben sich seit dem nicht viel geändert, zumindest nicht gravierend, aber man findet diese Umgebung jetzt vor, die hervorragenden Bedingungen, aber dann auf einmal der Anspruchsgedanke, also jetzt muss das alles auch stimmen. Finde ich ganz toll, finde ich klasse, dass sich das so entwickelt hat, nämlich das ist unsere Überlebenschance im Weiterbildungsmarkt ganz allgemein, nämlich wo Ansprüche da sind, müssen die ja irgendwie bedient werden weitestgehend, und wenn man sich dem stellt und auch das doch realisieren kann, dann ist man weiter Ansprechpartner für Weiterbildung." (FBL_3, Z. 312-323)

Hervorzuheben ist die Schlussfolgerung, die die Fachbereichsleitung zieht: Werden aus Nutzersicht hohe Ansprüche an Weiterbildungseinrichtungen gestellt, müssen diese erfüllt werden. Eine Realisierung dieser Ansprüche bedeutet wiederum, dass die Angebote der Volkshochschule weiterhin nachgefragt werden und ihr Weiterbestehen zumindest dann gesichert ist, wenn sie kontinuierlich ein erfolgreiches Qualitätsmanagement betreibt.

Neben der Nutzerperspektive kann zudem eine Qualitätssteigerung in dem Sinne festgestellt werden, dass sich mit dem Einzug in das Bildungs- und Kulturzentrum die Arbeitsbedingungen der Kursleitungen verbessert haben:

> „Also die Tätigkeit selber ist natürlich nach wie vor die gleiche. Aber rein so vom Gefühl her, wie gesagt, man hat hier einfach mehr Annehmlichkeiten und mehr Komfort im wahrsten Sinne des Wortes, was man in der alten Volkshochschule überhaupt nicht hatte." (DozentIn_2, Z. 167-169)

Die Chance, die ein Bildungs- und Kulturzentrum für Volkshochschulen und deren quantitativ wichtigste Personalgruppe bieten kann, liegt demnach zum einen in der infrastrukturellen Verbesserung, die von den Kursleitungen positiv

7.4 Kooperationsbezogene Anforderungen

im Sinne einer lehr-lernförderlichen Umgebung eingeschätzt wird. Zum anderen liegt sie außerdem in der zeitlich ausgeweiteten Betreuung von Kursleitungen. In den Interviews werden die verlängerten Öffnungszeiten – auch der anderen Einrichtungen – oder beispielsweise der zentrale Hausmeisterdienst genannt, die dazu führen, dass Ansprechpartner zu fast jeder Zeit verfügbar sind, was beispielsweise bei einem volkshochschulüblichen Kursbetrieb in Schulen nicht der Fall ist. Gerade im Vergleich zu Schulen, die in den Abendstunden menschenleer sind, heben Kursleitungen die lebendige Atmosphäre von Bildungs- und Kulturzentren hervor und betonen, dass hier das Kursgeschehen für Außenstehende, aber auch für andere Kursteilnehmende wesentlich präsenter und transparenter sei.

e) Prestige- und Präsenzgewinn: Prestigegewinn – im Sinne der öffentlichen Geltung, Anerkennung und Wertschätzung – ist in Bezug auf den Kooperationsnutzen für alle Einrichtungen, speziell aber auch für die Volkshochschule genauso relevant wie der mögliche Präsenzgewinn – im Sinne der öffentlichen Darstellung, Sichtbarkeit und Wirkung.

So thematisiert eine Fachbereichsleitung die Stärkung der öffentlichen Geltung von Einrichtungen innerhalb eines Bildungs- und Kulturzentrums:

> „Man ist auch mehr als als einzelne Einrichtung, das ist auch ein Vorteil, damit auch ein größeres Stimmengewicht." (FBL_3, Z. 493f.)

Ein gewichtigeres Auftreten im Verbund zeigt sich als ein Vorteil, ohne dass dieser näher beschrieben wird. Denkbar wären kommunalpolitische Kontexte und Aushandlungsprozesse, innerhalb derer ein Bildungs- und Kulturzentrum mit mehreren Einrichtungen eine größere Bedeutung einnimmt als jede einzelne Einrichtung für sich. Darüber hinaus zeigt sich außerdem, dass „hausübergreifende Veranstaltungen (...) auch eine größere Strahlkraft" (FBL_1, Z. 387f.) und damit eine gesteigerte Außen- bzw. Publikumswirksamkeit haben als die Einzelveranstaltungen der Einrichtungen selbst. Durch die Zusammenlegung wird demnach ein Reputations- und Bedeutungsgewinn für jeden Bereich gesehen. Nicht zuletzt erhält das gesamte Bildungs- und Kulturzentrum Anerkennung durch den Erfolg und die Tragweite von überregional, teilweise sogar international agierenden Einrichtungen, wie z.B. Museen, die als „Leuchttürme" (FBL_ Z. 484) bezeichnet werden. Gleichzeitig wird das Verhältnis von Leuchttürmen und kommunalen Einrichtungen kritisch gesehen bzw. als Herausforderung gedeutet:

> „Ja, also dass dieses Verhältnis von Leuchttürmen und was sagt man dann dazu? (Lachen) Dem Boden (Lachen) der Insel, dass diese Verhältnisse ganz gut sind. Das fände ich schon wichtig, da muss man auch drauf achten, dass die Leuchttürme das andere dann nicht so überstrahlen. Dass die Wirkung des anderen auch noch so zur

Geltung kommen kann. Ja, das ist auch eine Herausforderung." (FBL_7, Z. 483-488)

Hier zeigt sich die Gefahr, dass Volkshochschulen, die mit ihrem Angebot lokal bzw. kommunal ausgerichtet sind, durch ein überregional agierendes Museum ‚überstrahlt' werden könnte. Dabei wird die Volkshochschule als kommunale Einrichtung als der „Boden", also die Basis eines Bildungs- und Kulturzentrums gesehen, da sie sich durch regelmäßige, offene und vielseitige Angebote sowie eine breite und kontinuierliche Teilnehmerschaft auszeichnet, während die sogenannten Leuchttürme mehr punktuell durch bestimmte Ausstellungen eher eingeschränkte Zielgruppen erreichen. Zur Geltung kommen müssen beide Aspekte, so der Appell der Fachbereichsleitung_7, um ein ausbalanciertes Verhältnis und einen gegenseitigen Prestigegewinn zu erreichen.

Unverkennbar lässt sich speziell für die Volkshochschule über die Interviews ein Präsenzgewinn als wesentlicher Kooperationsnutzen rekonstruieren. Unter dem Motto ‚Raus aus dem Hinterhof, räumlich und in den Köpfen' lässt sich aufzeigen, dass es um die räumliche Verbesserung der Volkshochschule geht, die gleichzeitig einhergeht mit einer veränderten Wahrnehmung und Sichtbarmachung von Volkshochschule:

> „Also die Volkshochschule heute wäre nicht das, was sie ist, wenn's das BKZ nicht gegeben hätte, also sowohl räumlich, als auch organisational. Es sind jetzt natürlich nur Spekulationen, aber wir wären vielleicht immer noch im Hinterhof räumlich und auch in den Köpfen drin (...)." (FBL_2, Z. 559-562)

Hinsichtlich des Zusammenhangs von räumlicher Veränderung und Präsenzgewinn, der ohne die integrative Kooperationsform nicht möglich gewesen wäre, werden in weiteren Interviews folgende volkshochschulspezifische Kooperationsgewinne genannt:

- Die zentrale Lage ermöglicht es, Volkshochschule in das Sichtfeld einer Stadt zu rücken: „[D]a kommen dann auch viele einfach der Neugierde halber" (DozentIn_2, Z. 403f.). Zudem wird eine bessere Erreichbarkeit realisiert: „Und die Teilnehmer können von überall hier herkommen ohne Probleme." (DozentIn_1, Z. 243).
- Die architektonische Ausgestaltung von modernen, teilweise durch breite Glasfronten transparent gehaltenen Kurs- und Büroräume ermöglichen, „[d]ass die Leute einfach reinkommen und gucken" (DozentIn_3, Z. 234). Der Einblick in das Kursgeschehen und die Volkshochschularbeit sowohl für Teilnehmende, die ‚Laufkundschaft' und potenziell Interessierte, als auch für die Kurs- und Fachbereichsleitungen selbst oder die Mitarbeiten-

7.4 Kooperationsbezogene Anforderungen

den anderer Einrichtungen wird positiv bewertet im Sinne der Sichtbarmachung einer „spürbaren Philosophie" und einer „Ausstrahlung" von Volkshochschule (Leitung_1_Vorgespräch, Z. 112f.). DozentIn_6 (Z. 190f.) geht sogar so weit zu sagen, dass die architektonische Offenheit ein neues Denken präge.

- Die „bauliche Präsenz" (Leitung_2, Z. 83) bzw. das Gebäude als „Hingucker" (FBL_5, Z. 525) tragen zudem zu einer Erhöhung des Wiedererkennungs-, Erinnerungs- und Attraktivitätswerts der Volkshochschule bei und werden als hoch werbewirksam eingeschätzt.
- Über den Neu- bzw. Umbau wurden eigene Kursräume verwirklicht, die sowohl einen stärkeren Kontakt zwischen hauptberuflich pädagogischem Personal, Kursleitungen und Teilnehmenden, als auch einen Bezug zum Kursgeschehen sowie intensivere Kunden- und Beratungskontakte ermöglichen (vgl. Leitung_1_Vorgespräch, Z. 107ff.).
- Die Größe des Bildungs- und Kulturzentrums bietet der Volkshochschule zudem ein „öffentliches Forum" (FBL_6, Z. 856), da es große, von einem breiten Publikum wahrgenommene Ausstellungsflächen eröffnet, die für Projektdarstellungen oder kreative Kurserzeugnisse wie Fotos oder Bilder genutzt werden können.

Zentralität, architektonisch transparent gestaltete Lehr-Lernsettings, imposante Bauweisen sowie die Größe und die damit nutzbare Ausstellungsfläche des Bildungs- und Kulturzentrums sind Parameter, die zunächst eine raumbezogene Beschreibung von Präsenz zulassen. Gleichzeitig wird über die Interviewaussagen jedoch auch deutlich, welche prägende mentale Wirkung diese haben: Volkshochschule wird nicht nur räumlich-architektonisch sichtbar, sondern auch in ihrem Handeln und Tätigkeitsfeld präsent, so dass sie sich als lebendige, vielfältige und offene Institution in den Köpfen der Teilnehmenden, aber auch der Mitarbeitenden und der Kooperationspartner verankern kann.

f) Kundengewinnung: Die erhöhte Präsenz, die Volkshochschulen innerhalb eines Bildungs- und Kulturzentrums gewinnen können, führt auch dazu, dass sich die potenziellen Ansprachemöglichkeiten zur Erweiterung des Adressatenkreises erhöhen. Dies geschieht zunächst eher nebenbei, denn die zentrale Lage „beschert eigentlich allen auch einen unheimlichen Zulauf an Kunden." (DozentIn_2, Z. 265f.). Dieser Effekt ist „als isolierte Einrichtung" (FBL_6, Z. 835), auch wenn sie zentral gelegen wäre, nicht erzielbar. Denn der neue Zulauf von Kunden wird in einem Bildungs- und Kulturzentrum vor allem über eine Art automatischen ‚Mitnahmeeffekt' begründet:

> „Das kann anziehend wirken glaube ich, weil man eben darüber hinaus, ‚wenn ich einmal da bin', mal praktisch gedacht ,und wenn ich mal da bin, kann ich gleich

mal in die Bibliothek gehen' und ‚aha, da ist auch die Volkshochschule, ja, ja, das kenne ich, da war ich schon mal'." (FBL_5, Z. 519-522)

Ist der Kunde bzw. die Kundin oder sind die Teilnehmenden erst einmal im Bildungs-und Kulturzentrum, werden sie auf die Dienstleistungen, Angebote und Ausstellungen von mehreren Einrichtungen aufmerksam und können diese in Anspruch nehmen.[200] DozentIn_3 bekräftigt diese Annahme über Erzählungen aus dem Bekanntenkreis:

> „Und da hab ich also auch viele Bekannte, die sagen: ‚Wenn wir hier einen Kurs machen, gucken wir immer mit einem Auge, was wird aktuell angeboten'." (DozentIn_3, Z. 54-56)

Aus der Perspektive einer der untersuchten Volkshochschulen ist jedoch festzuhalten, dass in erster Linie die integrierten Einrichtungen von der Teilnehmerschaft der Volkshochschule profitieren. Umgekehrt sei dies bisher nicht der Fall (vgl. Leitung_1_Vorgespräch, Z. 326f.). Begründet wird dies über die meist zahlungskräftigere Teilnehmerschaft der Volkshochschule, die eher bereit ist, den vergleichsweise geringeren Museumseintritt oder die Ausleihgebühren einer Bibliothek zu bezahlen, wenn sie bereits eine hohe Summe für einen Kurs ausgegeben hat. Neben der Finanzkraft ist jedoch noch ein weiteres Charakteristikum der Volkshochschulteilnehmerschaft für das gesamte Bildungs- und Kulturzentrum wichtig, wie Leitung_2 verdeutlicht:

> „Also die andere Bedeutung sehe ich, dass die Volkshochschule auch einfach ein kontinuierliches Publikum hat, was wir auch für Bibliothek, für Kultur insgesamt ansprechen können. Also wir haben hier Leute oder bringen Leute ins Haus, die wir dann auch mit solchen Dingen vertraut machen können oder ihnen das nahe bringen können, was wir hier alles noch im Hause planen und machen und tun. Ich glaube, da hat Volkshochschule schon auch eine wichtige, eine wichtige Funktion." (Leitung_2, Z. 369-374)

Es handelt sich um die Kontinuität, mit der die Teilnehmenden der Volkshochschule im Regelfall Kurse buchen; diese Art der Verlässlichkeit stellt ein wesentliches Potenzial für die Zielgruppenerweiterung und Nutzung andere Angebote im Haus dar.

Dass die Volkshochschulen durchschnittlich mehr jüngere Zielgruppen erreichen seit sie Teil einer integrativen Kooperationsform sind, wird u.a. auf die

---

200 So hält auch Stang (2011, 17f.) Aussagen über eine deutliche Steigerung der Nachfrage für alle Einrichtungen in den von ihm untersuchten Bildungs- und Kulturzentren fest. Empirische Untersuchungen über die einrichtungsübergreifenden Kundenströme existieren bislang jedoch nicht.

7.4 Kooperationsbezogene Anforderungen 211

Modernität, die Attraktivität und das Image des Bildungs- und Kulturzentrums zurückgeführt (vgl. FBL_6, Z. 843ff.). Leitung_3 (Z. 79) ergänzt, dass die Angebote für neue Zielgruppen ganz gezielt über das neue Haus sichtbarer gemacht wurden und darüber hinaus versucht wird, für gemeinsame Zielgruppen eine kooperative Ansprache zu finden:

> „Also wenn wir sagen: „Wir haben die Zielgruppe Kinder und Jugendliche, da wird sich dann auch zusammen gesetzt, da wird gemeinsam geplant. Was kann der Kulturbereich machen? Was macht die Volkshochschule? Was macht die Bibliothek zu der Thematik? Und wie können wir das angehen?" (Leitung_2, Z. 817-820)

Alle Bereiche, die eine bestimmte Zielgruppe gewinnen wollen, tragen zunächst einrichtungsspezifische Strategien zusammen, welche dann in eine gemeinsame Neuausrichtung der Zielgruppenansprache münden.

Übergreifend kann festgehalten werden, dass die befragten Volkshochschulakteure eine Vielfalt an Kooperationszwecken anführen; teilweise sind diese mit kritischen Einschränkungen verbunden. Eine quantitative Auswertung der Nennungen macht auf die Unterschiede in der Thematisierungshäufigkeit aufmerksam.

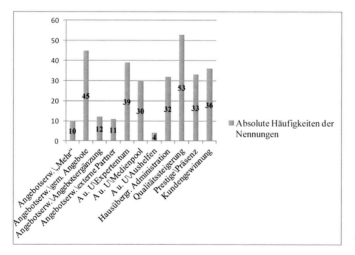

Abbildung 10: Absolute Häufigkeiten der Nennungen zur Kategorie ‚Kooperationszwecke'

So lassen sich die meisten Textstellen der Kategorie *Qualitätssteigerung* zuordnen; wie oben bereits beschrieben, wird hierunter v.a. eine räumliche Verbesserung gefasst.[201] Am zweithäufigsten äußern sich die Interviewpartner und -partnerinnen unter der Kategorie Angebotserweiterung dazu, *gemeinsame Angebote* aufstellen zu können. Innerhalb der Kategorie *Austausch und Unterstützung (A u. U)* wird am häufigsten der gegenseitige Nutzen des vorhandenen *Expertentums* benannt. Neben diesen drei am häufigsten genannten Kooperationsperspektiven folgen quantitativ gesehen die *Kundengewinnung*, der *Prestige- und Präsenzgewinn*, die *hausübergreifende Administration* sowie die Nutzung und Abstimmung eines gemeinsamen *Medienpools* als weitere wichtige Kooperationszwecke mit über 30 Nennungen.[202]

Kooperationshandeln und -zuständigkeit: Wie wird kooperiert und wer kooperiert?

Im Folgenden wird differenziert, auf welchen Ebenen sich das Kooperationshandeln der Volkshochschulakteure beschreiben lässt. Um erste Hinweise auf die Frage zu erhalten, wer wie kooperiert, wird im ersten Schritt die bereits dargestellte quantitative Häufigkeitsauszählung nach Personalgruppen aufgeschlüsselt.[203] Ein direkter Vergleich der absoluten Häufigkeiten ist dabei jedoch nicht zielführend, da unterschiedlich viele Interviews in den einzelnen Personalgruppen vorliegen. So muss die absolute Häufigkeit in das Verhältnis zur Gesamtzahl n der jeweiligen Personalgruppe gesetzt werden, um mittels der relativen Häufigkeiten Vergleiche zu ermöglichen.

---

201 Dass insbesondere die Raumkategorie in den Interviewaussagen dominiert, wurde bereits beim ersten Lesen des Textmaterials deutlich: Insbesondere die anfänglichen Erwartungshaltungen der befragten Personen spiegelten diese Schwerpunktsetzung wider (vgl. Kapitel 7.2.1.3). In der inhaltsanalytischen Auswertung zum Thema Kooperationszweck zeigt sich nun, dass raumbezogene Nennungen inhaltlich häufig mit Qualitätssteigerung in Beziehung gesetzt werden.
202 Inwiefern diese volkshochschulspezifischen Nutzenvorstellungen und -erkenntnisse mit den Zielperspektiven der anderen Einrichtungen in einem Bildungs- und Kulturzentrum übereinstimmen, bleibt an dieser Stelle ungeklärt. Hierfür gilt es umfangreichere empirische Studien durchzuführen, die neben der Volkshochschulperspektive noch weitere räumlich-integrierte Einrichtungen mit einbeziehen.
203 Auf Grund der Datenerhebung mittels Interviews lassen sich Aussagen darüber treffen, wer wie über Kooperation bzw. sein eigenes Kooperationshandeln *spricht*. Um das tatsächliche Kooperationshandeln zu erfassen, wäre ein anderer methodischer Zugang, z.B. der der teilnehmenden Beobachtung, zielführender. Die vorliegende Auswertung hat hingegen den explorativen Anspruch, Kooperationsverständnisse über formulierte Zweck- und Handlungsorientierungen zu rekonstruieren.

7.4 Kooperationsbezogene Anforderungen 213

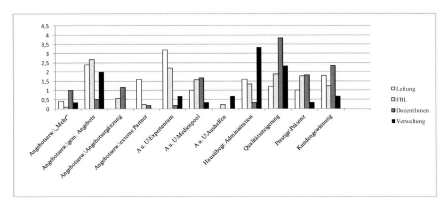

Abbildung 11: Personengruppenbezogene Nennungen zur Kategorie ‚Kooperationszwecke' (Relative Häufigkeiten)

Auf diese Weise lässt sich nachvollziehen, welche Personalgruppe welchen Kooperationszweck am häufigsten und am wenigsten thematisiert. Die genannten Kooperationszwecke werden im Folgenden auf ihre inhaltliche Beschreibung hin überprüft und mit dem Tätigkeitsprofil, dem vorrangigen Interessensfokus und dem Zuständigkeitsbereich der Personalgruppe in Verbindung gesetzt.

a) Kooperationshandeln und -zuständigkeit von Volkshochschulleitungen: So kann für die Interviews der Volkshochschulleitungen festgestellt werden, dass sich im Vergleich zu den anderen Gruppen besonders viele Textstellen finden, die das *Expertentum* thematisieren. Dieser vorrangige Blick der Volkshochschulleitungen ist aus ihrer „Schlüsselposition" (Feld 2007, 169) heraus zu begründen. Im Gegensatz zu anderen Personalgruppen liegt ihre zentrale Aufgabe darin, Organisationsentwicklungsbedarfe zu erkennen und Organisationsentwicklungsprozesse anzustoßen und zu fördern. Die Interviews mit der Leitungspersonalgruppe verdeutlichen, dass solche Prozesse nicht losgelöst von den anderen Einrichtungen des Bildungs- und Kulturzentrums betrachtet werden. So wird die integrative Kooperationsform als „gewollte Herausforderung" (Leitung_1, Z. 352) beschrieben, welche ein veränderungs-, innovations- und lernförderliches Potenzial für die eigene Einrichtung birgt. Gerade bei den Volkshochschulleitungen lässt sich ein verstärkt einrichtungsübergreifender Blick erkennen, der mit der Zielperspektive einhergeht, die eigenen Prozesse im Austausch zu optimieren, von anderen zu profitieren, ein breiteres Spektrum an Veranstaltungen anbieten zu können und einen Zugewinn an Wissen zu erreichen. Ausschlaggebend hierfür ist in den Augen der Leitungskräfte in erster Linie die Wahrnehmung und Anerkennung von Fachkompetenzen und der Professionalität der anderen, um Denkhorizonte zu erweitern und – im Sinne einer gegenseitigen

Professionalisierung – voneinander zu lernen. Ein strategisches Förderungsinstrument stellen z.b. sogenannte ‚Kompetenzteams' dar, die auf dem Konzept beruhen, dass Kompetenzen zusammengeführt werden, also Mitarbeitende aus allen Einrichtungen zu spezifischen Themen gemeinsame Ideen und Angebote entwickeln. Die vorrangige Orientierung am gemeinsamen und facettenreichen Expertentum ist demnach auf einer strategischen Ebene des Zusammenwirkens und der Kooperationsinitiierung anzusiedeln, die zunächst nicht danach fragt, *was* kooperativ bewerkstelligt werden könnte (z.b. Angebotsergänzungen oder Aushelfen), sondern eher *wie* es zu Kooperationen kommen kann bzw. wie sich Kooperationsbeziehungen ausgestalten können.

b) Kooperationshandeln und -zuständigkeit von Fachbereichsleitungen: Auf Ebene der Fachbereichsleitungen liegen der relativen Häufigkeit nach besonders *gemeinsame Angebote* als Angebotserweiterung im Fokus, während so gut wie gar nicht ‚einfach mehr' von Kooperationen erwartet wird. Da Fachbereichsleitungen ihrem Tätigkeitsprofil nach vor allem mit der Programmplanung und Angebotserstellung für ihren jeweiligen Fachbereich beschäftigt sind, überrascht es auch nicht, dass dieser befragte Personenkreis, vorrangig den Kooperationsnutzen der gemeinsamen Angebote im Blick hat. So sind es auch die hauptberuflich pädagogischen Mitarbeitenden, die z.B. an oben genannten Kompetenzteams teilnehmen oder über sonstige Austauschforen gemeinsame Ideen für kooperative Angebote entwickeln. Der Grad der Verbindlichkeit der kooperativen Beteiligung reicht dabei von offen bzw. freiwillig[204] bis angefragt bzw. angeordnet.[205] Da die Fachbereichsleitungen selbst diejenigen sind, die kooperative Angebote entwickeln und teilweise auch durchführen, sprechen sie in den Interviews auch nicht davon, dass ‚einfach mehr' möglich ist, sondern konkretisieren sehr beispielhaft gemeinsame Angebote, die bisher entwickelt wurden und stattgefunden haben. Die Kooperationsorientierung der Fachbereichsleitungen ist demnach sowohl auf der Ebene des Austausches als auch auf der Ebene des konkreten Zusammenwirkens angesiedelt. Sie nehmen damit vor allem die projektorientier-

---

204 Vgl. FBL_1 (Z. 138-139) „(...) wer Lust hat, was zu machen oder wer sich unbedingt beteiligen möchte, also wo das dann thematisch dazu passte, hat man das gemacht." Es finden sich Anzeichen für eher punktuelle und personenbezogene Kooperationsaktivitäten, die abhängig vom persönlichen Engagement der Fachbereichsleitungen realisiert werden. Begründet werden kann diese Art des Kooperationshandelns über die Fachbereichsautonomie als wesentliches Kennzeichen von Volkshochschulen (vgl. Zech 2008a, 7). Inwiefern dies zu Spannungsverhältnissen innerhalb eines Bildungs- und Kulturzentruns führen kann, greift Kapitel 7.5.1 auf.
205 Vgl. FBL_2 (Z. 410-414): „Und dann musste ich halt überlegen, kann ich da konkret aus meinem Fachbereich irgendwas beisteuern, wenn ja, was. Das ist oftmals dann nicht so gewesen, dass man jetzt musste, also wenn's da keinen Zusammenhang gab oder wenn ich da keinen gesehen hab, dann war das Thema abgehakt, aber da kam schon die Anfrage auch vom BKZ sozusagen an meine Arbeit."

7.4 Kooperationsbezogene Anforderungen 215

te Zusammenarbeit mit den anderen Einrichtungen und damit die Kooperationsprodukte in den Blick.

c) *Kooperationshandeln und -zuständigkeit von Kursleitungen:* Die befragten Kursleitungen sprechen im Vergleich zu den anderen Personalgruppen den Bereich der *Qualitätssteigerung* besonders häufig an.[206] Zieht man die entsprechenden Interviewpassagen heran, wird deutlich, dass sich der Aspekt der Qualitätssteigerung jedoch weniger auf kooperative Aktivitäten an sich bezieht, denn diese finden auf Kursleitungsebene kaum statt oder werden höchstens zusammen mit der zuständigen Fachbereichsleitung ausgeführt. Im häufigsten Fall wird lediglich auf andere Einrichtungen und deren Möglichkeiten verwiesen. Die Kursleitungen beziehen Qualitätssteigerungen vor allem auf die Verbesserung der eigenen Arbeitsbedingungen. So wird die besondere infrastrukturelle Ausstattung im Vergleich zum Kursbetrieb in angemieteten Schulräumen als kursunterstützend, lernförderlich, atmosphärisch angenehm und komfortabel beschrieben. Des Weiteren fühlen sich Dozenten und Dozentinnen besser betreut, da auf Grund längerer Öffnungszeiten des gesamten Bildungs- und Kulturzentrums Ansprechpersonen zur Verfügung stehen. Schließlich wird auch die Erfahrung gemacht, dass sich das Bild von Volkshochschule und damit die Tätigkeit von Kursleitungen in der Bevölkerung verändern.[207] So sieht diese Personalgruppe darin eine Qualitätssteigerung, dass Volkshochschulen in Bildungs- und Kulturzentren auf Grund einer qualitativ hochwertigen Infrastruktur, der zentralen Lage, transparenter Räumlichkeiten sowie kooperativer publikumswirksamer Angebote ihr Image „Klöppelkurs-Anbieter" loswerden (vgl. DozentIn_2, Z. 445).[208] Letztgenannter Aspekt hängt unmittelbar mit der Kundengewinnung – also mit der Erhöhung der Teilnehmerzahlen – zusammen, die für Kursleitungen eine wichtige Rolle spielt und in den Interviews am zweithäufigsten genannt wird. Zusammenfassend zeigt sich, dass Kursleitungen zwar auf der Ebene der Ausführung und des Verweisens ihr kooperatives Handeln beschreiben, ansonsten jedoch eine starke Fokussierung auf ihre eigene Lehrtätigkeit und die damit verbundenen Arbeitsbedingungen beschreiben, die sich mit der neuen kooperativen Organisationsform, vorwiegend hinsichtlich der baulich-räumlichen sowie technischen Komponente, erheblich verbessert haben. Eigenes kooperatives

---

206 Das Thema des ‚Aushelfens' spielt hingegen in den Interviews keine Rolle, da sie auf Grund ihrer Frei- oder Nebenberuflichkeit ausschließlich ihrer Lehrtätigkeit innerhalb der Volkshochschule nachgehen und keine weiteren Tätigkeiten im Bildungs- und Kulturzentrum wahrnehmen.
207 Vgl. DozentIn_2 (Z. 436): „Da würde ich sogar sagen, wird der Ruf der Volkshochschule eigentlich besser."
208 Vgl. DozentIn_2 (Z. 454-455): „(...) das ist eigentlich so der Vorteil, dass man auch mal sieht, was bietet eigentlich die Volkshochschule alles an? Denn sonst sieht man das ja nicht."

Handeln ist aus Sicht der befragten Kursleitungen nicht erforderlich, um ihr Aufgabenspektrum zu erfüllen.

d) Kooperationshandeln und -zuständigkeit von Verwaltungskräften: In den Interviews der Verwaltungsgruppe zeigt sich, dass der Kooperationszweck der *hausübergreifenden Administration* am häufigsten thematisiert wird. Diese Schwerpunktsetzung ist augenscheinlich durch die Fokussierung verwaltungsbezogener Aufgaben erklärbar und auch dadurch, dass eine befragte Person aus dieser Gruppe selbst in der Querschnittsverwaltung tätig ist. Zwei Ebenen von kooperativen Zuständigkeiten können über die Interviews erkannt werden. Zum einen finden über die Verwaltungskräfte im technisch-administrativen Bereich die gemeinsame Medienbeschaffung sowie Ressourcennutzung statt. Auf der organisationsstrukturellen Ebene sind es die zentralisierten Dienstleistungen, in die die Verwaltungskräfte eingebunden sind oder die Schnittstelle zwischen der eigenen Einrichtung und der Querschnittseinrichtung bilden. Deutlich wird, dass die befragten Verwaltungskräfte selbst kaum in angebotsspezifische kooperative Aktivitäten eingebunden sind, einrichtungsübergreifende Veranstaltungen aber kennen und darüber berichten und informieren können. Angebotsergänzungen hingegen, die auf Kursebene stattfinden spielen in den Gesprächen mit den Verwaltungskräften genauso wenig eine Rolle wie die Zusammenarbeit mit externen Kooperationspartnern. Dies kann als Hinweis auf das Tätigkeitsprofil der Befragten gedeutet werden, das eine inhaltliche Einbindung über administrative Tätigkeit hinaus nicht vorsieht und insgesamt den auf die Volkshochschule eingegrenzten Blick fördert.

Zusammenfassend stellt folgendes Schaubild für alle Personalgruppen die vorrangig thematisierte Kooperationsebene sowie das in den Interviews am häufigsten beschriebene Kooperationshandeln dar.

Personalgruppe	Kooperationsebene	Kooperationshandeln
Leitung	Ebene des strategischen Zusammenwirkens	beziehungsstiftend-initiierend
Fachbereichsleitung	Ebene des konkreten Zusammenwirkens und des Austausches	inhaltlich-projektförmig
Kursleitungen	Ebene des infrastrukturellen Zusammenwirkens, des Verweisens aufeinander und ggf. der Ausführung	Eingeschränktes Kooperationshandeln; Fokussierung auf die eigenen Arbeitsbedingungen
Verwaltung	Ebene des administrativen Zusammenwirkens und des Berichtens	organisatorisch-strukturell bzw. technisch-administrativ

Tabelle 8: Kooperationsebene und Kooperationshandeln der unterschiedlichen Personalgruppen

7.4 Kooperationsbezogene Anforderungen

Deutlich wird, dass die hier dargestellten unterschiedlichen Verständnisse von Kooperationshandeln unterschiedliche Kooperationseben bzw. -intensitäten widerspiegeln:

- Das beziehungsstiftende-initiierende Kooperationshandeln der Leitungskräfte dient entsprechend der strategischen Ausrichtung nicht nur der Verbesserung der kooperativen Arbeit im Ist-Zustand, sondern es werden auch gemeinsame inner- und interorganisationale Ziele verfolgt, die über gegenwärtige Fragen und einzelne Kooperationsnutzen hinaus gehen. Die einrichtungsübergreifende Konzeptdurchdringung steht im Mittelpunkt des kooperativen Handelns.
- Das inhaltlich-projektförmige Kooperationshandeln der Fachbereichsleitungen orientiert sich an der Initiierung, Planung, Konzipierung und Durchführung von gemeinsamen Angeboten, welche im vorliegenden Datenmaterial eher als punktuell beschrieben werden, in den Augen der Interviewten jedoch durchaus verstetigt werden können.
- Kooperatives Handeln ist für Kursleitungen nur eingeschränkt auf der Ebene des Verweisens oder Ausführens erkennbar, insofern dies von der Fachbereichsleitung gewünscht ist. Durch das infrastrukturelle Zusammenwirken unterschiedlicher Einrichtungen profitiert insbesondere diese Personalgruppe von den Rahmenbedingungen integrativer Kooperationsformen.
- Das organisations-strukturelle bzw. technisch-administrative Kooperationshandeln der Verwaltungskräfte bezieht sich auf gegenseitige bzw. zentralisierte Dienstleistungen im Haus. Kooperativ durchgeführte Veranstaltungen sind bekannt, weshalb darüber informiert werden kann. Voraussetzung hierfür ist ein kontinuierlicher Austausch und eine gute Informationspolitik.

Übergreifend lassen sich mehrere Anforderungen ableiten, wovon eine wesentliche ist, sich auf allen Personalebenen die Vielfältigkeit von Kooperationszwecken zu verdeutlichen: Sie können von kurz- oder langfristigem Nutzen sein, die schnell oder langsam realisiert werden können und sich eher auf konzeptionelle oder dienstleistungsbezogene Aspekte der Zusammenarbeit beziehen. Auf diese Weise kann zum einen der Mehrwert der Kooperationsform ‚Bildungs- und Kulturzentrum' begründet werden. Zum anderen schafft das Bewusstsein über die erreichte operationale Umsetzung von Kooperationen eine Motivation für weitere und nachhaltigere Kooperationsaktivitäten. Dabei stellt sich die Anforderung, veränderungswillig und -fähig zu sein, da die neue Organisationsform mit einem Wandel von traditionellen Elementen der Volkshochschule verbunden ist: Es kommt z.B. zu einer Angebotserweiterung, einer Zunahme und Veränderung der Teilnehmergruppen sowie zu veränderten Tätigkeitsfeldern und Aufgaben. Diesen Wandel als Möglichkeit der eigenen Organisationsentwicklung zu begreifen, ist eine Herausforderung, die sich an Einrichtungen in kooperativen Organisationsformen stellt. Erforderlich ist zudem die Bereitschaft, Neues und Unbekanntes wahrzunehmen und das eigene Handeln darauf auszurichten, Wissensressourcen zugänglich zu machen und Erfahrungen offenzulegen. Bedingungen der Konkurrenz und die Wahrung der eigenen Identität müssen hierbei berücksichtigt werden. Schließlich stellt sich an Volkshochschulen die Anforderung, die unterschiedlichen Intensitätsgrade des kooperativen Handelns verstehen zu lernen und in Zusammenhang mit den unterschiedlichen Tätigkeitsmerkmalen der Personalgruppen zu setzen. Organisationsstrategische Mittel können dazu beitragen, das jeweilige Kooperationshandeln stärker zu fördern bzw. auf andere Intensitätsebenen zu transferieren. Die Verschiebung von Denk-, Orientierungs-, Handlungslogik- und Institutionsgrenzen kann nach Jütte (2002, 312) zu Synergie- und Innovationspotenzialen führen. Dabei stellt die Klärung und Offenlegung von Kooperationsverständnissen, Zielvorstellungen und Umsetzungsmöglichkeiten einen wesentlichen Faktor dar, um unrealistische Vorstellungen von und Erwartungen an Kooperation zu vermeiden.

7.4.2 Synergie als Aufgabe[209]

"Und die zentrale Frage ist, ist die Synergie nur ein Traum oder eine Hoffnung, eine Chimäre oder kommt da wirklich mehr raus (...)?" (FBL_4, Z. 298-300)

Synergie als Aufgaben- und Zielperspektive gewinnt im Vergleich zu anderen kooperativen Bildungsarrangements gerade unter dem Merkmal der räumlichen und organisatorischen Zusammenlegung eine besondere Relevanz. Denn in einem Bildungs- und Kulturzentrum wird ein gemeinsames kooperatives Arrangement mit einem hohen Intensitäts- und Bindungsgrad angestrebt, welches durch ein gemeinsames Gebäude – also die räumliche Nähe – sowie organisatorische, inhaltliche und konzeptionelle Schnittstellen bzw. daraus entstehende Gewinne verstetigt werden soll. Nachfolgende Auswertung des Interviewmaterials bezieht sich somit auf die These, dass der Synergiebezug in Bildungs- und Kulturzentren eine große Bedeutung einnimmt und hohe, nur schwer zu erfüllende Erwartungen produziert, gleichzeitig jedoch für die beteiligten Einrichtungen vielfältige Funktionszusammenhänge eröffnet. Um dieser These nachzugehen stehen im Folgenden zwei Fragestellungen im Fokus der Inhaltsanalyse:

---

209 Vgl. in Teilen Mickler (2011).

7.4 Kooperationsbezogene Anforderungen

- Wie wird ‚Synergie' von Akteuren der Volkshochschule thematisiert?
- Welche möglichen Umgangsweisen lassen sich mit diesem Kooperationspostulat erkennen?

In die Interpretation flossen dabei nur die Textstellen, in denen wortwörtlich von ‚Synergie' oder ‚Synergieeffekten bzw. -gewinnen' gesprochen wurde, um sicher zu gehen, dass die Befragten an diesen Stellen tatsächlich und bewusst Synergie zum Thema machten. So konnten 14 Textstellen identifiziert werden, in denen selbstgewählte Setzungen und Semantiken der Befragten auf Synergie verweisen. Die Fundstellen verteilen sich dabei bis auf die Gruppe der Kursleitungen auf alle Personalebenen.

Thematisierungsformen

Die empirischen Befunde zeigen auf, dass Synergie in Form von fünf Spannungsverhältnissen thematisiert wird.

a) Planung vom ‚Mehr' vs. fehlende Umsetzung: Synergie wird als geplanter, erhoffter und im Besonderen als positiv besetzter Aspekt von Bildungs- und Kulturzentren beschrieben, wobei jedoch der Widerspruch von Planung und Umsetzung deutlich herausgestellt wird. Mehrere Interviewaussagen bestätigen, dass Synergien gerade in der Konzeptionsphase als „vorhergesagt" (FBL_2, Z. 268), „vielversprochen" (FBL_2, Z. 126), „hochgelobt" (ebd.) und als etwas „Verlockendes" (FBL_4, Z. 20) beschrieben wurden. Richtet sich der Blick jedoch auf die Organisationsrealität, überwiegt hingegen das Gefühl, dass etwas fehlt, auf das man gehofft hat:

> „(...) ich fühl einen Mangel. Und vielleicht kommt der Mangel von diesem Traum, der mir mitgeteilt worden ist. Also wenn bestimmte Leute hier im Haus (...), wenn die von der Planungsphase reden, dann kommt die Synergie (...). So, und dann spüre ich , das muss was gewesen sein, was erhebend war. Jetzt bin ich hier im Alltag, (...) und merke nichts in Bezug aufs [Bildungs- und Kulturzentrum] von diesem Erhabenen. (...) Ich weiß aus Gesprächen mit Kolleginnen und Kollegen, dass das manchen ähnlich geht und dass einige auch ein Mehr gerne hätten, ohne das Mehr jetzt definieren zu können." (FBL_4, Z. 338-350)

Die idealisierten Voraussagungen, dass Synergie ein „Mehr" entstehen lassen würde, sind nicht eingetroffen, so dass als Folge einer fehlenden Umsetzung Mangel- und Enttäuschungsgefühle entstehen.[210]

b) Abstrakte Rhetorik vs. konkretes gemeinsames Tun: Der oben stehenden Aussage der Fachbereichsleitung ist ein weiterer Widerspruch immanent. Ohne genauer definieren zu können, was das gewünschte und geplante „Mehr" eigentlich sein könnte, bedauern die Volkshochschulakteure, dass die abstrakten Vorstellungen von Synergie nicht auf die „Arbeitsebene runtergebrochen" (FBL_2, Z. 270) worden sind. Die kurz aufeinanderfolgende Wortwahl „erhebend" und „diesem Erhabenen" aus obigem Zitat (FBL_4) verdeutlicht den Vorteil eines schillernden und abstrakten Begriffs von Synergie in der Planungsphase. So hatte die anfängliche Synergieperspektive einen *erhebenden*, also motivierenden und bewegenden Effekt auf die Volkshochschulakteure, die sich so an einer gemeinsamen Vision orientieren konnten, um die organisationalen Umbrüche und die damit verbundenen Ängste zu kompensieren. Die abstrakte Synergievorstellung in der Planungsphase hatte neben den Effekten auf die eigenen Mitarbeitenden einen weiteren wesentlichen Vorteil, wie sich in einem Interview ablesen lässt:

> „Aber natürlich, in der Planungsphase ging's ja auch viel um Rhetorik, also das Museum_1 wollte eigentlich nicht hier her, die Gründe kann man auch nachvollziehen, weil die haben einen Forschungsschwerpunkt und mit dem Einzug ins BKZ ist plötzlich ein ganz großer Schwerpunkt Öffentlichkeitsarbeit, Außenwirkung da, das war vorher gar nicht. (...) Und natürlich kann ich jetzt, wenn ich über Synergien Argumen-, rhetorisch kann ich das jetzt so reinbringen im Sinne einer Überzeugungsarbeit. Am schönsten funktioniert das dann, wenn die Begriffe nicht klar sind. Wenn die vage sind und vieles zulassen. Dann erreich ich, dann hab ich den meisten Einfluss. Also vielleicht ist der Traum der Synergie auch so zu erklären, ne, auch politisch, es müsste Geld locker gemacht werden. Dann kann ich immer, also, wenn ich das BKZ nach außen darstelle, muss ich mit den Synergie-Effekten argumentieren." (FBL_4, Z. 314-326)

Somit konnte erstens über die Unklarheit des Begriffs und gesteigerte positive Erwartungen an mögliche Synergien Überzeugungsarbeit gegenüber zögerlich agierenden Kooperationspartnern geleistet werden. Zweitens wird das Synergieargument als ausschlaggebend für die politische und somit auch finanzielle Förderung eines Bildungs- und Kulturzentrums eingeschätzt.

Synergie als Phänomen konfrontiert die Kooperationsakteure jedoch im Alltagsgeschäft innerhalb des Bildungs- und Kulturzentrums mit der Eigenschaft

---

210 Vgl. hierzu auch Faulstich (2010, 44), der von einem „proklamatorischen" Kooperationsverständnis spricht, wenn die Zusammenarbeit in erster Linie ein Lippenbekenntnis und die operative Umsetzung mangelhaft bleibt.

7.4 Kooperationsbezogene Anforderungen 221

des *Erhabenen*, der Unnahbarkeit, des Schwebens über den Dingen und wird dann als fixe Idee empfunden, die es zu konkretisieren gilt.

> „Na ja, wir haben (...) da noch also viel bewusster auch gesucht, wo sind jetzt Anknüpfungspunkte? Und diese vielversprochenen und hochgelobten Synergien (Lachen), um die ausfindig zu machen und zu nutzen." (FBL_2, Z. 124-127)

Synergien sind dieser Aussage nach weitläufig akzeptiert, durch die Zusammenlegung der Einrichtungen in unerklärlicher Weise automatisch vorhanden, sie schweben als Ergiebigkeitsquelle abstrakt im Raum und müssen lediglich gefunden und nutzbar gemacht werden.

c) Einsparung vs. Ressourcen-Synergie: Hinsichtlich der bildungspolitischen oder kommunalen Vorstellungen von einer integrativen Kooperationsform, stellt sich heraus, dass Synergie hier oftmals mit Einsparungen gleichgesetzt wird. So schildert eine Volkshochschulleitung ihre Erfahrung:

> „Als wir damals in die Diskussion gingen, was wir denn hier machen, da hieß es natürlich immer Synergien und Sie wissen ja, dass ein Kämmerer bei Synergien das immer gleichsetzt mit Einsparung. Und da haben wir von Anfang an gesagt: ‚Also die Vorgabe möchten wir nicht, wollen wir nicht, können wir auch nicht versprechen. Was wir versprechen ist, dass wir mit dem Personalbestand, den wir haben, in dieses Haus gehen und neue Aufgaben bewältigen werden'. Das war unsere Aussage, also wir werden mehr machen als bisher (...)" (Leitung_2_Vorgespräch, Z. 135-141)

Das hier vertretene Credo aus Sicht der Volkshochschule betont also, dass Synergie keinesfalls mit Einsparung verwechselt werden darf, sondern dass auf Grund von Synergien mit den bereits vorhandenen Kapazitäten Mehr und Neues erreicht werden kann. In diesem Zusammenhang entsteht der Begriff der Ressourcen-Synergie (vgl. Leitung_3, Z. 195), der beschreibt, dass bereits vorhandene Ressourcen gebündelt werden, um mehr zu erreichen als es die einzelnen Kräfte für sich könnten. Im Umkehrschluss bedeutet diese Aussage aber auch, dass für kooperative Aktivitäten keine zusätzlichen Ressourcen, wie z.B. Personalstellen, gefordert werden.

d) Arbeitserleichterung vs. zusätzlicher Arbeitsaufwand: Anhand der Ressourcenfrage lässt sich ein weiteres Spannungsverhältnis aufzeigen. So führt FBL_4 (Z. 300) beispielsweise die in ihren Augen klassische Definition für Synergie an, „mehr, dann auch mit geringerem Aufwand" zu erreichen. Dies widerspricht jedoch einer zu Beginn des Interviews getätigten Aussage, es sei auf Grund fehlender Arbeitskapazität „sehr schwierig da immer wieder über die Grenzen zu gehen oder überhaupt mal über die Grenzen zu gehen" (ebd., Z. 36f.). Dieser Auffassung würden auch weitere Befragte zustimmen, wenn sie die beschränkten Kapazitäten im Haus für fehlende oder nicht ausreichend befriedigende Synergieeffekte verantwortlich machen:

> „Also alle sind mit Arbeitszeiten am Rande der Kapazitäten, so da ist jetzt nicht mehr möglich. Und da würde ich die Grenzen sehen. (4) Da sehe ich jetzt auch keine Erleichterung. Also man spricht ja oft über die Synergie-Effekte, ne. Da denke ich so, die Erleichterung sehe ich jetzt auch nicht so sehr. Also, weil man für das, was man machen möchte, immer bestimmte Ressourcen braucht." (vgl. FBL_7, Z. 321-325)

e) Kontinuierliche Synergieeffekte vs. temporäre Synergieeffekte: Bei der Thematisierung von Synergie spielt schließlich die Zeitdimension eine Rolle. So greifen einige Befragte auf der einen Seite das temporäre Synergie-Beispiel einer gemeinsam realisierten Veranstaltung auf und beschreiben den Gewinn aus Nutzersicht, wenn alle Einrichtungen mit gemeinsamen Angeboten involviert sind (vgl. FBL_4, Z. 305-311). Gleichzeitig wird aber einschränkend hinzugefügt, dass punktuelle Synergieeffekte zu kurz greifen. So wird betont, dass Synergie auf der anderen Seite auch immer in der „Alltagsarbeit" (FBL_4, Z. 312) und somit auch kontinuierlich spürbar sein müsste.

Das mit positiven Gefühlen überladene Phänomen Synergie, das Grundbaustein der Konzepte von Bildungs- und Kulturzentren ist, entlädt sich als spannungsreicher Erfahrungsbericht der Volkshochschulakteure, der sich in folgende fünf antinomische Thematisierungsformen zusammenfassen lässt:

Spannungsfeld ‚Synergie'	
Planung vom ‚Mehr'	Fehlende Umsetzung
Abstrakte Rhetorik	Konkretes gemeinsames Tun
Einsparung	Ressourcen-Synergie
Arbeitserleichterung	Zusätzlicher Arbeitsaufwand
Kontinuierliche Synergieeffekte	Temporäre Synergieeffekte

Tabelle 9: Antinomische Thematisierungsformen von Synergie

Das Kooperationspostulat Synergie weist somit die Charaktereigenschaft der Kontingenz auf. Synergie kann so, aber auch anders sein und beschreibt damit einen Zustand der Offenheit und Ungewissheit. Das Anfangszitat dieses Kapitels aufgreifend stellt sich die Frage: Ist Synergie ein Traum, eine Hoffnung, eine Chimäre oder ‚Mehr'? Damit ist die Bandbreite der vorhanden Erwartungen, die an das Phänomen Synergie gestellt werden, ausgedrückt und begründet auch die Enttäuschung, dass vorhandene Synergien noch lange nicht „ausgeschöpft"

7.4 Kooperationsbezogene Anforderungen

(Verwaltung_2, Z. 132) wurden. Doch wie kann sich ein Konzept verwirklichen, das einem kontingenten Kooperationspostulat folgt? Wie gestaltet sich der Umgang aus Sicht der Volkshochschulakteure mit diesen aufgezeigten Spannungsverhältnissen?

Umgangsweisen mit einem kontingenten Kooperationspostulat

Die Inhaltsanalyse zeigt ein Spektrum von fünf unterschiedlichen Umgangsweisen auf, die im Folgenden näher definiert werden.

a) Resignation und Abgrenzung: Die oben aufgezeigte Erscheinungsform der Enttäuschung und des Mangels über nicht realisierte Synergievorstellungen, mündet teilweise in eine resignierte Haltung der Volkshochschulakteure. Die Frustration rührt zum einen aus einer mangelnden Ziel- und Sinnperspektive. Zum anderen werden insbesondere die fehlende Anerkennung und Wertschätzung von Seiten der Leitung des Bildungs- und Kulturzentrums als wesentlicher Faktor für diese Haltung aufgeführt.

> „Also man hat versucht sich einzubringen, sich zu engagieren, und es ist einfach nicht gewertschätzt oder nicht aufgenommen worden das Engagement." (FBL_2, Z. 178-180)

Der persönliche Einsatz von Mitarbeitenden verläuft im Sande, weshalb sie sich verstärkt auf das eigene Kerngeschäft konzentrieren.[211] So richtet sich der Blick einiger Volkshochschulakteure wieder auf die eigene Einrichtung und deren spezifische Charakteristika und Kompetenzen.

> „Weil wir sind ja auch in diesen Herausforderungen gewachsen und wir haben Strategien entwickelt damit umzugehen und haben denke ich auch durch diese Konflikte und Herausforderungen im [Bildungs- und Kulturzentrum] auch noch stärker unsere Identität als vhs schärfen können. Ja, was sind wir jetzt eigentlich? Was macht uns aus? (...) Also wir sind und bleiben auch Volkshochschule und arbeiten da auch bewusst mittlerweile wieder dran. Das hat einfach auch was mit der Bewahrung der eigenen Interessen zu tun (...)." (FBL_2, Z. 569-585)

In Abgrenzung zu den anderen Einrichtungen im Bildungs- und Kulturzentrum wird ein Vergleich ermöglicht, der verstärkt zur eigenen Identitätsschärfung und der Bewahrung der eigenen Interessen beiträgt.

b) Formale Reflexion und Bearbeitung: Besonders in der Anfangsphase der Bildungs- und Kulturzentren sind reflexive Umgangsweisen der Bearbeitung des

---

[211] Vgl. hierzu auch Kapitel 7.5.2, das die Mitarbeiterorientierung als organisationsstrategischen Einflussfaktor darstellt.

Synergiepostulats erkennbar. Teambildungsworkshops stellten beispielsweise in einem der untersuchten Bildungs- und Kulturzentren eine Möglichkeit dar, das Bewusstsein für gemeinsames Tun zu wecken und zu stärken.

> „Und dann gab es eben auch noch speziell Teambildungsworkshops mit einem Coach, der tatsächlich dann versucht hat Mitarbeiter aus allen Bereichen zusammen zu führen und so dieses Team, wir sind ja alle, wir gehören alle zusammen irgendwie auch als BKZ und das zu fördern oder noch bewusster zu machen." (FBL_2, Z. 131-134)

Impulse aus diesen Workshops konnten in daran anschließenden Arbeitsgruppen aufgenommen und vertieft werden. In einem anderen Bildungs- und Kulturzentrum entstanden sogenannte Kompetenzteams, die sich aus Mitarbeitenden aus allen Einrichtungen zusammensetzten und zu spezifischen Themen gemeinsame Ideen und Angebote entwickelten.

> „Es war auch immer die Idee, (...) dass diese Kompetenzteams ja auch immer so ein bisschen über den Alltag hinaus blicken sollen. Dass man im Grunde genommen sich trifft, um zu gucken, was passiert im Kulturbereich grade, was wird da diskutiert mit Blick auf Kinder und Jugendliche jetzt als Beispiel? Was macht die vhs? Was diskutieren die da? Was gibt's da für Ideen, für Projekte, für Angebote? Und wie diskutieren die Bibliotheken das?" (Leitung_2, Z. 835-840)

Beide von der Leitungsebene initiierten Reflexions- und Austauschforen existieren nicht mehr oder nur noch randständig. In den Interviews wird deutlich, wie facettenreich die ausschlaggebenden Hindernisfaktoren sein können: Unklar definierte Arbeitsaufträge, zu wenig strukturelle Vorgaben, Koordinations- und Terminprobleme, Arbeitsverdichtung, unklare Realisierungsmöglichkeiten der entwickelten Ideen und Konzepte, aber auch die Top-Down-Initiierung bei nicht gleichbleibend starker Unterstützung und Interessensbekundung von Seiten der Leitung sowie die Teilnahme des/der Vorgesetzten an Treffen führten zu Widerstandsreaktionen bzw. zur verstärkten Konzentration auf informelle Austauschmöglichkeiten.

c) Informelle Reflexion und Bearbeitung: Hier spielt die räumliche Nähe eine große Rolle, denn das Sich-über-den-Weg-Laufen lässt einen spontanen Begegnungsraum entstehen, der zum informellen Austausch genutzt wird.

> „Die sind in Bewegung, die diskutieren, die rufen über den Flur, die machen etwas. Und da entsteht so was, wir ziehen so an einem Strang, dass wir gemeinsam Projekte machen wollen, also gemeinsam in dem Sinne, dass jeder sich engagiert." (FBL_7, 95-97)

7.4 Kooperationsbezogene Anforderungen

Synergieeffekte nehmen in einer direkt wahrgenommenen Dynamik „auf dem Flur", in interaktiver Kommunikation und daraus entstehenden gemeinsamen Projekten Gestalt an.[212]

d) Pragmatischer Umgang: Bestimmte Umgangsformen lassen sich eher als pragmatisch charakterisieren. Zum einen fällt darunter die Einstellung, Synergie als reine Addition verschiedener Kompetenzbereiche zu verstehen.

> „Ja, es gab [da] zwar (...) auch wieder Dinge, die auch auf kooperativer Ebene nicht so gut funktioniert haben, aber wenn wir dann wirklich an dem Tag, wo dann hier was stattgefunden hat – also zum Beispiel Kinderfest. Großer Familientag und [da] haben alle Einrichtungen irgendwas beigesteuert und das ist einfach schön, weil wirklich das ganze Haus offen ist und da fühl ich mich dann schon so als eigentlich mehr als [Bildungs- und Kulturzentrum] als jetzt Volkshochschule, weil man einfach gemeinsam irgendwas gemacht hat (...)." (FBL_2, 193-199)

Obwohl die Zusammenarbeit im Vorfeld einer gemeinsamen Veranstaltung nicht gut funktioniert hat, wird das Ergebnis als erfolgreich bewertet, weil alle Einrichtungen etwas beigesteuert haben. Die Ansprüche an Synergie werden entsprechend auf ein Minimallevel der Zusammenarbeit angepasst, welches Optionen der Mitarbeit bietet, aber keine tiefergehende und kontinuierliche Auseinandersetzung verlangt. Zum anderen ist ein pragmatischer Umgang hinsichtlich der Ressourcenfrage zu erkennen, wenn kooperativ entstandene Angebote bei fehlenden Finanzen, personellem oder zeitlichem Ressourcenmangel wegfallen. Es handelt sich in dieser Sichtweise um ein Abwägen der Sachzwänge: Sind die notwendigen Ressourcen nicht vorhanden, können keine Synergieeffekte erzielt werden.

e) Konkretion: Konkretion äußert sich darin, dass Synergiegewinne aufgezeigt und verdeutlicht werden. In beiden untersuchten Fällen wurden beispielsweise Querschnittseinrichtungen geschaffen, die gemeinsame Dienstleistungen im administrativen Bereich für alle Einrichtungen des Bildungs- und Kulturzentrums bewerkstelligen.

> „Und so haben wir dann unser Personal, das vorhandene Personal in dieser Abteilung rein gegeben im Querschnitt, ne? Ähm, in der Annahme, dass da (...) Synergien entstehen werden (...)." (Leitung_1, Z. 177-179)

So wird ein flexibleres und effektiveres Arbeiten realisiert, als es in einrichtungsspezifischen Verwaltungseinheiten möglich wäre. In der Volkshochschule

---

212 Vgl. hierzu auch Kapitel 7.5.1, in dem die Ablauforganisation in den untersuchten Bildungs- und Kulturzentren u.a. über das antinomische Verhältnis von Formalität und Informalität charakterisiert wird.

selbst wird auf Fachbereichsebene ein inhaltlicher Synergieeffekt festgestellt, der sich als gegenseitige Inspiration beschreiben lässt.

> „Also in der tatkräftigen Unterstützung sehe ich die Synergie-Effekte nicht, also das könnte ich so unterm Strich sagen. Also mehr in der inhaltlichen inspirierenden (...) Ideengebung oder -findung (...)." (FBL_7, Z. 349-353)

In dieser Umgangsform wird die Vorstellung verworfen, dass Synergie zu einer Arbeitserleichterung führt. Stattdessen zeigt sich, dass sich in einer integrativen Kooperationsform ein Anregungspotenzial bietet, das ohne diese Organisationsform nicht möglich wäre.

Über die Frage nach Thematisierungsformen von und Umgangsweisen mit dem Kooperationspostulat ‚Synergie', lassen sich aus Perspektive von Volkshochschulen zusammenfassend zwei wesentlich Aspekte von Synergie festhalten:

- Einerseits verdeutlichen die empirisch generierten Ergebnisse die abstraktschillernde, überzeugungsstarke, positiv besetzte und kontingente Eigenschaft des Kooperationspostulats Synergie und somit die geradezu dilemmatische Situation von Bildungs- und Kulturzentren diese Anforderung zu verwirklichen: Denn das Synergieargument erweist sich in der konkreten Umsetzung und Verstetigung als ungewiss, widersprüchlich, nicht konkretisierbar und teilweise sogar blockierend für kooperative Aktivitäten.
- Andererseits zeigen sowohl die Thematisierungsformen als auch die Umgangsweisen einen für integrative Kooperationsformen gewinnbringenden Funktionszusammenhang auf: Im Vorfeld trägt das Kooperationspostulat als eine Art Gründungsmythos zur Realisierung von Bildungs- und Kulturzentren bei, denn mit Synergie wird Visionsarbeit betrieben, eine überzeugende Außendarstellung erreicht, Motivation bewirkt sowie Finanzakquisition getätigt. In der Organisationsrealität kommt es zu einer konkretionsförderlichen und disziplinierenden ‚Anspruchsauskühlung', wenn beispielsweise handfeste Synergiegewinne bereits in der räumlichen Nähe, der gegenseitigen Inspiration oder in Querschnittseinrichtungen gesehen werden bzw. in der Abgrenzung zu anderen Einrichtungen eine Profilschärfung der eigenen Einrichtung gefördert wird.

Anhand der in der Praxis auffindbaren Thematisierungsformen und Umgangsweisen zeigt es sich, dass das Kooperationspostulat Synergie nicht direktiv in kooperative Bildungsarrangements transferiert wird. Stattdessen bestimmen und reformulieren die Einrichtungen handlungsbezogen die Eigenschaften, Realisierbarkeit und Wirksamkeit von Synergie.[213] Es gilt demnach die Janusköpfigkeit von Synergie in Kooperationen zu berücksichtigen: Die Synergieperspektive transportiert auf der einen Seite schnell überhöhte und somit unerreichbare Vorstellungen von Kooperation. Auf der anderen Seite liegt es aber an den kooperierenden Einrichtungen selbst, die multiplen Funktionen des Kooperationspostulats ‚Synergie' für sich zu erkennen, sie zu fördern und zu nutzen sowie diese für die Mitarbeitenden deutlich zu machen.

7.4.3 Konkurrenz als Teil von Kooperation[214]

> *„[Konkurrenz] hat es (...) aus meiner subjektiven Sicht mit den Kollegen eigentlich ganz selten gegeben. Und wenn, dann auf einer Ebene, die ich jetzt nicht als eine negative Konkurrenz begriffen hab, sondern eher so ein Stückchen, dass man versucht hat noch mal sich selber oder seine Einrichtung positiv zu profilieren. Aber das war nie irgendwie was, was so aus dem Ruder gelaufen ist. Das könnte sich natürlich ändern in dem Moment, wenn's ums Geld geht. Und das ist natürlich auch ein Problem jetzt so einer Gesamteinrichtung."* (FBL_6, 591-597)

Konkurrenz wird in Bildungs- und Kulturzentren sowohl als positiv-förderlicher als auch als negativ-hinderlicher, aber auf jeden Fall integrierter Pol von Kooperation wahrgenommen.[215] So verweist die im Anfangszitat angesprochene positive Profilierung der Einrichtungen einerseits darauf, dass die Beibehaltung der Einrichtungsprofile sowie der Strategien der organisationalen Selbstbehauptung innerhalb von Bildungs- und Kulturzentren einer Abgrenzung und Vergewisserung der eigenen Stärken und Kompetenzen im Vergleich zu Kooperationspartnern dienen (vgl. hierzu auch Nuissl 1996, 43). Andererseits deutet das Zitat ein problematisches Konkurrenzdenken hinsichtlich finanzieller Rahmenbedingungen von Bildungs- und Kulturzentren an. Die Ursachen, Erscheinungsformen und Dynamiken von Konkurrenz gilt es demnach als wesentliches Element von

---

213 An dieser Stelle lässt sich Bezug nehmen auf Theorieansätze und Befunde der Verwendungs- und Wirkungsforschung (vgl. Beck/Bonß 1984, 394) bzw. Implementationsforschung (vgl. Mayntz 1980, 21), die bestätigen, dass die Art der Rezeption von (politisch intendierten) Bedeutungsveränderungen wesentlich durch selektive Deutungsmuster, Kontexte und Einstellungen der Akteure selbst beeinflusst ist.
214 Vgl. in Teilen Mickler (2013, 111ff.).
215 Vgl. hierzu Kapitel 2.3.2, das Konkurrenz als Teil einer kooperativen Orientierung vorstellt.

Kooperation sichtbar zu machen und zu reflektieren.[216] Entsprechend verfolgte die Inhaltsanalyse folgende Fragen:

- Inwiefern wird Konkurrenz in den Interviews thematisiert?
- Wie gestaltet sich der Umgang mit Konkurrenzanlässen?

Die Bearbeitung beider Fragen macht sowohl identitätsstiftende und wettbewerbsförderliche Aspekte als auch konkurrenzbezogene Konfliktpotenziale deutlich.

Konkurrenzanlässe

Im für dieses Kapitel gewählten Anfangszitat klingen bereits die Thematisierungsformen von Konkurrenz, die sich in einer Querschnittsanalyse der Interviews rekonstruieren lassen, an. Die drei Konkurrenzanlässe, die sich auf die Außendarstellung, Ressourcen und inhaltliche Fragen beziehen, werden im Folgenden näher ausgeführt und begründet.[217]

a) Außendarstellung: In Bezug auf das Beispiel der Außendarstellung und Öffentlichkeitsarbeit wird deutlich, dass die einzelnen Anteile der Einrichtungen an Veranstaltungsplanung, -organisation und -durchführung sichtbar bleiben sollen.

> „Also, ich selber sehe die anderen nicht als Konkurrenz, aber ich hab schon das Gefühl, dass das doch hier im Haus teilweise so gesehen wird, dass sich manche dann auf die Füße getreten fühlen. Also, das (...) merkt man, also wenn jetzt zum Beispiel diese junge vhs auf den Markt geht, dann heißt es, das ist ja unsere Veranstaltung, dann soll da nicht BKZ stehen, sondern vhs. Also da gibt es auch nicht so eine einheitliche Linie oder sowas, ne? Also, dass dann sehr viel Wert drauf gelegt wird, dass dann doch die einzelne Einrichtung da dann auch im Vordergrund steht. Oder, wenn irgendwas von der Bibliothek aus organisiert wird, dann wollen die natürlich in der Presse stehen, obwohl vielleicht jeder fifti-fifti daran mitgewirkt hat. Ich finde das ganz schön schwierig. Ich sehe das zwar nicht als Konkurrenz, aber es wird

---

216 Nicht zu unterschätzen ist, dass sich die Einrichtungen neben der ‚hausinternen' Konkurrenz ebenfalls mit externen Konkurrenzanlässen auseinandersetzen müssen. Da dies aber keine alleinige Besonderheit von Volkshochschule in Bildungs- und Kulturzentren ist, sondern für alle Weiterbildungseinrichtungen gilt, wird dieser Themenaspekt im Folgenden nicht weiter berücksichtigt.

217 Die Konkurrenz um Teilnehmende, wie sie beispielsweise Jütte (2002, 67) anführt, spielt in den Interviews keine Rolle. Es wird im Gegenteil mehrmals betont, dass die Möglichkeit über die Nähe der anderen Einrichtungen Interessierte zu gewinnen, ein wesentlicher Vorteil der räumlichen Integration darstellt.

7.4 Kooperationsbezogene Anforderungen

schon im Haus so gesehen, dass die Einrichtungen doch in Konkurrenz untereinander stehen." (FBL_1, Z. 194-204)

Obwohl diese Fachbereichsleitung die anderen Einrichtungen selbst nicht als Konkurrenz begreift, stellt sie gleichzeitig fest, dass ihre neutrale Auffassung nicht im ganzen Haus vertreten wird, z.b. wenn es um die Profilierung der einrichtungsspezifischen Beiträge innerhalb von Kooperationen geht. Der Wettbewerb um die angemessene Außendarstellung äußert sich beispielsweise im Widersetzen gegen oder Unterlaufen von zentralen Vorgaben, wie die Aussage folgender Fachbereichsleitung zeigt:

> „Oder auch was Marketing betrifft, also da gab's Riesenärger, es gab Vereinbarungen über die Größe der Texte, da hat sich die Stadtbibliothek zum Beispiel nie dran gehalten, bis dann Kollegen von uns gesagt haben: ‚Warum soll ich mich auf zwei Zeilen begrenzen, wenn die Stadtbibliothek viel, viel mehr hat.' Dann kommt aber die Stadtbibliothek und sagt: ‚Ja, Ihr habt Euer Heft in x-tausend Auflagen. Haben wir nicht." (FBL_4, Z. 139-144)

In diesem Fall schätzt die Bibliothek die hohe Auflage der Volkshochschul-Programmhefte als sehr öffentlichkeitswirksam ein und versucht diesen wettbewerbsverzerrenden Vorteil durch die Ausweitung des vorgeschriebenen Textumfangs in gemeinsamen Druckerzeugnissen auszugleichen. Solche „Reibereien und Eifersüchteleien" (ebd., Z. 116), würden zwar immer mit im „Raum schweben" (ebd. Z. 145), jedoch keine persönlichen Antipathien hervorrufen. Doch die Befürchtungen, unter dem Namen des Bildungs- und Kulturzentrums zu verschwinden oder die eigene Arbeit nicht oder unter einer falschen Einrichtungszuordnung ausgewiesen zu sehen, sind vorhanden:

> „Also es gab da schon gravierende Vorfälle, dass wir zusammen was gemacht haben und wir da nicht aufgetaucht sind. Also das hat großen Ärger verursacht." (FBL_4, Z. 135f.)

Fehlende Öffentlichkeitswirksamkeit der eigenen Einrichtungen wird im weiteren Gesprächsverlauf gleichgesetzt mit einer mangelhaften Wertschätzung, Sichtbarmachung und Profilierung der geleisteten Arbeit.

b) Ressourcen: Auch die Entscheidungen über die Zuteilung von Ressourcen wird eng mit der Bedeutung oder Wertigkeit der eigenen Einrichtung und der eigenen Arbeit verbunden (vgl. FBL_4, Z. 167ff.). So spielen unter dem Aspekt von Konkurrenz begrenzte Ressourcen für alle Einrichtungen in den Bildungs- und Kulturzentren eine wichtige Rolle. Dabei werden in den Interviews unter Ressourcen neben Geldmitteln ebenso Personalstellen, die den Einrichtungen zugedachte Unterstützung durch zentrale Dienste und der zur Verfügung stehende Raum gefasst. So beschreibt eine Volkshochschulleitung, dass die Ressourcenverteilung stark mit einem fokussierten Blick auf die eigene Einrichtung einhergeht: „(...) da ist natürlich jeder erst mal sich selbst der nächste" (vgl. Leitung_2, Z. 142). Zudem hat der Aspekt der Verhältnismäßigkeit eine hohe Bedeutung, denn wenn sich beispielsweise eine besonders gewinnbringende Einrichtung als ‚Goldesel' missbraucht sieht, fällt der Blick für das gesamte Bildungs- und Kulturzentrum weg:

> „Und krass gesagt, wenn eine Einrichtung dann zum Beispiel wie wir, das Gefühl hat, wir sind sowieso die Cashcow des Ladens so nach dem Motto, wir müssen mehr Geld erwirtschaften, damit das woanders ausgegeben werden kann, wenn das denn mal kommt unter schlechten Haushaltszeiten, dann könnte es Konkurrenz geben, weil dann könnte derjenige sich hinstellen: ‚Ich bin doch nicht bescheuert, ich finanzier nicht das und das mit. Wenn die Stadt das will, dann soll sie es doch bezahlen, aber nicht wir, unsere Teilnehmer'." (FBL_6, Z. 598-603)

Dass die Volkshochschule als einnahmestarke Einrichtung andere Einrichtungen des Bildungs- und Kulturzentrums quersubventionieren könnte, wird hier kritisch betrachtet. Der Unmut der Fachbereichsleitung erklärt sich wenig später, wenn verdeutlich wird, dass trotz hoher Einnahmen durch die Volkshochschule Kleinstanschaffungen schriftlich beantragt und langwierig diskutiert werden müssen, während für den Kulturbereich Großprojekte „mal eben" (FBL_6, Z. 609) realisiert werden. Über diese ressourcenbezogenen Konkurrenzanlässe wird aus Sicht der Volkshochschule ein doppeltes Spannungsfeld von Bildungs- und Kulturzentren aufgezeigt: Zum einen geht es um das Verhältnis der beiden Pole ‚Gesamthaushalt' und ‚Haushalt der einzelnen Einrichtungen' wie Leitung_1 klarmacht:

> „Wenn die Volkshochschule z.B. noch zusätzlich Fördermittel einwirbt, z.B., bei uns Geld frei wird, überlegen wir natürlich, wie kann der gesamte Eigenbetrieb davon profitieren. (...) Dann kann es zu Konflikten kommen, werden zurückgehalten, wenn wir an den gesamten Eigenbetrieb denken." (Leitung_1, Z. 427-431)

Finanzwirksam im Sinne des Eigenbetriebs zu handeln, bedeutet demnach nichtverausgabte Mittel der Volkshochschule in den Gesamthaushalt einfließen zu lassen, anstatt sie in volkshochschulspezifische Vorhaben zu investieren (vgl. hierzu auch Verwaltung_2, Z. 27f.). Zum anderen geht es in einem Bildungs- und Kulturzentrum auch immer um das Verhältnis von gewinnstarken Einrichtungen und Einrichtungen, die bezuschusst werden müssen. Anzunehmen ist, dass dieser Umstand Konflikte auf Ebene der Ressourcenverteilung verschärft, da es innerhalb des Eigenbetriebs zu einem „Kampf um Ressourcen" (FBL_3, Z. 455) kommt. Darüber hinaus steht die Volkshochschule vor der Anforderung einer ‚doppelten Quersubventionierung', da sie zum einen einrichtungsintern, weniger gut angenommene, jedoch im Pflichtangebot verankerte Kursangebote durch Einnahmen hoch frequentierter Kurse subventioniert und dieses Prinzip sich nun auf der Ebene des Bildungs- und Kulturzentrums wiederholt.

c) Inhalte: Dass neben Ressourcen auch Inhalte Konkurrenzanlässe bieten können, stellen insbesondere Volkshochschulakteure eines Bildungs- und Kulturzentrums fest, wenn sie im Gesprächsverlauf inhaltliche Überschneidung mit der Bibliothek als Beispiel hervorheben. So wurde in der Anfangsphase der Zusammenlegung unter einem Dach z.b. festgestellt, dass sowohl Volkshochschule als auch Bibliothek Lesungen als festen Bestandteil in ihren Programmen haben, jedoch im ersteren Fall kostenpflichtig, im Letzteren kostenfrei. Bisher war in getrennten Einrichtungen kein Abstimmungsbedarf notwendig, dies änderte sich jedoch, sobald sich die Anbieter unter einem Dach befanden, wie die Volkshochschulleitung im Folgenden beschreibt:

> „Konkurrenzgefühl, wir mussten Abstriche machen inhaltlicher Art durch die Zusammenstellung im Haus. Also, wir bieten z.B. kaum mehr Lesungen an. Unsere Lesungen waren immer entgeltpflichtig. Und die Bibliothek hat andere, wie soll ich sagen, andere Aspekte. Lesungen laufen bei der Bibliothek unter Öffentlichkeitsarbeit. Und damit spielt die Einnahme keine Rolle. (...) Sie können nicht in einem Haus Lesungen anbieten, die kosten Geld und auf der anderen Seite sind sie entgeltfrei oder haben nur einen symbolischen Charakter. Das funktioniert nicht. (...) Aber, wir sind ein Unternehmen und die einen verlangen Geld und die anderen nicht, das geht nicht. (...) Das heißt also, da mussten wir inhaltlich beschneiden. Das tut dann schon weh. Also einfach, weil eine in dem Fall auch eine Methode wegfällt bei uns. Aber so ist es halt." (Leitung_1, Z. 448-461)

Den gleichen Veranstaltungstypus in einem Haus zu unterschiedlichen Konditionen anzubieten, ist laut Leitung_1 gegenüber den Nutzern und Nutzerinnen nicht vertretbar. Trotz hoch eingeschätzten ‚methodischen Werts' von Lesungen überlässt die Volkshochschule diesen Bereich der Bibliothek, da diese auf Grund anderer Fördermöglichkeiten, Lesungen kostenfrei anbieten kann. Müssen solche „Lieblingskinder" (Verwaltung_2, Z. 146) aufgegeben werden entstehen Konkurrenzsituationen, die einen spezifischen Umgang erforderlich machen. Welche Umgangsweisen mit Konkurrenzanlässen sich anbieten können, wird im Folgenden aufgezeigt.

Umgangsweisen mit Konkurrenzanlässen

Inhaltsanalytisch lässt sich eine Bandbreite von sechs – teilweise proaktiven – Umgangsweisen mit den soeben aufgezeigten sowie weiteren denkbaren Konkurrenzanlässen feststellen:

a) Abgrenzung und positive Profilierung einzelner Einrichtungen
b) Prioritätensetzung mit Blick auf das Ganze
c) Basisdemokratische Diskussions- und Abstimmungsprozesse
d) Entwicklung und Bearbeitung gemeinsamer Zielvorstellungen
e) Top-down-Appelle
f) Corporate-Design-Vorgaben

Eine Abbildung verdeutlicht, welche Umgangsweisen sich auf welche Konkurrenzanlässen beziehen, bevor eine nähere Erläuterung, Ausdifferenzierung sowie kritische Bewertung der Umgangsweisen vorgenommen wird.

Umgangsweisen	Konkurrenzanlässe
a) Abgrenzung und positive Profilierung	•Außendarstellung •Kompetenzbereiche •Erfolgsfaktoren
b) Prioritätensetzung	•Inhalte •Ressourcen
c) Diskussions- und Abstimmungsprozesse	•Interessenskonflikte
d) Entwicklung u. Bearbeitung gemeinsamer Zielvorstellungen	•Außendarstellung •Kompetenzbereiche •Erfolgsfaktoren •Inhalte •Ressourcen •Interessenskonflikte
e) Top-down-Appelle	•Ressourcen
f) Corporate-Design-Vorgaben	•Außendarstellung

Tabelle 10: Zusammenhänge zwischen Umgangsweisen und Konkurrenzanlässen

a) Abgrenzung und positive Profilierung einzelner Einrichtungen: Eine bewusste Abgrenzung sowohl nach innen in der direkten Zusammenarbeit mit den anderen Einrichtungen des Bildungs- und Kulturzentrums als auch nach außen hin über eine einrichtungsspezifische Öffentlichkeitsarbeit, ist eine wesentliche Strategie

7.4 Kooperationsbezogene Anforderungen

mit Konkurrenz umzugehen. Als positive Profilierung ist sie in dreifacher Hinsicht zu verstehen: Erstens, wenn es um die Sichtbarmachung der unterschiedlichen Kompetenzbereiche füreinander geht:

> „Die (...) Sache ist, dass bei vielen so was wie ein Bewusstsein für den Auftrag und für die Ziele der anderen Einrichtungen [ausgeprägt ist]. Also wenn die Kollegin in der Bibliothek Deutsch als Fremdsprache haben, dann suchen die die Zusammenarbeit mit uns, weil wir für Deutsch als Fremdsprache zuständig sind, umgekehrt genauso. Und das ist gegenseitige Anerkennung nicht Konkurrenz. Sondern, ihr seid die Fachleute und wir sind die Fachleute und so geht das." (FBL_6, Z. 628-634)

Hier wird auf die Wahrnehmungsfähigkeit verwiesen, die spezifischen Fachkompetenzen der anderen zu sehen und anzuerkennen. Trotz Berücksichtigung der originären Zuständigkeitsbereiche werden proaktiv Konfliktsituationen vermieden. Es geht darum,

> „(...) dass man nicht einfach sagt: ‚Ich mach das, weil ich das schon immer gemacht hat', sondern dass man einfach überlegt, ja, wer kann es vielleicht besser oder, oder gibt's dort eventuell Befindlichkeiten wenn ich das jetzt mach." (FBL_2, Z. 374-376)

Selbst wenn die Teilnehmerkreise ähnlich sind, geht es zweitens darum, unterschiedliche Angebote und Lernzugänge für potenzielle Teilnehmende darstellen und eröffnen zu können. Das breite Spektrum an Angeboten soll so in der Gesamtsicht des Bildungs- und Kulturzentrums gesichert, jedoch über eine einrichtungsspezifische Öffentlichkeitsarbeit beworben werden.

> „Und auch die Zielgruppen ähneln sich eigentlich sogar aber das, was letzten Endes geboten wird, das ist zu unterschiedlich, also ein Kurs hier, wo man Sprache lernt, ist was anderes als in der Bibliothek ein Buch auszuleihen oder sich im Museum_1 umzuschauen." (FBL_5, Z. 439-442)

Drittens wird zudem eine Bewusstmachung der unterschiedlichen Orientierungssinne der Einrichtungen erzielt, die dann entsprechend berücksichtigt und in ihrer Komplementarität als Vorteil eines Bildungs- und Kulturzentrums ausgelegt werden können.

> „Also in der Bibliothek zählt man die Teilnehmer zum Beispiel oder die Kunden (...), wie viel dann so kommen, das ist eine sehr wichtige Zahl anscheinend für die Einrichtung hinsichtlich Benchmarking (...).Für uns sind natürlich die Finanzen ein wichtiger Fakt, wo wir uns auch mit identifizieren und bestimmt beim Museum_1 auch die Forschungsarbeit, das Tätigsein in der Forschung." (FBL_3, Z. 383-388)

Diese von den jeweiligen Einrichtungen definierten Erfolgsfaktoren müssen nicht in Konkurrenz zueinander treten, wenn sie von Anfang an als einrichtungsspezifische Kennziffer wahrgenommen, geschätzt und in der Organisationsentwicklung berücksichtigt eingesetzt werden. Auf diese Weise findet eine Umdeutung oder produktive Nutzbarmachung von Konkurrenzfaktoren statt. Eine der befragten Volkshochschulleitungen schätzt ihre Einrichtung insbesondere auf Grund der ökonomischen Orientierung als attraktiv für Kooperationen ein. Finanzen können hier als wesentliches Entscheidungs- und Strukturierungskriterium von Vorteil sein (vgl. Leitung_1, Z. 295ff.).

b) Prioritätensetzung mit Blick auf das Ganze: Sobald bisherige Erfolgsfaktoren in Konkurrenz zueinander treten bzw. sich ‚unter einem Dach' Angebote doppeln, wird eine Prioritätensetzung von Seiten der Leitungsebene notwendig. Neben der aktiven Neuzuweisung oder -verteilung von Aufgaben und Tätigkeiten, wie z.B. hinsichtlich des oben genannten Beispiels der Lesung als Angebot von Volkshochschule und Bibliothek, geht es in einer integrativen Kooperationsform auch um eine weitere Form der Priorisierung, z.B. bezüglich der Mittelzuweisungen:

> „Da sind die Kolleginnen und Kollegen glaube ich schon auch offen, wenn sie denn mitbekommen, warum so eine Priorisierung passiert und wenn jetzt nicht einfach gesagt wird, Eure Vorschläge gehen gar nicht, so. Sondern dass man überlegt und sagt: „Ok, dieses Jahr wird das nichts, oder dieses nächste halbe Jahr wird das nichts. Aber das ist nicht von einer Tagesordnung runtergekommen, sondern wir werden da dran bleiben", ne, und wenn man auch erklärt, warum bestimmte Investitionen an der Stelle da jetzt dringlicher sind." (Leitung_2, Z. 190-195)

Dabei kommt es aus Sicht der Volkshochschulleitung darauf an, die dringlichere Mittelzuweisung entsprechend sinnhaft zu begründen sowie offene Ressourcenanfragen weiterhin zu berücksichtigen. Konkurrierende Interessen konkret zu erläutern und zu vermitteln sowie Offenheit und Transparenz zu gewährleisten, sind dabei unterstützende Kommunikationsmaßnahmen. Gleichwohl werden zwei Problembezüge deutlich: Mögliche Schwierigkeiten ergeben sich zum einen, wenn auf Grund konkreter einrichtungsspezifischer Einschnitte oder Benachteiligungen die Perspektive für eine Gesamteinrichtung zunehmend konterkariert wird; zum anderen, wenn die Gesichtspunkte, nach denen entschieden wird, für die Einrichtungen nicht nachvollziehbar sind bzw. sich nach wirtschaftlichen Aspekten und weniger nach fachlichen Kompetenzen oder Argumenten der Mitarbeitenden richten.

c) Basisdemokratische Diskussions- und Abstimmungsprozesse: Zuvor genannte konkurrenzanfällige und problematische Anlässe, die eine Prioritätensetzung verlangen, lassen sich durch kontinuierliche basisdemokratische sowie transparente Diskussions- und Abstimmungsprozesse bearbeiten.

7.4 Kooperationsbezogene Anforderungen

> „Aber wenn's dann darum geht, wo kann man noch was ausweiten, was verändern, so, dann muss man sich schon mehr absprechen, dass man dem anderen natürlich nicht auf die Füße tritt (...). Also das finde ich schon, dass das eine Herausforderung ist. (...) Ja, also das könnte natürlich dann werden, wenn meine Interessen gegen die Interessen von anderen Bereichen, aber da hab ich auch immer so den Anspruch, dass man, wenn man sich darüber zusammen setzt und gemeinsam überlegt, wie es <u>gemeinsam</u> gut gehen kann, dass man da auch Lösungen findet. Also da bin ich eigentlich immer ganz positiv, so dass, wenn man das gemeinsam lösen möchte, dass es dann auch geht." (FBL_7, Z. 182-190)

So ist diese Fachbereichsleitung der Auffassung, dass wenn Interessenskonflikte bestehen, diese durch Thematisierung, gemeinsame Überlegungen, Abwägungen und Diskussionen gelöst werden können. Dass dies gleichsam eine Herausforderung darstellt, macht nicht nur sie deutlich. Eine andere Fachbereichsleitung berichtet, dass zeitweise auch um Ressourcen „gekämpft" (FBL_2, Z. 354) werden muss und Leitung_2 verdeutlicht, dass es auch immer wieder „harte Diskussionen" (Leitung_2, Z. 207) gibt.

d) Entwicklung und Bearbeitung gemeinsamer Zielvorstellungen: Gerade diese herausfordernden Diskussionsprozesse in Bildungs- und Kulturzentren dienen der Entwicklung und Bearbeitung gemeinsamer Zielvorstellungen und stellen gleichzeitig eine Möglichkeit dar, die einzelnen Bereiche – zumindest punktuell – unter einer Perspektive zusammenzubringen. Als Beispiel wird im vorliegenden empirischen Material die gemeinsame Leitbilderstellung für das Bildungs- und Kulturzentrum thematisiert, die es erfordert, eigene Vorstellungen einzubringen bei gleichzeitigem Abwägen und Zulassen von fremden Vorstellungen, um ein gemeinsames Verständnis aller Einrichtungen zu erzielen.

> „Und wir haben also diese Leitbildentwicklung gemacht und da waren alle Mitarbeiter des Hauses involviert. Ich persönlich bin jetzt kein großer Verfechter des Leitbilds selbst. Aber der Prozess dahin, der war interessant. Dass sich die Mitarbeiter des Hauses Gedanken machen mussten. Dieser Prozess ist leider beendet, hab ich so das Gefühl, es wird nicht weiter dran gearbeitet. Man hat jetzt ein Leitbild, das ist jetzt fertig. Aber das war auch erst mal für mich wichtig, dass BKZ als Ganzes so zu erfassen. Was haben wir hier für Gemeinsamkeiten? Für was stehen wir als Einrichtung? (...) Also es ist nicht das bloße Museum, es ist auch nicht die bloße Stadtbibliothek oder die Volkshochschule, sondern wir finden hier über mehrere Bereiche hinweggehend eine Kultureinrichtung, wo ja Bildung sich auch mit eingliedert. Und auch im Leitbild wurde auch mit gesagt, dass es hier auch stark um lebenslanges Lernen geht." (FBL_5, Z. 83-104)

Auch für andere befragte Volkshochschulakteure stellt sich die Leitbildentwicklung als klärender Prozess über ein gemeinsames Verständnis vom eigenen Bildungs- und Kulturzentrum heraus, indem die Einzelperspektiven zu Gunsten eines Gesamtblicks – zumindest für diesen Reflexionszeitraum – zurückgestellt werden. Trotz diesem in vielen Interviews geschilderten Erkenntnisgewinn, sind gleichzeitig Schwierigkeiten festzustellen, die sich in drei Problembezügen zusammenfassen lassen:

- Erstens wird die tatsächliche Einbindung aller teilweise nicht realisiert bzw. nur dem Anschein nach unternommen, so dass das Leitbild in den Augen der Mitarbeitenden letztendlich als „Diktion" (FBL_9, Z. 141) der Leitungsebene wahrgenommen wird, aber nicht als gemeinsam entwickelte Vorstellung.
- Zweitens stellt sich die Frage, wann und womit der Leitbildprozess endet bzw. warum er nicht Gegenstand einer kontinuierlichen Bearbeitung bleibt und wie das Leitbild verinnerlicht werden kann. Denn viele Interviewte beschreiben das Leitbild als unkonkret, nicht umsetzbar, „nicht gelebt" (Verwaltung_3, Z. 227) und „schwammig" (FBL_1, Z. 35).
- Drittens ist für einige Mitarbeitende die Frage ungeklärt, an wen sich das Leitbild eigentlich richten soll bzw. für wen es geschrieben wird – sind es sie selbst als Mitarbeitende, ist es ein Projekt der Leitungsebene oder richtet sich das Leitbild an die Öffentlichkeit? (Vgl. FBL_8, Z. 223f. sowie Leitung_2_Vorgespräch, Z. 124). Hinsichtlich dieser Frage herrscht Unsicherheit, die für eine gemeinsame Orientierungsbasis hinderlich sein kann.

e) Top-down-Appelle: Fehlt eine solche gemeinsame Orientierungsgrundlage, sieht sich Leitung_3 gezwungen, besonders hinsichtlich ressourcenbezogener Konkurrenzanlässe, immer wieder auf das Bildungs- und Kulturzentrum als Ganze zu verweisen:

> „Ich muss hin und wieder daran erinnern, dass wir ein Haus sind, ja. Sonst arbeiten wir hier, vor allen in den Finanzfragen, die ja auch wesentlich sind, arbeiten wir hier manchmal, nicht gegeneinander, aber jeder schaut natürlich, dass seine Wünsche zuerst erfüllt werden. Und daran muss ich doch dann hin und wieder dann auch erinnern und appellieren. Wir sind ein Haus und wir sind alle für jeden direkt zuständig für alle Bereiche. Also ja, das ist noch nicht so ganz glaube ich verinnerlicht." (Leitung_3, Z. 128-133)

Trotz beispielsweise einrichtungsspezifischer finanzieller Einschnitte soll der Appell, dass alle für alles zuständig seien, den Blick der Mitarbeitenden wieder auf die Gesamtzielrichtung des Hauses lenken. Doch dass die Überzeugungskraft dieser Appelle oft nicht ausreicht, machen Interviewaussagen deutlich, in denen angeführt wird, dass sich jeder Bereich „furchtbar wichtig" (FBL_8, Z. 87) nimmt bzw. eine „Art Spartenegoismus" (Verwaltung_2, Z. 32) vorherrscht und von daher oft eine vorrangige Differenzperspektive wahrgenommen wird.

7.4 Kooperationsbezogene Anforderungen

f) Corporate-Design-Vorgaben: Neben verbalen Top-down-Appellen sollen spezielle formale Abläufe, z.b. hinsichtlich Corporate-Design-Vorgaben[218] das Bildungs- und Kulturzentrum als Ganzes sichtbar machen:

> „Da passt die Marketingabteilung auch sehr stark auf, dass die einzelnen Einrichtungen da nicht nur sich selbst auf dem Flyer vermerken, sondern dass dann immer das BKZ mit drauf kommt. (...) Es ist das BKZ, das ist die Volkshochschule im BKZ und so." (FBL_5, Z. 177-182)

Obwohl in diesem Falle eine Marketingabteilung als Querschnittseinrichtung existiert[219], obliegen beiden Volkshochschulen weiterhin Aufgaben oder Teilbereiche der Werbe-, Öffentlichkeits- und Pressearbeit, was zu Schwierigkeiten führt (vgl. FBL_5, Z. 127-130). Wenn jede Einrichtung weiterhin mit Marketingaufgaben betraut ist, wird ein gemeinsamer Außenauftritt erschwert. Dieser ist in beiden Volkshochschulen zumindest von der Leitungsebene her erwünscht, um den Gesamtcharakter des Hauses besser vermitteln zu können. Die Öffentlichkeitsarbeit wird jedoch von beiden Volkshochschulleitungen als mangelhaft beschrieben. Die eine Leitung verwendet diesbezüglich den Begriff der „Baustelle" (Leitung_2, Z.305), die andere stellt fest, dass „die eigene Darstellung nach außen wirklich nur die Summe der vier Teile [ist]" (Leitung_1, Z. 664f.). Zwei Ursachen hierfür werden in den Interviews angedeutet: Zum einen stellt sich sowohl aus Sicht der Volkshochschulen als auch aus Sicht der Bibliotheken die Verbandszugehörigkeit als eine besondere Ursache für einen geringen gemeinsamen Außenauftritt dar:

> „Und dann müssen Kompromisse dann auch gefunden werden, ne ist klar? Weil das ist natürlich ein ganz starkes Argument, also das ist ein bundesweiter Auftritt (zeigt auf die blaue vhs-Bande) (...). Ich gehöre, oder wir gehören hier als Volkshochschule natürlich in den großen Verbund der Volkshochschule. Und die Bibliothek natürlich in den großen Verbund der Bibliotheken. Also davon möchte ich mich auch nicht trennen, ja? Das ist auch mein Zuhause, das ist, also dieses Zuhause ist mir näher als das BKZ, sag ich Ihnen ehrlich." (Leitung_1, Z. 669-675)

Deutlich wird hier, dass nicht nur zwei Marketingkonzepte – nämlich das des Bildungs- und Kulturzentrums und das der Landesverbände – in Konkurrenz zu

---

218 Corporate Design umfasst beispielsweise aufeinander abgestimmte Logos, Drucksachen oder die Ausgestaltung eines Gebäudes und ist ein Umsetzungsaspekt einer Corporate Identity-Strategie. Diese Strategie eines Unternehmens dient dazu, „das Selbst- und Fremdbild authentisch aufeinander abzustimmen." (Möller 2011, 109).

219 Im Falle des zweiten Bildungs-und Kulturzentrums existierte zum Zeitpunkt der Datenerhebung keine gemeinsame Marketingabteilung. Stattdessen mussten alle von den einzelnen Einrichtungen erstellten öffentlichkeitswirksamen Produkte über die Leitung des Bildungs- und Kulturzentrums genehmigt werden.

einander treten bzw. in irgendeiner Form verbunden werden müssen, sondern dass generell die Verbandszugehörigkeit eine wesentliches Identifikationsmoment ausmacht und als Organisationsmerkmal von integrativen Kooperationsformen berücksichtigt werden muss.[220] Zum anderen wird speziell von der Volkshochschule die Bedeutung des Volkshochschulprogrammhefts hervorgehoben:

> „Die Volkshochschule hat natürlich ihr vhs-Programm, das ist auch wichtig, dass das ein Wiedererkennungseffekt hat." (Leitung_2, Z. 320f.)

Volkshochschule tritt in erster Linie über das Programmheft an die Öffentlichkeit heran und so sollen Adressaten und Teilnehmende dieses auch auf einen Blick erkennen, weshalb eine grundlegende äußere Veränderung ausgeschlossen wird. Als Kompromiss wird, ähnlich wie bei Druckerzeugnissen der anderen Einrichtungen, das Logo des Bildungs- und Kulturzentrums integriert. Für einen einheitlichen Stil ist dieses Vorgehen in den Augen der Volkshochschulleitung jedoch unzureichend.

Schlussfolgernd zeigt sich, dass sowohl die in den Interviews thematisierten Konkurrenzanlässe als auch die vorgestellten Umgangsweisen eine gleichzeitig bedeutungsfördernde und bedeutungsschmälernde Wirkung auf die einzelnen Einrichtungen, aber auch das Bildungs- und Kulturzentrum haben.

Abbildung 12: Bedeutung und Wirkung von Konkurrenzanlässen und Umgangsweisen

Konkurrenzanlässe werden dabei eher einrichtungsspezifisch und auf die eigene Organisationsentwicklung bezogen wahrgenommen und geschildert:

---

220 Diese Erkenntnis gibt einen wesentlichen Hinweis darauf, dass externe Einflussfaktoren wie die Verbandszugehörigkeit der Einrichtungen in weiteren Studien, die sich mit der Entwicklung von Bildungs- und Kulturzentren beschäftigen, untersucht werden müsste. Die Einbeziehung beispielsweise von Vertretern und Vertreterinnen der Volkshochschuldach- und Landesverbandsebene in die Stichprobe wäre ein möglicher Ansatz, um die Bedeutung integrativer Kooperationsformen aus dieser Perspektive zu rekonstruieren.

7.4 Kooperationsbezogene Anforderungen

- So stellen sich bezüglich der *Außendarstellung* die Fragen, inwiefern die einzelne Einrichtung sichtbar bleibt, inwiefern die einzelnen Beiträge auf die beisteuernde Einrichtung zurückgeführt werden können und inwiefern die Kompetenzen der eigenen Einrichtung wertschätzend dargestellt und wahrgenommen werden?
- Hinsichtlich der *Ressourcenfrage* geht die Bedeutungszuschreibung für die eigene Einrichtung eng mit der Ressourcenverteilung einher, ebenso stellt sich die Frage inwiefern einrichtungsspezifisch eigeworbene Mittel wieder an die eigene Einrichtung zurückfließen und daraus abgeleitet, inwiefern die eigene Einrichtung zu den gewinnstarken zählt oder bezuschusst werden muss?
- *Inhaltsbezogen* macht sich die Bedeutung der einzelnen Einrichtung an den Fragen fest, ob sich das traditionelle Angebot ändern muss, wo inhaltliche Abstriche vorgenommen werden müssen und welche Kompetenzen oder Rahmenbedingungen ausschlaggebend sind für die Beibehaltung eines Angebots?

Die Bedeutung des gesamten Bildungs- und Kulturzentrums steht eher im Zentrum der Betrachtungen, wenn Umgangsweisen mit den Konkurrenzanlässen aufgezeigt werden. So geht es um

- die gegenseitige Wahrnehmung und Anerkennung von abgegrenzten, unterschiedlich profilierten, aber sich ergänzenden Kompetenzbereichen, Angeboten und Erfolgsfaktoren,
- die Prioritätensetzung mit Blick auf das Ganze als Steuerungsinstrument der Leitungsebene,
- gemeinsame Aushandlungs- und Abstimmungsprozesse,
- die Entwicklung und Umsetzung gemeinsamer Zielvorstellungen,
- das Verweisen auf die Einheitsperspektive zur Schmälerung der Differenzperspektive,
- ein gemeinsames Marketing für eine einheitliche Außendarstellung.

Im Gegensatz zu den *einrichtungsbezogenen* Thematisierungsformen der Konkurrenzanlässe sind die genannten Umgangsweisen *kooperationsbezogen* und werden gemeinsam, einrichtungsübergreifend mit Blick auf das gesamte Bildungs- und Kulturzentrum realisiert. Andere denkbare Formen des Umgangs, wie z.B. Akzeptanz der Konkurrenz oder Beendigung der Zusammenarbeit, die sich eher als einrichtungsbezogene Handlungsweisen beschreiben lassen, sind hingegen nicht Gegenstand der Interviews.

7.5 Organisationsbezogene Anforderungen

In diesem Kapitel richtet sich der Auswertungsfokus auf das organisationale Verhältnis von Volkshochschule und Bildungs- und Kulturzentrum. Gekennzeichnet ist dieses Verhältnis durch organisationsstrukturelle, -strategische und -kulturelle Besonderheiten, die im Folgenden über die in den Interviews geschilderten Einstellungen, Bewertungen und Wahrnehmungen der Volkshochschulakteure dargestellt werden.

7.5.1 Organisationsstruktur als regulativer Rahmen von Kooperation

Die Organisationsstruktur eines Bildungs- und Kulturzentrums wird im Verhältnis zur eigenen Volkshochschule in allen Interviews als Spezifikum thematisiert. Die Schilderungen lassen sich auf vier organisationsstrukturelle Kategorien beziehen: Aufbauorganisation, Ablauforganisation, räumliche Strukturen und Ressourcen. Alle vier Themenbereiche machen auf eine spezifische Organisationsdynamik von Bildungs- und Kulturzentren und auf mögliche Organisationsveränderungen von Volkshochschulen innerhalb von integrativen Kooperationsformen aufmerksam.

Die Aufbauorganisation: Komplexitätssteigerung und Autonomieverlust

> *„(...) meine Arbeit ist so ein bisschen beschnitten worden. Ich bin nicht mehr so frei wie früher. Ich konnte früher freier arbeiten. Und hier, dass man in so einem Kreis eingebunden ist, der nicht nur vhs ist, da muss man schon auch Abstriche machen."* (FBL_8, Z. 467-470)

Der in diesem Zitat angesprochene zeitliche Vergleich zwischen ‚früher' und ‚hier' verweist auf einen organisationalen Wandel, der aus Perspektive der Volkshochschulakteure aktuell wahrgenommen wird. Begründet werden kann der Wandel über die besondere Aufbaustruktur von Bildungs- und Kulturzentren: Das ‚Eingebundensein in einen Kreis' verweist auf die definierte Akteurskonstellation als ein prägnantes Kooperationsmerkmal. Und die Einschränkung des freien Arbeitens lässt Rückschlüsse auf die verstärkt formalisierte Zusammenarbeit als weiteres Kooperationsmerkmal von Bildungs- und Kulturzentren zu. Diese Veränderungen auf Ebene der Organisationsstruktur betreffen die von Zech (2008a, 7) analysierten Volkshochschulmerkmale ‚Fachbereichsautonomie' und ‚flache Hierarchien' und verdichten sich über mehrere Interviewaussagen zu

7.5 Organisationsbezogene Anforderungen

zwei Spannungsverhältnissen, die im Folgenden näher erläutert werden sollen: Es geht zum einen um Komplexitätssteigerung vs. routinierte Übersichtlichkeit; zum anderen geht es um Autonomie vs. Interdependenz.

a) Komplexitätssteigerung vs. routinierte Übersichtlichkeit: Die Thematisierung dieses Spannungsverhältnisses findet in den Interviews über vier beispielhafte Bereiche statt. So spielt erstens die *Einrichtungsgröße* eine Rolle, denn im Vergleich zur einzelnen Einrichtung einer Volkshochschule stellt sich das Bildungs- und Kulturzentrum als „organisatorischer Koloss" und „großer Apparat" (FBL_6, Z. 25 und Z. 39) dar. Die Größe der integrativen Kooperationsform wird als wesentlicher Einflussfaktor der eigenen Tätigkeit wahrgenommen. So heben die Interviewten beispielsweise hervor, dass insbesondere die kleine, übersichtliche Teamgröße in der eigenen Volkshochschule förderlich gewesen sei, um zusammen zu arbeiten, sich persönlich zu kennen und zu verstehen. Dies ist im Bildungs- und Kulturzentrum nicht mehr gegeben, wie folgende Aussage deutlich macht:

> „Also wenn wir Personalversammlung haben, da sitzen immer wieder Leute, die ich noch nie gesehen hab." (Verwaltung_1, Z. 44f., vgl. hierzu auch DozentIn_3, Z. 301)

Insbesondere für die hauptberuflich Angestellten ist es jedoch von besonderem Wert, sich als Teil des Ganzen zu verstehen:

> „Also, wir sehen uns halt nicht als einzelne Person, sondern wir sehen uns als Ganzes (...)." (Verwaltung_1, Z.190f.)

Das ‚Wir als Ganzes' ist hier im engen Volkshochschulbezug zu interpretieren und kann in den Augen vieler Interviewten nicht auf das gesamte Bildungs- und Kulturzentrum übertragen werden, da die anderen Einrichtungen, insbesondere die Bibliothek, zu viele Mitarbeitende hat, um das ‚Sich-kennen-lernen' als wesentlichen Aspekt von Teamorientierung zu ermöglichen.

Zweitens werden im Spannungsverhältnis von Komplexitätssteigerung vs. routinierter Übersichtlichkeit die im Zuge des organisationalen Wandels inadäquaten *Stellenbeschreibungen* thematisiert. Denn neben dem fast unüberschaubaren Kollegium hat sich mit dem Einzug in das Bildungs- und Kulturzentrum auch das Angebot vergrößert, Nutzerzahlen sind gestiegen und Aufgabenfelder haben sich verändert. Diese Komplexitätssteigerung findet jedoch keinen Ausgleich in personeller Aufstockung, wie Verwaltung_1 (Z. 73ff.) berichtet und schlägt sich auch nicht in neuen Arbeitsplatzbeschreibungen[221] nieder:

---

221 Vgl. Bundesministerium des Innern (2007, 336): „Die Arbeitsplatzbeschreibung ist ein Dokumentationsinstrument und dient dazu die an konkreten Arbeitsplätzen von Tarifbeschäftigten

> „Die Stellenbeschreibungen der pädagogischen Mitarbeiter haben sich nicht verändert formal haben die sich nicht verändert. Aber wir müssen natürlich rangehen die Stellenbeschreibung zu überarbeiten. Da sich das Tagesgeschäft sich schon erheblich geändert hat und die Aufbauorganisation innerhalb der Volkshochschule (4) ja, das Tagesgeschäft sieht anders aus als es jetzt eigentlich abläuft." (Leitung_ 1_Vorgespräch, Z. 282-286)

Die in der Organisationsrealität stattgefundenen komplexen Veränderungen finden demnach in den formellen Strukturen keine vollständige Entsprechung. Dies bedeutet z.b. auch, dass formal keine Arbeitszeit für kooperative Aktivitäten vorgesehen ist, wie folgende Fachbereichsleitung beschreibt:

> „Wenn das nicht von vorneherein mit in den, den Stellenplanungen drin ist, zeitlich, kann so was nicht funktionieren, denke ich." (FBL_9, Z. 256f.)

Kooperation muss neben dem routinisierten Kerngeschäft bewältigt werden und wird entsprechend als zusätzliche Last wahrgenommen, was die Realisierung der Zusammenarbeit zwischen den Einrichtungen erschweren kann.

In einem Bildungs- und Kulturzentrum stellt sich drittens die Herausforderung, eine Vielzahl unterschiedlicher *Interessenslagen* zu berücksichtigen (vgl. FBL_3, Z. 424). Als Beispiel führt eine Volkshochschulleitung an, dass es sich hierbei nicht nur um die Interessen der einzelnen Akteure und Einrichtungen handelt, sondern dass des Weiteren die einrichtungsspezifische Einbindung in Dachverbände die Interessenslage verkompliziert, weil dies alles „unter einen Hut zu bringen" ist (Leitung_1, Z. 684ff.).

Dieser geschilderte Komplexitätszuwachs erschwert den transparenten Einblick in sämtliche Abläufe und Arbeiten (vgl. FBL_3, Z. 103f.). Eine Konsequenz daraus ist viertens die *Veränderung von Verfahrenswegen*. So sehen sich die Volkshochschulakteure damit konfrontiert, dass ihre ehemals einrichtungsinternen „sehr unbürokratisch" (FBL_6, 34f.) und „sehr hemdsärmelig" (ebd.) durchgeführten Abläufe mit den stark formalisierten Strukturen des Bildungs- und Kulturzentrums kollidieren. Die durch Routine geprägte, einfache und direkte Entscheidungsfindung und Bearbeitung von Projekten auf Volkshochschulebene wird abgelöst durch einen „Marsch durch die Ebenen" (ebd., 59f.). Zusätzliche Hierarchiestufen sollen sicherstellen, dass Informationen über neue Projekte an alle Einrichtungen vermittelt, gegebenenfalls Querverbindungen hergestellt und nicht zuletzt die Finanzierungsmodalitäten im Sinne des gesamten Zentrums entschieden werden können. Hinsichtlich der bisherigen Verfahrenswege und Entscheidungsspielräume deutet sich ein gewisser Autonomieverlust von Volks-

---

wahrgenommenen Tätigkeiten zu beschreiben und zu bewerten. Die Arbeitsplatzbeschreibung unterteilt sich in die Tätigkeitsdarstellung bzw. -bewertung."

7.5 Organisationsbezogene Anforderungen

hochschulen innerhalb von Bildungs- und Kulturzentren an, der im Weiteren näher als organisationsstrukturelle Veränderung und zusätzliches Spannungsverhältnis beschrieben wird.

b) Autonomie vs. Interdependenz: Der organisationale Strukturwandel zeichnet sich in veränderten Entscheidungsspielräumen der Volkshochschulakteure ab.

> „Volkshochschule war vorher ein Amt mit recht großen Freiheiten und das ist jetzt durch das Miteinander ja natürlich in der Flexibilität begrenzt. Aber das hat Vor- und Nachteile. Also Nachteil, dass ich nicht mehr gar so schnell reagieren kann. Oder vielmehr nicht nur, nicht nur einfach für die Volkshochschule entscheiden kann, sondern andere Einrichtungen, Entwicklungen anderer Einrichtungen mit betrachten muss." (Leitung_1, Z. 329-334)

Die Volkshochschulleitung bemerkt eine Einschränkung der volkshochschultypischen Flexibilität und Eigenständigkeit beispielsweise in Bezug auf Investitionsentscheidungen. Während die Volkshochschule als Amt im Rathaus „sich doch ein bestimmten Namen auch erarbeitet [hat], dass mit finanziellen Ressourcen hier vernünftig umgegangen wird" (FBL_3, Z. 447f.), kann sie im Bildungs- und Kulturzentrum nicht mehr auf diesen Ruf und das erworbene Vertrauen zurückgreifen. Denn innerhalb einer kooperativen Organisationsform mit gemeinsamem Budget[222] muss der Blick auf das gesamte Zentrum fallen. Hier spielen formale Begründungs- und Beantragungsprozedere eine wichtige Rolle als die erfahrungsbasierte Verlässlichkeit einer Einrichtung.[223] Diese Organisationsveränderung bleibt nicht ohne Auswirkungen auf die Arbeit von Fachbereichsleitungen, die sich in ihrer bisherigen autonomen Entscheidungskompetenz eingeschränkt fühlen und die Abstimmungserfordernis als Einmischung empfinden:[224]

---

222 Unter Gesichtspunkten von Autonomie und Interdependenz spielt das gemeinsame Budget und sich daraus ableitende Quersubventionierungen zwischen den Einrichtungen einer integrativen Kooperationsform eine wichtige Rolle. Dieser Aspekt wurde jedoch bereits in Kapitel 7.4.3 als Konkurrenzanlass bearbeitet und soll deshalb hier nicht erneut aufgegriffen werden.
223 In sogenannten Planungsrunden wird über den finanziellen Bedarf der einzelnen Einrichtungen beraten. Im Falle der Überschreitung des gemeinsamen Budgets können städtische Zuschüsse und weitere Fördermittel hinzugezogen werden (vgl. Verwaltung_2, Z. 23ff.). Es wird entsprechend ein gemeinsamer Wirtschaftsplan aufgestellt, der Bilanzierungen und Kostenrechnungen enthält (vgl. Leitung_2_Vorgespräch_ 278ff.; vgl. auch Betriebssatzung der Stadt Unna, §13, 1 und Betriebssatzung des Eigenbetriebes „DAS tietz", §14, 2).
224 Vgl. Leitung_2_Vorgespräch (Z. 218-221): „Ich meine, was die Volkshochschule aufgegeben hat, ist eine gewisse Unabhängigkeit in ihrem eigenen Gebäude ihr eigener Herr zu sein. Man musste keine Rücksicht nehmen auf rechts und links und sonst wie, das ist schon hier ein bisschen anders. Also man muss sich schon abstimmen."

> „Das heißt, dass man jedes Detail, was man macht, letztlich plötzlich vor irgendwelchen Ebenen rechtfertigen muss, was vorher überhaupt kein Thema war." (FBL_6, Z. 45f.)

Die für die Volkshochschulakteure neuen formalen Bestimmungen werden zum Teil als mangelnder Vertrauensbeweis gewertet und lösen Widerstand aus: „da hab ich manchmal schon vorher keine Lust mehr" (ebd., 53f.). Begründen lässt sich diese Reaktion, die sich auch in anderen Interviews wiederfindet, über die traditionelle Gliederung der Volkshochschule in Programmbereiche und die damit verbundene Fachbereichsautonomie (vgl. Zech 2008a, 7). Die Programmbereiche bleiben zwar weiterhin in den Bildungs- und Kulturzentren bestehen, die Freiheit der Fachbereichsleitungen erfährt jedoch durch die neue Aufbauorganisation eine enorme Einschränkung, wie eine Fachbereichsleitung beschreibt:

> „Im Grunde genommen ist das jetzt durch und durch nach dem hierarchischen Prinzip organisiert. Auch die Fachbereichsautonomie existiert nicht mehr. Ja, es wird durchaus also schon von der Leitungsebene in die Alltagsarbeit eingegriffen." (FBL_9, Z. 289-291, vgl. auch FBL_2, Z. 401ff.)

Entscheidungen, die zuvor selbstständig im eigenen Fachbereich getroffen oder auf Volkshochschulebene verhandelt wurden, werden nun aus der Einrichtung genommen und auf die Leitungsebene des Bildungs- und Kulturzentrums transferiert. Diese Veränderung stellt sich in den untersuchten Fällen folgendermaßen dar:

- Im Falle des zibs ist zum Zeitpunkt der Untersuchung das Steuerungsmodell als Koordinationsstruktur von Kooperation etabliert. Empirisch zeigt sich, dass die Volkshochschulleitung hier ein Stückweit aus dem Team der Fachbereichsleitungen heraustritt, um zusammen mit den anderen Einrichtungsleitungen und der Betriebsleitung auf übergeordneter Ebene Prozesse zu koordinieren und Entscheidungen zu treffen. Das Organisationskonzept des zibs ist durch diese sogenannte Teamleitung gekennzeichnet und unterscheidet sich vom bisherigen Teambegriff der Volkshochschule. Dieser war vor allem durch die sogenannte Volkshochschul-Leitungskonferenz[225] geprägt, die sich aus allen Fachbereichsleitungen und der Volkshochschulleitung zusammensetzte.

---

225 Vgl. hierzu die Volkshochschulsatzung Unna von 1977, § 10: Hier werden die Zusammensetzung und die Aufgaben der Leitungskonferenz beschrieben. Zudem wird festgehalten, dass wenn die Volkshochschulleitung eine Entscheidung trifft, die nicht mit den Empfehlungen der Fachbereichsleitungen übereinstimmt, diese schriftlich begründet werden muss. In der aktualisierten Satzung von 2010 ist dieser Paragraph nicht mehr vorhanden.

7.5 Organisationsbezogene Anforderungen

- Im Falle des tietz sind kooperative Prozesse über das Intendanzmodell organisiert. Auch hier zeigt sich im empirischen Material, dass die einzelne Einrichtung bzw. die einzelne Fachbereichsleitung zu Gunsten der Betriebsleitung zurücktreten muss, die über die Gesamtpolitik des Hauses bestimmt. Das Organisationskonzept des tietz ist vor allem durch die einzelne Person des Betriebsleiters charakterisiert. Dies zeigt sich in vielen Interviewaussagen, die Kooperationszielsetzung, -förderung, -steuerung und -vorgaben nahezu ausschließlich als Aufgabe des Betriebsleiters beschreiben.[226]

Die bisher verstärkt bottom-up-organisierten Prozesse in den untersuchten Volkshochschulen werden in den aktuellen Kooperationsformen als eher top-down-koordinierte Verfahrensabläufe beschrieben, wobei im Falle des zibs ein Leitungsteam und im Falle des tietz ein einzelner Betriebsleiter an der Hierarchiespitze stehen. Das prägnante Volkshochschulmerkmal der Hierarchielosigkeit (vgl. Zech 2008a, 7) erfährt innerhalb des komplexen Gebildes eines Bildungs- und Kulturzentrums demnach eine organisationsstrukturelle Veränderung.

Auch wenn für die einzelne Einrichtung Volkshochschule ein Autonomieverlust wahrgenommen wird, ist für die Bildungs- und Kulturzentren – zumindest in der Rechtsform des Eigenbetriebs – ein gleichzeitiger Autonomiegewinn zu verzeichnen. Hierzu zählt die relative Eigenständigkeit des Betriebs und die starke Stellung der Eigenbetriebsleitung[227], da diese eine hohe Entscheidungsfreiheit z.B. in Fragen der Stellenbesetzung, der Verteilung von Ressourcen, Einsparmöglichkeiten, Investitionen oder der Festlegung von inhaltlichen Schwerpunkten hat (vgl. Leitung_3, 137ff.; Leitung_2, 549ff. oder Leitung_2_Vorgespräch, Z. 289ff.).[228] Die betriebliche Eigenverantwortung könnte

---

226 Im Interviewmaterial des tietz lassen sich in den Personalgruppen Verwaltung, Fachbereichsleitung und Volkshochschulleitung 19 Textstellen identifizieren, die sich auf die Kooperationszuständigkeit des Eigenbetriebsleiters beziehen. Im Vergleich hierzu finden sich im Interviewmaterial des zibs, und in den Personalgruppen Fachbereichsleitung und Volkshochschulleitung, lediglich sieben Textstellen, die sich direkt auf die Kooperationszuständigkeit des Eigenbetriebsleiters als einzelne Führungsperson beziehen. In fünf weitere Textstellen sprechen die Interviewten hingegen von der ‚Leitungsebene' oder vom ‚Leitungsteam'.

227 Vgl. hierzu die Betriebssatzung der Stadt Unna, §3, 3: „Der Betrieb wird von der Betriebsleitung selbstständig geführt (...). Der Betriebsleitung obliegt insbesondere die laufende Betriebsführung." Analog ist die Betriebssatzung des Eigenbetriebes „DAS tietz", §7, 1 zu sehen: „Die Betriebsleitung leitet den Eigenbetrieb (...). Im Rahmen ihrer Zuständigkeit ist sie für die wirtschaftliche Führung des Eigenbetriebes verantwortlich."

228 Die Autonomie eines eigenbetriebsförmigen Bildungs- und Kulturzentrums ist aber insofern beschränkt, als dass keine Einbindung in geplante Rechtsformänderungen stattfindet. „Ja, das wird dann im Grunde auch einfach über uns hinweg entschieden." (Leitung_2_Vorgespräch, Z. 359). Neben einer Haushaltskonsolidierung, die über eine Veränderung der Rechtsform erreicht werden soll, kann das Zentrum auf diese Weise wieder enger an städtische Entscheidun-

nach Aussage von Leitung_3 (Z. 167ff.) sogar die geeignete Rechtsform sein, um innerhalb des Bildungs- und Kulturzentrums Hierarchien wieder abzubauen und die Eigenverantwortlichkeit der Einrichtungen und einzelner Mitarbeiter im Haus besser zu fördern. Näher ausgeführt wird dies Chance in diesem Interview nicht, dennoch ist abzuleiten, dass eine geeignete Ablauforganisation förderlich sein könnte.

Die Ablauforganisation: Kommunikationslogiken und Konkretionsanforderungen

> *„Weil a) der Arbeitsauftrag nicht klar definiert ist. Zweitens die Kompetenzen nicht ganz klar definiert sind. Und drittens die informelle Absprache über konkrete Projekte zwischen den Kollegen hier stattfindet. Was macht man dann in so einem Gremium?" (FBL_6, Z. 143-147)*

Anhand des Anfangszitats lassen sich für die Ablauforganisation in den untersuchten Bildungs- und Kulturzentren zwei wesentliche Spannungsverhältnisse aufzeigen, die von der Auswertung weiterer Interviews bekräftigt werden. So lassen sich über die Interviewaussagen verschiedene Kommunikationslogiken rekonstruieren, die sowohl förderlich als auch hinderlich für die Realisierung von kooperativen Aktivitäten sind: Es handelt sich um die Logiken von Formalität vs. Informalität. Ein weiteres Spannungsverhältnis ergibt sich aus der im oben stehenden Zitat erklärten Forderung nach Konkretion, die sich in der Gegenüberstellung von Klarheit vs. Diffusität erläutern lässt.

a) Formalität vs. Informalität: Die in den Interviewaussagen beschriebenen Kommunikationsprozesse lassen Rückschlüsse auf zwei unterschiedliche Logiken zu. Während ein Teil der Kommunikation informeller Art ist, ist ein anderer Teil formal über verschiedene Instrumente organisiert. Diese in den Interviews genannten Instrumente, wie sie in den folgenden Tabellen aufgelistet sind, dienen sowohl der formalen als auch teilweise der informellen Kommunikationsförderung sowie der Organisationsentwicklung insgesamt. Sie zeichnen sich durch festgelegte Ausgestaltungsmodi und Zeitpunkte aus.

---

gen gebunden und so stärker unter deren Einfluss gestellt werden. Vorrangig handelt es sich dabei um eine ökonomieorientierte Entscheidung, die Überlegungen zu Konsequenzen bezüglich der Organisationsform oder der inhaltlichen Ausgestaltung außer Acht lässt. Die Folge ist, dass die betroffenen Einrichtungen erst im Nachgang bzw. in der Alltagspraxis die organisatorischen und inhaltlichen Vor- oder Nachteile erkennen, die sich aus einer bestimmten ‚zugeteilten' Rechtsform ergeben. „Aber uns war nicht ganz klar, was für Vorteile uns dadurch erwarten und das haben wir aber erst mit im Laufe der Zeit für uns herausgefunden (...)" (Leitung_2, Z. 569f.).

7.5 Organisationsbezogene Anforderungen

Zentrumsebene

Instrumente einer formalen Kommunikationslogik	Ausgestaltungsmodi	Frequenz
Teambildungsworkshops	Alle Akteure des Zentrums: - Moderiert durch externen Coach	Anfangsphase der Zusammenlegung
Gesamtversammlungen	Alle Akteure des Zentrums: - Ankündigungen - Informationsweitergabe - Thematisierung von Schwierigkeiten	1/Monat; ca. ½ Stunde
Personaltage	Alle Akteure des Zentrums: - Besprechung von einrichtungsübergreifenden Themen - Interne Moderation	Unregelmäßig
Bildungstage	Alle Akteure des Zentrums: - Zusammen mit dem Personalrat organisiert eine Einrichtung eine gemeinsame weiterbildungsbezogene Aktivität	Alle 2 Jahre
Kunstpausen	Alle Akteure des Zentrums: - Das integrierte Museum stellt ein Exponat vor	1/Woche; ca. ½ Stunde
Kompetenzteams	Einrichtungsübergreifende Kleingruppen: - Explizite Bearbeitung angebotsbezogener Themen	Nach Bedarf
Projekttreffen	Am Projekt beteiligte Personen: - Projektbezogene Planungen	Nach Bedarf
Kursleitertage	Alle Kursleitungen der vhs: - Gemeinsame Aktivität unter Einbezug der Möglichkeiten im Zentrum	1/Jahr

Tabelle 11: Instrumente einer formalen Kommunikationslogik auf Ebene der Bildungs- und Kulturzentren

7. Empirische Rekonstruktion kooperativer Anforderungen

Instrumente einer formalen Kommunikationslogik		Ausgestaltungsmodi	Frequenz
Leitungsebene[229]	Leitungsrunden	Alle Einrichtungsleitungen und Betriebsleitung: - Optimierungsgespräche - Vorschlagserarbeitung - Entscheidungsgremium	1/Woche
	Strategische Dienstberatung	Alle Einrichtungsleitungen und Betriebsleitung: - Strategische Planungen für das gesamte Zentrum	Mehrmals im Jahr

Tabelle 12: Instrumente einer formalen Kommunikationslogik auf Leitungsebene

Instrumente einer formalen Kommunikationslogik		Ausgestaltungsmodi	Frequenz
Einrichtungsebene vhs	Dienstbesprechungen bzw. Jour fixe	Team der Volkshochschule: - Tagesgeschäft - Arbeitsbesprechung	In regelmäßigen Abständen
	Strategiesitzungen	Fachbereichsleitungen und Leitung der vhs: - Strategische Planungen für die eigene Einrichtung	Mehrmals im Jahr
	Rotationssystem	Verwaltungskräfte der vhs: - Das Personal wechselt in regelmäßigen Abständen den Fachbereich	Alle 1 bis 2 Jahre
	Kursleitertage	Alle Kursleitungen der vhs: - Gemeinsame Aktivität unter Einbezug der Möglichkeiten im Zentrum	1/Jahr

Tabelle 13: Instrumente einer formalen Kommunikationslogik auf Einrichtungsebene der Volkshochschulen

Somit lässt sich ein breites Spektrum formaler Kommunikationsforen aufzeigen, die sich unterschiedlichen Ebenen zuordnen lassen, unterschiedliche Akteure einbinden und teils gremienförmig, teils informeller und aktivitätsorientiert organisiert sind. Sie bieten vielfältige Möglichkeiten der Begegnung, des Austau-

---

[229] Laut Leitung_1 (Z. 362ff.) schreibt die Eigenbetriebssatzung einen regelmäßigen Austausch in Form von Planungstreffen oder Dienstbesprechungen vor, so dass Verhandlungen und ein Austausch über das gemeinsame Budget gewährleistet werden. Zudem werden in einem Betriebsausschuss der Wirtschaftsplan sowie bestimmte Maßnahmen oder Veränderungen beraten (vgl. Leitung_2_Vorgespräch, Z. 299ff., vgl. auch Betriebssatzung der Stadt Unna, §4, 4b und 4d sowie Betriebssatzung des Eigenbetriebes „DAS tietz", §10, 1).

7.5 Organisationsbezogene Anforderungen

sches und der Entwicklung von kooperativen Aktivitäten. Mit Blick auf die Volkshochschule zeigt sich, dass dort auf Einrichtungsebene Instrumente zu finden sind, die eine Bedeutung für das gesamte Bildungs- und Kulturzentrum haben können. So besteht in den Strategiesitzungen die Möglichkeit, kooperative Ziele zu erarbeiten oder einrichtungsübergreifende Ideen weiterzuentwickeln. Das Rotationssystem ist zudem ein Instrument, das sich auf bestimmte Bereiche des Bildungs- und Kulturzentrums übertragen ließe, um das gegenseitige Kennenlernen und Verstehen zu fördern.[230] Die Kursleitertage sind ein Beispiel dafür, wie die Identifizierung von Mitarbeitern und Mitarbeiterinnen mit dem Bildungs- und Kulturzentrum gestärkt werden kann.[231]

Dass dieses breite Spektrum der formalen Begegnungsräume für die Entwicklung von kooperativen Aktivitäten jedoch nicht ausreichend ist, zeigt sich daran, dass sich die Ebene der Informalität in den Interviews als vorrangiges Thema und darüber hinaus als gewichtiger Gegenpol der oben genannten Beispiele herauskristallisiert. So ist es in den Augen der bereits anfangs zitierten Fachbereichsleitung nicht notwendig, über formal organisierte Veranstaltungen informelle Begegnungen zu fördern:

> „Das ist nicht nötig, dass wieder informal reinzubringen, also zu sagen: ‚Wir müssen jetzt hier gemeinsame Aktivitäten wie was weiß ich Weihnachtsfeier oder so', das ist aufgesetzt, das braucht man gar nicht. Die Leute haben Kommunikation untereinander und treffen sich und dann ist es gut." (FBL_6, Z. 572-575)

In weiteren Interviews bestätigt sich die Auffassung, dass Informalität in jedem Falle stattfindet, sich automatisch ergibt und als stärkerer Einflussfaktor für Kooperation eingeschätzt wird als formale Besprechungen:

> „Also ja, es ist eher, dass es dann nicht in diesen Treffen auf den Tisch kommt, sondern eher wenn man auseinander geht oder sich begegnet auf dem Flur oder

---

[230] Alle Verwaltungskräfte wechseln in bestimmten zeitlichen Abständen die Fachbereichszugehörigkeit in der Volkshochschule. Neben Abwechslung, neuen Aufgaben und unterschiedlichen Zuständigkeiten, werden dadurch ein breiterer Überblick über die eigene Einrichtung und ein engerer Kontakt zwischen allen Beteiligten ermöglicht sowie die Kommunikations-, Koordinations- und Kooperationsfähigkeiten der Verwaltungskräfte gestärkt. Zwar haben Verwaltungskräfte und ihre Schnittstellentätigkeit, z.B. im Anmeldungsbereich, in der Öffentlichkeitsarbeit oder in Bezug auf die Zuarbeit für das pädagogische Personal zunächst eine volkshochschulspezifische Relevanz. Dennoch könnte diese Tätigkeit in ihrer Bedeutung in Bezug auf das gesamte Bildungs- und Kulturzentrum ausgeweitet werden.

[231] So formuliert eine Volkshochschulleitung das wichtige Anliegen, den Kursleitungen das Bildungs- und Kulturzentrum ‚nahe zu bringen', indem die Vorteile des Hauses ausgebaut, genutzt und verdeutlicht werden und im Haus regelmäßige Dozentenfortbildungen sowie Dozententreffen stattfinden (vgl. Leitung_2_Vorgespräch, Z. 385ff.).

sagt: ‚Mensch, ich arbeite an dem', es ist eher der informelle Bereich, ja? Der ist stärker." (FBL_7, Z. 153-156)

Und auch auf der Leitungsebene wird festgestellt, dass „ganz viel so zwischen Tür und Angel" läuft und dies „die Informationsebene [ist], die eigentlich am besten fluppt" (Leitung_2, Z. 236 und Z. 243).

Die Besonderheit der Informalität zeichnet sich dabei über zeit-, orts-, personen-, inhalts- und realisierungsbezogene Merkmale aus. Während formale Kommunikationsforen zeitlich und räumlich als ausgelagert wahrgenommen werden, also außerhalb des routinisierten Alltagsgeschäfts der eigenen Einrichtung und in festgesetzten Zeitfenstern stattfinden, ergeben sich informelle Begegnungen sozusagen naturwüchsig und jederzeit im „hier" (FBL_6, Z. 147) und im zufälligen „über den Weg laufen" (FBL_7, Z. 156). Im Unterschied zu organisierten Treffen, in denen insbesondere die Einhaltung formaler Vorgaben und das Veranstaltungsformat im Vordergrund stehen, ist die Informalität durch eine Personenzentrierung sowie die gegenseitige Wahrnehmung als gleichberechtigte Kollegen und Kolleginnen gekennzeichnet (vgl. FBL_4, Z. 184ff.). Im informellen Austausch beschreiben sich die Beteiligten in ihrer inhaltlichen Themensetzung autark; sie können ihre je individuellen Interessensgebiete ansprechen, kooperativ planen und in der Konkretisierung eigenverantwortlich und alltagspraktisch vorantreiben. Formale Foren werden im Gegensatz dazu als einengend, kreativitätshemmend und lenkend empfunden wie in folgender Aussage deutlich wird:

> „(...) diese großen Runden dann auch im Beisein von Vorgesetzten bauen immer irgendwas auf, was im Grunde genommen nicht aus den Arbeitsbereichen der Mitarbeiter selbst erwächst. Ich meine, da kommen immer irgendwelche anderen Vorstellungen auch mit rein, die dann auch zu entsprechenden Widerstandsreaktionen führen." (FBL_9, Z. 242-246)

Die hier angesprochenen Widerstandsreaktionen, die sich gegen formalisierte Kommunikationsprozesse richten, verweisen auf eine antinomische Wahrnehmung von Formalität und Informalität.[232] Über die in dieser Aussage vorgenommenen Ablehnung der formalen Logik, können Rückschlüsse auf die informelle Logik gezogen werden: Sie wird nicht etwa als komplementäre, sondern gewichtigere Ordnung eingeschätzt und praktiziert. Die informelle Logik ‚hebelt' demnach die formale Logik aus, wodurch ein gewisser Autonomiegewinn zumindest

---

232 Ebenso klingt hier das Spannungsverhältnis von top-down-gesteuerten Hierarchieformen und partizipativer Mitbestimmung durch die Mitarbeiter und Mitarbeiterinnen an. Aufgegriffen wird dieser Aspekt unter organisationsstrategischen Gesichtspunkten der Mitarbeiterorientierung in Kapitel 7.5.2.

7.5 Organisationsbezogene Anforderungen

in der Informalität erreicht wird bzw. erhalten bleibt. Der Akzeptanzverlust, der insbesondere auf Seiten der Fachbereichsleitungen hinsichtlich formal organisierter, kooperationsfördernder Kommunikationsforen festgestellt werden kann, schafft in der Konsequenz ein strukturelles Problem in der Ausgestaltung von Kooperationsprozessen: Kooperation verstetigt sich zwar auf der intuitiven, gelegenheitswahrnehmenden und personellen Ebene (vgl. Jütte 2002, 65). Die informellen Absprachen entziehen sich jedoch dem strategischen und systematischen Management von einrichtungsübergreifender Zusammenarbeit. Eine daraus zu schließende Steuerungsproblematik ergibt sich somit aus einer sich stark ausgeprägten informellen Ebene und der Unverfügbarkeit der dort stattfindenden Prozesse.

b) Klarheit vs. Diffusität: Am Beispiel der als Anfangszitat aufgeführten Interviewpassage lässt sich begründen, warum formale Austauschforen einen Akzeptanzverlust erfahren können. Die Fachbereichsleitung bemängelt, dass Arbeitsaufträge nicht klar formuliert werden und Kompetenzen – hier als Befugnisse oder Zuständigkeiten zu verstehen – nicht klar definiert sind. Hier wird eine Abweichung wahrgenommen zwischen der Erwartung, dass formale Arbeitsaufträge mit klar formulierten Ziel- oder Veränderungsabsichten und Verantwortlichkeiten vergeben werden und der Erfahrung, dass diese Anweisungen diffus bleiben. Dadurch erscheinen organisierte Kommunikationsforen neben den konkreten und als produktiv eingeschätzten informellen Prozessen als überflüssig wahrgenommene, formale Hülse.[233] Die in den Interviews geschilderte kooperationshemmende Diffusität lässt sich darüber hinaus an drei weiteren Aspekten verdeutlichen.

So wird erstens eine Diskrepanz zwischen scheinbar transparenten Diskussionsverläufen in Gremien und im Nachhinein festgestellten *intransparenten Steuerungsprozessen* auf Leitungsebene beschrieben:

> „Und alles fängt munter an zu diskutieren und plötzlich stellt man fest, dass die Steuerungsprozesse, die dann hinter den Kulissen stattfinden, dann wieder was umdrehen, ne." (FBL_6, Z. 204-206)

Insbesondere über Negativbeschreibungen verdeutlicht die Fachbereichsleitung, was ihr Veränderungsanspruch für die jetzige Organisationsrealität ist: Transparenz hinsichtlich Entscheidungsfindungen und Konkretion bezogen auf Zielvereinbarungen und Umsetzungsanforderungen. Anzunehmen ist, dass solange dieser Anspruch nicht realisiert wird, die unklare formale Ebene als Katalysator

---

[233] Einschränkend lässt sich hier festhalten, dass kein Umkehrschluss gezogen werden kann: Klar definierte Arbeitsaufträge und Kompetenzen gehen nicht unbedingt einher mit der Akzeptanz von formalen Ablaufstrukturen zur Erreichung einer einrichtungsübergreifenden Kooperationsstrategie.

für die zunehmende Abgrenzung der informellen Ebene von der formalen Ablauforganisation fungiert.

Der informelle Austausch scheint jedoch zweitens nicht ausreichend zu sein, die *Unklarheit über die Erwartungshaltungen* der einzelnen räumlich-integrierten Einrichtungen zu beseitigen. So stellen verschiedene Interviewte fest, dass eine Unsicherheit darüber besteht, ob es erstens gewünscht ist, vhs-spezifische Kompetenzen einrichtungsübergreifend einzubringen oder gar zu übertragen (vgl. FBL_2, Z. 318f.); und zweitens, ob andere Einrichtungen im Bildungs- und Kulturzentrum Kenntnis über die Arbeitsfelder und das Kompetenzprofil der Volkshochschule haben bzw. diese als gewinnbringend wahrnehmen.

> „Also wir haben ein bestimmtes pädagogisches Know how , aber ich weiß zum Beispiel nicht, ob die Stadtbibliothek das braucht. Und ob sie es will. " (FBL_4, Z. 281-283)

Diese Fachbereichsleitung deutet an, dass die Ausgestaltung von Kooperationsprozessen durch Unkenntnis über einrichtungsspezifische Handlungsfelder und Kompetenzbereiche erschwert wird. Hier schließen sich zwei Interpretationsmöglichkeiten an: Erstens können fehlende Informationen dazu beitragen, dass die Ressourcen der Einrichtungen nicht mitbedacht, einbezogen und genutzt werden. Zweitens kann die Unsicherheit über die Erwartungshaltung der anderen Kooperationsakteure dazu führen, dass sich die Volkshochschule darin zurückhält, ihre Vorstellungen von pädagogischen Zielsetzungen, Arbeitsweisen und Kompetenzen offenzulegen.

So findet sich drittens ein weiteres Indiz für das vorhandene Spannungsverhältnis von Klarheit vs. Diffusität in der beschriebenen *Qualität der Informationspolitik*. Damit ist die Art der Verbreitung und Offenlegung von internen Informationen für alle Akteure des Zentrums gemeint. Fehlen beispielsweise Informationen zu bestimmten kooperativen Aktivitäten, verhindert dies die Beteiligung von weiteren Akteuren, da diese keine „Ansatzpunkte" sehen bzw. die Aufforderung zur Zusammenarbeit als „unverbindlich" wahrnehmen (vgl. FBL_1, Z. 97 und Z. 142). Zudem existiert aus Sicht der Befragten ein ungleicher Wissensstand zwischen den Einrichtungen, der die Zusammenarbeit erschwert, wie im folgenden Zitat geschildert wird:

> „Also wir merken immer wieder, dass einfach Informationen, die wir schon haben (...) bei den anderen überhaupt nicht da sind. (...) Ja, grade wenn man so gemeinsame Projekte oder so hat, wo dann Dinge auf der Leiterebene entschieden werden, da kriegen wir halt sehr schnell Informationen. Und das ist halt in einer Bibliothek oftmals nicht der Fall. Die wissen oftmals noch gar nicht, was da entschieden wurde oder wie der Stand der Dinge ist. Und das erschwert manchmal die Sache. Und

7.5 Organisationsbezogene Anforderungen

das ist auch manchmal für die Kollegen dann, mit denen wir konkret zusammen arbeiten, also dann auch so auf Teamleiterebene, auch manchmal schwierig, wenn wir so einen unterschiedlichen Wissensstand haben." (FBL_2, Z. 238-247)

Viele der befragten Volkshochschulakteure heben hervor, dass ihr Arbeitsstil innerhalb der eigenen Einrichtung von Transparenz und Offenheit sowie einer breiten, umfassenden und frühzeitigen Kommunikation geprägt ist. Die Kommunikationswege in den untersuchten Zentren weichen von dieser Klarheit jedoch ab, was sich an Beispielen belegen lässt:

- So besteht Unwissen darüber, wann andere Einrichtungen Pressekonferenzen veranstalten oder Pressemitteilungen heraus gegeben werden;
- Verwaltungskräfte und Fachbereichsleitungen bemängeln fehlende Information, wenn sie sich mit Anfragen zu Veranstaltungen konfrontiert sehen, von denen sie nichts wissen;[234]
- Kursleitungen beschweren sich über fehlende Ankündigungen von lauten Veranstaltungen, die das Kursgeschehen negativ beeinflussen.

Die bisher fokussierten organisationsstrukturellen Merkmale der Aufbau- und der Ablauforganisation von Bildungs- und Kulturzentren verweisen auf übergreifend auf vier Spannungsverhältnisse, die in einem Überblick zusammengefasst sind.

Spannungsfeld ‚Aufbau und Ablauforganisation'	
Routinisierte Übersichtlichkeit	Komplexitätssteigerung
Autonomie	Interdependenz
Informalität	Formalität
Klarheit	Diffusität

Tabelle 14: Antinomien der Aufbau- und Ablauforganisation

Ein weiteres Spannungsfeld zeigt sich im Folgenden hinsichtlich des Kooperationsmerkmals der räumlichen Zentrierung.

---

234 Zum Zeitpunkt der Erhebung ist nur in einem der untersuchten Bildungs- und Kulturzentren ein Intranet etabliert.

Räumliche Zentrierung: Ermöglichung und Begrenzung der Zusammenarbeit

> *„Und das begrenzt ja auch zum Teil halt hinsichtlich räumlicher Bedingungen, das ermöglicht vieles, was wir vorher nicht so konnten, aber es setzt halt auch Grenzen, dass wir auch in diesen Räumen nicht alles machen können, was wir machen wollen (...)" (FBL_2, Z. 466-469)*

Der bereits erläuterte Kooperationszweck der Qualitätssteigerung hat die starke Bedeutungszuweisung für eigene Räumlichkeiten herausgestellt. Wie das Anfangszitat zeigt, wird die Kategorie Raum darüber hinaus in den Interviews als strukturelles Merkmal beschrieben, das gleichzeitig kooperationsförderlich und -hinderlich ist. So lassen sich Interviewaussagen auf das Spannungsverhältnis Ermöglichung vs. Begrenzung verdichten. An vier Beispielen wird diese Ambivalenz verdeutlicht.

a) Gegenseitige Interessenszunahme vs. Störung durch räumliche Nähe: Das moderne Gebäude wird hinsichtlich der architektonischen Transparenz und Offenheit als förderlich für gegenseitige Interessenszunahmen auf Seiten der Einrichtungen eingeschätzt. So beschreibt eine Fachbereichsleitung es als „eine größere Motivation, sich mit dem zu beschäftigen, was rundherum gemacht wird." (FBL_7, Z. 87f.). Auch DozentIn_4 (Z. 118ff.) berichtet, dass Synergieeffekte in der Angebotsgestaltung auf Grund der räumlichen Nähe und der gegenseitigen Wahrnehmung zugenommen haben. Aus Sicht der Volkshochschulakteure führt die Offenheit und Transparenz zudem zu Mitnahmeeffekten bei Teilnehmenden, die darüber hinaus das Zentrum als lebendiges Haus wahrnehmen:

> „Auf dem Weg, ich muss ja nun wirklich durch den Eingang, durch das ganze Gebäude, zum Beispiel wenn irgendwelche Skulpturen oder Bilder ausgestellt werden, ähm, das ist schon sehr schön. Oder man bekommt mit, es ist eine Lesung, dann wird umgeräumt oder sie ist im Gange. Also, man bekommt die Atmosphäre schon mit, dass hier was passiert und dass das auch ein lebendiges Haus ist." (DozentIn_6, Z. 72-76)

Die Lebendigkeit des Hauses hat aus Sicht anderer Kursleitungen jedoch einen wesentlichen Nachteil: Die räumliche Nähe der Einrichtungen führt zu einer gegenseitigen Störung der Angebote, was sich v.a. auf die Lautstärke beziehen kann (vgl. DozentIn_4, Z. 187ff. oder DozentIn_5, Z. 145ff.). Weil die Räume zu dicht beieinander liegen und der Lärmschutz ungenügend ist, stört z.B. eine Trommelaufführung den Computerkurs oder die Gesangsdarbietung das Fotografieseminar.

b) Direkte Kontaktaufnahme vs. Orientierungslosigkeit: Dennoch zeigt sich ein wesentlicher Vorteil in der räumlichen Nähe, da aus Sicht der Befragten eine

7.5 Organisationsbezogene Anforderungen

vereinfachte, schnellere und direktere Kontaktaufnahme sowie zufällige Begegnungen zwischen den Mitarbeitenden der Einrichtungen möglich sind. Informalität als kooperationszuträgliche Ebene des Austausches ist demnach in erster Linie nicht als Teil eines bestimmten Organisationskonzeptes zu sehen, sondern logische Konsequenz der räumlichen Zusammenlegung mehrerer Eirichtungen. So trägt das Zusammensein unter einem Dach dazu bei, dass sich Mitarbeiter und Mitarbeiterinnen, aber auch Teilnehmende besser kennenlernen, wie stellvertretend folgende Aussage beschreibt:

> „(...) und da läuft man sich sehr häufig über den Weg und kennt sich dann auch. Und das ist schon angenehmer, als wenn man so anonym in einer Schule ist und dort eigentlich keinen kennt und niemanden über den Weg läuft. Und das war in der alten Volkshochschule definitiv so." (DozentIn_2, Z. 118-120)

Umgekehrt empfinden manche Kursleitungen die großen Neubauten, die mehrere Einrichtungen vereinen, als Nachteil, da sie in ihren Augen zu weitläufig sind. Sie erinnern sich gerne an den „viel begrenzteren Raum" von früher „wo man sich auf'm Flur ständig begegnete" (DozentIn_4, Z. 243). Das Bildungs- und Kulturzentrum trägt zumindest für Neulinge zu einer gewissen Orientierungslosigkeit bei, wie eine Fachbereichsleitung berichtet: „Mein erster Eindruck war oh, das ist aber schwer zu finden alles." (FBL_5, Z. 38f.). Und eine Kursleitung ergänzt, dass sie sich „hier manchmal verloren" (DozentIn_5, Z. 444) fühlt.

c) Raumbezogene Identitätsbildung vs. fehlende inhaltliche Verknüpfung:
Trotz der soeben beschriebenen Orientierungslosigkeit ist es gerade die räumliche Gegebenheit, die zur Identitätsbildung der Akteure des Bildungs- und Kulturzentrums beitragen kann: So erkennt ein Großteil der befragten Kursleitungen für ihre Tätigkeit zwar keine inhaltlich-konzeptionelle Verbindung zwischen den Einrichtungen, bewertet jedoch das gemeinsame Gebäude und Räume, die einrichtungsübergreifend genutzt werden, als positiv (vgl. DozentIn_2, Z. 139ff. und DozentIn_5, Z. 189ff.). Eine Fachbereichsleitung macht darüber hinaus am Beispiel der Titelbildgestaltung des vhs-Programmheftes deutlich, welche identitätsbildende Wirkung das Gebäude haben kann. Offen bleibt bei dieser Aussage, ob sich die erhoffte Wirkung auf Teilnehmende oder Mitarbeitende bezieht.

> „Und dann haben wir das im Prinzip in der Diskussion durchgesetzt, was wir vorher auch vorgeschlagen hätten, nämlich das Programm, was wir bis heute machen (...), nämlich ein Foto unseres Hauses, wie früher das Bild, identitätsbildend, groß vhs, unten BKZ, um die Verbindung herzustellen (...)." (FBL_6, Z. 334-338)

Obwohl das Programmheft ausschließlich die Angebote der Volkshochschule aufführt und keine inhaltlichen Verknüpfungen zu den anderen räumlich-integrierten Einrichtungen enthält, wird dennoch grafisch eine Verbindung zum gesamten Bildungs- und Kulturzentrum hergestellt: Zum einen durch den doppelten Schriftzug ‚vhs' und ‚BKZ', zum anderen über eine Abbildung des gemeinsamen Gebäudes.

d) Inhaltliche Verzahnung vs. fehlende bauliche Verknüpfung: Gleichzeitig zeigt sich in der Auswertung der Interviews eine Umkehrung des zuletzt benannten Spannungsverhältnisses. Denn trotz starker positiver Konnotierung des gemeinsamen Gebäudes, fehlt einigen Interviewten die architektonische Verknüpfung zwischen den Einrichtungen. Beispielsweise sind in einem Zentrum die unterschiedlichen Einrichtungen etagenweise und somit räumlich getrennt untergebracht. Des Weiteren lässt die architektonische Gestaltung mancher Veranstaltungsräume nur eine begrenzte bzw. personalintensive Raumnutzung zu. Dies ist dann der Fall, wenn einrichtungsübergreifende Räume, die z.B. für Abendveranstaltungen genutzt werden, baulich so integriert sind, dass das gesamte Bildungs- und Kulturzentrum oder weite Teile geöffnet bleiben müssen und somit einen hohen Personaleinsatz erfordern. Doch selbst wenn die räumliche Verfasstheit des Bildungs- und Kulturzentrums als nachteilig für die Zusammenarbeit und die Durchführung kooperativer Angebote angesehen wird, ist es dennoch die räumliche Nähe, die eine inhaltliche Verzahnung fördert, das Wahrnehmen von kooperativen Möglichkeiten begünstigt sowie die Einrichtung von Querschnittseinheiten, wie z.B. eine gemeinsame Verwaltung, das gemeinsame Hausmanagement oder das übergreifende Marketing, ermöglicht.

Insgesamt zeigt sich, dass der Strukturfaktor Raum einerseits als kooperationsförderlich eingeschätzt werden kann. Anderseits führt ein gemeinsames Gebäude für mehrere Einrichtungen Nachteile mit, die eine inhaltlich-konzeptionelle oder organisatorische Zusammenarbeit erschweren können.

Die Ausgestaltung und Nutzung der räumlichen Zentrierung ist immer abhängig von Aktivitäten und Handlungen, die in ihm stattfinden und gleichzeitig ist der Aktivitäts- und Handlungsfreiraum durch den gegebenen Raum begrenzt (vgl. Billerbeck 2008, 76). So lässt die querschnittsanalytische Interpretation des Interviewmaterials Rückschlüsse darauf zu, dass das typische Kooperationsmerkmal der räumlichen Zentrierung nicht automatisch zur Zusammenarbeit führt. Die Herausforderung besteht demnach darin, zu erkennen, dass die räumliche Nähe zwar ein notwendiges Merkmal dieser Kooperationsform ist, jedoch nicht hinreichend für eine gelingende Zusammenarbeit oder Identitätsentwicklung.

In der Auswertung wurde ein weiterer Fokus auf die Ressourcenabhängigkeit von Kooperation gelegt, wobei hier ebenfalls von der Annahme ausgegangen wurde, dass diesbezügliche Rahmenbedingungen kooperative Aktivitäten sowohl ermöglichen als auch begrenzen.

7.5 Organisationsbezogene Anforderungen

Ressourcenabhängigkeit von Kooperation

In den untersuchten Bildungs- und Kulturzentren wird die Ressourcenabhängigkeit von Kooperationen von allen befragten Personalebenen thematisiert und zwar in einer zweifachen Perspektive: Auf der einen Seite werden interne Rahmenbedingungen angesprochen, die auf die Ressourcenverantwortung des Bildungs- und Kulturzentrums selbst verweisen; auf der anderen Seite wird die Abhängigkeit von äußeren Rahmenbedingungen problematisiert.

a) Ressourcenverantwortung vs. Ressourcenmangel: In der ersten Perspektive verdeutlichen z.B. Interviewaussagen auf der Leitungsebene, dass auf Grund der Rechtsform des Eigenbetriebs ein Zuwachs an Kompetenzen im Sinne einer verstärkten eigenen Ressourcenverantwortung zu verzeichnen ist. Denn der Eigenbetrieb verfügt über ein festes Budget, das eigenverantwortlich verwendet werden kann (vgl. Leitung_2, Z. 549ff.). Im Vergleich zur Rechtsform eines städtischen Amtes beschreiben die befragten Leitungskräfte den Vorteil der Eigenbetriebsform in der Tatsache, einen transparenten Überblick über das eigene und insgesamt zur Verfügung stehende Budget zu haben (vgl. Leitung_1_Vorgespräch, Z. 143 und Leitung_2, Z. 544ff.).[235] Die hohe Eigenverantwortlichkeit für die eigenen Finanzen hat gleichzeitig zur Folge, dass der Kämmerer nicht wie bei einer Einbettung in den städtischen Gesamthaushalt für Ausgewogenheit oder Zuschüsse sorgt, wenn das Budget knapp oder überschritten wird.[236] In einem der untersuchten Bildungs- und Kulturzentren lässt sich zum Zeitpunkt der Erhebung eine unzureichend wahrgenommene Ressourcenverantwortung feststellen, was sich an folgender Aussage zeigt:

> „Also das [kooperative Angebot x] ist schon so angedacht, dass es jedes Jahr gemacht wird, aber da sind halt nicht genügend Gelder da und deswegen fällt's dann mal aus und der Eigenbetriebsleiter, der setzt sich dann auch einfach nicht wirklich ein, dass halt mal mehr Gelder kommen, und das ist ein bissel schade." (Verwaltung_1, Z. 175-178)

---

235 Vgl. hierzu die Betriebssatzung des Eigenbetriebes „DAS tietz", §4, 2: „Durch die Anwendung der Kostenarten-, Kostenstellen- und Kostenträgerrechnung wird eine transparente Betriebsrechnung gewährleistet."

236 Es werden zwar zeitweise auch für den Eigenbetrieb zusätzliche Mittel bereitgestellt, aber das Bildungs- und Kulturzentrum muss diese Notwendigkeit vor dem Betriebsausschuss begründen (vgl. Leitung_2_Vorgespräch, Z. 318ff.). So heißt es z.B. im sächsischen Eigenbetriebsgesetz (§16, 2): „Erfolggefährdende Mehraufwendungen des Erfolgsplans sind nur zulässig, wenn ein dringendes Bedürfnis besteht; sie bedürfen der Zustimmung des Betriebsausschusses, sofern sie nicht unabweisbar sind. Das Gleiche gilt für Mehrauszahlungen des Liquiditätsplans, die für das einzelne Vorhaben erheblich sind."

Dass in der Vergangenheit kooperative Ideen auf Grund von fehlenden Finanzen nicht umgesetzt werden konnten, ist in mehreren Interviews vermerkt (vgl. FBL_2, Z. 296; FBL_4, Z. 66f.; FBL_6, Z. 693f.) und lässt sich weiterhin über ein Interviewzitat verdeutlichen:

> „‚Wir kooperieren aktiv mit anderen'. ‚Wir sind Ideengeber und setzen neue Ideen um'. Wir möchten das alles, aber da kommt dann sofort: ‚Haben wir kein Geld für'. Ja, das ist, im Moment ist das furchtbar." (FBL_8, Z. 233-235)

Eine Volkshochschulleitung bekräftigt die Tatsache, dass es in erster Linie der Ressourcenmangel ist, der die Zusammenarbeit hemmt:

> „Was Kooperationen hemmt? Ich glaube, wenn die Rahmenbedingungen zu eng gesteckt sind, das ist ganz klar. Also wenn es um Personalressourcen geht, wenn es um Geld geht, das aufgeteilt wird, also der Kuchen insgesamt kleiner wird und da jeder irgendwie was beitragen muss, das glaube ich hemmt schon." (Leitung_2, Z. 435-438)

Auf Grund von fehlenden Ressourcen kommt es vorerst nicht oder nur unter erschwerten Bedingungen zu einer Zusammenarbeit zwischen den Einrichtungen. Die ‚eng gesteckten' Rahmenbedingungen lassen kaum Freiraum zu, weil die Akteure damit beschäftigt sind, die fehlenden ‚Kuchenstücke' auszugleichen, indem sie zusätzliche einrichtungsbezogene Aufgaben übernehmen, die dem Personalmangel geschuldet sind.[237] Das Kerngeschäft der eigenen Einrichtung wird zwar abgesichert; für kooperative Aktivitäten bleibt kaum Kapazität übrig.

b) Angebotsgestaltung vs. Einsparzwang: Neben diesen internen Rahmenbedingungen zeigt sich anhand der untersuchten Volkshochschulen, wie sehr die Abhängigkeit von äußeren Rahmenbedingungen die Kernarbeit und die Bereitschaft zur Kooperation beeinflusst. Volkshochschulen geraten durch die Anforderung wirtschaftlich zu arbeiten in Konflikt zu ihrem öffentlichen Auftrag, der im Weiterbildungsgesetz festgehalten ist.[238]

> „Wo wir zunehmend auch, tja, wirtschaftliche Ziele setzen müssen, die nicht unbedingt und zwangsläufig mit unserem Auftrag einhergehen. Also, was dann auch weh tut, mitunter." (Leitung_1, Z. 285-287)

---

237 Hier handelt es sich z.B. um einrichtungsspezifische administrative Tätigkeiten, die nicht von der zentralen Verwaltung der Bildungs- und Kulturzentren übernommen werden. In den Volkshochschulen selbst führt Personalmangel im Verwaltungsbereich dazu, dass diese Tätigkeiten von hauptberuflich pädagogischem Personal übernommen werden müssen und somit Arbeitszeit für kooperative Aktivitäten fehlt.
238 Vgl. hierzu den organisationstheoretischen Blickwinkel des ‚Neo-Institutionalismus', der darauf aufmerksam macht, dass exogene Einflussfaktoren in interne Entscheidungsprozesse mit einbezogen werden (vgl. Kuper 2001, 91ff.).

7.5 Organisationsbezogene Anforderungen 259

Die Volkshochschulleitung verdeutlicht in einem Satz das Dilemma von Angebotsgestaltung vs. Einsparzwang. Unter dem Gesichtspunkt zurückgehender öffentlicher Mittel wird zwar versucht einen finanziellen Ausgleich durch eine Erhöhung der Teilnehmerentgelte zu erreichen.[239] Dies zeigt z.b. folgende Fachbereichsleitung auf:

> „(...) weil im Prinzip jetzt schon diskutiert worden ist bei uns, dass wir nächstes Jahr die Teilnehmerbeträge anheben, das können wir vertreten um einen Euro. Wir machen das still, heimlich. Aber die Frage ist, erreichen wir das vom Kämmerer vorgegebene Ziel damit? Ich befürchte nein, was die Einsparsumme angeht und dann wird diese Schraube weiter gedreht (...).“ (FBL_6, Z. 737-740)

Die Strategie der Entgelterhöhung wird kritisch eingeschätzt. Eine wirtschaftliche Ausrichtung an eher nachfrageorientierten Angeboten wird als weiterführende Strategie erkannt: Über zusätzliche Angebote in nachgefragten Bereichen, die z.b. auch über kooperative Arrangements in ihrer Attraktivität gesteigert werden könnten, wäre eine Quersubventionierung von weniger stark besuchten, aber gesetzlich verankerten Bereichen möglich. Angesichts der zuvor genannten Problematiken, wie z.b. Stellenabbau und Arbeitsüberlast, wird die Verwirklichung solcher kooperativer Angebote jedoch als unrealistisch betrachtet (vgl. FBL_9, Z. 190).

In Bezug auf die Ressourcenabhängigkeit von Kooperationen zeigt sich somit ein auszubalancierendes Verhältnis von Ressourcenverantwortung, die die Chance zur kooperativen Angebotsausgestaltung birgt, und Ressourcenmangel, der gleichzeitig Einsparungszwänge mit sich führt.

Die Interviewaussagen vermitteln den Eindruck, dass in den untersuchten Bildungs- und Kulturzentren der Ressourcenmangel und damit der Zwang zu Einsparungen schwerer wiegt als die Wahrnehmung und kreative Nutzung der zur Verfügung stehenden Ressourcen. An dieser Stelle müsste eine gelungene Organisationsstrategie greifen, um die Balance herzustellen und um trotz ressourcenbezogener Restriktionen Freiräume und Motivation für Kooperation zu schaffen. Welche strategischen Merkmale der untersuchten Bildungs- und Kulturzentren festgestellt werden können und welche Ambivalenzen sich auch hier zeigen, verdeutlicht das folgende Kapitel.

---

239 Grotlüschen u.a. (2010, 361) stellen fest, dass der „Anteil der Landesfinanzierung bei staatlich anerkannten Einrichtungen (...) rückläufig [ist], während die Teilnehmerentgelte steigen."

7.5.2 Organisationsstrategie als Einflussfaktor von Kooperation

Die über die Interviewaussagen rekonstruierten organisationsstrategischen Einflussfaktoren lassen sich in zwei Hauptkategorien einteilen. So werden in den Interviews zum einen Aspekte und Fragen thematisiert, die der Kategorie Ergebnisorientierung zuzuordnen sind, weil sie Kooperation als organisationsgestaltendes Ziel und den Weg zur Zielerreichung beschreiben. Zum anderen bildet sich eine weitere Kategorie der Mitarbeiterorientierung ab, anhand derer akteursbezogene und handlungsleitende Aspekte der Identitätsbildung, Teilhabe und Anerkennung aufgezeigt werden können.

Ergebnisorientierung: Zwischen Struktur- und Alltagslogik

> *„Klar können wir uns alle wieder zurückbesinnen auf unser eigentliches Kerngeschäft, jeweiliges Kerngeschäft, aber da sind wir wieder nur die Summe der einzelnen Teile. Und die Idee und der Wille, das ist was ganz anderes, was wirklich Neues."* (Leitung_1_ Vorgespräch, Z. 673-675)

Im Anfangszitat findet eine Gegenüberstellung zwischen zwei Strategieorientierungen statt: Auf der einen Seite geht es um Strategien jeder einzelnen Einrichtung der diagonalen Arbeitsgemeinschaft, die über das ‚jeweilige Kerngeschäft' erreicht werden. Auf der anderen Seite steht die Strategie des Bildungs- und Kulturzentrums, die als einrichtungsübergreifende ‚Idee' Innovationen und Synergien erzielen soll. Die erste Perspektive beschreibt aus systemtheoretischer Sicht die ‚Eigenlogik' von kommunikativ geschlossenen Systemen; diese ist als einrichtungsspezifische Alltagslogik zu bezeichnen. Die zweite Perspektive der Strukturlogik bezieht sich auf das Kooperationsmerkmal der institutionellen Zusammenarbeit und meint eine übergreifende Strategie des gesamten integrativen Kooperationsmodells. Eine Analyse der Worthäufigkeiten führt zu dem Ergebnis, dass interviewübergreifend insgesamt 49 Nennungen der Worte „Alltag", „alltäglich" und „Kerngeschäft" abzüglich der von der Interviewerin eingebrachten Begrifflichkeiten zu verzeichnen sind. Alle Nennungen finden sich in den Interviews der Fachbereichs- und Volkshochschulleitungen wieder. Während diese quantitative Auswertung lediglich auf eine starke Thematisierung verweist, kann darüber hinaus durch eine qualitative Inhaltsanalyse festgehalten werden, dass die Gesprächsausschnitte, in denen die Nennungen zu verorten sind, allesamt das Mit- oder Gegeneinander von Alltagslogik und Strukturlogik problematisieren. Die befragten Volkshochschulakteure sind sich dabei weitge-

7.5 Organisationsbezogene Anforderungen

hend einig, dass das Kerngeschäft jeder einzelnen Einrichtung die Basis für Kooperation darstellt und es zunächst die Absicherung dieser Alltagslogik bedarf, bevor die einrichtungsübergreifende Kooperationsstrategie realisiert werden kann. Gleichzeitig wird die Schwierigkeit erkannt, dass auf Grund der hohen alltäglichen Arbeitslast, Möglichkeiten der einrichtungsübergreifenden Zusammenarbeit unberücksichtigt bleiben.

Um dieses Mit- und Gegeneinander von Struktur- und Alltagslogik zu rekonstruieren wird im Folgenden der Fokus zum einen auf die organisationsstrategische und ambivalente Thematisierung von Anspruchserklärung vs. operativer Umsetzung gerichtet; zum anderen werden die Dimensionen von einrichtungsübergreifender Konzeptdurchdringung vs. einrichtungsspezifischer Projektplanung Teil der Auswertung sein.

a) Anspruchserklärung vs. operative Umsetzung: Bereits zuvor wurde anhand von konkreten Beispielen eine Diskrepanz zwischen Zieldefinition und Zielumsetzung verdeutlicht. Deshalb sollen im Folgenden keine weiteren Beispiele angeführt werden, sondern in einem tiefergehenden Schritt analysiert werden, welche Faktoren zu dieser Diskrepanz führen und welche handlungsleitenden Erfordernisse sich auf der organisationsstrategischen Ebene anschließen können. Über die Auswertung des Interviewmaterials verdichten sich die Hinweise auf vielfältige Faktoren, die die operative Umsetzung erschweren.

Über das Interviewmaterial lässt sich beispielsweise eine *einseitige Ursachenbetrachtung* feststellen. Hierunter sind insbesondere Aussagen zu finanziellen und personellen Einschränkungen zu fassen wie sie bereits unter organisationsstrukturellen Gesichtspunkten beschrieben wurden. Verbreitet ist die Ansicht, dass es sich vorrangig um äußere Faktoren handelt, die die Umsetzung von Ideen im Bildungs- und Kulturzentrum erschweren.

> „(...) man muss die Bereiche mit den finanziellen Ressourcen ausstatten, dass die Ideen, diese Kreativität, diese Gedanken, dass die auch umgesetzt werden können. Das ist wichtig, dass diese Rahmenbedingungen stimmen. Die nehm ich aber auch stark eben von außen wahr, also weniger von innen, also das wir da eher von außen immer gebremst werden." (FBL_7, Z. 306-309)

Äußere Kräfte sorgen dafür, dass Kreativität nicht aufrecht erhalten werden kann, Ideen nicht umgesetzt und ausgebremst werden. Diese Rahmenbedingungen werden als wenig oder sogar nicht veränderbar wahrgenommen und beschrieben. Daraus abzuleiten ist, dass ein Gegenkraftakt im inneren Organisationsgeschehen zu realisieren ist, um trotz dieser exogenen Hemmnisse agieren zu können. So lassen sich aus dem Interviewmaterial zahlreiche interne Faktoren ableiten, die darauf verweisen, dass insbesondere innerorganisatorische Strategien zu entwickeln und zu stärken sind.

Beispielsweise entpuppt sich über die Interviewaussagen die *Glaubwürdigkeit und Echtheit von Prioritätensetzungen* als ein wichtiger innerorganisatorischer Faktor. Besteht eine Diskrepanz zwischen Wichtigkeit und Unwichtigkeit wie sie z.b. eine Fachbereichsleitung im Folgenden feststellt, sind Anspruchserklärungen von Kooperationsstrategien kaum zu realisieren:

> „Ich meine, das finde ich immer pikant dann, es liegt nicht an irgendeinem Mitarbeiter der sagt: ‚Da hab ich keinen Bock drauf'. Sondern das, was angeblich so wichtig ist, scheint dann im Alltag auch für die Leitungsebene keine Priorität zu haben (...)." (FBL_6, Z. 138-140)

Was sowohl in Strategiesitzungen als auch durch externe Beratungsinstanzen zur Realisierung von kooperativen Ansprüchen für wichtig erachtet wird und auf der Ebene einer einrichtungsübergreifenden Strukturlogik zu verorten wäre, findet in der operativen Realisierungsebene bzw. in der Alltagslogik keine Entsprechung. Die Fachbereichsleitung vermutet, dass kooperative Ideen deshalb scheitern. Im Umkehrschluss erfordert gelingende Zusammenarbeit demnach eine klare Prioritätensetzung, die eine entsprechende Umsetzung findet und sich in einem authentischen Leitungshandeln widerspiegelt.

Mit Blick auf das bereits rekonstruierte Spannungsverhältnis von Klarheit und Diffusität, ließe sich als ein weiterer Grund für eine mangelhafte operative Umsetzung festhalten, dass *Präzisierungslücken* vorhanden sind. Abzuleiten ist diese Annahme beispielsweise aus folgender Aussage:

> „Das ist noch mal so ein Punkt, wo ich glaube, da müssen wir auch noch mal ran, einfach, ich glaub, da müssen wir in erster Linie die organisatorische Frage klären. Also wer ist verantwortlich für die Kompetenzteams? Wie häufig treffen sich die? Und was sind genau die Aufgaben, die sie dann auch machen sollen, ne? Das ist noch nicht so rund. Das ist noch ein Bereich, wo ich immer denke, das ist eigentlich eine gute Idee und ein gutes Instrumentarium und wir nutzen das immer nur so punktuell." (Leitung_2, Z. 856-861)

So klingt im letzten Satz an, dass das kooperationsförderliche Instrument der Kompetenzteams zwar als wichtig eingeschätzt wird, in der Realität jedoch kaum Anwendung findet und organisationsstrategische Fragen offen bleiben. Die Volkshochschulleitung zeigt auf, dass die Konkretisierung und Klärung von Aufträgen, Abläufen, Zuständigkeiten und Verantwortlichkeiten notwendig sind. In den Augen der Interviewten muss beispielsweise „ viel bewusster" nach „Anknüpfungspunkten" gesucht werden (vgl. FBL_2, Z. 125). Es geht darum „Aufgaben zu schaffen, wo Arbeitsgruppen zum Beispiel aus den Einrichtungen zusammenfinden" (FBL_ 5, Z. 478), und bereits vorhandene Initiativen sollten

7.5 Organisationsbezogene Anforderungen

„konzentrierter" (Leitung_3, Z. 220) angegangen werden. Andernfalls bleibt Kooperation ein reiner Selbstzweck oder ein Ideal, dem es an Substanz mangelt. Darüber hinaus wird in den Interviews eine *fehlende Kontinuität* problematisiert. Dass der „rote Faden"(FBL_1, Z. 56) fehlt, etwas „im Sande verläuft" (ebd., Z. 250), auch „wieder eingestellt" (ebd., Z. 364) und „nicht weiter verfolgt" (FBL_4, Z. 177) wird bzw. sich im „Alltag verliert" (Leitung_1, Z. 477), sind demnach Indizien für die fehlende operative Umsetzung von kooperativen Vorhaben. Gelungene kooperativ konzipierte und durchgeführte Veranstaltungen werden teilweise nicht weitergeführt, entsprechend mangelt es an Möglichkeiten der Routinisierung einer übergreifenden Strukturlogik und an positiven Erfahrungen und Erfolgserlebnissen durch Kooperation (vgl. FBL_1, Z. 228). Das Interviewmaterial deutet auf die Notwendigkeit hin, kooperative Arbeitsweisen und Aktivitäten zu verstetigen, um die Zusammenarbeit zu institutionalisieren. Ausgehend von den Interviewaussagen findet aktuell in den untersuchten Bildungs- und Kulturzentren außerdem eine *Einengung auf die Alltagslogik*, also auf das jeweilige Kerngeschäft statt. Eine Integration der Strukturlogik, die Kooperation als übergreifende Strategie umfasst, ist nicht realisiert.[240] Anfänglich gesetzte Möglichkeits-, Kreativitäts- und Zeiträume haben sich im Laufe der Jahre verschlossen und bleiben lediglich als Wunsch bestehen, wie im folgenden Zitat deutlich wird.

> „Also ich würde mir im Grunde genommen wünschen, dass es immer auch Rahmenbedingungen gibt, wo man Sachen ausprobieren kann. Also das, was wir damals festgeschrieben haben, wir möchten auch ein Experimentierfeld sein, dass das weiterhin möglich ist. Das find ich ganz wichtig, denn es gibt keine Veränderung, keine Innovation, wenn man nicht auch mal was ausprobiert (...)." (Leitung_2, Z. 603-607)

So stellt auch eine Fachbereichsleitung fest, dass „diese Zeit des Werdens und wo einfach ganz viel auch experimentiert wurde" weg ist und neue „Gestaltungsmöglichkeiten" geschaffen werden müssen (FBL_2, 512ff. und 616f.). Die Verwirklichung von Freiräumen erweist sich jedoch als schwierig, was sich auch in den formalen Strukturen abbildet:

> „Wenn man also was Größeres zusammen machen will oder entwickeln will, heißt das, man müsste sich richtig Freiräume erarbeiten, freischaufeln, wozu aber die Einzelnen kaum in der Lage sind und wenn sie dazu in der Lage sind, dann wahr-

---

240 An diese Stelle kann auf die organisationsstrukturellen Theorieansätze von Weber und Taylor verwiesen werden, die auf die Notwendigkeit aufmerksam machen, für die zu erreichenden Organisationsziele entsprechende Dienst- und Arbeitsabläufe zu realisieren und zu stabilisieren. Für kooperative Aktivitäten ginge es entsprechend um die Festlegung von Zeitzonen und die Bereitstellung von Ressourcen.

scheinlich wieder dummerweise zeitlich versetzt, weil bei dem einen grade Semesteranmeldung ist und im Sommer ist bei dem anderen Sommerleseclub." (FBL_6, Z. 677-681)

Hier werden unterschiedliche und schwer zu vereinbarende Zeitlogiken der Einrichtungen als Hindernis genannt. Demnach erschweren einrichtungsspezifische zeitliche Belastungsspitzen die Zusammenarbeit (vgl. auch FBL_3, Z. 217ff.). Die befragten Volkshochschulakteure verdeutlichen schließlich, dass einrichtungsübergreifende *Entscheidungsgrundlagen oder Kontrollkriterien* fehlen. Dabei könnte die in den Interviews beschriebene Bedarfs- und Zielgruppenorientierung von Volkshochschulen leitend sein:

„Und das war auch in der Debatte ganz schwierig. Was ist denn überhaupt eine Dienstleistung hier im Hause (...)? Interessante Diskussionen. Jeder hat da was anderes eingebracht und am schönsten fand ich dann, dass dann immer mehr und stärker aufkam, aber eingebracht eben durch die Volkshochschulleute (...): ,Wir müssen die Kundensicht doch bitte mit aufnehmen in gelungene Dienstleistung und wenn Ihr nicht wisst, wie Eure Kunden Euch sehen, was sie von Euch erwarten. Was ist für die Kunden eine Dienstleistung? Dann fragt (...), damit Ihr auch mal einen anderen Blickwinkel kriegt'. Also das war, das fand ich interessant, dass das überhaupt nicht im Blickpunkt ist, die Kundensicht einzunehmen. Also das leben wir hier anders." (Leitung_1_Vorgespräch, Z. 488-497)

Bedarfs- und Trendanalysen bilden in Volkshochschulen *die* Entscheidungsgrundlage für zielgruppengerechte Angebote. Dieses Verständnis ist in anderen Einrichtungen des Bildungs- und Kulturzentrums nach Aussagen der befragten Volkshochschulakteure in dieser Weise nicht verankert und wird entsprechend nicht in die Entwicklung kooperativer Angebote mit einbezogen. Somit bleibt die Chance einer Nutzenverdeutlichung von Kooperation ungenutzt. Stattdessen werden Entscheidungen weiterhin „aus dem Bauch" (FBL_4, Z. 417f.) heraus getroffen und ausschließlich auf die eigene Einrichtungsrealität bezogen.

b) Einrichtungsübergreifende Konzeptdurchdringung vs. einrichtungsspezifische Projektplanung: Eine Volkshochschulleitung verdeutlicht die Notwendigkeit einer Balance zwischen einrichtungsspezifischen und einrichtungsübergreifenden Planungen und Aktivitäten.

„Es gibt viele tolle Sachen, die man immer wieder machen kann, und so ein Haus lebt natürlich auch davon, dass es immer wieder sich was Neues überlegt und Veränderungen auch anstrebt, aber man muss durchaus auch dafür Sorge tragen, dass das, was das Ganze trägt, dass das nicht vernachlässigt wird. Ich glaub, wenn das so ankommt, bei den Kolleginnen und Kollegen, dass sie sich da so in ihrer ureigensten Kompetenz dann auch abgesichert fühlen, dann ist das gut für Kooperationen." (Leitung_2, Z. 456-461)

7.5 Organisationsbezogene Anforderungen

Aus Sicht der untersuchten Volkshochschulen stellt sich das Spannungsverhältnis von einrichtungsübergreifender Konzeptdurchdringung vs. einrichtungsspezifischer Projektplanung als Erfordernis eines ständigen Perspektivenwechsels dar, was sich an vier Beispielen verdeutlichen lässt.

Erstens findet durch die Einbindung in ein Bildungs- und Kulturzentrum eine *Beeinflussung des Kerngeschäfts* der Volkshochschule statt, das mehr oder weniger konkret über einen gesetzlich formulierten gesellschaftlichen Bildungsauftrag definiert ist. Dieser stellt zum einen eine wichtige Ausrichtungsgrundlage für die Angebotsgestaltung dar, zum anderen aber auch ein wesentliches Identifikationsmoment (vgl. FBL_6, Z. 725f.). Mitarbeiter und Mitarbeiterinnen der Volkshochschule orientieren sich an einem ganzheitlichen und integrativen Bildungsverständnis. Festzustellen ist, dass nun neben dem eigentlichen Bildungsauftrag, zusätzliche Anforderungen treten, die das Bildungs- und Kulturzentrum formuliert:

> „Also da hat es schon Veränderungen gegeben. Es wird erwartet, dass hier im Hause Veranstaltungen mit organisiert werden von Seiten der Volkshochschule, dass regelmäßig Ausstellungen erfolgen. Das war vorher an der Volkshochschule sporadisch, punktuell der Fall, aber nicht so regelmäßig wie wir das hier machen." (Leitung_2_Vorgespräch, Z. 164-168)

Schwerpunktsetzungen, die im Bildungs- und Kulturzentrum vorgenommen werden, beeinflussen demnach die Veranstaltungsplanung und -ausrichtung der Volkshochschule, wenn diese beispielsweise angehalten ist, regelmäßig zur Gestaltung einer vielfältigen Lernumgebung und eines attraktiven Aufenthaltsorts beizutragen. So wird teilweise wahrgenommen, „dass da eben die Interessen sehr stark kollidieren, also Volkshochschulinteressen und BKZ-Interessen oder Interessen anderer Einrichtungen hier im BKZ" (FBL_2, Z. 208ff.). Die Befragten weisen auf die Notwendigkeit hin, die unterschiedlichen Interessen der räumlich-integrierten Einrichtungen und des gesamten Bildungs- und Kulturzentrums zu kennen, um Möglichkeiten der Zusammenführung aufzugreifen. Dabei gilt es sowohl die Kontinuität von kooperativen Aktivitäten als auch des Kerngeschäfts zu sichern.

Zweitens ist der volkshochschultypische *Blick auf das Ganze* (vgl. Zech 2008a, 7) innerhalb eines Bildungs- und Kulturzentrums mit einem herausfordernden Perspektivwechsel verbunden.

> „(...) und ich denk, das kommt auch so ein bisschen aus unsrer na ja Organisationskultur, also jetzt Volkshochschul-Organisationskultur, dass wir trotzdem auch immer den Blick zum BKZ und zum großen Ganzen werfen, und mir persönlich geht das eben auch immer wieder so, dass man so zwischen allen hin und her schaltet. (Lachen)" (FBL_2, Z. 115-119)

Zwischen unterschiedlichen Anforderungen ‚hin und her zu schalten' ist demnach typisch für die Arbeitsweise der Volkshochschulakteure und prädestiniert sie in den Augen einer Volkshochschulleitung für Kooperationsaktivitäten (vgl. Leitung_2, Z. 720ff.). Die neutrale, offene, entgegenkommende Arbeitshaltung von Volkshochschulakteuren könnte geradezu als ‚Integrationsmotor' wirken:

> „Wir denken immer, wir sind da offener und neutraler als zum Beispiel die Stadtbibliothek. Und wir sind auch immer bereit den zwei schwächsten Gliedern im BKZ, dem Museum_1, das aber den, den größten Fundus sozusagen hat, die stärksten Inhalte hat mit dem Forschungsschwerpunkt. Wir sind immer, also das, das denk ich schon, wir sind sehr bereit, denen immer entgegen zu kommen, denen immer zu helfen, die zu stützen." (FBL_4, Z. 117-121)

Gleichzeitig finden sich aber auch Hinweise in den Interviews, dass im alltäglichen Handeln eine einrichtungsübergreifende Konzeptdurchdringung noch nicht verwirklicht ist und der Blick ‚über den Tellerrand' fehlt:

> „Dass ich auch im Alltagsgeschäft auch noch mehr an die anderen denken würde. Das steckt noch nicht so drin." (Leitung_1, Z. 349f.)

So wird beispielsweise angemerkt, dass jede Einrichtung für sich Drittmittel einwirbt oder Sponsoren anspricht, jedoch kein Konzept der gemeinsamen Finanzmittelakquise existiert (vgl. Leitung_2, Z. 340ff.). Trotz der aus Sicht der untersuchten Volkshochschulen geschilderten positiven Voraussetzungen für eine Überwindung der Differenzperspektive, setzt sich der einrichtungsübergreifende Blick in den alltäglichen Aufgaben nicht automatisch um.

Drittens zeigt sich in der teilweise vorhandenen *Beibehaltung bekannter Arbeitsweisen* eine Begründung für die fehlende Überwindung der Differenzperspektive.[241] Für manche Fachbereichsleitungen ist es nicht einleuchtend, warum Projekte, die überschaubar und schnell auf Volkshochschulebene zu verwirklichen sind, aus Sicht einer übergreifenden Kooperationsstrategie nicht ausreichend sein sollen:

> „Eine andere Ebene ist auch noch eine, an der ich sehr kritisch sehe, das hat's früher auch nicht gegeben, wenn wir früher in dem kleinen Laden Entscheidungen gefällt haben, haben wir die eigentlich auch umgesetzt. Um andere Dinge haben wir uns eigentlich nicht gekümmert. Wir haben nicht irgendwie die großen Würfe versucht zu machen. Wobei es trotzdem eben viel Projekte und so was gab." (FBL_6, Z. 153-157)

---

241 Ein theoretisches Erklärungsmodell hierfür bietet der strukturationstheoretische Ansatz von Giddens (1988), der Routinisierungskonzepte als wesentliche Organisationsmerkmale aufführt.

7.5 Organisationsbezogene Anforderungen 267

An dieser Aussage wird die Problematik der Organisationsveränderung deutlich: Die Anforderungen und Handlungsalternativen in der ehemals eigenständigen Volkshochschule waren überschaubar, alltagspraktisch und in der operativen Umsetzung schnell realisierbar. Diese erfahrungsgesättigten Einstellungen werden nun innerhalb eines Bildungs- und Kulturzentrums nicht ad hoc abgelegt, sondern – im Gegensatz zur übergreifenden Strukturlogik der Kooperation – weiterhin praktiziert. Das Verständnis für eine Durchdringung großer, einrichtungsübergreifender Konzepte fehlt. Die Realisierung eigener Projekte wird als vorrangig angesehen ohne die Komplexität und die kooperativen Möglichkeiten der neuen Organisationsform zu berücksichtigen.

Die *Kurs- und Teilnehmerorientierung* der Volkshochschule liefert viertens weitere Gründe für die fehlende Integrationsperspektive bzw. eine Erschwerung des Perspektivwechsels. So wird der Kursbetrieb als wesentliches Kennzeichen von Volkshochschulen in den Interviews thematisiert.[242] Das hiermit verbundene vhs-spezifische Merkmal des Gruppenlernens stellt aus Sicht der Kursleitungen ein Hemmnis für die Realisierung eines einrichtungsübergreifenden Konzepts dar:

> „Ich habe hier den Eindruck, dass das zwar angeboten wird, aber ich kann von meinen Teilnehmern sagen, ich habe zum Beispiel mehrmals betont, dass drüben im Selbstlernzentrum man sich hinsetzen kann und Vokabeln und Grammatik lernen kann. Und viele möchten das nicht. Die brauchen, die haben nicht die Eigeninitiative, sich da hinzusetzen und alleine-, sie werden zwar angeleitet, aber sie kommen dann schon lieber in die Gruppe, um gemeinsam zu lernen." (DozentIn_3, Z. 6-11)

Das hier angesprochene und weiterempfohlene Selbstlernzentrum, das als ‚Nukleus' (Stang 2010b, 40) von Bildungs- und Kulturzentren verstanden wird, widerspricht in den Augen der Kursleitung den Lerngewohnheiten der typischen Volkshochschulkundschaft. Diese lehnt „einsames Lernen" (DozentIn_3, Z. 369) ab, zeigt wenig Eigeninitiative und besucht Volkshochschulkurse v.a. wegen ihrer sozialen Interaktionsmöglichkeiten. Die Durchdringung eines einrichtungsübergreifenden Konzepts wird aus Sicht der Volkshochschulen außerdem durch die spezifische Zeitlogik des Kursbetriebs erschwert, wie in folgenden Ausführungen einer Fachbereichsleitung verdeutlicht wird:

> „Und bei den vhs-Teilnehmern ist das natürlich so ähnlich, zumal da ja noch erschwerend hinzu kommt, wenn die Kurse um 18.00 Uhr anfangen, das sind die frühesten am Abend, kommen die Leute sehr viel früher und wenn die späte Kursrun-

---

242 Vgl. hierzu auch Huntemann (2011, 3): Der Veranstaltungstypus ‚Kurs' macht 85,5% der Volkshochschulveranstaltungen aus. Der Anteil der Einzelveranstaltungen liegt bei 13%, der von Studienreisen bei 1,5%.

de anfängt, vor acht, ist die Bibliothek seit halb sieben zu. Das heißt, es gibt da kaum eine Schnittmenge (...)." (FBL_6, Z. 247-251)

Kurse finden in der Volkshochschule bis in die Abendstunden statt, während andere Einrichtungen im Bildungs- und Kulturzentrum zeitlich früher schließen und somit ein einrichtungsübergreifender Mitnahmeeffekt sowohl für die Teilnehmenden als auch für die Kursleitungen der Abendkurse verhindert wird.[243] So lassen sich hinsichtlich der Ergebnisorientierung von Bildungs- und Kulturzentren zwei wesentliche Spannungsfelder im Überblick darstellen.

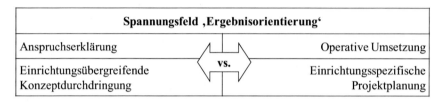

Spannungsfeld ‚Ergebnisorientierung'		
Anspruchserklärung	vs.	Operative Umsetzung
Einrichtungsübergreifende Konzeptdurchdringung		Einrichtungsspezifische Projektplanung

Tabelle 15: Antinomien einer ergebnisorientierten Organisationsstrategie

Neben den bisher vorgestellten organisationsstrategischen Merkmalen, die mit einer Ergebnisorientierung einhergingen, werden in den Interviews weitere thematisiert, die die Mitarbeitenden eines Bildungs- und Kulturzentrums in den Fokus stellen.

Mitarbeiterorientierung: Identität, Teilhabe und Anerkennung

Über die Interviews lassen sich drei organisationsstrategische Erfordernisse auf Ebene der Mitarbeiterorientierung rekonstruieren: So handelt es sich erstens um die Notwendigkeit einer doppelten Identitätsentwicklung; zweitens spielen Teilhabe- und Mitbestimmungsmöglichkeiten eine wesentliche Rolle bei der Umsetzung von kooperativen Zielsetzungen; drittens gilt es, eine kooperationsbezogene

---

243 Davon ausgehend, dass Bildungs- und Kulturzentren jedoch auch eine städtebelebende Funktion haben können, spielt die Zeitdimension des vhs-Kursbetriebs dennoch eine wichtige Rolle für die städtische Wirtschaft: „(...) ach so, und natürlich der Betrieb der Volkshochschule, der von früh bis spät abends stattfindet. (...) So, das heißt also die Kundschaft, die da ist, muss auch versorgt werden. Deshalb die Volkshochschule, bis 22.00 Uhr in aller Regel Kursbetrieb, dazwischen, danach, davor können die Leute in aller Regel berufstätig, die sowieso ein zeitliches Limit nur täglich zur Verfügung haben, also werden die in der Innenstadt einkaufen und auch essen und trinken." (Leitung_1_Vorgespräch, Z. 45-53).

7.5 Organisationsbezogene Anforderungen

Anerkennungskultur zu etablieren. Im Folgenden werden diese Erfordernisse näher erläutert.

a) Doppelte Identitätsentwicklung: Die organisationale Identität beschreibt in diesem Forschungskontext das besondere und beständige Aufgaben- und Selbstverständnis, das Volkshochschulakteure von ihrer eigenen Einrichtung bzw. vom Bildungs- und Kulturzentrums haben.[244] Die Herausbildung eines solchen Verständnisses ist handlungsleitend für alle Akteure einer Organisation. Organisationsstrategisch stellt sich die Frage, ob und inwiefern sich eine „Eigenidentität" (FBL_6, Z. 352) des Bildungs- und Kulturzentrums entwickeln kann. Maßnahmen zur Identitätsbildung sind in den vorherigen Kapiteln bereits angeklungen: Insbesondere die Etablierung von organisationsstrukturellen Maßnahmen, wie z.B. die Förderung der räumlichen Nähe (Bürobereiche werden gemischt), die Einrichtung von Querschnittsbereichen (eine Verwaltungseinheit für alle Einrichtungen), die gemeinsame Leitbildentwicklung sowie gemeinsame Veranstaltungsformate (Bildungstage oder Teamworkshops) können der organisationalen Identitätsbildung dienen. Gleichzeitig wurde im Kontext von kontingenten Synergiepostulaten eine Umgangsstrategie beschrieben, die die positive Abgrenzung und somit auch eine einrichtungsbezogene Identitätsschärfung der Volkshochschule verdeutlichte. Aus Volkshochschulperspektive schließen sich neben den genannten Aspekten aus organisationsstrategischer Sicht zwei wesentliche Anforderungsbereiche an die Identitätsfrage an.

Erstens zeichnet sich in den Interviews die Problematik von *Identitätsverlust und -verteidigung* ab. Folgender Bericht einer Fachbereichsleitung macht auf die Herausforderung aufmerksam, die einzelnen Einrichtungen innerhalb des Bildungs- und Kulturzentrums mit ihren Stärken und Kompetenzen sichtbar zu halten:

> „In der Zeitung war nicht mit einem Wort die vhs erwähnt, also vhs-Veranstaltung, es war eine Veranstaltung des BKZ. Und da hat's dann selbst bei uns in der Dienstbesprechung eine Runde gegeben, in der wir darüber geredet haben, das ist ein Stückweit Identitätsverlust. Wenn wir neue Teilnehmer gewinnen wollen, dann müssen wir in der Zeitung auch als Einrichtung irgendwo, zwar des BKZs, aber als vhs präsent sein, damit die Leute auch die anderen vhs-Kurse besuchen." (FBL_6, Z. 268-273)

Wird eine Volkshochschulveranstaltung in der Öffentlichkeit als Veranstaltung des Bildungs- und Kulturzentrums dargestellt, wird dies als Identitätsverlust der eigenen Einrichtung empfunden. Die Befürchtung, als Volkshochschule nicht

---

[244] Vgl. Siebert (2010, 147), der die Thematik von Identität mit Aspekten des Selbstbilds und des Selbstverständnisses verbindet. Während Siebert den Begriff subjektorientiert verwendet und auf biographisches Lernen ausrichtet, wird er hier auf Organisationen bezogen.

mehr sichtbar für die Teilnehmenden zu sein, verweist darauf, dass das Selbst- und Aufgabenverständnis von Volkshochschulen maßgeblich über die Nutzerseite bzw. eine starke Teilnehmerorientierung geprägt ist. Auf allen befragten Personalebenen wird die Notwendigkeit betont, trotz der Zielperspektive einer neu zu entwickelnden, einrichtungsübergreifenden Identität, die volkshochschulspezifische Identität beizubehalten. Auf diese Weise wird die Volkshochschule aus Sicht der Befragten in ihrem Kerngeschäft abgesichert und damit für die Zusammenarbeit gestärkt. Folglich lassen sich Bildungs- und Kulturzentren als Organisationsform mit Teilidentitäten verstehen. So macht oben zitierte Fachbereichsleitung deutlich, dass sich die Eigenidentität eines Bildungs- und Kulturzentrums nicht völlig neu bildet, sondern aus den bereits vorhandenen Einrichtungsidentitäten heraus zu entwickeln ist. Es geht darum „eine neue Einrichtung in der Öffentlichkeit mit Teilidentitäten als was Neues, Ganzes auch zu prägen." (FBL_6, Z. 294f.).

Zweitens gilt es außerdem, die *Volkshochschulidentität als in sich differenzierte Teilidentität* zu erkennen und zu verstehen. Denn die Besonderheit der Volkshochschule besteht darin, dass sich je nach Personalebene unterschiedliche organisationale Identitätsbeschreibungen ausmachen lassen. Diese sollen im Folgenden aufgezeigt werden, um zu verdeutlichen, dass unter organisationsstrategischen Gesichtspunkten jede einzelne Einrichtung eines Bildungs- und Kulturzentrums als in sich differenzierte Teilidentität betrachtet werden kann. Insbesondere für die *Personalebene Verwaltung* kann ein fast ausschließlich an der Volkshochschule ausgerichtetes Selbst- und Aufgabenverständnis festgestellt werden. Dass dies letztendlich ausschlaggebend ist für die Art der Identifikation mit dem Bildungs- und Kulturzentrum als Haus, zeigt die Aussage von Leitung_3:

> „‚Aber ich als jetzt kleine Sachbearbeiterin oder so, ich mach meine acht Stunden und dann ist gut und dann ist es auch für mich erledigt.' Also diese Identifikation auch dann mit dem Haus oder mit den Vorstellungen eines solchen Hauses, die endet, das wollte ich eben damit sagen, auch mit der Verantwortlichkeit die man im Hause hat." (Leitung_3, Z. 568-572)

Diese Aussage bestätigend, betont eine Verwaltungskraft stark ihren Volkshochschulbezug und begründet ihren fehlenden Kontakt zu anderen Einrichtungen im Haus über ihre Position als Sachbearbeiterin:

> „(...) dadurch, dass ich nur Sachbearbeiterin bin, deswegen hab ich mit den anderen Einrichtungen in dem Sinne nicht so viel zu tun." (Verwaltung_1, Z. 93-95)

Das einschränkende Bindewort ‚nur' verweist auf die als wenig verantwortungsvoll eingeschätzte Tätigkeit im Gesamtzusammenhang des Bildungs- und Kul-

7.5 Organisationsbezogene Anforderungen 271

turzentrums. Auch weitere Befragte auf der Personalebene der Verwaltung äußern sich in eine ähnliche Richtung und beschränken den Wirkungshorizont ihrer Tätigkeit auf den Bereich der Volkshochschule.

Bei der Personalgruppe der *Kursleitungen* ist ebenso festzustellen, dass der Bezug zum Bildungs- und Kulturzentrum weitgehend fehlt bzw. eine vorrangige Volkshochschulorientierung festzustellen ist; und dies, obwohl die Wichtigkeit der Kursleitungen für die Volkshochschulen und damit auch für das Bildungs- und Kulturzentrum unbestritten ist: „die sind ja doch irgendwo Aushängeschild für uns" (FBL_8, Z. 564; vgl. hierzu auch Bastian u.a. 2004, 20f.). So beschreibt eine Kursleitung, dass ein Wir-Gefühl eher für die Volkshochschule empfunden wird als für das gesamte Bildungs- und Kulturzentrum:

> „Also ich habe eigentlich eher für die vhs das Wir-Gefühl. Das andere nimmt man mit, aber dass man sich so zugehörig zum BKZ als solches Gefühl, kann ich also für meine Person nicht sagen. Ich fühle mich zur vhs zugehörig und das andere sind für mich Trabanten, die ich aber nutze." (DozentIn_3, Z. 84-87)

Die weiteren Einrichtungen im Bildungs- und Kulturzentrum werden hier sprachlich von der Volkshochschule abgegrenzt, indem sie als Trabanten, also Begleiter definiert werden. Diese werden zwar genutzt, beispielsweise um Bücher für die eigene Lehrtätigkeit auszuleihen, darüber hinaus werden jedoch kaum weitere Verschränkungsmöglichkeiten erkannt. Über das empirische Material lässt sich ein dreifaches Begründungsmuster für diese Haltung der Kursleitungen rekonstruieren.

- Neben- bzw. Freiberuflichkeit: Kursleitungen arbeiten zu einem großen Teil für mehrere Volkshochschulen, andere Weiterbildungseinrichtungen oder üben einen anderen Hauptberuf aus. Aus diesem Grund suchen sie das Bildungs- und Kulturzentrum nur für die Zeit ihrer Lehrtätigkeit auf; die Teilnahme an Besprechungen und Kursleitertreffen gestaltet sich deshalb schwierig. Kursleitungen in die Programmplanung, geschweige denn in kooperative Aktivitäten mit einzubeziehen, ist auf Grund dieser zeitlichen und räumlichen Beschränkung kaum möglich.
- Teilnehmer- und Kursorientierung: Anmelde- und Teilnehmerzahlen sowie das Zustandekommen neuer Kurse sind wichtige Parameter, die die Kursleitungstätigkeit an Volkshochschulen sichern. Kooperationen und die Entwicklung neuer Angebote zusammen mit anderen Einrichtungen aus dem Bildungs- und Kulturzentrum sind hierfür nicht notwendig. „Es ist immer schön Kooperation zu haben" stellt DozentIn_4 (Z. 269) zwar fest, der Bedarf wird jedoch nicht gesehen, da das breite Angebot der Volkshochschulen als ausreichend für den eigenen Tätigkeitsbereich eingeschätzt wird.

- **Fachbereichsleitungsorientierung:** In den Augen der Kursleitungen sind es insbesondere die Fachbereichsleitungen, die für kooperative Aktivitäten zuständig sind. So machen interviewte Kursleitungen in Vor- oder Nachgesprächen der Interviews deutlich, dass sie den Wert ihrer eigenen Aussagen als wenig gewinnbringend für das Forschungsinteresse einschätzen. Sie verweisen stattdessen auf die jeweilig zuständigen Fachbereichsleitungen als kompetentere Gesprächspartner.

Sowohl für die *Personalgruppe der Fachbereichsleitungen* als auch der *Volkshochschulleitungen* kristallisiert sich heraus, dass es vor allem gemeinsame Projekte sind, die die Identifizierung mit der Organisationsform des Bildungs- und Kulturzentrums bestärken[245]:

> „Also klar jetzt, durch Projekt_2, da wird man mit angefragt, da gibt's gemeinsame Sitzungen, gemeinsame Treffen. Also da ist dieses Wir wohl stärker." (FBL_7, Z. 99f.)

Eine andere Fachbereichsleitung stellt fest, dass das Zentrum als lebendiges Haus nur über mehrere Einrichtungen realisiert werden kann (vgl. FBL_8, Z. 424ff.). Identitätsbildung findet diesen Aussagen nach in der Gemeinsamkeit statt und darüber, dass die Besonderheit des Bildungs- und Kulturzentrums erkannt oder die gemeinsame „Vision" (Leitung_1_Vorgespräch, Z. 299) geteilt wird.

b) Kongruente Teilhabe- und Mitbestimmungsmöglichkeiten: Problematisch wird die Entwicklung einer doppelten Identität, wenn das einrichtungsspezifische Selbst- und Aufgabenverständnis mit dem des Bildungs- und Kulturzentrums kollidiert. So deutet sich über Interviewaussagen eine wahrgenommene Ambivalenz zwischen einer partizipatorischen Mitarbeiterorientierung von Volkshochschulen und einer eher auf Ausschluss ausgerichtete Hierarchie von Bildungs- und Kulturzentren an. Im Folgenden wird dieses Spannungsverhältnis beschrieben.

Eine ausgeprägte *partizipatorische Mitarbeiterorientierung* wird in den untersuchten Volkshochschulen als wesentlich für die Arbeitszufriedenheit eingeschätzt. Sie äußert sich im starken Zusammenhalt, in der gegenseitigen Motivation und auch darin, gemeinsam ,Neues' auszuprobieren, wie diese Verwaltungskraft beschreibt:

---

245 Dies entspricht der Handlungsebene einer aufgabenbezogenen Kooperation, wie sie Jütte (2002, 65) beschreibt: Die Zusammenarbeit findet zu bestimmten Anlässen, Ereignissen oder im Rahmen von zeitlich begrenzten Projekten statt.

7.5 Organisationsbezogene Anforderungen 273

> „Also das kann ein tolles Haus sein, aber wenn das im Team nicht stimmt, dann kann einem auch die Arbeit nicht Spaß machen, und dass wir aber das alles trotzdem so immer gemeinsam machen oder auch uns immer gegenseitig auch motivieren und ja, oder auch immer versuchen, was Neues in der Volkshochschule zu machen, das find ich toll." (Verwaltung_1, Z. 400-404)

Teilhabe und Mitbestimmung drückt sich vor allem über die Offenheit gegenüber Vorschlägen und die Wertschätzung neuer Ideen aus. Basisdemokratische Aushandlungs- und Entscheidungsprozesse auf Augenhöhe werden über Beschreibungen des gemeinsamen Tuns sowie fest etablierter Feedback- und Beschwerdemanagementstrukturen, sei es für die Teilnehmenden im Kursgeschehen oder über den Austausch zwischen Kurs- und Fachbereichsleitungen, deutlich (vgl. DozentIn_6, Z. 104ff.). Es sind die breiten Handlungsfelder, eigenständige Projekte sowie Entscheidungs- und Gestaltungsfreiheiten, die die Tätigkeiten und die Expertise des hauptberuflichen Personals kennzeichnen (FBL_2, Z. 512ff.).

Diese volkshochschulspezifischen Merkmale einer starken Mitarbeiter- und Partizipationsorientierung treffen nun auf eine neue Planungsstruktur, die mit einem *veränderten Hierarchieverhältnis* einhergeht. Der Eigenbetrieb wird als „Überorganisation" (FBL_5, Z. 126) der bestehenden Einrichtungen verstanden, die Zieldefinitionen, Entscheidungsfindungen und Konzeptentwicklungen mit bestimmt.

> „Und die Vorgaben haben wir früher in der vhs nicht gehabt. Die haben wir uns selbst gesetzt, so." (FBL_6, Z. 72f.)

Zwar findet auf der einen Seite eine Einbindung der Mitarbeiter und Mitarbeiterinnen statt, indem gemeinsame Diskussionsprozesse geführt werden. Diese werden insofern aber als „Verleugnung des Hierarchieverhältnisses" (ebd., Z. 188) empfunden, wenn gleichzeitig festgestellt wird, dass wesentliche Entscheidungen bereits durch die Leitungsebene zeitlich vorgelagert getroffen wurden. Die Konsequenz: „Man diskutiert so lange, bis das richtige raus kommt" (ebd., Z. 195). Die Fachbereichsleitung erkennt klare top-down Strukturen, findet sich jedoch in einer ‚Inszenierung' partizipatorischer Mitarbeiterorientierung wieder. Diese Erkenntnis führt zu Widerstand gegenüber den Zielsetzungen der Leitungsebene und zu einer verstärkten Trennung der Hierarchieebenen, wie sich in folgendem Zitat andeutet:

> „Es gibt Dienstberatungen, wo die Einrichtungsleitungen dann immer sitzen und sich auch beratschlagen. Dort wird definitiv ganz stark ‚wir' gedacht." (FBL_5, Z. 126f.)

Das ‚Wir' der Leitungsebene, zu der auch die Volkshochschulleitung gezählt wird, grenzt sich durch die Begriffswahl ‚Dort' vom ‚Hier' der Fachbereichsleitungen ab. Diese Abgrenzung zur formalen und hierarchischen Strukturen geht mit einer Aufwertung der informalen und kollegialen Strukturen einher.[246] Die immanente Argumentationslogik dieser trennenden Sichtweise bezeichnet die informelle und kollegiale Ebene als konkret, realitätsnah und transparent. Im Gegensatz hierzu wird das Handeln auf der Leitungsebene als realitätsfern sowie unkonkret und intransparent wahrgenommen.[247]

Über den Kontrast der traditionell basisdemokratischen Arbeitsweisen von Volkshochschulen und der stärker hierarchieorientierten Organisationsstrategien von Bildungs- und Kulturzentren werden zwei unterschiedliche Kooperationsverständnisse verdeutlicht (vgl. Faulstich 2010, 44): In einer *hierarchischen Kooperation* werden bestehende Machtstellungen ausgenutzt, um partielle Interessen dominant werden zu lassen. Im Gegensatz hierzu kann von einer *partizipativen Kooperation* gesprochen werden, wenn abgesicherte Supportstrukturen gemeinsam getragen werden. Es ist zu erwarten, dass sich die Kongruenz von postulierter Mitarbeiterorientierung und tatsächlich vorhandenen Teilhabe- und Mitbestimmungsmöglichkeiten positiv auf eine einrichtungsübergreifende Konzeptdurchdringung auswirkt.

c) Etablierung einer Anerkennungskultur[248]: Teilhabe wird in den Interviews des Weiteren über das Thema der Anerkennung angesprochen. Die Aussagen verdichten sich dabei auf drei Bereiche, die im Folgenden aufgezeigt werden.

Erstens lässt sich aus dem Interviewmaterial ableiten, dass die *Anerkennung von Expertentum* innerhalb von Kooperationen eine wesentliche Rolle spielt. So führen komplexe Strukturen, formalisierte Arbeitsabläufe und hierarchische Entscheidungsprozesse in Einzelfällen dazu, dass die Expertenmeinung einzelner Fachbereichsleitungen in den Hintergrund gedrängt wird. Beispielhaft wird dies in einem Bericht einer Fachbereichsleitung deutlich: Nicht die eigene fachliche Einschätzung über die Notwendigkeit einer verbesserten Medienausstattung führt zur Realisierung der geforderten Maßnahmen, sondern eine im neuen Qualitätsmanagementansatz integrierte Umfrage.

---

246 Vgl. hierzu das bereits in Kapitel 7.5.1 beschriebene Verhältnis von Formalität und Informalität.
247 Vgl. hierzu die Spannungsverhältnisse von Anspruchserklärung vs. operative Umsetzung sowie Konkretion vs. Diffusion in Kapitel 7.5.1.
248 Die Anreiz-Beitrags-Theorie von Barnard (1953) gibt als organisationsstrategischer Ansatz Hinweise auf die Wichtigkeit von Anerkennung als notwendiger Kooperationsanreiz.

7.5 Organisationsbezogene Anforderungen

> „Reicht das nicht, wenn ich in der Planungskonferenz als Fachmann sage: ‚Wir müssen das und das haben.'? Und da hätten wir früher in der vhs nicht diskutiert." (FBL_6, Z. 168-170)

Im Vergleich zur früheren Volkshochschule, fühlt sich die Fachbereichsleitung aktuell in ihrem Wissen und ihrer fachlichen Einschätzung nicht ernstgenommen. Enttäuschung auf Seiten der Fachleute ist die eine Folge; die andere könnte sein, dass Entwicklungsmöglichkeiten von Bildungs- und Kulturzentren verhindert werden, weil Expertisen im eigenen Haus ungenutzt bzw. unberücksichtigt bleiben.

Frustration auf Seiten der Mitarbeiter und Mitarbeiterinnen erzeugt nicht nur die fehlende Anerkennung ihrer Fachkompetenz, sondern zweitens auch die *mangelhafte Würdigung* ihres persönlichen Einsatzes:

> „Na ja, da ist sicherlich auch eine ganze Menge Frustration auf persönlicher Ebene da. Also man hat versucht sich einzubringen, zu engagieren, und es ist einfach nicht gewertschätzt oder nicht aufgenommen worden, das Engagement." (FBL_2, Z. 178-180, vgl. hierzu auch FBL_1, Z. 312ff.)

Unter der Erkenntnis, dass Kooperation immer einen zusätzlichen Aufwand bedarf, beschreiben die Befragten in der Konsequenz eine zunehmende Konzentration auf die volkshochschulbezogenen Kernaufgaben unter gleichzeitiger Vernachlässigung des kooperativen Gesamtkonzepts.

Um den Blick der einzelnen im Bildungs- und Kulturzentrum tätigen Personen wieder mehr auf die Gesamteinrichtung zu lenken, werden drittens zum Teil *Mitarbeitervergünstigungen* oder -privilegien angeboten. So erhalten die Kursleitungen in einem der Zentren einen kostenlosen Bibliothekszugang wie diese Volkshochschulleitung erzählt:

> „Wir haben jetzt im letzten Jahr angefangen den Dozenten kostenlos einen Bibliotheksausweis zur Verfügung zu stellen. (...) Den nutzen die natürlich nicht nur für ihre Lehrtätigkeit, sondern da holen die sich auch die neuesten DVD oder irgendwie eine CD oder den Bestseller raus. Sollen sie auch, das ist so ein Stück auch ein bisschen die Leute hier ans Haus zu binden, und das sind ja für uns auch diejenigen, die nach außen hin die Volkshochschule vertreten." (Leitung_2_Vorgespräch, Z. 393-403)

Über diese Organisationsstrategie soll eine engere Bindung der Kursleitungen an das Bildungs- und Kulturzentrum erreicht werden.[249] Diesen kausalen Zusammenhang sieht auch eine Fachbereichsleitung, die anmerkt, dass ebenfalls eine

---

249 Im zweiten untersuchten Bildungs- und Kulturzentrum kann die Bibliothek eingeschränkt auf Fachliteratur kostenlos genutzt werden.

Vergünstigung bei Veranstaltungen „wenn mal irgendein bekannter Buchautor hier eingeladen ist oder irgendeine Berühmtheit hier herkommt" (FBL_1, Z. 271f.) das „Miteinander" (ebd.) stärken würde.

Neben kooperativen Anforderungen, die sich bisher auf organisationsstruktureller und organisationsstrategischer Ebene verorten ließen, finden sich in den Interviews zudem Aussagen, die das organisationale Ausprägungsmerkmal der Organisationskultur in den Fokus rücken.

7.5.3 Organisationskultur als Herausforderung für Kooperation[250]

> *„Also das haben wir ja auch in der Anfangsphase zum Beispiel sehr, sehr stark gemerkt, wo wir halt wirklich bewusst aufeinander zugegangen sind und versucht haben irgendwas zusammen zu machen, wo wir dann sehr schnell gemerkt haben, es sind ganz andere Organisationskulturen die da aufeinander stoßen, bedingt durch einen unterschiedlichen Führungsstil oder verschiedene Selbstverständnisse und natürlich auch strukturell bedingt." (FBL_2, Z. 210-215)*

Das gewählte Zitat macht darauf aufmerksam, dass mit der räumlichen Zentrierung mehrerer Einrichtungen sowie einer partiellen Integration von Organisationsbereichen auch das Zusammentreffen unterschiedlicher Organisationskulturen in den Fokus rückt. So fokussiert die Auswertung die Frage, welche interorganisationskulturellen Herausforderungen sich in kooperativen Kontexten von Bildungs- und Kulturzentren aus Sicht der Volkshochschule stellen.

Inter-Organisations-Kulturalität: Einheit und Differenz

Über das gleichzeitige Vorhandensein von Einheits- und Differenzmerkmalen innerhalb eines Bildungs- und Kulturzentrums ist bereits in Kapitel 4.1.2 der Begriff der Inter-Organisations-Kulturalität erläutert worden. Diese theoretisch generierte Sichtweise findet sich im empirischen Material wieder, was stellvertretend an besonders prägnanten Aussagen einer befragten Volkshochschulleitung aufgezeigt werden kann.

Differenz als ein Aspekt von Inter-Organisations-Kulturalität ist aus Sicht der Volkshochschulleitung dann feststellbar, wenn sie die einzelnen Einrichtun-

---

250 Vgl. in Teilen Mickler (2012, 109ff.).

7.5 Organisationsbezogene Anforderungen

gen für sich betrachtet – und dies ist ihren Aussagen nach im routinisierten Alltagsgeschäft möglich.

> „Tja, (...) das ist im normalen operativen Geschäft. Da ist es ganz normal, dass jede Einrichtung eine einzelne Einrichtung dann bleibt. Im, so als Gesamtorganismus gesehen, ne also, es sind ja einzelne Organe, ne? Und damit einzelne Funktionen und zum Teil anderen Funktionen." (Volkshochschulleitung_1, Z. 153-156)

Im ‚normalen operativen Geschäft' können die Einrichtungen als einzelne ‚Organe' ausgemacht werden. Hier wird eine biologistische Metapher gewählt, die sich auf das Innenleben eines Gesamtorganismus bezieht. Organe haben dabei eine bestimmte lebenserhaltende Funktion, die als „naturgemäß" (Volkshochschulleitung_1, Z. 160), also als naturgeben, wenig veränderbar, aber dennoch ausdifferenziert beschrieben werden können:

> „(...) die Volkshochschule ist sehr einnahmestark, die Bibliothek ist sehr besucherstark, also besucherfrequentiert, das Museum_1 hat eine internationale Reputation." (Volkshochschulleitung _1, Z. 156-158)

Demnach hat die Volkshochschule vorrangig eine Ökonomieorientierung, die Bibliothek vorrangig eine Kundenorientierung und das Museum in Abgrenzung zu den anderen Einrichtungen eine überregionale bzw. sogar internationale Orientierung. Aus systemtheoretischer Perspektive hat jede Einrichtung also ihr Sinnsystem, nach dem Entscheidungen gefällt werden. Diese strategischen Erfolgsfaktoren können gleichzeitig als ausschlaggebend für die Ausprägung einer bestimmten Organisationskultur mit unterschiedlichen Handlungslogiken gedeutet werden.

Trotz dieser einrichtungsspezifischen und damit differenzierenden Orientierungen kann der Zusammenhalt bzw. die Einheit innerhalb eines Bildungs- und Kulturzentrums aus Sicht der Volkshochschule zweifach begründet werden: *Erstens* nimmt das gemeinsame Gebäude eine wichtige Bedeutung für die Zusammenarbeit ein. So macht die Volkshochschulleitung deutlich:

> „Die Gebäudehülle gibt schon ein gemeinsames Agieren vor." (Volkshochschulleitung_1, Z. 151)

Die Gebäudehülle als zentrales räumliches Strukturelement von Kooperation hält folglich alles zusammen; in dieser Interpretation fallen die einzelnen Teile auseinander, wenn die Hülle fehlt. *Zweitens* kann an dieser Stelle die Kapitaltheorie von Bourdieu (1983) hinzugezogen werden, denn durch die selektive Zusammensetzung der Einrichtungen sind alle drei Kapitalarten vorhanden und nachhaltig abgesichert: Die Volkshochschule bringt das ökonomische Kapital ein, die

Bibliothek das soziale und das Museum in seiner internationalen Ausrichtung sowie über sein Ausstellungsangebot das institutionalisierte kulturelle Kapital. Es handelt sich hierbei um je spezifische und in die Routine der Einrichtungen eingegangene Alleinstellungsmerkmale, die von keiner der anderen Einrichtungen erfüllt werden können.

> „Also, das [Anm. d. Autorin: hier ist die internationale Orientierung des Museums gemeint] was Bibliothek und Volkshochschule nie herstellen könnten. Auch die Besucherfrequenz einer Bibliothek wird eine Volkshochschule nie herstellen können. Und naturgemäß wird nie eine Bibliothek und ein Museum, zumindest ist es mir so nicht bekannt, eine Einnahmestruktur oder Finanzstruktur wie eine Volkshochschule aufweisen. Also, das sind so sehr ergänzende , also wunderbar ergänzende Bestandteile, wo dann auch jede Einrichtung genau diesen Bestandteil auch forcieren muss, um den Gesamtorganismus, sag ich mal, am Leben zu erhalten. Also da ist es dann schon auch wichtig, dass jede Einrichtung als Einzelne dann agiert und arbeitet, um das Gesamte dann auch zu erhalten." (Volkshochschulleitung_1, Z. 158-165)

Alle drei Kapitalarten sichern demnach das ‚Überleben' und die gesellschaftliche Legitimation des Bildungs- und Kulturzentrums. Die Gleichzeitigkeit von Einheit und Differenz macht die Volkshochschulleitung folglich dadurch deutlich, dass sie das Bildungs- und Kulturzentrum nicht als undifferenzierten Gesamtzusammenhang begreift, sondern als Gesamtorganismus, der aus Einrichtungen mit sich ergänzenden Funktionen und unterschiedlichen Organisationskulturen und Handlungslogiken besteht.

Inter-Organisations-Kulturalität: Innovation und Routine

Es lassen sich Aussagen einer Fachbereichsleitung hinzuziehen, um die Bedeutung des Zusammenspiels von Einheit und Differenz zu bekräftigen, zudem aber auch die Einflussfaktoren von Innovation und Routine zu berücksichtigen. Besonders der Faktor der Innovation vermittelt in der Wahrnehmung der Fachbereichsleitung zunächst Einheit:

> „Mh (5), also als Einheit nehm ich's wahr wenn wir zum einen gemeinsame Veranstaltungen haben, also das hatten wir ja schon mal. Ich weiß nicht, ob Ihnen das bekannt ist, dass wir dieses so genannte [kooperative Angebot x] haben und da speziell es doch immer wieder an einzelnen Tagen in der Regel, Veranstaltungen gab, wo wirklich das ganze Haus involviert gewesen ist." (FBL_2, Z.190-193)

Der Interviewausschnitt zeigt, dass die Fachbereichsleitung das Bildungs- und Kulturzentrum dann als Einheit wahrnimmt, wenn Veranstaltungen gemeinsam von allen Einrichtungen durchgeführt werden und das ‚ganze Haus involviert ist'. Diese Veranstaltungen gehören nicht zum regulären Programm der Einrichtungen – ‚das hatten wir ja schon mal' – sondern finden eher punktuell statt.[251] Sie sind folglich neuartig und stellen ein innovatives Element dar.

Das Gefühl der Einheit beschreibt die Fachbereichsleitung im weiteren Verlauf des Gesprächs insbesondere über die Außenwahrnehmung: Das „ganze Haus ist offen" (FBL_2, Z. 197). Hier wird zunächst sprachlich-formal das Gebäude angesprochen, da dies der in erster Linie sicht- und greifbare kulturelle Referenzpunkt ist. Semantisch könnte aber natürlich auch die offene Haltung der Einrichtungen und aller Mitarbeiter und Mitarbeiterinnen des Bildungs- und Kulturzentrums gemeint sein. Eine Einheit ist also dann gegeben, wenn das ganze Haus in seiner Breite für eine Veranstaltung genutzt wird, räumlich wie personell. Das Angebot wird „von den Leuten angenommen" (FBL_2, Z. 199) und „das Haus lebt und die Leute kommen und [sind] dabei" (FBL_2, Z. 200). Das Gefühl der Einheit ist entsprechend dieser Beschreibung publikumsadressiert und publikumsabhängig. Es bedarf also der Außenwirkung von Einheit, die sich dann nach innen überträgt. Die organisationskulturelle Bindungswirkung von gemeinsamen Veranstaltungen begründet die Fachbereichsleitung zudem ähnlich wie die Volkshochschulleitung über das „Beisteuern" jeder Einrichtung (vgl. FBL_2, Z. 197). Auch hier kommen die unterschiedlichen, sich aber jedoch ergänzenden Funktionen des Gesamtsystems zum Tragen.

Aus Sicht der Fachbereichsleitung ist Einheit aber immer nur temporär feststellbar, denn die innerorganisationale Wahrnehmung macht gleichzeitig auf die bestehende Differenz innerhalb eines Bildungs- und Kulturzentrums aufmerksam. So gibt es auch immer wieder „Dinge, die auch auf kooperativer Ebene nicht so gut funktioniert haben" (FBL_2, Z. 194f.) und damit die Kontinuität von Einheit verhindern. Was hier abstrakt ‚Dinge' genannt wird, könnte als das konkrete, situationsbedingte, nicht routinierte kooperative Planungs- und Koordinierungshandeln im Vorfeld gemeinsamer Veranstaltungen interpretiert werden, welches gleichzeitig die Differenz der Einrichtungen und ihrer Handlungslogiken verdeutlicht. Angelehnt an den integrativ-dynamischen Kulturansatz von Sackmann (1990) treffen hier unterschiedliche Kulturperspektiven aufeinander und beeinflussen das kooperative Handeln. Dies wird im Verlauf des Interviews detaillierter ausgeführt, indem auf unterschiedliche Arbeitsweisen, Führungsstile, Selbstverständnisse und Strukturen in den einzelnen Einrichtungen verwiesen wird.

---

251 Vgl. Jütte (2002, 65), der diese kooperative Handlungsebene als aufgabenbezogen bzw. fallbezogen beschreibt und von der Ebene einer persönlichen Handlungsebene und von der Ebene einer institutionellen Handlungsebene abgrenzt.

Drei wesentliche Schlussfolgerungen, die sich in der Interpretation weiterer Interviews bestätigen, lassen sich ziehen:

- Ein Bildungs- und Kulturzentrum stellt aus systemtheoretischer Perspektive die Einheit des Differenzierten dar. So handelt es sich um etwas selektiv Zusammengesetztes, das stets auf Ganzheiten im Sinne einer Einheit rekurriert, die etwas anderes ist als die bloße Summe ihrer Teile.
- Die Zugehörigkeit zur eigenen Einrichtung Volkshochschule löst sich dabei nicht auf, was dadurch deutlich wird, dass in den Interviews keine absolute Haltung formuliert, sondern beispielsweise die selbstgesetzte Steigerung „mehr" (FBL_2, Z. 198) gewählt wird, um zu verdeutlichen, mit was man sich momentan mehr oder weniger identifiziert – mit der Volkshochschule oder dem Bildungs- und Kulturzentrum als Ganzes. So wird es den integrierten Einrichtungen ermöglicht, ihre Routinen, ihre Organisationskultur und ihre Handlungslogiken zu behalten, ohne jedoch eine neue gemeinsame Organisationsgestalt im Sinne eines diversitätsgeprägten Bildungs- und Kulturzentrums zu verhindern. Dieses besondere Verhältnis wird über den Begriff der Inter-Organisations-Kulturalität gefasst.
- Hierfür reicht es allerdings nicht aus, intern zu kommunizieren und zu kooperieren, sondern es muss auch ein Interaktionsverhältnis nach außen hin aufgebaut werden. Kommunikation nach innen *und* nach außen ist also ein zentraler Modus, in dem Inter-Organisations-Kulturalität stattfindet. Es wird deutlich, dass sich das Bildungs- und Kulturzentrum erst dann als Einheit deuten und wahrnehmen kann, wenn das Publikum bzw. die Teilnehmenden das Bildungs- und Kulturzentrum als Einheit sehen, beispielsweise bei innovativen, kooperativ durchgeführten Veranstaltungen.

Dabei ist die Gleichzeitigkeit der vier bereits genannten Pole Einheit, Differenz, Innovation und Routine nicht nur charakteristisch für die Organisationsform von Bildungs- und Kulturzentren, sondern ebenso für die Ausprägung der sich entwickelnden Organisationskultur und die Art und Weise, in der kooperiert wird. Prägende komplexe organisationskulturelle Elemente von Bildungs- und Kulturzentren sind somit Diversität – im Sinne von Verschiedenheit – und Diffusität – im Sinne von grenzüberschreitender Durchdringung oder Vermischung. Diese Beobachtung lässt sich dann wie folgt grafisch zusammenfassen:

7.5 Organisationsbezogene Anforderungen

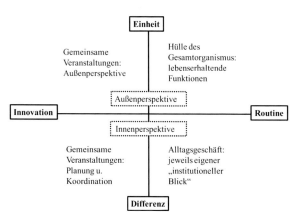

Abbildung 13: Das Spannungsfeld Inter-Organisations-Kulturalität

Die gemeinsamen Veranstaltungen als innovatives Element sowie die räumliche Hülle, also das Gebäude als beständiges und routinehaftes Element, zeigen die Einheit des Bildungs- und Kulturzentrums auf. Hier ist die *Außenperspektive* vorrangig von Bedeutung. In der *Binnenperspektive*, also im Alltagsgeschäft der einzelnen Einrichtungen stehen hingegen die eigenen Selektions- und Steuerungsprinzipien, also die Differenzperspektive bzw. der institutionelle Blick, im Vordergrund. Dieser kommt auch dann zum Tragen, wenn es um die punktuelle kooperative Planung und Koordination von gemeinsamen Veranstaltungen geht.

So lässt sich festhalten, dass Kooperationen immer unter der komplexen Gemengelage der Inter-Organisations-Kulturalität zu betrachten und zu bewältigen sind: Die Begegnung unterschiedlicher Organisationskulturen sowie unterschiedlicher professioneller und organisationaler Handlungslogiken in kooperativen Kontexten zieht ein dreifaches, ineinander verflochtenes antinomisches Verhältnis nach sich, das empirisch rekonstruiert werden konnte. Dabei handelt es sich um die herausfordernden Spannungsfelder von ‚Einheit und Differenz', ‚Innovation und Routine' sowie ‚Innen und Außen', die als wesentliche Gelingensfaktoren von Kooperation zusammengedacht werden müssen.

8. Zusammenschau: Empiriebasierte Anforderungsanalyse

Die empirische Untersuchung bestätigt die theoriebasierte Anforderungsanalyse aus Kapitel 5. Darüber hinaus macht sie auf ergänzende und zu konkretisierende Aspekte auf der interorganisationalen Kontextebene aufmerksam. Diese sind in die Taxonomie der kooperativen Anforderungen zusätzlich eingefügt und kursiv markiert worden:

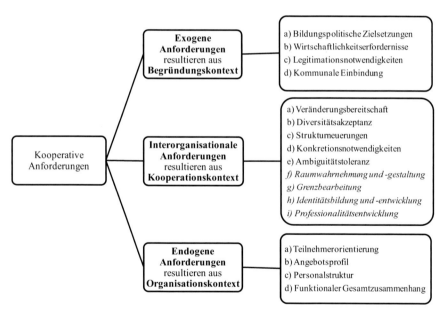

Abbildung 14: Empiriebasierte Taxonomie kooperativer Anforderungen

Eine Erläuterung der hinzugekommenen vier kooperativen Anforderungen findet im Folgenden im Sinne einer Komplementierung der theoriebasierten Zusammenschau statt.[252]

f) Kooperation als Raumwahrnehmung und -gestaltung: Die räumliche Zentrierung wurde als ein prägnantes Kooperationsmerkmal von Bildungs- und Kulturzentren benannt. Somit spielen auch in den Interviews der Raum, die architektonische Gestalt und der zentral-städtische Ort des Zentrums eine wesentliche Rolle: Raum, Ort und Gestalt sind als Einflussgrößen von Kooperations- und Organisationsentwicklungsprozessen interpretierbar, weil sie das Selbst- und Sozialverhalten der Befragten mitsteuern sowie Handlungsfreiräume ermöglichen oder begrenzen. Dabei kann über das Interviewmaterial ein mehrdimensionales Verständnis von Raum rekonstruiert werden, das sich anhand folgender Kategorisierung, angelehnt an Zech (2008b, 90f.), verdeutlichen lässt:

- *Raum als ästhetische Kategorie:* Die positive Bewertung der Bildungs- und Kulturzentren erfolgt auf allen Personalebenen in erster Linie über das subjektive Wahrnehmen und das Erleben stilvoller, attraktiver und moderner räumlicher Bedingungen. Raum wird in diesen Aussagen als Form der sinnlichen Anschauung relevant. Aus Perspektive der Volkshochschulakteure führt diese räumlich-ästhetische Hochwertigkeit der Zentren zu Mitarbeiterzufriedenheit und Qualitätssteigerungen. Letzteres wird in der Einschätzung der Befragten auch aus Sicht der Teilnehmerschaft festgestellt. Auf diese Weise entsteht sowohl in der Binnensicht der Organisation als auch in der Außenwahrnehmung „Ansehen durch Aussehen" (Fell 2008, 30), und gleichzeitig ist die Visualisierung des Kooperationsgedankens möglich.
- *Raum als praktische Kategorie:* Kritischer wird Raum als objektivdinglicher und beeinflussbarer Nutzwert thematisiert. So werden auf der einen Seite die konkreten Nutzungsmöglichkeiten, auf der anderen Seite bauliche Mängel und Einschränkungen festgestellt. Hierbei wird das Spannungsverhältnis von Bildungspraxis, Kommunalpolitik und Architektur deutlich. Die Beteiligten arbeiten gemeinsam an der Realisierung eines Bildungs- und Kulturzentrums, jedoch mit unterschiedlichen Einflussbereichen und Zielsetzungen. Steht die Funktion des Zentrums bei den Planungen im Vordergrund oder ist diese im Vergleich zur baulichen Gestaltung nachrangig? Im fertigen Bau und der praktischen Nutzbarkeit spiegelt sich wider, welche Perspektive sich durchsetzen konnte. So stellt der Soziologe Beck (2007, 46) fest: „Architektur ist Politik mit Stein und Mörtel". In den Inter-

---

252 Auf eine erneute Beschreibung der theoriegenerierten und empirisch bestätigten Anforderungen wird an dieser Stelle verzichtet, da die Darstellung der empirischen Ergebnisse in Kapitel 7 einer detaillierten Beschreibung dieser Anforderungen entspricht.

views zeigt sich, dass aus bildungspraktischer Sicht ein Planungsprozess von ‚groß nach klein', stattgefunden hat. Idealvorstellungen eigneten sich zwar als Motor des Vorhabens, müssen dann jedoch an restriktive finanzielle Rahmenbedingungen angepasst werden. Im Umkehrschluss lassen sich drei Anforderungen, die sich an solche Zentren stellen, ableiten: Das Erkennen und Wahrnehmen der Begrenzungen als Kreativitätschance, die Erfordernis einer entwicklungsoffenen Architektur, die sich mit den Bedürfnissen und Bedarfen der Nutzergruppen verändern kann sowie die Notwendigkeit eines partizipativen Bauens und Gestaltens, das sich über die gleichberechtigte Teilhabe der Kooperationsakteure, Stadtplaner und Architekten sowie die Einbindung aller Personalebenen und der Bürgerschaft auszeichnet.

- *Raum als soziale Kategorie:* Hinsichtlich einer institutionellen Kooperationsstrategie in Bildungs- und Kulturzentren wird Raum als notwendiger, aber nicht hinreichender Einflussfaktor von Kommunikation und Begegnung relevant. Durch die räumliche Nähe von mehreren Einrichtungen einer diagonalen Arbeitsgemeinschaft können dialogbegünstigende Strukturen, z.B. durch die Anordnung der Büros und multifunktionale Räumlichkeiten geschaffen werden. In diesen Strukturen finden sowohl informelle als auch formelle Formen der Zusammenarbeit statt. Gleichzeitig zeigen die empirischen Ergebnisse, dass die räumliche Nähe nicht mit einem Automatismus für gelingende Kooperation verbunden ist. Die Aussagen der Volkshochschulakteure sensibilisieren dennoch für die Relevanz einer „Sozialökologie des Ortes (...), [die darauf aufmerksam macht], wie die Menschen durch die Räume gehen, in den Räumen ihren Zusammenhang, Zusammenhalt wahrnehmen, einschließlich der darin eingebauten Widersprüche" (Beck 2007, 50).

- *Raum als kulturelle Kategorie:* Schließlich verdeutlicht sich in den Interviews, dass die Befragten neben einem konkreten Nutzwert auch einen hohen kulturellen Symbolwert des Raums feststellen. Speziell für die Volkshochschule findet mit dem Einzug in das Bildungs- und Kulturzentrum ein Imagewandel statt; und zwar im Sinne von ‚Raus aus dem Hinterhof – räumlich und in den Köpfen'. Zudem wird dem Anliegen einer bereichsübergreifenden Kooperation Ausdruck verliehen, da Bildungs-, Kultur- und Serviceeinrichtungen unter einem Dach vereint sind. Der Raumkategorie wird dabei eine identitätsbildende Kraft zugeschrieben. So konstruieren die Kooperationsakteure aus „den objektiv-räumlichen Gegebenheiten einen Handlungsraum, indem sie einen sinnstiftenden Zusammenhang zwischen Raumform, den Gegenständen im Raum, den Personen und ihren Handlungsprogrammen herstellen" (Müller 1991, 10 zitiert nach Billerbeck 2008, 78).

Übergreifend werden alle Raumdimensionen als einflussreich für Kooperationen wahrgenommen. Neben der Schilderung von eigendynamischen Wirkungsweisen werden Räume ebenso als bewusst zu gestaltende Strukturbedingung beschrieben. Hieraus lässt sich die Anforderung ableiten, *Raum als kognitive Kategorie* bewusst zu machen: Bildungs- und Kulturzentren stellen einen Erkenntnis- und Ermöglichungsraum für kooperative Aktivitäten sowie die Etablierung eines veränderten kommunalen Bildungs-, Kultur- und Serviceverständnisses dar. Die multidimensionale Raumkategorie bestimmt darüber hinaus die Organisationsentwicklungsprozesse der in die Kooperation eingebundenen Einrichtungen mit. Trotz dieser ausdifferenzierten Sichtweise auf das Kooperationsmerkmal der räumlichen Zentrierung, bestätigt sich weiterhin die einleitende These, dass sich weitere komplexe Anforderungen in Kooperationen stellen, wie im Folgenden deutlich gemacht wird.

g) Kooperation als Grenzbearbeitung: Die empirische Untersuchung bestätigt die These, dass kooperative Bildungsarrangements mit organisationalen Veränderungsanforderungen einhergehen, und konkretisiert sie darüber hinaus. Gleichzeitig können Hinweise auf mögliche reflexive Umgangserfordernisse aufgezeigt werden. Die Ergebnisse verweisen hierbei auf komplexe Grenzgänge, die als interorganisationale und damit kooperative Anforderung von Volkshochschulen in Bildungs- und Kulturzentren verstanden werden können. Formen der Grenzbearbeitung lassen sich dabei auf organisationsstruktureller, -strategischer und -kultureller Ebene verorten. Exemplarisch lässt sich dies anhand von drei Spannungsverhältnissen verdeutlichen:

- Die Anforderung einer Grenzbearbeitung auf organisationsstruktureller Ebene zeigt sich am Spannungsverhältnis der einrichtungsspezifischen Autonomie und der kooperationsbedingten Interdependenz.
- Auf organisationsstrategischer Ebene wird die Ambivalenz von vhs-bezogener Alltagslogik und übergreifender Kooperationslogik deutlich.
- Das Spannungsverhältnis von vhs-Kultur und Inter-Organisations-Kulturalität verweist auf Anforderung einer organisationskulturellen Grenzbearbeitung.

Aus der geschilderten Sichtweise der untersuchten Volkshochschulen kann die wesentliche kooperative Anforderung abgeleitet werden, Grenzen zwischen einrichtungsspezifischer Binnenorientierung und interorganisationaler Orientierung bearbeiten zu müssen. Dabei geben die Volkshochschulen ihre Binnenorientierung nicht auf, sondern führen diese stets als Hintergrund des organisationalen Handelns mit. Kooperation kann somit als Kontinuum von einrichtungsspezifischer Binnenorientierung und interorganisationaler Orientierung beschrieben werden. Beide Orientierungsmuster hängen beständig zusammen und gehen trotz Gegensätzlichkeit ineinander über und beeinflussen sich gegenseitig. Dieses Orientierungskontinuum ist dabei konstitutiv für die spezielle Kooperationsform von Bildungs- und Kulturzentren, da es zwischen extremen Polen vermittelt. An drei Beispielen kann verdeutlicht werden, dass das Orientierungskontinuum

- sowohl die absolute Autonomie der Einrichtungen als auch die absolute Abhängigkeit bzw. Fusion verhindert,
- zwischen der absoluten Ausblendung kooperativer Bezüge und der absoluten Aufgabe einrichtungsspezifischer Ziele vermittelt,
- auf der einen Seite die absolute Abgrenzung der Volkshochschulkultur und auf der anderen Seite die absolute Verschmelzung zu einer neuen Organisationskultur vermeidet.

Somit hat das beschriebene Kontinuum eine systemgestaltende Funktionsweise für die Realisierung von Bildungs- und Kulturzentren und ist als dieses zu erhalten bzw. in eine kooperative Organisationsstrategie miteinzubeziehen.

h) Kooperation als Identitätsbildung und -entwicklung: Auch wenn die These bestätigt werden konnte, dass sich die organisationale Identität von Volkshochschulen innerhalb einer integrativen Kooperationsform nicht auflöst, machen viele Interviewaussagen auf die systemgestaltende Bedeutung eines verbindenden Selbstverständnisses und damit auf eine von Organisationsmitgliedern geteilte organisationale Identität aufmerksam. Nach Rousseau (1998, 218) handelt es sich hierbei um eine kognitive Kategorie, die Auswirkungen auf das Verhalten, die Motivation und die emotionale Bindung von Mitarbeitenden hat. Unter diesem Themenfokus werden im untersuchten Kooperationskontext drei Anforderungsebenen deutlich, die im Folgenden erläutert werden.

- *Die Berücksichtigung von Teilidentitäten:* Ein Bildungs- und Kulturzentrum stellt eine diagonale Arbeitsgemeinschaft aus unterschiedlichen historisch gewachsenen Einrichtungen dar. Jede einzelne kooperativ eingebundene Einrichtung kann als Teilidentität verstanden werden, die sich über die Unverwechselbarkeit der eigenen Organisation, die Homogenität ihrer Ausrichtung, Arbeitsweisen und Handlungslogiken, gleichbleibende Organisationsmerkmale sowie einrichtungsspezifische Artefakte, wie z.B. Logos kennzeichnet. Gleichzeitig, und das kann am Beispiel der untersuchten Volkshochschulen aufgezeigt werden, existiert innerhalb jeder einzelnen Einrichtung eine weitere Ausdifferenzierung von Teilidentitäten, die sich an unterschiedlichen Personalgruppenmerkmalen, Beschäftigungsverhältnissen, Zuständigkeitsbereichen und Hierarchieebenen festmacht. Organisationale Veränderungsprozesse wie sie z.B. kooperative Bildungsarrangements darstellen, beeinflussen diese vorgestellten Teilidentitäten: Sie werden einem neuen organisationalen Kontext ausgesetzt, treffen auf weitere Teilidentitäten und werden vor die Herausforderung gestellt, eine Art Kooperationsidentität zu entwickeln. So gilt es in Bildungs- und Kulturzentren sowohl inter- als auch innerorganisationale Teilidentitäten als Einflussfaktoren von Kooperation zu berücksichtigen.

- *Von einer situativen Identifikation zur Tiefenstrukturidentifikation:* Auch wenn die Befragten insbesondere die Volkshochschulidentität(en) erläutern und in den Vordergrund stellen, beschreiben sie punktuell zudem eine situative Identifikation mit dem Bildungs- und Kulturzentrum als übergreifende Organisationsform. Dies ist z.B. der Fall, wenn gemeinsame Großveranstaltungen durchgeführt werden. Rousseau (1998, 218) beschreibt dieses Phänomen als die elementarste Form einer organisationalen Identifikation, bei der Individuen sich selbst als Teil einer Organisation wahrnehmen. Es zeigt sich jedoch, dass diese nicht-routinisierte Form über die Zeit bzw. über den Kooperationsanlass hinweg instabil ist. Stabilität kann erst in einem Stadium einer Tiefenstrukturidentifikation erreicht werden. Um sich dauerhaft mit dem Bildungs- und Kulturzentrum zu identifizieren, ist hierfür zwar die situative Identifikation notwendige Voraussetzung, aber keine hinreichende Bedingung (ebd., 221).
- *Profilentwicklung von Kooperationen:* Die Entwicklung einer Tiefenstrukturidentifikation wird in den Interviews insbesondere von den befragten Leitungspersonen thematisiert, wobei hier keine Verschmelzung der Teilidentitäten zu einer neuen Identität gemeint ist. Vielmehr wird deutlich, dass sich die zu entwickelnde und handlungsleitende Systemidentität von Bildungs- und Kulturzentren als Profilentwicklung von Kooperation definieren lässt. Es stellt sich die Anforderung einen übergeordneten institutionellen Sinnzusammenhang als Selbstverständnis der Kooperationsakteure zu etablieren, nicht zuletzt um die organisationale und gesellschaftliche Funktionsbestimmung sowie den Existenzgrund des kooperativen Bildungsarrangements zu begründen (vgl. Meisel/Feld 2009, 49). Voraussetzung hierfür ist die Verständigung über gemeinsam geteilte Werte, Normen, Ziele und Visionen, die als mögliche Zugkraft das Vorhaben realisieren und stabilisieren. Die Ergebnisse der empirischen Untersuchung verweisen auf die Möglichkeit, über das Instrument der Leitbildentwicklung ein Bewusstsein über eine organisationale Identität bzw. über ein Kooperationsprofil zu erreichen. Dies erfordert neben der Bereitschaft, personelle, finanzielle und zeitliche Ressourcen einzusetzen, einen partizipativen und kollektiven Arbeitsstil, die kontinuierliche Überarbeitung und Weiterentwicklung des Leitbilds sowie

8. Zusammenschau: Empiriebasierte Anforderungsanalyse

einen offenen Umgang mit Stärken und Schwächen der einzelnen Einrichtungen. Über diese Art und Weise kann ein reflexiver Entwicklungsprozess angestoßen werden, der zu einem einrichtungsübergreifenden Selbst- und Aufgabenverständnis beitragen kann.

Identitätsbildung und -entwicklung stellen Bildungs- und Kulturzentren entsprechend vor die komplexe Herausforderung, Teilidentitäten zu erhalten und gleichzeitig zur Profilentwicklung der Kooperationsform unter Berücksichtigung situativer Identifikationsmöglichkeiten als notwendige Voraussetzung einer Tiefenstrukturidentifikation beizutragen.

i) Kooperation als Professionalitätsentwicklung: Professionalität wird als Kompetenz definiert, die sich situativ immer wieder neu als berufliche Leistung flexibel zu bewähren und weiterzuentwickeln hat (vgl. Nittel 2000, 85). Abzuleiten ist, dass kooperative Bildungsarrangements und das kooperative Handeln entsprechende Anforderungen an die Professionalitätsentwicklung von Volkshochschulakteuren stellen. Über die Auswertung des Interviewmaterials konnten Anforderungen rekonstruiert werden, die zum einen auf eine kompetenzorientierte und zum anderen auf eine differenzorientierte Professionalitätsentwicklung verweisen.[253]

- *Kompetenzorientierte Professionalitätsentwicklung:* Wird Wissen und Können als Quelle von Professionalität verstanden, so entscheidet der Kontext des beruflichen Handelns im Wesentlichen mit, wonach sich die Ausgestaltung dieser richtet. Die empirischen Ergebnisse verdeutlichen in diesem Zusammenhang, dass der vorgestellte Kooperationskontext von Bildungs- und Kulturzentren nach besonderen Kompetenzen verlangt: Es geht um die Relationierung und Ausbalancierung von heterogenen Wissensformen, Interessenslagen, Problem- und Aufgabenbereichen. Gegenüber den Kooperationspartnern gilt es, den Erkenntniswert und die Problemlösungskapazitäten des volkshochschulspezifischen Expertenwissens unter Beweis zu stellen. Hierbei wird das Aushandeln von Zuständigkeitsbereichen, Ressourcenansprüchen und Entscheidungsbefugnissen als in Kooperationen zu entwickelnde Fähigkeit relevant. Außerdem erfordert der gesteigerte Möglichkeitsraum von Kooperationen adäquate Umgangsweisen mit Kontingenzphänomenen sowie damit korrespondierenden Entscheidungsproblemen. Insbesondere flexibles und multifunktionales Reagieren bildet die Voraussetzung für die Bewältigung der kooperativen Anforderungen.

---

253 Vgl. hierzu Nittel (2000, 73ff.), der sich über die Varianten eines kompetenztheoretischen und eines differenztheoretischen Verständnisses dem Begriff der Professionalität nähert.

- *Differenzorientierte Professionalitätsentwicklung:* In einer zweiten Perspektive wird Professionalitätsentwicklung über das Berufshandeln in ambivalenten und spannungsreichen Verhältnissen deutlich. Die empirische Untersuchung zeigt, dass kooperatives Handeln durch prinzipielle Widersprüchlichkeiten gekennzeichnet ist, die sich auf der Handlungs-, Wissens- und Beziehungsebene professionellen Handelns verorten lassen. Auf der Handlungsebene wird am Beispiel des Synergiepostulats als Begründung für Kooperationen der Widerspruch von abstrakt gehaltener Rhetorik und konkretem Tun deutlich. Als spannungsreich entpuppt sich darüber hinaus auf der Wissensebene z.B. die Ist-Soll-Diskrepanz von konzeptionell erarbeiteten und praktisch erreichbaren Zielen. Auf der Beziehungsebene lässt sich exemplarisch an den Erwartungshaltungen der Kooperationsakteure eine Ambivalenz zwischen funktional-spezifischen und diffusen Anteilen feststellen: Auf der einen Seite soll eine klare Ausrichtung an der einrichtungsübergreifenden Kooperationsstrategie stattfinden, auf der anderen Seite besteht Unsicherheit darüber, inwiefern die unterschiedlichen Kompetenzprofile bekannt und füreinander gewinnbringend sind. Somit stellen sich Anforderungen an die Professionalitätsentwicklung, diese Divergenzen zu erkennen, aus unterschiedlichen Blickwinkeln zu betrachten und damit verbundene Ambiguitäten auszuhalten, aber auch produktiv zu bearbeiten (vgl. Nittel 2000, 82).

Im Umgang mit und der praktischen Bearbeitung von spannungsreichen Kooperationskonstellationen ist sowohl eine kompetenz- als auch differenzorientierte Professionalitätsentwicklung zu erwarten. Diese lässt sich über die Aussagen der Volkshochschulakteure als voraussetzungsvoll beschreiben:

- So erweisen sich *Reflexionsmöglichkeiten* als unabdingbar, um sich Widersprüchlichkeiten und Kompetenzanforderungen bewusst zu machen und um die einrichtungsspezifische Professionalität im Spiegel der anderen zu beobachten, zu beschreiben, zu verstehen und weiterzuentwickeln;
- die *relative Autonomie der Kooperationspartner* ist zudem die Voraussetzung für die notwendige Flexibilität und Eigenständigkeit im professionellen Umgang mit Widersprüchen sowie die Herausbildung und Weiterentwicklung einrichtungsspezifischer Kompetenzen;
- schließlich erfordert es die *Kontinuität* kooperativer Aktivitäten, um die Professionalität der Kooperationsakteure im spezifischen Modus des Kooperationshandelns weiterentwickeln zu können.

9. Fazit

Das wissenschaftliche Interesse an Fragen der Kooperations- und Netzwerkforschung hält gegenwärtig an. So bestimmt Nuissl (2010a) die Netzwerk- und Kooperationsthematik als aktuellen Trend der Weiterbildungsforschung. Seit 2010 forscht außerdem eine Gruppe von Doktoranden und Doktorandinnen innerhalb der interdisziplinär orientierten Graduiertenschule für empirische Weiterbildungsforschung[254] zu Fragestellungen der Organisation und Entwicklung von kooperativen Bildungsarrangements. Und schließlich widmet der Report – Zeitschrift für Weiterbildungsforschung – die Ausgabe 4/2011 ebenfalls dem Thema der kooperativen Bildungsarrangements. Praxisbezogen und insbesondere auf Bildungs- und Kulturzentren fokussiert, kann aktuell ebenso ein anhaltender Trend festgestellt werden. So wurde beispielsweise 2010 in Regensburg innerhalb eines bereits bestehenden Einkaufszentrums das „BildungsCenter (BIC)" eröffnet. Hier sind eine Zweigstelle der Volkshochschule, eine Stadtteilbibliothek und die Stadtbildstelle zu einem „Zentrum für Bildung und Kultur" räumlich zusammengefasst worden.[255] In Oberhausen sind im Sommer 2012 Volkshochschule und Bibliothek in ein gemeinsames Gebäude gezogen mit dem Ziel ein „attraktives kommunales Zentrum rund um die Themen Information, Wissen und Bildung" zu realisieren.[256] Ein gemeinsamer Infopoint bildet hierbei aus Kundensicht das verbindende Element. Im Münchner Stadtteil Hasenbergl eröffnete im Oktober 2012 das Kulturzentrum 2411 und vereint seitdem ein Stadtteilzentrum der Münchner Volkshochschule, ProFamilia, einen Kulturverein sowie die Stadtbibliothek unter einem Dach.[257] Und in Koblenz entsteht derzeit ein „Kulturkomplex", der zwar ohne Volkshochschule realisiert wird, neben der Stadtbibliothek jedoch auch ein Museum, ein Touristikzentrum und Geschäfte des Einzelhandels umfassen soll.[258]

---

254 Die Graduiertenschule ist am Deutschen Institut für Erwachsenenbildung (DIE) in Bonn eingerichtet und wird vom Institut für Erziehungswissenschaft der Philipps-Universität Marburg mitgetragen und realisiert.
255 Nähere Informationen finden sich auf den Homepages der räumlich-integrierten Einrichtungen oder über die online abrufbare Ankündigung der Stadt Regensburg zum BildungsCenter (BIC).
256 Vgl. hierzu die Homepage der Volkshochschule Oberhausen.
257 Vgl. Jahresbericht 2012 der Münchner Volkshochschule, S. 30f.
258 Vgl. hierzu die Homepage zum Forum Mittelrhein - Kulturbau Koblenz.

Ausgehend von diesen bestehenden Entwicklungen sind die Ergebnisse der vorliegenden Studie sowohl für wissenschaftliche Fragestellungen als auch für praxisbezogene Erkenntnisinteressen relevant und vielseitig anschlussfähig. Das abschließende Kapitel verdeutlicht dies zunächst über eine reflexive und bewertende Kurzzusammenfassung der wesentlichen Ergebnisse, um diese schließlich in einem weiterführenden Ausblick in den Kontext übergreifender Thematiken zu stellen und um bestehende Forschungsdesiderate aufzuzeigen.

9.1 Reflexion und Bewertung der Ergebnisse

Zentraler Ansatz der Studie ist es, theorie- und empiriebasiert zu klären, welche kooperativen Anforderungen sich aus Sicht von Volkshochschulen in Bildungs- und Kulturzentren stellen und welche möglichen Umgangsformen sich ableiten lassen. Die Ergebnisse der Studie werden im Folgenden in einer zweifachen Perspektive dargestellt: Zunächst werden die wesentlichen Erkenntnisse der Forschung in Form einer beschreibend-rekonstruktiven Bestandsaufnahme zusammengefasst und reflektiert. Danach wird eine programmatisch-normative Bewertungsperspektive eingenommen, um aus den Ergebnissen Gelingens- bzw. Optimierungsbedingungen abzuleiten.

Eine beschreibend-rekonstruktive Bestandsaufnahme und Reflexion: In der ‚Auseinandersetzung mit der Zusammenlegung' können politische, gesellschaftliche und organisationsstrategische Entwicklungs- und Begründungslinien für kooperative Bildungsarrangements dargestellt und für die besondere Kooperationsform der Bildungs- und Kulturzentren differenziert werden: Ihnen liegen vorrangig städteplanerische Steuerungs- und Wirtschaftlichkeitsstrategien zu Grunde, sind in ihrer Potenzialität jedoch anschlussfähig an aktuelle Kooperationspostulate der bereichsübergreifenden Öffnung, programmatischen Erweiterung sowie strukturellen Innovation des Weiterbildungsbereichs (vgl. Dollhausen/Feld 2010, 25). Die Spezifität von Bildungs- und Kulturzentren kann im Vergleich zu anderen kooperativen Formen klar herausgestellt werden. An die sechs prägnanten Kooperationsmerkmale der räumlichen Zentrierung, der definierten Akteurskonstellation, der diagonalen Arbeitsgemeinschaft, der formalisierten Zusammenarbeit, der institutionellen Kooperation und der partiellen Integration schließen sich besondere organisationale und kooperative Anforderungen an. Die Rezeption mehrerer organisationstheoretischer Ansätze fundiert und schärft den Blick für diese spezifischen Merkmale, Problem- und Fragestellungen, die es in der empirischen Untersuchung von Bildungs- und Kulturzentren aus Sicht von Volkshochschulen zu berücksichtigen gilt.

9.1 Reflexion und Bewertung der Ergebnisse

Als Ergebnis der Studie ist ein umfassendes und dreidimensionales Anforderungsprofil entstanden, das auf die komplexen Einflussgrößen des Begründungs-, des Kooperations- und des Organisationskontextes verweist und entsprechende exogene, interorganisationale und endogene Anforderungen formuliert. Insbesondere die Auswertung der Erfahrungs-, Beschreibungs- und Deutungsmuster von Volkshochschulakteuren lässt Rückschlüsse auf kooperationsbezogene Erwartungen, Befürchtungen, Nutzen, Verständnisse, Zuständigkeiten und Handlungsweisen zu und zeigt herausfordernde Komplexitätssteigerungen sowie zahlreiche Spannungsverhältnisse innerhalb des Kooperationskontextes auf. Diese empirischen Ergebnisse führen zu einer Konkretisierung und Ergänzung des theoriebasierten Anforderungsprofils auf der Ebene der interorganisationalen Anforderungen.

Die einleitend formulierten Thesen aufgreifend, erhärtet sich die erste Annahme, dass Volkshochschulen als Teil eines Bildungs- und Kulturzentrums in ihren strukturellen, strategischen und kulturellen Ausprägungen beeinflusst und verändert werden. Dies zeigt sich insbesondere in den Spannungsverhältnissen der einrichtungsspezifischen Autonomie vs. der kooperationsbedingten Interdependenz, der vhs-Alltagslogik vs. der übergreifenden Kooperationsstrategie sowie der vhs-Kultur vs. der Inter-Organisations-Kulturalität eines Bildungs- und Kulturzentrums. In den untersuchten organisationalen Kontexten deuten sich Umgangsformen der Grenzbearbeitung an, die die angeführten Spannungsverhältnisse nicht als gegensätzliche Pole, sondern als jeweiliges Kontinuum einer neuen Organisationsform ausgestalten.

Zweitens bestätigt sich die herausgehobene Stellung des Kooperationsmerkmals der räumlichen Zentrierung in den Interviews: ‚Raum' differenziert sich als ermöglichende bzw. begrenzende Rahmenbedingung sowie als ästhetische, praktische, soziale, kulturelle und kognitive Kategorie aus. Bewusste Umgangsformen mit diesem wichtigen Kooperations- und Kommunikationsgegenstand lassen sich in den Interviews feststellen: Das gemeinsame Gebäude wird als ‚zusammenhaltende Hülle' erkannt und als Ermöglichungsraum für einrichtungsübergreifende Querschnittsbereiche, kooperative Angebote sowie informelle Formen der Zusammenarbeit genutzt. Dennoch verweisen die bereits benannten Spannungsverhältnisse auf weitaus vielseitigere Einflussfaktoren, die innerhalb von integrativen Kooperationsformen wirksam werden und zu berücksichtigen sind.

Drittens unterstützen die Forschungsergebnisse die These, dass sich die organisationale Volkshochschulidentität innerhalb eines Bildungs- und Kulturzentrums nicht auflöst, sondern vielmehr der positiven Profilierung, der Vergewisserung der eigenen Stärken und Kompetenzen sowie der Bewahrung einrichtungsspezifischer Interessen und Organisationszielen dient. Diese organisationale

Selbstbehauptungsstrategie kann als eine mögliche Umgangsform mit den aufgeführten kooperativen Anforderungen gedeutet werden. Daneben finden sich gleichwohl kooperationsbezogene Formen der Bearbeitung, die z.B. bewusste Reflexionsprozesse der gemeinsamen Leitbilderstellung sowie pragmatische, eher additiv und punktuell realisierte Angebotsausgestaltungen umfassen können.

Eine programmatisch-normative Bewertungsperspektive: Jede Volkshochschule und jedes Bildungs- und Kulturzentrum muss als individuelle Organisation erkannt und analysiert werden. Regionale, gesetzliche und infrastrukturelle Rahmenbedingungen prägen diese genauso wie die kommunal-politische Einbindung, der Entstehungskontext oder die Größe der Einrichtungen. Wenn im Folgenden aus den Ergebnissen Gelingens- bzw. Optimierungsbedingungen abgeleitet werden, so passiert dies unter einer Generalisierungsperspektive; je nach Einzelfall gilt es diese also zu relativieren. Unter dieser Einschränkung lässt sich aus den Forschungsergebnissen ableiten, dass die Wahrscheinlichkeit einer gelingenden Realisierung von integrativen Kooperationsmodellen steigt, wenn

- ‚Kooperation' zum gemeinsamen Reflexionsgegenstand aller räumlich-integrierten Einrichtungen gemacht wird;
- die prägnanten kooperativen und organisationalen Merkmale von Bildungs- und Kulturzentren als solche erkannt und in die Organisationsentwicklungsstrategien eingebunden werden;
- neben dem Kooperationskontext des Bildungs- und Kulturzentrums ebenso der organisationale Kontext der integrierten Einrichtungen sowie der Begründungs- und Entstehungskontext Berücksichtigung finden;
- neben der internen Organisationsentwicklung gleichsam das Interaktionsverhältnis nach außen als Gestaltungs- und Reflexionsaufgabe wahrgenommen wird;
- ein Veränderungsanspruch für die einrichtungsspezifische Organisationsrealität besteht ohne die Einrichtungsidentität und das eigene ‚Kerngeschäft' aufzugeben;
- sowohl einrichtungs- als auch kooperationsbezogene Umgangsformen mit kooperativen Anforderungen entwickelt und beibehalten werden;
- unterschiedliche Kooperationsverständnisse, -zuständigkeiten und Handlungsebenen Berücksichtigung finden;
- angestrebte und bereits realisierte Kooperationsnutzen verdeutlicht und als Kooperationsgewinne wahrgenommen und dadurch Erwartungen, Befürchtungen und Zweifel relativiert werden;

- kooperative Aktivitäten einen festen Bestandteil des Bildungs- und Kulturzentrums darstellen, sich in den Organisationsstrukturen abbilden und kontinuierlich stattfinden;
- trotz Ressourcenmangel eine nachhaltige Ressourcenverantwortung für kooperative Aktivitäten wahrgenommen wird;
- transparente Kommunikationsformen und Entscheidungsstrukturen etabliert werden;
- die antinomischen Spannungsverhältnisse in Bildungs- und Kulturzentren erkannt und reflexiv als Kontinuen von Kooperation bearbeitet werden.

Die Erfüllung und kontextbezogene Ausdifferenzierung bzw. Konkretion dieser Gelingensbedingungen führt aus Sicht der räumlich-integrierten Einrichtungen zu einer enormen Komplexitätssteigerung, die verdeutlicht, dass die direkte Vermittlung und Machbarkeit von Kooperation unmöglich ist. Egal ob innerhalb eines Bildungs- und Kulturzentrums oder innerhalb eines regionalen Netzwerkes: Kooperative Aktivitäten sind mit mehrdimensionalen Organisationsveränderungsprozessen verbunden, weshalb Kooperation auch immer als organisationaler Lernprozess verstanden und gestaltet werden muss. Hier stellt sich für die Leitungskräfte der Einrichtungen und der Bildungs- und Kulturzentren die Aufgabe, diese kooperationsbezogenen Herausforderungen nicht als Steuerungsverlust, sondern als Aufgabe einer strategischen Organisationsentwicklung zu begreifen.

Die Ergebnisse der Studie geben somit umfassende Hinweise und Perspektiven für ein Kooperationsmanagement, das als Leitungsaufgabe wahrgenommen werden muss, sowie für überinstitutionelle Supportstrukturen, wie sie z.B. wissenschaftliche Beratungsinstanzen oder externe Organisationsberatungen darstellen können.

9.2 Ausblick

Die vorliegende Studie liefert der Praxis ein Instrumentarium zur Beschreibung, Erklärung und zur Verständnisbildung der Kooperationsform der Bildungs- und Kulturzentren. Insbesondere Volkshochschulakteure werden hinsichtlich der Besonderheiten ihrer Organisationsform im Vergleich zur Spezifik kooperativer Bildungsarrangements sensibilisiert. Aber auch für andere Bildungs-, Kultur- und Serviceeinrichtungen liefern die Untersuchungsergebnisse wichtige Handlungsanregungen und Orientierungswissen für die kooperative Zusammenarbeit.

Darüber hinaus verweisen die Ergebnisse der Studie auf die Notwendigkeit weiterführender Forschungsvorhaben. Denn es konnten zwar kooperative Anforderungen und mögliche Umgangsweisen in Bildungs- und Kulturzentren über eine theoriebasierte Annäherung sowie die Auswertung von Interviewaussagen rekonstruiert werden. Die Methodenwahl lässt hierbei jedoch keine direkten Rückschlüsse auf das tatsächliche Kooperationshandeln der Befragten zu. Hierfür müsste mindestens der Zugang einer teilnehmenden Beobachtung gewählt werden, für deren Vorbereitung und Durchführung die Ergebnisse der vorliegenden Studie grundlegend sein könnten. Ebenfalls sind die Ergebnisse anschlussfähig für breiter angelegte Forschungsvorhaben, die neben der Volkshochschulperspektive ebenso weitere räumlich-integrierte Einrichtungen sowie relevante Kontextgruppen, wie z.B. Vertreter oder Vertreterinnen von institutionsbezogenen Verbänden mit einbeziehen. Nicht nur aus Perspektive der beteiligten Kooperationsakteure und politisch relevanter Anspruchs- und Interessensgruppen schließt sich des Weiteren die Frage an, worin eigentlich der qualitative Mehrwert von kooperativen Bildungsarrangements liegt; denn die Potenziale gilt es auch für die Teilnehmerschaft und Adressaten aufzuzeigen. An diesen Untersuchungsfokus schließt sich darüber hinaus ein weiteres Erkenntnisinteresse an: Wie wird das Bildungs- und Kulturzentrum in der Außenperspektive unterschiedlicher Zielgruppen bzw. unterschiedlicher Teilnehmer und Teilnehmerinnen wahrgenommen, beschrieben und genutzt? Unter der Erkenntnis, dass die Außenperspektive die Innenperspektive mitbestimmt, gilt es zukünftige Studien adressatenorientiert im Sinne einer Lernortforschung auszuweiten. Der Teilnehmernutzen von integrativen Lernortkonzepten könnte ebenso von Interesse sein, wie die raumdidaktische Wirkung von Bildungs- und Kulturzentren aus Nutzerperspektive. Damit einhergehend eröffnet sich ein Ermöglichungsraum für innovative Entwicklungen im Bereich der Lehr- und Lernarrangements und Lernkulturgestaltung.

    Die Relevanz der Forschungsergebnisse kann abschließend über einen weiteren, wissenschaftstheoretischen Bezugspunkt aufgezeigt werden. So liegt ein Befund der Studie in der Erkenntnis, dass der Begriff der Bildungs- und Kulturzentren sich zwar als wissenschaftlich-analytische Kategorie eignet, von den befragten Personen auch als verständlich eingestuft wurde, sich für die Praxis jedoch als nicht angemessen herausstellt. Denn die in den Interviews angestrebte Verständnisklärung kollidierte mit einem Erklärungs- und Beschreibungsunvermögen der Befragten. Schließlich wurde das Selbstverständnis des eigenen Bildungs- und Kulturzentrums über wenig konkretisierbare Aspekte der Vielfalt, Offenheit und Hybridität beschrieben. Dieses Ergebnis macht darauf aufmerksam, dass die kooperative Verschränkung von Aufgabenfeldern, Kompetenzen und Angeboten mit einer zukünftig zu führenden Begriffsdiskussion einhergeht. Wissenschaftstheoretisch leitend wäre hierbei die Frage, welche Bedeutung kooperative Bildungsarrangements und der organisationale Wandel von Weiterbildungs- bzw. Bildungseinrichtungen auf die Weiterentwicklung des Verständnis-

9.2 Ausblick

ses von Erwachsenenbildung und den Bildungsbegriff haben? Die Erarbeitung und Ermöglichung eines neuen, reichhaltigeren Bildungsbegriffs könnte Ziel einer solchen Analyseperspektive sein.

Ausgehend von diesen vielfältigen Forschungsdesiderata kann übergreifend festgestellt werden, dass kooperative Bildungsarrangements nicht nur als komplexe Organisationsformen zu verstehen sind, die auf kooperative Anforderungen und die Notwendigkeit angemessener Umgangsformen aufmerksam machen. Gleichzeitig verdeutlicht sich die Komplexität von Kooperation und Netzwerken an ebenso komplexen organisations- und erwachsenenpädagogischen Bezugspunkten, die direkt an die Thematik kooperativer Bildungsarrangements anknüpfen: So stellen sich neben Herausforderungen organisationaler Veränderungsprozesse auch Fragen des Managements und geeigneter Supportstrukturen. Die Eruierung effizienzbezogener Potenziale schließt sich ebenso an wie die Ausdifferenzierung verschiedener Erwartungshaltungen sowie Realisierungsmöglichkeiten. Und schließlich verweist die Thematik kooperativer Bildungsarrangements auf umfassende Entwicklungsperspektiven für die Ausgestaltung von Lernorten und -möglichkeiten sowie für die Bedeutungserweiterung von Erwachsenenbildung und Lernen. Folglich kann an dieser Stelle die Prognose aufgestellt werden, dass der Trend der Kooperations- und Netzwerkforschung weiterhin anhalten wird; diese Vorhersage ist jedoch unweigerlich mit der Erwartung oder sogar Aufforderung verbunden, dass das Interesse an Kooperationen und Netzwerken zukünftig verstärkt in komplexe Thematiken ausdifferenziert und in übergreifende Zusammenhänge eingebettet werden muss.

Literaturverzeichnis

ABRAHAM, Martin/BÜSCHGES, Günter (2009). Einführung in die Organisationssoziologie. Wiesbaden: VS-Verlag.
ACKERKNECHT, Erwin (1928). Zehn Jahre Stettiner Volkshochschule. Stettin: Herrcke & Lebeling.
ADERHOLD, Jens/WETZEL, Ralf (2004). Kopierfehler beim Beobachten. Die „Organifizierung" des Netzwerks als Problem. In: Organisationsentwicklung. Heft 3, S. 22-29.
AENGENVOORT, Ulrich (2009). Volkshochschulen in der kommunalen Bildungslandschaft. In: Dis.kurs. Heft 1, S. 4-6.
ARETZ, Hans-Jürgen/HANSEN, Katrin (2002). Diversity und Diversity-Management im Unternehmen: eine Analyse aus systemtheoretischer Sicht. Hamburg: Lit.
ARNOLD, Rolf (2010). Kompetenz. In: ARNOLD, Rolf/NOLDA, Sigrid/NUISSL, Ekkehard (Hrsg.). Wörterbuch Erwachsenenbildung. Bad Heilbrunn: Klinkhardt, S. 172-173.
ARNOLD, Rolf/LEHMANN, Burkhard (1996). Kooperation oder Konkurrenz in der Weiterbildung. In: DIE Zeitschrift für Erwachsenenbildung. Heft 1, S. 20-23.
ARNOLD, Rolf/NOLDA, Sigrid/NUISSL, Ekkehard (2010). Wörterbuch Erwachsenenbildung. Bad Heilbrunn: Klinkhardt.
ASHBY, William Ross (1974, Original 1956). Einführung in die Kybernetik. Frankfurt a. M.: Suhrkamp.
BARNARD, Chester Irving (1953). The Functions of the executive. Cambridge u.a.: Harvard Univ. Press.
BARTH, Matthias (2007). Netzwerke und Kooperationen zur Bildung für eine nachhaltige Entwicklung. In: Portal Magazin Bildung für nachhaltige Entwicklung Ausgabe Mai 2007 (Hrsg.). Bildung für nachhaltige Entwicklung international. URL: http://www.bne-portal.de/ coremedia/generator/pm/de/Ausgabe__001/Downloads/ 04__Kooperationen_20und_20Netzwerke/M._20Barth__Artikel.pdf (Stand: 20.03.2012).
BARZ, Heiner (2006). Innovation in der Weiterbildung: was Programmverantwortliche heute wissen müssen. Augsburg: ZIEL.
BASTIAN, Hannelore/MEISEL, Klaus/NUISSL, Ekkehard/REIN, Antje von (2004). Kursleitung an Volkshochschulen. Bielefeld: wbv.
BECK, Ulrich (2007, Original 1995). Die offene Stadt. Architektur in der reflexiven Moderne. In: BAUM, Detlef (Hrsg.). Die Stadt in der Sozialen Arbeit. Wiesbaden: VS-Verlag, S. 46-51.
BECK, Ulrich/BONß, Wolfgang (1984). Soziologie und Modernisierung. Zur Ortsbestimmung der Verwendungsforschung. In: Soziale Welt, Heft 4, S. 381-406.
BEHRENS, Heidi/CIUPKE, Paul/REICHLING, Norbert (2001). Lernsettings in Kultureinrichtungen. In: STANG, Richard/PUHL, Achim (Hrsg.). Bibliotheken und lebenslanges Lernen. Bielefeld: wbv, S. 159-183.
BENNER, Dietrich/BRÜGGEN, Friedhelm (2010). Bildsamkeit/Bildung. In: BENNER, Dietrich/OELKERS, Jürgen (Hrsg.). Historisches Wörterbuch der Pädagogik. Weinheim [u.a.]: Beltz, S. 174-215.
BENNEWITZ, Hedda (2010). Entwicklungslinien und Situation des qualitativen Forschungsansatzes in der Erziehungswissenschaft. In: FRIEBERTSHÄUSER, Barbara/LANGER, Antje/PRENGEL, Anne-

dore (Hrsg.). Handbuch Qualitative Forschungsmethoden in der Erziehungswissenschaft. Weinheim: Juventa-Verl., S. 43-59.

BERGER, Peter L./LUCKMANN, Thomas (2000). Die gesellschaftliche Konstruktion der Wirklichkeit: eine Theorie der Wissenssoziologie. Frankfurt a. M.: Fischer-Taschenbuch-Verl.

BERGER, Ulrike/BERNHARD-MEHLICH, Isolde (2006). Die verhaltenswissenschaftliche Entscheidungstheorie. In: KIESER, Alfred/EBERS, Mark (Hrsg.). Organisationstheorien. Stuttgart: Kohlhammer, S. 169-214.

BIENZLE, Holger (2010). Stolpersteine und Erfolgsfaktoren. In: DIE Zeitschrift für Erwachsenenbildung. Heft 1, S. 34-36.

BIENZLE, Holger/GELABERT, Esther/JÜTTE, Wolfgang/KOLYVA, Katerina/MEYER, Nick/TILKIN, Guy (2007). Die Kunst des Netzwerkens. URL: http://www.networks-in-education.eu/fileadmin/images/downloads/art_DE.pdf (Stand: 17.05.2012).

BILLERBECK, Bastian (2008). Raum und Lernen in der Weiterbildung – Wirkung und Relevanz von Raumdidaktik. In: DEHN, Claudia (Hrsg.). Raum + Lernen – Raum + Leistung. Hannover: Expressum, S.75-86.

BLK BUND-LÄNDER-KOMMISSION FÜR BILDUNGSPLANUNG UND FORSCHUNGSFÖRDERUNG (2004a). Strategie für Lebenslanges Lernen in der Bundesrepublik Deutschland. Bonn: BLK.

BLK BUND-LÄNDER-KOMMISSION FÜR BILDUNGSPLANUNG UND FORSCHUNGSFÖRDERUNG (2004b). Kooperation der Lernorte in der beruflichen Bildung (KOLIBRI). Abschlussbericht des Programmträgers zum BLK-Programm, Heft 114. URL: http://www.blk-bonn.de/papers/heft114.pdf (Stand: 17.05.2012).

BMBF BUNDESMINISTERIUM FÜR BILDUNG UND FORSCHUNG (2001). Bekanntmachung von Förderrichtlinien für das Programm "Lernende Regionen – Förderung von Netzwerken". URL: http://www.lernende-regionen.info/dlr/download/-Foerderrichtlinien.pdf (Stand: 07.09.11).

BMBF BUNDESMINISTERIUM FÜR BILDUNG UND FORSCHUNG (2004). Lernende Regionen – Förderung von Netzwerken: Programmdarstellung. Bonn/Berlin: Referat Publikationen. URL: http://www.bmbf.de/pub/lernende_regionen_foerderung_von_netzwerken.pdf (Stand: 20.03.2012).

BMBF BUNDESMINISTERIUM FÜR BILDUNG UND FORSCHUNG (2005). Die Strategie für das Lebenslange Lernen verwirklichen. Bonn/Berlin: Referat Publikationen. URL: http://www.bmbf.de/pub/strategie_lll_verwirklichen.pdf (Stand: 20.03.2012).

BMBF BUNDESMINISTERIUM FÜR BILDUNG UND FORSCHUNG (2008). Empfehlungen des Innovationskreises Weiterbildung für eine Strategie zur Gestaltung des Lernens im Lebenslauf. Bonn/Berlin: Referat Lebenslanges Lernen. URL: http://www.bmbf.de/pub/empfehlungen_innovationskreis_weiterbildung.pdf (Stand: 20.03.2012).

BMBW BUNDESMINISTERIUM FÜR BILDUNG UND WISSENSCHAFT (1991). Berufsbildungsbericht 1991. Bonn: K.H. Bock.

BOLTE, Annegret/NEUMER, Judith/PORSCHEN, Stephanie (2008). Die alltägliche Last der Kooperation: Abstimmung als Arbeit und das Ende der Meeting-Euphorie. Berlin: Ed. Sigma.

BORMANN, Inka (2011). Zwischenräume der Veränderung: Innovationen und ihr Transfer im Feld von Bildung und Erziehung. Wiesbaden: VS-Verlag.

BORNHOFF, Joachim/FRENZER, Stephanie (2006). Netzwerkarbeit erfolgreich gestalten. In: WOHLFART, Ursula (Hrsg.). Netzwerkarbeit erfolgreich gestalten: Orientierungsarbeit und Impulse. Bielefeld: wbv, S. 43-168.

BOURDIEU, Pierre (1983). Ökonomische Kapital, kulturelles Kapital, soziales Kapital. In: KRECKEL, Reinhard (Hrsg.). Soziale Ungleichheiten. Soziale Welt. Sonderband 2. Göttingen: Otto Schwartz & Co, S. 183-198.

BOURSEAUX, Fried Peter (2010). Mythen der Volkshochschule. In: Hessische Blätter für Volksbildung. Heft 2, S. 158-171.

BRANDT, Peter (2006). Vorwort. In: NUISSL, Ekkehard (Hrsg.). Regionale Bildungsnetze: Ergebnisse zur Halbzeit des Programms 'Lernende Regionen – Förderung von Netzwerken'. Bielefeld: wbv, S. 5-6.
BRÖDEL, Rainer (1997). Strukturwandel staatlicher Weiterbildungsfinanzierung. In: BRÖDEL, Rainer (Hrsg.). Erwachsenenbildung in der Moderne. Opladen: Leske + Budrich, S. 160-171.
BRÖDEL, Rainer (2009). Lebenslanges Lernen. In: MERTENS, Gerhard/FROST, Ursula/BÖHM, Winfried (Hrsg.). Handbuch der Erziehungswissenschaft. Erwachsenenbildung, Weiterbildung. Paderborn u.a.: Ferdinand Schöningh, S. 975-985.
BRÜSEMEISTER, Thomas (2008). Qualitative Forschung: ein Überblick. Wiesbaden: VS-Verlag.
BUISKOOL, Bert-Jan/GRIJPSTRA, Douwe/KAN, Carlos van/LAKERFELD, Jaap van/OUDENDAMMER, Frowine den (2005). Developing local learning centres and learning partnerships as part of Member States' targets for reaching the Lisbon goals in the field of education and training. URL: http://ec.europa.eu/education/policies/2010/studies /locallearning.pdf (Stand: 17.05.2012).
BUSCHFELD, Detlef/EULER, Dieter (1994). Antworten, die eigentlich Fragen sind – Überlegungen zur Kooperation der Lernorte. In: Berufsbildung in Wissenschaft und Praxis. Heft 2, S. 9-13.
DEHNBOSTEL, Peter (2002). Bilanz und Perspektiven der Lernortforschung in der beruflichen Bildung. In: Zeitschrift für Pädagogik. Heft 3, S. 356-377.
DEHNBOSTEL, Peter (2009). Lernorte. In: MERTENS, Gerhard/FROST, Ursula/BÖHM, Winfried (Hrsg.). Handbuch der Erziehungswissenschaft. Erwachsenenbildung, Weiterbildung. Paderborn: Schöningh, S. 793-803.
DELORI, Claudia (2006). Entstehung neuer Lernorte als Ausdruck organisationalen Wandels. In: Hessische Blätter für Volksbildung. Heft 3, S. 238-246.
DEUTSCHER AUSSCHUSS FÜR DAS ERZIEHUNGS- UND BILDUNGSWESEN (1960). Zur Situation und Aufgabe der deutschen Erwachsenenbildung. Stuttgart: Klett.
DEUTSCHER BILDUNGSRAT/BILDUNGSKOMMISSION (1972). Strukturplan für das Bildungswesen. Stuttgart: Klett.
DEUTSCHER BILDUNGSRAT/BILDUNGSKOMMISSION (1974). Zur Neuordnung der Sekundarstufe II: Konzept für eine Verbindung von allgemeinem und beruflichem Lernen. Stuttgart: Klett.
DIEKMANN, Bernhard (1980). Verwaltung und Weiterbildung – Weiterbildung in der Verwaltung. In: WEYMANN, Ansgar (Hrsg.). Handbuch für die Soziologie der Weiterbildung. Darmstadt und Neuwied: Luchterhand, S. 294-307.
DIETSCHE, Barbara (2002). Bildungskaufmann/Bildungskauffrau – ein neuer Ausbildungsberuf. In: DIE-Zeitschrift. Heft 2, S. 40-41.
DIETZEN, Agnes (1998). Die Bedeutung und Wirkung europäischer Kooperationsbeziehungen für Innovationen in der Berufsbildung. In: GdWZ Grundlagen der Weiterbildung. Heft 2, S. 54-57.
DOBISCHAT, Rolf (2007). "Lernende Regionen – Förderung von Netzwerken" Zur Bedeutung regional orientierter Bildungspolitik und -forschung. In: SOLZBACHER, Claudia/MINDEROP, Dorothea (Hrsg.). Bildungsnetzwerke und Regionale Bildungslandschaften. Neuwied u.a.: Linkluchterhand, S. 159-168.
DOBISCHAT, Rolf/HUSEMANN, Rudolf (2000). Jobrotation und regionale Netze. In: Hessische Blätter für Volksbildung. Heft 2, S. 117-129.
DOHMEN, Günther (1996). Das lebenslange Lernen: Leitlinien einer modernen Bildungspolitik. Bonn: Bundesministerium für Bildung, Wissenschaft, Forschung und Technologie.
DOHMEN, Günther (1998). Zur Zukunft der Weiterbildung in Europa: lebenslanges Lernen für Alle in veränderten Lernumwelten. Bonn: Bundesministerium für Bildung und Forschung.
DOHMEN, Günther (2001). Informelles Lernen und Lernservice-Zentren. In: STANG, Richard/PUHL ACHIM, (Hrsg.). Bibliotheken und lebenslanges Lernen: Lernarrangements in Bildungs- und Kultureinrichtungen. Bielefeld: wbv, S. 185-204.
DOLLHAUSEN, Karin (2008). Planungskulturen in der Weiterbildung. Bielefeld: wbv.

DOLLHAUSEN, Karin (2010). Einrichtungen. In: DIE – Deutsches Institut für Erwachsenenbildung (Hrsg.). Trends der Weiterbildung – DIE-Trendanalyse 2010. Bielefeld: wbv, S. 35-73.

DOLLHAUSEN, Karin/FELD, Timm (2010). Für Lebenslanges Lernen kooperieren. Entwicklungslinien und Perspektiven für Kooperationen in der Weiterbildung. In: DIE Zeitschrift für Erwachsenenbildung. Heft 1, S. 24-26.

DOLLHAUSEN, Karin/MICKLER, Regine (2012). Kooperationsmanagement in der Weiterbildung. Bielefeld: wbv.

DOPPLER, Klaus/LAUTERBURG, Christoph (2008). Change Management: den Unternehmenswandel gestalten. Frankfurt [u.a.]: Campus-Verl.

DÖRING, Ottmar/JANTZ, Andreas/MEßMER, Ingrid (1997). Möglichkeiten und Grenzen der Ressourcenoptimierung durch Kooperation im Weiterbildungssystem. In: BÖTTCHER, Wolfgang/WEISHAUPT, Horst/WEIß, Manfred (Hrsg.). Wege zu einer neuen Bildungsökonomie. Weinheim: Juventa-Verl., S. 377-391.

DÖRRIES, Cornelia (2009). DAS tietz Chemnitz. Die Neuen Architekturführer Nr. 143, Stadtwandel Verlag.

DRESSELHAUS, Günter (2006). Netzwerkarbeit und neue Lernkultur. Münster [u.a.]: Waxmann.

DVV DEUTSCHER VOLKSHOCHSCHUL-VERBAND E.V. (2011). Die Volkshochschule – Bildung in öffentlicher Verantwortung. Bonn: DVV.

EBBRECHT, Günter (1997). Die Bedeutung besonderer Lernorte. Überlegungen zu Bildungshäusern und Tagungsstätten. In: CIUPKE, Paul/JELICH, Franz-Josef (Hrsg.). Experimentiersozietas Dreißigacker: historische Konturen und gegenwärtige Rezeption eines Erwachsenenbildungsprojektes der Weimarer Zeit. Essen: Klartext-Verl., S. 165-181.

EHMANN, Christoph (1991). Volkshochschule als Eigenbetrieb. In: Volkshochschule. Zeitschrift des Deutschen Volkshochschul-Verbandes. Heft 6, S. 24-25.

EHSES, Christiane/ZECH, Rainer (2004). Gute Organisation – ein Beitrag zum Selbstverständnis der Weiterbildungsprofession. In: Report. Heft 2, S. 75-83.

EMMINGHAUS, Christoph/TIPPELT, Rudolf (2009). Lebenslanges Lernen in regionalen Netzwerken verwirklichen: abschließende Ergebnisse zum Programm „Lernende Regionen – Förderung von Netzwerken". Bielefeld: wbv.

FATKE, Reinhard (2010). Fallstudien in der Erziehungswissenschaft. In: FRIEBERTSHÄUSER, Barbara/LANGER, Antje/PRENGEL, Annedore (Hrsg.). Handbuch qualitative Forschungsmethoden in der Erziehungswissenschaft. Weinheim: Juventa-Verl., S. 159-172.

FAULSTICH, Peter (1998). Hauptsache: Innovativ? In: GdWZ Grundlagen der Weiterbildung. Heft 2, S. 57-61.

FAULSTICH, Peter (2010). Was können wir gemeinsam machen? Kooperationen: Euphorie und Risiken in der Rückblende. In: DIE Zeitschrift für Erwachsenenbildung. Heft 1, S. 43-45.

FAULSTICH, PETER/HABERZETH, ERIK (2007). Recht und Politik. Studientexte für Erwachsenenbildung. Bielefeld: wbv.

FAULSTICH, Peter/TEICHLER, Ulrich (1991). Weiterbildung in Hessen. Bestand und Perspektiven. Gutachten für den Hessischen Landtag. Kassel: Kontaktstelle für wissenschaftliche Weiterbildung.

FAULSTICH, Peter/VESPERMANN, Per/ZEUNER, Christine (2001). Regionale Kompetenznetzwerke und Kooperationsverbünde im Bereich lebensbegleitenden Lernens. In: HOß, Dietrich/SCHRICK, Gerhard (Hrsg.). Die Region. Experimentierfeld gesellschaftlicher Innovation. Münster: Westfälisches Dampfboot, S. 142-151.

FELD, Timm C. (2007). Volkshochschulen als "lernende Organisationen": Entwicklung eines Anforderungsprofils unter Berücksichtigung theoretischer Ansätze organisationalen Lernens sowie einer innerorganisationalen und einer außerorganisationalen Perspektive. Hamburg: Kovac.

FELD, Timm C. (2011). Netzwerke und Organisationsentwicklung in der Weiterbildung. Bielefeld: wbv.

FELD, Timm C./MEISEL, Klaus (2010). Organisationspädagogik – Begründungen, Relevanz und Herausforderungen einer neuen erziehungswissenschaftlichen (Teil-) Disziplin. In: HEIDSIEK, Charlotte/PETERSEN, Jendrik (Hrsg.). Organisationslernen im 21. Jahrhundert. Festschrift für Harald Geißler. Frankfurt a. M.: Peter Lang, S. 45-55.
FELD, Timm C./SEITTER, Wolfgang (2009). Geschichte der Weiterbildungsorganisation. In: ARNOLD, Rolf/GIESEKE, Wiltrud/ZEUNER, Christine (Hrsg.). Bildungsberatung im Dialog. 13 Wortmeldungen. Baltmannsweiler: Schneider Verlag Hohengehren, S. 215-237.
FELL, Margret (2008). Raumdidaktische Anforderungen an Bildungshäuser und -räume. In: DEHN, Claudia (Hrsg.). Raum + Lernen – Raum + Leistung. Hannover: Expressum, S. 28-46.
FELL, Margret (2009). Häuser und Räume der Erwachsenenbildung. In: MERTENS, Gerhard/FROST, Ursula/BÖHM, Winfried (Hrsg.). Handbuch der Erziehungswissenschaft. Erwachsenenbildung, Weiterbildung. Paderborn: Schöningh, S. 1203-1209.
FIELD, John (2008). Partnerships and lifelong learning. In: Lifelong Learning in Europe. Heft 1, S. 40-45.
FLICK, Uwe (2000). Qualitative Forschung: Theorie, Methoden, Anwendung in Psychologie und Sozialwissenschaften. Reinbek bei Hamburg: Rowohlt.
FLICK, Uwe/KARDOFF VON, Ernst/STEINKE, Ines (2000). Was ist qualitative Forschung? In: FLICK, Uwe/KARDOFF VON, Ernst/STEINKE, Ines (Hrsg.). Qualitative Forschung. Ein Handbuch. Reinbek bei Hamburg: Rowohlt, S. 13-29.
FORNECK, Hermann (2002). Selbstgesteuertes Lernen und Modernisierungsimperative in der Erwachsenen- und Weiterbildung. In: Zeitschrift für Pädagogik. Heft 2, S. 242-261.
FRIEBE, Jens (2010). Altersbildung. In: Arnold, Rolf/Nolda, Sigrid/Nuissl, Ekkehard (Hrsg). Wörterbuch Erwachsenenbildung. Bad Heilbrunn: Klinkhardt, S.17-18.
FRIEBERTSHÄUSER, Barbara/LANGER, Antje (2010). Interviewformen und Interviewpraxis. In: FRIEBERTSHÄUSER, Barbara/LANGER, Antje/PRENGEL, Annedore (Hrsg.). Handbuch Qualitative Forschungsmethoden in der Erziehungswissenschaft. Weinheim: Juventa-Verl., S. 437-456.
FUCHS-HEINRITZ, Werner/LAUTMANN, Rüdiger/RAMMSTEDT, Otthein/WIENOLD, Hanns (1994). Lexikon zur Soziologie. Opladen: Westdt. Verl.
FÜRST, Dietrich (2004). Regional Governance. In: BENZ, Arthur (Hrsg.). Governance – Regieren in komplexen Regelsystemen. Eine Einführung. Wiesbaden: VS-Verlag, S. 45-64.
FUHR, Thomas (1994). Pädagogik und Organisation. In: Pädagogische Rundschau. Heft 5, S. 579-591.
GEBERT, Diether (1978). Organisation und Umwelt: Probleme der Gestaltung innovationsfähiger Organisationen. Stuttgart [u.a.]: Kohlhammer.
GEIL, Rudi (1982). Kooperation als Strukturelement der Weiterbildung. In: OTTO, Volker/SCHULENBERG, Wolfgang/SENZKY, Klaus (Hrsg.). Realismus und Reflexion. München: Hueber-Holzmann, S. 68-77.
GEISSLER, Karlheinz A. (2004). Bildungshäuser: Orte und Zeiten für Bildung. In: Die Österreichische Volkshochschule. Magazin für Erwachsenenbildung. Heft 213, S. 10-17.
GEIßLER, Harald (1995). Volkshochschule und Organisationslernen. In: Hessische Blätter für Volksbildung. Heft 4, S. 369-375.
GEIßLER, Harald (2000). Organisationspädagogik. München: Verlag Vahlen.
GEMOLL, Wilhelm (1991). Griechisch-deutsches Schul- und Handwörterbuch. München: Oldenbourg.
GIDDENS, Anthony (1988). Die Konstitution der Gesellschaft: Grundzüge einer Theorie der Strukturierung. Frankfurt [u.a.]: Campus-Verl.
GIESEKE, Wiltrud (2003). Programmplanungshandeln als Angleichungshandeln. In: GIESEKE, Wiltrud (Hrsg.). Institutionelle Innensichten der Weiterbildung. Bielefeld: wbv, S. 189-211.
GIESEKE, Wiltrud (2010). Professionalität und Professionalisierung. In: ARNOLD, Rolf/NOLDA, Sigrid/NUISSL, Ekkehard (Hrsg.). Wörterbuch Erwachsenenbildung. Bad Heilbrunn:

Klinkhardt, S. 243-244.
GLASER, Barney G./STRAUSS, Anselm L. (1979). The discovery of grounded theory: strategies for qualitative research. New York: Aldine.
GNAHS, Dieter (1997). Die lernende Region als Bezugspunkt regionaler Weiterbildungspolitik. In: DOBISCHAT, Rolf/HUSEMANN, Rudolf (Hrsg.). Berufliche Bildung in der Region. Zur Neubewertung einer bildungspolitischen Gestaltungsdimension. Berlin: Ed. Sigma, S. 25-38.
GNAHS, Dieter (2004). Region als Rahmenbedingung für Weiterbildung und selbst gesteuertes Lernen. In: BRÖDEL, Rainer (Hrsg.). Weiterbildung als Netzwerk des Lernens. Bielefeld: wbv, S. 191-203.
GNAHS, Dieter (2006). Management Summary. Zentrale Ergebnisse der wissenschaftlichen Begleitung. In: NUISSL, Ekkehard/DOBISCHAT, Rolf/HAGEN, Kornelia/TIPPELT, Rudolf (Hrsg.). Regionale Bildungsnetze: Ergebnisse zur Halbzeit des Programms „Lernende Regionen – Förderung von Netzwerken". Bielefeld: wbv, S. 7-17.
GNAHS, Dieter/DOLLHAUSEN, Karin (2006). Koordination von regionalen Bildungsnetzwerken – eine neue Aufgabe für Volkshochschulen? Bonn: DIE.
GÖHLICH, Michael (2005). Pädagogische Organisationsforschung. Eine Einführung. In: GÖHLICH, Michael/HOPF, Christiane/SAUSELE, Ines (Hrsg.). Pädagogische Organisationsforschung. Wiesbaden: VS-Verlag, S. 9-24.
GÖHLICH, Michael (2010). Organisationspädagogik als Theorie, Empirie und Praxis. In: HEIDSIEK, Charlotte/PETERSEN, Jendrik (Hrsg.). Organisationslernen im 21. Jahrhundert. Festschrift für Harald Geißler. Frankfurt a. M.: Peter Lang, S. 19-29.
GÖTZ, Martin (2010). Lernzentren – ein Überblick und eine kurze Einführung. In: Bibliothek. Forschung und Praxis. Heft 2, S. 145-147.
GROTLÜSCHEN, Anke/HABERZETH, Erik/KRUG, Peter (2010). Rechtliche Grundlagen der Weiterbildung. In: TIPPELT, Rudolf/VON HIPPEL, Aiga (Hrsg.). Handbuch Erwachsenenbildung/Weiterbildung. Wiesbaden: VS-Verlag, S. 347-366.
GRUNWALD, Wolfgang (1982). Konflikt-Konkurrenz-Kooperation: Eine theoretisch-empirische Konzeptanalyse. In: GRUNWALD, Wolfgang/LILGE, Hans-Georg (Hrsg.). Kooperation und Konkurrenz in Organisationen. Bern und Stuttgart: Verlag Paul Haupt, S. 50-96.
GUMMERSBACH, Hans (2004). Aufgaben, Perspektiven und Management kommunaler Weiterbildungseinrichtungen. In: BRÖDEL, Rainer/KREIMEYER, Julia (Hrsg.). Lebensbegleitendes Lernen als Kompetenzentwicklung. Bielefeld: wbv, S. 197-207.
HAGEDORN, Friedrich/MEYER, Heinz H. (2001). Netzwerke. In: ARNOLD, Rolf/NOLDA, Sigrid/NUISSL, Ekkehard (Hrsg.). Wörterbuch Erwachsenenpädagogik. Bad Heilbrunn: Klinkhardt, S. 234-235.
HARNEY, Klaus/HOCHSTÄTTER, Hans-Peter/KRUSE, Wilfried (2007). Hessencampus Lebensbegleitendes Lernen – Ein struktureller Fortschritt im Bildungssektor? In: Hessische Blätter für Volksbildung. Heft 2, S. 126-140.
HARTZ, Stefanie (2008). Die zwei Seiten der Mitgliedschaft. Steuerung in Organisationen an der Schnittstelle zum Mitarbeiter. In: HARTZ, Stefanie/SCHRADER, Josef (Hrsg.). Steuerung und Organisation in der Weiterbildung. Bad Heilbrunn: Klinkhardt, S. 371-386.
HARTZ, Stefanie/MEISEL, Klaus (2011). Qualitätsmanagement. Bielefeld: Bertelsmann.
HARTZ, Stefanie/SCHARDT, Vanessa (2010). (Organisations-)theoretische Bezüge in erwachsenenpädagogischen Arbeiten. In: DOLLHAUSEN, Karin/FELD, Timm C./SEITTER, Wolfgang (Hrsg.). Erwachsenenpädagogische Organisationsforschung. Wiesbaden: VS-Verlag, S. 21-43.
HARTZ, Stefanie/SCHRADER, Josef (2008). Steuerung und Organisation in der Weiterbildung – ein vernachlässigtes Thema? In: HARTZ, Stefanie/SCHRADER, Josef (Hrsg.). Steuerung und Organisation in der Weiterbildung. Bad Heilbrunn: Klinkhardt, S. 9-30.
HEINRICHS, Werner (2011). Kulturbetrieb. In: LEWINSKI-REUTER, Verena/LÜDDEMANN, Stefan (Hrsg.). Glossar Kulturmanagement. Wiesbaden: VS-Verlag, S. 131-137.

Literaturverzeichnis

HELMER, Karl (2010). Kultur. In: BENNER, Dietrich/OELKERS, Jürgen (Hrsg.). Historisches Wörterbuch der Pädagogik. Weinheim [u.a.]: Beltz, S. 527-547.
HENNING, Wolfram (2007). Kräfte bündeln, Bildung schaffen. In: Forum Bibliothek und Information. Heft 59, S. 46-52.
HESSENCAMPUS (2007). Erklärung zur Entwicklungspartnerschaft Zentren Lebensbegleitenden Lernens (ZLL). URL: http://www.hessencampus.de/uploads/media/ Erklaerung_ Partnerschaft.pdf (Stand: 17.05.2012).
HKM HESSISCHES KULTUSMINISTERIUM UND LANDESKURATORIUM FÜR WEITERBILDUNG UND LEBENSBEGLEITENDES LERNEN (2011). Weiterbildungsbericht 2010. Wiesbaden: Koordinationsstelle für Weiterbildung und Lebensbegleitendes Lernen.
HOLLSTEIN, Bettina/ULLRICH, Carsten (2003). Einheit trotz Vielfalt? Zum konstitutiven Kern qualitativer Forschung. In: Forum der Deutschen Gesellschaft für Soziologie. Heft 4, S. 29-43.
HOPF, Christel (2000). Qualitative Interviews – ein Überblick. In: FLICK, Uwe/KARDOFF VON, Ernst/STEINKE, Ines (Hrsg.). Qualitative Forschung. Ein Handbuch. Reinbek bei Hamburg: Rowohlt, S. 349-359.
HUBER, Andreas (2004). „Public Due Dilligence" – Von der Machbarkeitsstudie zur Entscheidungsfindung. In: HUBER, Andreas/JANSEN, Stephan A./PLAMPER, Harald (Hrsg.). Public Merger: Strategien für Fusionen im öffentlichen Sektor. Wiesbaden: Gabler, S. 57-90.
HUMMER, Hubert (2007). Der Wissensturm der Stadt Linz. Ein Lernort der Zukunft? In: Die Österreichische Volkshochschule. Magazin für Erwachsenenbildung. Heft 224, S. 2-6.
HUNTEMANN, Hella (2011). Volkshochschulstatistik 2010 – Zahlen in Kürze. URL: http://www.die-bonn.de/doks/2011-volkshochschule-statistik-02.pdf (Stand: 28.01.2012).
HUNTEMANN, Hella/REICHART, Elisabeth (2011). Volkshochschul-Statistik 2010. URL: http://www.die-bonn.de/doks/2011-volkshochschule-statistik-01.pdf (Stand: 27.01.2012)
HVV (Hessischer Volkshochschulverband e.V.) (Hrsg.) (1982). Volkshochschule in Hessen: Empfehlungen für den Ausbau der öffentlichen Weiterbildungseinrichtungen in den achtziger Jahren. Weil der Stadt: Lexika-Verl.
HVV (Hessischer Volkshochschulverband e.V. (2008). HVV aktuell 1/2008. URL: http://pbs-teilnehmer.vhs-bildungsnetz.de/servlet/is/43186/hvv-aktuell%201-2008%20.pdf?command= downloadContent&filename=hvv-aktuell%201-2008%20.pdf (Stand: 17.05.2012).
IfM: INSTITUT FÜR MITTELSTANDSFORSCHUNG BONN (2009). One-Stop-Shops in Deutschland. URL: http://www.ifm-bonn.org/assets/documents/One-Stop-Shops-in-Deutschland.pdf (Stand: 17.05.2012).
INVESTMENT CLIMATE ADVISORY SERVICES/WORLD BANK GROUP (2009). How many stops in a one-stop shop? URL: http://www.ifc.org/ifcext/fias.nsf/AttachmentsByTitle/PublicationMT_ HowManyStops/$FILE/Howmanystopsinaonestopshop.pdf (Stand: 16.05.2012).
JONES, Gareth R./BOUNCKEN, Ricarda B. (2008). Organisation: Theorie, Design und Wandel. München [u.a.]: Pearson Education.
JOULY, Hannelore (2006). Königswege durch Experimentierfelder. Zusammenarbeit zwischen Volkshochschulen und Öffentlichen Bibliotheken: Stand: und Perspektiven. In: Forum Bibliothek und Information. Heft 58, S. 764-767.
JOULY, Hannelore (2010). Erwachsenenbildung und Bibliotheken: Stand und Perspektiven in Deutschland. In: GRUBER, Elke/MÜLLER, Gerwin (Hrsg.). Lernorte der Zukunft. Dokumentation zum Symposium „Mediathek und Erwachsenenbildung: Neue Lernwelten und Lernortkooperationen im Alpen-Adria-Raum" am 12. und 13. November 2009. Klagenfurt: Schriftenreihe Arbeit & Bildung, S. 16-24.
JÜCHTER, Heinz Theodor (1982). Volkshochschule – Elemente einer Profilierung. In: OTTO, Volker/SCHULENBERG, Wolfgang/SENZKY, Klaus (Hrsg.). Realismus und Reflexion. München: Hueber-Holzmann, S. 59-67.

JUNG, Rüdiger H. (2003). Diversity Management – der Umgang mit Vielfalt als Managementaufgabe. In: JUNG, Rüdiger H./SCHÄFER, Helmut M. (Hrsg.). Vielfalt gestalten – Managing Diversity. Frankfurt a.M.: IKO-Verlag, S. 89-110.

JUNGBAUER, Johannes (2009). Organisationskulturen und -subkulturen: Eine Herausforderung für das Kooperationsmanagement am Beispiel der Psychiatrie. In: DELLER, Ulrich (Hrsg.). Kooperationsmanagement: ein Lehr- und Arbeitsbuch für Sozial- und Gesundheitsdienste. Opladen [u.a.]: Budrich, S. 138-156.

JUNGK, Sabine (1994). Kooperation und Vernetzung. Strukturwandel als Kompetenzanforderung. In: HAGEDORN, Friedrich/JUNGK, Sabine/LOHMANN, Mechthild/MEYER, Heinz H. (Hrsg.). Anders arbeiten in Bildung und Kultur. Kooperation und Vernetzung als soziales Kapital. Weinheim [u.a.]: Beltz, S. 61-76.

JÜTTE, Wolfgang (2002). Soziales Netzwerk Weiterbildung: Analyse lokaler Institutionenlandschaften. Bielefeld: wbv.

KADE, Jochen (1992). Die Bildung der Gesellschaft – Aussichten beim Übergang in die Bildungsgesellschaft. In: Sozialwissenschaftliche Literatur Rundschau. Heft 2, S. 67-79.

KADE, Jochen (1993). Aneignungsverhältnisse diesseits und jenseits der Erwachsenenbildung. In: Zeitschrift für Pädagogik. Heft 3, S. 391-408.

KADE, Jochen/SEITTER, Wolfgang (1998). Bildung – Risiko – Genuß: Dimensionen und Ambivalenzen lebenslangen Lernens in der Moderne. In: BRÖDEL, Rainer (Hrsg.). Lebenslanges Lernen – lebensbegleitende Bildung. Neuwied: Luchterhand, S. 51-59.

KADE, Jochen/SEITTER, Wolfgang (2005). Stichwort Entgrenzung. In: DIE Zeitschrift für Erwachsenenbildung. Heft 1, S. 24-25.

KAISER, Arnim/ANT, Marc (1998). Pädagogische Innovationen: Begriff, Merkmale, Impulse. In: GdWZ Grundlagen der Weiterbildung. Heft 2, S. 54-57.

KEIM, Helmut/OLBRICH, Josef/SIEBERT, Horst (1973). Strukturprobleme der Weiterbildung: Kooperation, Koordination und Integration in Bildungspolitik und Bildungsplanung. Bielefeld: wbv.

KIESER, Alfred (2006a). Der situative Ansatz. In: KIESER, Alfred/EBERS, Mark (Hrsg.). Organisationstheorien. Stuttgart: Kohlhammer, S. 215-245.

KIESER, Alfred (2006b). Managementlehre und Taylorismus. In: KIESER, Alfred/EBERS, Mark (Hrsg.). Organisationstheorien. Stuttgart: Kohlhammer, S. 96-132.

KIL, Monika (2003). Organisationsveränderungen in Weiterbildungseinrichtungen: empirische Analysen und Ansatzpunkte für Entwicklung und Forschung. Bielefeld: wbv.

KLAFKI, Wolfgang (2007). Neue Studien zur Bildungstheorie und Didaktik: zeitgemäße Allgemeinbildung und kritisch-konstruktive Didaktik. Weinheim [u.a.]: Beltz.

KLINGEBIEL, Sibylle (2007). Aufwand und Ertrag einer Netzwerkträgerschaft: vhs Rheingau-Taunus. In: KÜCHLER, Felicitas von (Hrsg.). Organisationsveränderungen von Bildungseinrichtungen. Bielefeld: wbv, S. 93-114.

KLUNZINGER, Eugen (2006). Grundzüge des Gesellschaftsrechts. München: Vahlen.

KMK KULTUSMINISTERKONFERENZ (1994). Dritte Empfehlung der Kultusministerkonferenz zur Weiterbildung (Beschluss der Kultusministerkonferenz vom 02.12.1994). Bonn: Sekretariat der Ständigen Konferenz der Kultusminister.

KMK KULTUSMINISTERKONFERENZ (2001). Vierte Empfehlung der Kultusministerkonferenz zur Weiterbildung. URL: http://www.kmk.org/fileadmin/veroeffentlichungen_beschluesse /2001/ 2001_02_01-4-Empfehlung-Weiterbildung.pdf (Stand: 07.09.2011).

KNEER, Georg/NASSEHI, Armin (1993). Niklas Luhmanns Theorie sozialer Systeme: eine Einführung. München: Fink.

KNOLL, Joachim (1972). Erwachsenenbildung und Sekundarstufe II. Modell eines Bildungszentrums. In: Volkshochschule im Westen. Heft 1, S. 19-20.

KOCH, Sascha (2009). Die Bausteine neo-institutionalistischer Organisationstheorie – Begriffe und Konzepte im Laufe der Zeit. In: KOCH, Sascha/SCHEMMANN, Michael (Hrsg.). Neo-

Literaturverzeichnis 307

Institutionalismus in der Erziehungswissenschaft. Wiesbaden: VS-Verlag, S. 110-131.
KOMMISSION DER EUROPÄISCHEN GEMEINSCHAFTEN (2000). Memorandum über Lebenslanges Lernen. URL: http://www.die-frankfurt.de/esprid/dokumente/doc-2000/EU00_01.pdf (Stand: 13.12.2010).
KÖNIG, Eckard (2005). Das Konstruktinterview: Grundlagen, Forschungsmethodik, Anwendung. In: KÖNIG, Eckard/VOLMER, Gerda (Hrsg.). Systemisch denken und handeln. Personale Systemtheorie in der Erwachsenenbildung und Organisationsberatung. Weinheim [u.a.]: Beltz, S. 83-117.
KÖNIG, Eckard/LUCHTE, Katja (2005). Organisationsanalyse und Teamentwicklung. In: GÖHLICH, Michael/HOPF, Christiane/SAUSELE, Ines (Hrsg.). Pädagogische Organisationsforschung. Wiesbaden: VS-Verlag, S. 151-166.
KOWAL, Sabine/O'CONNELL, Daniel C. (2000). Zur Transkription von Gesprächen. In: FLICK, Uwe/KARDOFF VON, Ernst/STEINKE, Ines (Hrsg.). Qualitative Forschung. Ein Handbuch. Reinbek bei Hamburg: Rowohlt, S. 437-446.
KREIS OFFENBACH (2007). Konzept Hessencampus Dreieich Haus des Lebenslangen Lernens. URL: http://www.hll-dreieich.de/fileadmin/pdf/HC_Dreieich_Konzept_11_07.pdf (Stand: 17.05.2012).
KROBBACH, Heinrich (1998). Die Odyssee zum Eigenbetrieb. In: Hessische Blätter für Volksbildung. Heft 1, S. 86-93.
KRUSE, Wilfried (2007). Regionalisierung als Zukunftsszenario für Bildung? URL: http://hc-hessencampus.de/fileadmin/Content/pdf/Entwicklungsbeitraege/Kruse_-_Regionalisierung_als_Zukunftsszenario_-_Laku_-_Burg_Fuersteneck_220307.pdf (Stand: 17.05.2012).
KRUSE, Wilfried/PELKA, Bastian (2009). Hessencampus: Kooperation und Vernetzung zur Umsetzung einer Strategie lebensbegleitenden Lernens. In: Berufsbildung in Wissenschaft und Praxis. Heft 2, S. 22-26.
KÜCHLER, Felicitas von (1997). Erfahrungen aus Beratungsprozessen – Chancen und Risiken. In: MEISEL, Klaus (Hrsg.). Organisatorischer Wandel an Volkshochschulen. Frankfurt a.M.: DIE, S. 37-49.
KÜCHLER, Felicitas von (1998). KursleiterInnen in der Erwachsenenbildung. In: DIE Zeitschrift für Erwachsenenbildung. Heft 1, S. 42-44.
KÜCHLER, Felicitas von (2007). Von der Rechtsformänderung zur Neupositionierung. In: KÜCHLER, Felicitas von (Hrsg.). Organisationsveränderungen von Bildungseinrichtungen. Bielefeld: wbv, S. 7-29.
KUCKARTZ, Udo (2010). Einführung in die computergestützte Analyse qualitativer Daten. Wiesbaden: VS-Verlag.
KULTUSMINISTERIUM BADEN-WÜRTTEMBERG/ARBEITSKREIS ERWACHSENENBILDUNG (1968). Gesamtplan für ein kooperatives System der Erwachsenenbildung: Empfehlungen zur Neugestaltung und Koordinierung. Villingen: Neckar-Verl.
KUPER, Harm (2001). Organisationen im Erziehungssystem. In: Zeitschrift für Erziehungswissenschaft. Heft 1, S. 83-106.
KUPER, Harm (2004). Das Thema "Organisation" in den Arbeiten Luhmanns über das Erziehungssystem. In: LENZEN, Dieter (Hrsg.). Irritationen des Erziehungssystems. Pädagogische Resonanzen auf Niklas Luhmann. Frankfurt a. M.: Suhrkamp, S. 122-151.
LAMNEK, Siegfried (2005). Qualitative Sozialforschung: Lehrbuch. Weinheim [u.a.]: Beltz.
LANGER, Antje (2010). Transkribieren – Grundlagen und Regeln. In: FRIEBERTSHÄUSER, Barbara/LANGER, Antje/PRENGEL, Annedore (Hrsg.). Handbuch Qualitative Forschungsmethoden in der Erziehungswissenschaft. Weinheim: Juventa-Verl., S. 515-526.
LEGGEWIE, Claus (2010). Sich mit anderen Sichtweisen konfrontieren: Claus Leggewie im Gespräch über anregende und ermüdende Kooperationskonstellationen. In: DIE Zeitschrift für Erwachsenenbildung. Heft 1, S. 22-23.

LEINWEBER, Stephan/LIPPS, Michael (2010). Kooperationswunder in Mannheims Planquadraten. In: DIE Zeitschrift für Erwachsenenbildung. Heft 1, S. 42.
LONGMAN (2005). Longman dictionary of contemporary English. Harlow: Longman.
LÜDDEMANN, Stefan (2010). Kultur: eine Einführung. Wiesbaden: VS-Verlag.
LÜDDEMANN, Stefan (2011). Kultur. In: LEWINSKI-REUTER, Verena/LÜDDEMANN, Stefan (Hrsg.). Glossar Kulturmanagement. Wiesbaden: VS-Verlag, S. 123-130.
LUHMANN, Niklas (2009). Einführung in die Systemtheorie, hrsg. von Dirk Baecker. Darmstadt: Wiss. Buchges.
MANGER, Daniela (2009). Innovation und Kooperation: zur Organisierung eines regionalen Netzwerks. Bielefeld: transcript.
MANGER, Daniela (2010). Kooperation und Innovation. Erkenntnisse der Innovationsforschung für eine strategische Kooperationsgestaltung von Bildungsakteuren. In: DIE Zeitschrift für Erwachsenenbildung. Heft 1, S. 27-30.
MANIA, Ewelina/STRAUCH, Anne (2010). Personal in der Weiterbildung. In: DIE – Deutsches Institut für Erwachsenenbildung (Hrsg.). Trends in der Weiterbildung – DIE-Trendanalyse 2010. Bielefeld: wbv, S. 75-92.
MARCH, James G./OLSEN, Johan P. (1976). Ambiguity and choice in organizations. Bergen [u.a.]: Univ.-Forl.
MARTENS, Wil/ORTMANN, Günther (2006). Organisationen in Luhmanns Systemtheorie. In: KIESER, Alfred/EBERS, Mark (Hrsg.). Organisationstheorien. Stuttgart: Kohlhammer, S. 427-461.
MAYNTZ, Renate (1983). Zur Einleitung: Probleme der Theoriebildung in der Implementationsforschung. In: DERS. (Hrsg.). Implementation politischer Programme II. Wiesbaden: Westdeutscher Verlag, S. 7-24.
MAYRING, Philipp (2002). Einführung in die qualitative Sozialforschung: eine Anleitung zu qualitativem Denken. Weinheim [u.a.]: Beltz.
MEISEL, Klaus (1997). Organisatorischer Wandel an Volkshochschulen. URL: http://www.die-bonn.de/esprid/dokumente/doc-1997/meisel97_02.pdf (Stand: 24.01.2013)
MEISEL, Klaus (2006a). Gelernte Flexibilität als Vorteil öffentlicher Weiterbildungsorganisationen im gegenwärtigen Strukturwandel. In: MEISEL, Klaus/SCHIERSMANN, Christiane (Hrsg.). Zukunftsfeld Weiterbildung. Bielefeld: wbv, S. 129-140.
MEISEL, Klaus (2006b). Organisationsentwicklung in Weiterbildungseinrichtungen – Von Stolpersteinen und Notwendigkeiten. In: Hessische Blätter für Volksbildung Nr. 3, S. 198-205.
MEISEL, Klaus/FELD, Timm C. (2009). Veränderungen gestalten – Organisationsentwicklung und -beratung in Weiterbildungseinrichtungen. Münster [u.a.]: Waxmann.
MERKENS, Hans (2006). Pädagogische Institutionen: pädagogisches Handeln im Spannungsfeld von Individualisierung und Organisation. Wiesbaden: VS-Verlag.
MEYER, John W./ROWAN, Brian (1977). Institutionalized Organizations: Formal Structure as Myth and Ceremony. In: American Journal of Sociology. Heft 2, S. 340-363.
MICKLER, Regine (2009). Netzwerkmanagement: Funktionale oder professionelle Aufgabe von Weiterbildnern und Weiterbildnerinnen? In: SEITTER, Wolfgang (Hrsg.). Professionalitätsentwicklung in der Weiterbildung. Wiesbaden: VS-Verlag, S. 19-36.
MICKLER, Regine (2011). Synergie als Kooperationspostulat – Thematisierungsformen und Umgangsweisen von Volkshochschulen. In: Report. Heft 4, S. 26-36.
MICKLER, Regine (2012). Inter-Organisations-Kulturalität als Herausforderung in kooperativen Kontexten: Unterschiedliche Organisationskulturen und professionelle Handlungslogiken unter einem Dach. In: GÖHLICH, Michael/WEBER, Susanne M./ÖZTÜRK, Halit/ENGEL, Nicolas (Hrsg.). Organisation und kulturelle Differenz. Diversity, Interkulturelle Öffnung und Internationalisierung. Wiesbaden: VS-Verlag, S. 105-116.
MICKLER, Regine (geplante Veröffentlichung 2013). Konkurrenz als integrierter Pol von Kooperation. In: DOLLHAUSEN, Karin/FELD, Timm C./SEITTER, Wolfgang (Hrsg.). Erwachsenenpädago-

gische Kooperations- und Netzwerkforschung. Wiesbaden: VS-Verlag, S. 111-131.
MIEBACH, Bernhard (2007). Organisationstheorie: Problemstellung – Modelle – Entwicklung. Wiesbaden: VS-Verlag.
MÖLL, Gerd (2006). Kooperation zwischen Unternehmen – Neue Anforderungen an Arbeit und Organisation. In: VOLLMER, Albert (Hrsg.). Kooperatives Handeln zwischen Kontinuität und Brüchen in neuen Tätigkeitssystemen. Lengerich: Pabst, S. 273-306.
MÖLLER, Svenja (2011). Marketing in der Erwachsenenbildung. Bielefeld: wbv.
MORNEWEG, Kurt (1973). Die neuen Bildungszentren. Darmstadt: Melzer.
MORSCHETT, Dirk (2005). Formen von Kooperationen, Allianzen und Netzwerken. In: ZENTES, Joachim/SWOBODA, Bernhard/MORSCHETT, Dirk (Hrsg.). Kooperationen, Allianzen und Netzwerke. Wiesbaden: Gabler, S. 377-403.
MÜLLER-BLATTAU, Michael (1986). Möglichkeiten der Zusammenarbeit kultureller Initiativen mit der Volkshochschule. In: Hessische Blätter für Volksbildung. Heft 4, S. 333-338.
MWV MINISTERIUM FÜR WISSENSCHAFT, Wirtschaft und Verkehr des Landes Schleswig-Holstein (2007). Weiterbildungskonzept der Landesregierung Schleswig-Holstein. URL: http://www.bildungswerke-norderstedt.de/fileadmin/Download_BW/2007_Weiterbildungskonzept_SH.pdf (Stand: 14.05.2012).
NEUBAUER, Walter (2003). Organisationskultur. Stuttgart: Kohlhammer.
NITTEL, Dieter (2000). Von der Mission zur Profession? Bielefeld: wbv.
NITTEL, Dieter (2006). Das "Haus des lebenslangen Lernens in Dreieich". In: Hessische Blätter für Volksbildung. Heft 3, S. 247-259.
NUISSL, Ekkehard (1996). Kooperation und Konkurrenz. In: DIE Zeitschrift für Erwachsenenbildung. Heft 1, S. 43.
NUISSL, Ekkehard (2000). Einführung in die Weiterbildung: Zugänge, Probleme und Handlungsfelder. Neuwied: Luchterhand.
NUISSL, Ekkehard (2010a). Trends in der Weiterbildungsforschung. In: DIE – DEUTSCHES INSTITUT FÜR ERWACHSENENBILDUNG (Hrsg.). Trends der Weiterbildung – DIE-Trendanalyse 2010. Bielefeld: wbv, S. 171-181.
NUISSL, Ekkehard (2010b). Stichwort: Strategische Kooperationen. In: DIE Zeitschrift für Erwachsenenbildung. Heft 1, S. 20-21.
OEVERMANN, Ulrich (1997). Thesen zur Methodik der werkimmanenten Interpretation vom Standpunkt der objektiven Hermeneutik. URL: http://publikationen.ub.uni-frankfurt.de/volltexte/2005/537/ (Stand: 06.04.2011).
OLBRICH, Josef (2001). Geschichte der Erwachsenenbildung in Deutschland. Opladen: Leske + Budrich.
OPELT, Karin (2003). Volkshochschule unter gesellschaftlichen Umbrüchen. In: GIESECKE, Wiltrud (Hrsg.). Institutionelle Innensichte der Weiterbildung. Bielefeld: wbv, S. 27-45.
OSWALD, Hans (2010). Was heißt qualitativ forschen? In: FRIEBERTSHÄUSER, Barbara/LANGER, Antje/PRENGEL, Annedore (Hrsg.). Handbuch Qualitative Forschungsmethoden in der Erziehungswissenschaft. Weinheim: Juventa-Verl., S. 183-201.
OTTO, Volker (1993). Rechts- und Organisationsformen der Volkshochschule. In: Hessische Blätter für Volksbildung. Heft 2, S. 156-164.
OTTO, Volker (2007). Entwicklungspartnerschaft ZLL – Konsequenzen und Veränderungen. Umfrage beim HVV und bei hessischen Volkshochschulen. In: Hessische Blätter für Volksbildung. Heft 2, S. 148-161.
PÄTZOLD, Günter (2006). Lernortkooperation. In: KAISER, Franz-Josef/Pätzold, Günter (Hrsg.). Wörterbuch Berufs- und Wirtschaftspädagogik. Bad Heilbrunn: Klinkhardt, S. 355-358.
PÖGGELER, Franz (1959). Neue Häuser der Erwachsenenbildung. Ratingen bei Düsseldorf: Henn.
RÄTZEL, Daniela (2006). Erwachsenenbildung und Architektur im Dialog: ein Beitrag zur dialogorientierten Konzeption von Räumen in der Erwachsenenbildung. Hamburg: Kovac.

REICHERT, Ralf (2010). Ruf nach neuem vhs-Domizil wird lauter. In: Heilbronner Stimme. Ausgabe: 23.01.2010. URL: http://www.stimme.de/hohenlohe/nachrichten/oehringen/sonstige;art1921, 1747246 (Stand: 09.06.2011)
REICHART, Elisabeth/HUNTEMANN, Hella (2009). Volkshochschul-Statistik 2008. URL: http://www.die-bonn.de/doks/reichart0902.pdf (Stand: 24.01.2013).
RITTELMEYER, Christian/PARMENTIER, Michael (2007). Einführung in die pädagogische Hermeneutik. Darmstadt: WBG.
ROBAK, Steffi (2003). Empirische Befunde zum Bildungsmanagement in Weiterbildungsinstitutionen. In: GIESEKE, Wiltrud (Hrsg.). Institutionelle Innensichten der Weiterbildung. Bielefeld: wbv, S. 129-138.
ROBAK, Steffi (2006). Modernes Management, Weiterbildung und organisatorischer Wandel. In: Hessische Blätter für Volksbildung. Heft 3, S. 206-214.
ROBAK, Steffi (2008). Volkshochschule als Transformationsinstitution. In: Hessische Blätter für Volksbildung. Heft 4, S. 330-336.
ROCKENBACH, Susanne (2004). Verführung zu Leben und Lernen in der Bibliothek: die Idea Stores in London und die UB – LMB Kassel. Kassel: Univ.-Bibliothek.
ROSENSTIEL, Lutz von (1992). Grundlagen der Organisationspsychologie: Basiswissen und Anwendungshinweise. Stuttgart: Schäffer-Poeschel.
ROUSSEAU, Denise M. (1998). Why workers still identify with organizations. In: Journal of organizational behavior. Heft 19, S. 217-233.
SACKMANN, Sonja A. (1990). Möglichkeiten der Gestaltung von Unternehmenskultur. In: LATTMANN, Charles (Hrsg.). Die Unternehmenskultur. Ihre Grundlagen und ihre Bedeutung für die Führung der Unternehmung. Heidelberg: Physica-Verlag, S. 153-188.
SANTEN, Eric van/SECKINGER, Mike (2003). Kooperation: Mythos und Realität einer Praxis: eine empirische Studie zur interinstitutionellen Zusammenarbeit am Beispiel der Kinder- und Jugendhilfe. München: Verl. Dt. Jugendinst.
SCHÄFFTER, Ortfried (1988). Mitarbeiter in der Erwachsenenbildung zwischen Organisation und Pädagogik. In: Hessische Blätter für Volksbildung. Heft 2, S. 104-110.
SCHÄFFTER, Ortfried (2001). Weiterbildung in der Transformationsgesellschaft: zur Grundlegung einer Theorie der Institutionalisierung. Baltmannsweiler: Schneider-Verl. Hohengehren.
SCHÄFFTER, Ortfried (2003a). Erwachsenenpädagogische Organisationstheorie. In: GIESEKE, Wiltrud (Hrsg.). Institutionelle Innensichten der Weiterbildung. Bielefeld: wbv, S. 59-81.
SCHÄFFTER, Ortfried (2003b). Institutionelle Selbstpräsentation von Weiterbildungseinrichtungen – Reflexion pädagogischer Organisationskultur an institutionellen Schlüsselsituationen. In: NITTEL, Dieter/SEITTER, Wolfgang (Hrsg.). Die Bildung des Erwachsenen. Bielefeld: wbv, S. 165-184.
SCHÄFFTER, Ortfried (2004). Erwachsenenpädagogische Innovationsberatung. In: NUISSL, Eckkehard/SCHIERSMANN, Christiane/SIEBERT, Horst (Hrsg.). Literatur- und Forschungsreport Weiterbildung: Management und Organisationsentwicklung. Bielefeld: wbv, S. 53-63.
SCHÄFFTER, Ortfried (2010). Organisationslernen zwischen einrichtungsinterner Organisationsentwicklung und institutionellem Strukturwandel. In: HEIDSIEK, Charlotte/PETERSEN, Jendrik (Hrsg.). Organisationslernen im 21. Jahrhundert. Festschrift für Organisationslernen im 21. Jahrhundert. Festschrift für Harald Geißler. Frankfurt a. M.: Peter Lang, S. 31-44.
SCHEIN, Edgar H. (1995). Unternehmenskultur: ein Handbuch für Führungskräfte. Frankfurt/Main [u.a.]: Campus-Verl.
SCHERER, Andreas Georg (2006). Kritik der Organisation oder Organisation der Kritik? In: KIESER, Alfred/EBERS, Mark (Hrsg.). Organisationstheorien. Stuttgart: Kohlhammer, S. 19-61.
SCHIMANK, Uwe (2001). Funktionale Differenzierung, Durchorganisierung und Integration der modernen Gesellschaft. In: TACKE, Veronika (Hrsg.). Organisation und gesellschaftliche Differenzierung. Wiesbaden: Westdeutscher Verlag, S. 18-38.

SCHLUTZ, Erhard (2004). Dienstleistung oder Selbstbedienung. In: BRÖDEL, Rainer (Hrsg.). Weiterbildung als Netzwerk des Lernens. Bielefeld: wbv, S. 125-140.

SCHMIDT, Christiane (2010). Auswertungstechniken für Leitfadeninterviews. In: FRIEBERTSHÄUSER, Barbara/LANGER, Antje/PRENGEL, Annedore (Hrsg.). Handbuch Qualitative Forschungsmethoden in der Erziehungswissenschaft. Weinheim: Juventa-Verl., S. 473-486.

SCHNEIDER, Heinrich/BRANDT, Peter (2005). Gespräch: Entgrenzung als propagiertes Ziel. In: DIE-Zeitschrift. Heft 1, S. 26-30.

SCHNURR, Stefan (2006). Organisationen. In: SCHERR, Albert (Hrsg.). Soziologische Basics. Eine Einführung für Pädagogen und Pädagoginnen. Wiesbaden: VS-Verlag, S. 135-140.

SCHÖLL, Ingrid (2002). Was erwartet die Berufspraxis von der Institutions- und Organisationsforschung. In: Hessische Blätter für Volksbildung. Heft 2, S. 161-170.

SCHÖLL, Ingrid (2006). Veränderungsanforderungen an hauptamtlich- und nebenberufliche Mitarbeitende in der öffentlichen Weiterbildung. In: MEISEL, Klaus/SCHIERSMANN, Christiane (Hrsg.). Zukunftsfeld Weiterbildung. Bielefeld: wbv, S. 171-181.

SCHRADER, Josef (2008). Steuerung im Mehrebenenmodell der Weiterbildung – ein Rahmenmodell. In: HARTZ, Stefanie/SCHRADER, Josef (Hrsg.). Steuerung und Organisation in der Weiterbildung. Bad Heilbrunn: Klinkhardt, S. 31-64.

SCHRADER, Josef (2010a). Reproduktionskontexte der Weiterbildung. In: Zeitschrift für Pädagogik. Heft 2, S. 267-284.

SCHRADER, Josef (2010b). Pluralismus. In: ARNOLD, Rolf/NOLDA, Sigrid/NUISSL, Ekkehard (Hrsg.). Wörterbuch Erwachsenenbildung. Bad Heilbrunn: Klinkhardt, S. 239-240.

SCHREIBER-BARSCH, Silke (2007). Learning Communities als Infrastruktur Lebenslangen Lernens: Vergleichende Fallstudien europäischer Praxis. Bielefeld: wbv.

SCHREYÖGG, Georg (2008). Organisation: Grundlagen moderner Organisationsgestaltung. Wiesbaden: Gabler.

SCHULDT, Hans-Joachim (2007). Fusionen – worauf sollte geachtet, was sollte vermieden werden? In: KÜCHLER, Felicitas von (Hrsg.). Organisationsveränderungen von Bildungseinrichtungen. Bielefeld: wbv, S. 71-74.

SCHÜLLER-ZWIERLEIN, André/STANG Richard, (2009). Bibliotheken als Supportstrukturen für Lebenslanges Lernen. In: TIPPELT, Rudolf/HIPPEL VON, Aiga (Hrsg.). Handbuch Erwachsenenbildung/Weiterbildung. Wiesbaden: VS-Verlag, S. 515-526.

SCHUNTER, Jürgen (2010). Das Verhältnis von Individuum und Organisation: Wie beschreiben Weiterbildungseinrichtungen ihr Personal. In: ZECH, Rainer/DEHN, Claudia/TÖDT, Katia/RÄDIKER, Stefan/MRUGALLA, Martin/SCHUNTER, Jürgen (Hrsg.). Organisationen in der Weiterbildung. Selbstbeschreibungen und Fremdbeschreibungen. Wiesbaden: VS-Verlag, S. 206-243.

SCHÜBLER, Ingeborg/THURNES, Christian M. (2005). Lernkulturen in der Weiterbildung. Bielefeld: wbv.

SCHÜTZ, Alfred (1981). Der sinnhafte Aufbau der sozialen Welt: eine Einleitung in die verstehende Soziologie. Frankfurt a. M.: Suhrkamp.

SCHÜTZ, Julia/REUPOLD, Andrea (2010). Wahrnehmungen pädagogischer Akteure: Bildungsbereichsübergreifende Kooperationen. In: DIE Zeitschrift für Erwachsenenbildung. Heft 1, S. 31-33.

SCHWARZ, Jörg/WEBER, Susanne Maria (2011). Steuerung durch Netzwerke – Steuerung in Netzwerken. In: HOF, Christiane/LUDWIG, Joachim/SCHÄFFER, Burkhard (Hrsg.). Steuerung – Regulation – Gestaltung. Dokumentation der Jahrestagung der Sektion Erwachsenenbildung der Deutschen Gesellschaft für Erziehungswissenschaft. Baltmannsweiler: Schneider Verlag Hohengehren, S. 106-115.

SEITTER, Wolfgang (1990). Volksbildung als Teilhabe: die Sozialgeschichte des Frankfurter Ausschusses für Volksvorlesungen 1890 - 1920. Frankfurt a. M. [u.a.]: Lang.

SEITTER, Wolfgang (1997). Dreißigacker als pädagogische Experimentiersozietas. Eduard Weitschs Beitrag zur Methodendiskussion und Professionalisierung der Erwachsenenbildung in der Weimarer Republik. In: CIUPKE, Paul/JELICH, Franz-Josef (Hrsg.). Experimentiersozietas Dreißigacker: historische Konturen und gegenwärtige Rezeption eines Erwachsenenbildungsprojektes der Weimarer Zeit. Essen: Klartext-Verl., S. 85-102.
SEITTER, Wolfgang (2001). Zwischen Proliferation und Klassifikation. In: Zeitschrift für Erziehungswissenschaft. Heft 2, S. 225-238.
SEITTER, Wolfgang (2007). Geschichte der Erwachsenenbildung: eine Einführung. Bielefeld: wbv.
SIEBERT, Horst (2000). Neue Lernkulturen? In: nbeb – Magazin. Heft 2, S. 1-3.
SIEBERT, Horst (2010). Identität. In: ARNOLD, Rolf/NOLDA, Sigrid/NUISSL, Ekkehard (Hrsg.). Wörterbuch Erwachsenenbildung. Bad Heilbrunn: Klinkhardt, S. 147.
STANG, Richard (2005). Integration als Managementaufgabe. In: BIX Der Bibliotheksindex. S. 33.
STANG, Richard (2010a). Hybride Lernwelten. In: DOLLHAUSEN, Karin/FELD, Timm C./SEITTER, Wolfgang (Hrsg.). Erwachsenenpädagogische Organisationsforschung. Wiesbaden: VS-Verlag, S. 317-330.
STANG, Richard (2010b). Lernzentren als Experimentierfeld. In: DIE Zeitschrift für Erwachsenenbildung. Heft 1, S. 37-40.
STANG, Richard (2011). Strukturen und Leistungen von Lernzentren. Online-Publikation aus der Reihe „texte.online" des Deutschen Instituts für Erwachsenenbildung URL: http://www.die-bonn.de/doks/2011-lernzentrum-01.pdf (Stand: 20.03.2012).
STANG, Richard/HESSE, Claudia (2006). Learning Centres: Neue Organisationskonzepte zum lebenslangen Lernen in Europa. Bielefeld: wbv.
STANG, Richard/IRSCHLINGER Alexandra (2005). Bibliotheken und lebenslanges Lernen – Kooperationen, Netzwerke und neue Institutionalformen zur Unterstützung lebenslangen Lernens: Expertise zum aktuellen Stand. URL: http://www.die-bonn.de/esprid/dokumente/doc-2005/stang05_02.pdf (Stand: 20.03.2012).
STATISTISCHES BUNDESAMT (2011a). Pressemitteilung Nr. 343 vom 20.09.2011. Lebenserwartung in Deutschland erneut leicht gestiegen. URL: https://www.destatis.de/DE/PresseService/Presse/Pressemitteilungen/2011/09/PD11_343_12621.html (Stand: 17.05.2012).
STATISTISCHES BUNDESAMT (2011a). Pressemitteilung Nr. 482 vom 22.12.2011. Zuwanderung nach Deutschland steigt im ersten halben Jahr 2011 um 19%. URL: https://www.destatis.de/DE/PresseService/Presse/Pressemitteilungen/2011/12/PD11_482_12711.html (Stand: 17.05.2012).
STIERLE, Thomas (2003). Raumwunder mit künstlerischen Qualitäten. Die 'neue' Stadtbibliothek Ludwigsburg im Kulturzentrum. In: BuB-Forum für Bibliothek und Information. Heft 1, S. 34-38.
STRAUCH, Renate (2005). Ein Leuchtturm der kommunalen Weiterbildung. In: Dis.kurs. Heft 1, S. 30.
SÜDPUNKT – Forum für Bildung und Kultur (o.J.). Leitbild Südpunkt. URL: http://suedpunkt-nuernberg.de/fileadmin/redaktion/03_Das_Haus/Leitbild/Leitbild_s%C3%BCdpunkt.pdf (Stand: 20.03.2012).
SÜSSMUTH, Rita (2011). In die Zukunft Investieren. In: Deutscher Volkshochschul-Verband e.V. (DVV) (Hrsg.). Die Volkshochschule – Bildung in öffentlicher Verantwortung. Bonn: DVV, S. 6-7.
SÜSSMUTH, Rita/SPRINK, Rolf (2009). Volkshochschule. In: TIPPELT, Rudolf/von HIPPEL, Aiga (Hrsg.). Handbuch Erwachsenenbildung/Weiterbildung. Wiesbaden: VS-Verlag, S. 473-490.
SÜßMUTH, Rita/WINTERMANTEL, Margret (2011). Hochschule und Volkshochschule als Kooperationspartner. In: Hessische Blätter für Volksbildung. Heft 3, S. 283-285.
TACKE, Veronika (2004). Organisation im Kontext der Erziehung. In: BÖTTCHER, Wolfgang/TERHART, Ewald (Hrsg.). Organisationstheorie in pädagogischen Feldern. Wiesbaden: VS-

Verlag, S. 19-42.
TENORTH, Heinz-Elmar (2006). Erziehung zur Persönlichkeit. In: TENORTH, Heinz-Elmar/HÜTHER, Michael/HEIMBACH-STEINS, Marianne (Hrsg.). Erziehung und Bildung heute. Berlin: GDA, S. 7-24.
TERHART, Ewald (1986). Organisation und Erziehung. In: Zeitschrift für Pädagogik. Heft 2, S. 205-223.
TEXTOR (2002). Sag es auf Deutsch. Reinbek bei Hamburg: Rowohlt.
TIETGENS, Hans (2009). Geschichte der Erwachsenenbildung. In: TIPPELT, Rudolf/VON HIPPEL, Aiga (Hrsg.). Handbuch Erwachsenenbildung/Weiterbildung. Wiesbaden: VS-Verlag, S. 25-41.
TIETGENS, Hans/MERTINEIT, Walter/SPERLING, Dietrich (1970). Zukunftsperspektiven der Erwachsenenbildung. Braunschweig: Westermann.
TIPPELT, Rudolf (1996). Integrative Weiterbildung und öffentliche Verantwortung – neu betrachtet. In: TIPPELT, Rudolf/ECKERT, Thomas/BARZ, Heiner (Hrsg.). Markt und integrative Weiterbildung. Bad Heilbrunn: Klinkhardt, S. 153-179.
TIPPELT, Rudolf/REUPOLD, Andrea/STROBEL, Claudia/KUWAN, Helmut (2009). Lernende Regionen – Netzwerke gestalten: Teilergebnisse zur Evaluation des Programms „Lernende Regionen – Förderung von Netzwerken". Bielefeld: Bertelsmann.
Tower Hamlets Borough Council (2009). Idea Store Strategy 2009. URL: http://www.ideastore.co.uk/public/documents/PDF/IdeaStoreStrategyAppx1CAB290709.pdf (Stand: 20.03.2012).
TU CHEMNITZ – Bildungsforum Südwestsachsen (2003). Ergebnisdarstellung der Planungsphase (Erste Welle). URL: http://www.lernende-regionen.info/dlr/download/chemnitz_ Ergebnisdarst_2003.pdf (Stand: 02.01.2012).
UMLAUF, Konrad (2001). Die Öffentliche Bibliothek als Lernort. In: STANG, Richard/PUHL, Achim (Hrsg.). Bibliotheken und lebenslanges Lernen. Bielefeld: wbv, S. 35-55.
VAHS, Dietmar (2005). Organisation: Einführung in die Organisationstheorie und -praxis. Stuttgart: Schäffer-Poeschel.
WACK, Otto (2000). Lernzentren in England und Deutschland. In: Dokumentation der KBE-Fachtagung „Neue Lernwelten" vom 28./29.09.2000 in Bensberg.
WALDEN, Günter (2005). Lernortkooperation und Ausbildungspartnerschaften. In: RAUNER, Felix (Hrsg.). Handbuch Berufsbildungsforschung. Bielefeld: wbv, S. 254-261.
WALGENBACH, Peter (2006). Die Strukturationstheorie. In: KIESER, Alfred/EBERS, Mark (Hrsg.). Organisationstheorien. Stuttgart: Kohlhammer, S. 403-426.
WEICK, Karl E. (1976). Educational Organizations as Loosely Coupled Systems. In: Administrative Science Quarterly. Heft 1, S. 1-19.
WEINBERG, Johannes (2004). Regionale Lernkulturen, intermediäre Tätigkeiten und Kompetenzentwicklung. In: BRÖDEL, Rainer (Hrsg.). Weiterbildung als Netzwerk des Lernens. Bielefeld: wbv, S. 205-231.
WEINERT, Ansfried B. (1992). Lehrbuch der Organisationspsychologie: menschliches Verhalten in Organisationen. Weinheim: Psychologie-Verl.-Union.
WEISCHER, Christoph (2007). Sozialforschung. Konstanz: UVK Verl.-Ges.
WEISEL, Barbara (1995). Wir sind die Volkshochschule. In: Hessische Blätter für Volksbildung. Heft 2, S. 127-134.
WEIßENBERG, Rita/SEDLACK, Axel (2007). Eine Fusion – nicht nur wirtschaftlich sinnvoll: Das ZIB in Unna – mit ergänzenden Perspektiven von Hans-Joachim Schuldt. In: KÜCHLER, Felicitas von(Hrsg.). Organisationsveränderungen von Bildungseinrichtungen. Bielefeld: wbv, S. 55-74.
WEITSCH, Eduard (1952). Dreissigacker: die Schule ohne Katheder. Pädagogische Schnappschüsse aus der Praxis eines Volkshochschulheims von 1920 - 1933. Hamburg: Stichnote.
WERKSTATT IM KREIS UNNA GmbH (2002). zib-Netzwerk. Ergebnisdarstellung der Planungsphase. URL: http://www.lernende-regionen.info/dlr/dokumente/p_134/zib-doku.pdf (Stand: 10.02.2012).

WILBERS, Karl (2002). Die Potentialität regionaler Netzwerke und ihre Bedeutung für die Gestaltung berufsbildender Schulen. In: FAULSTICH, Peter/WILBERS, Karl (Hrsg.). Wissensnetzwerke. Bielefeld: wbv, S. 55-69.
WILKESMANN, Uwe (1999). Lernen in Organisationen: die Inszenierung von kollektiven Lernprozessen. Frankfurt/Main [u.a.]: Campus-Verl.
WILLKE, Helmut (1993). Systemtheorie. Eine Einführung in die Grundprobleme der Theorie sozialer Systeme. Stuttgart: Lucius Lucius.
WITZEL, Andreas (1982). Verfahren der qualitativen Sozialforschung: Überblick und Alternativen. Frankfurt [u.a.]: Campus-Verl.
ZALUCKI, Michaela (2006). Was heißt eigentlich „Kultur"? Eine Expedition durch den Dschungel der Kulturkonzepte. In: GRÜNHAGE-MONETTI, Matilde (Hrsg.). Interkulturelle Kompetenz in der Zuwanderungsgesellschaft. Bielefeld: wbv, S. 19-27.
ZECH, Rainer (1997). Gesellschaftliche Modernisierung als Bedingung und Aufgabe für die Erwachsenenbildung. In: ZECH, Rainer (Hrsg.). Pädagogische Antworten als gesellschaftliche Modernisierungsanforderungen. Bad Heilbrunn: Klinkhardt, S. 12-21.
ZECH, Rainer (2008a). Systemveränderung – Umbau der Erwachsenenbildung. URL: http://www.artset-lqw.de/cms/fileadmin/user_upload/Literatur/Systemveraenderung_-_Umbau_der_Er wachsenenbildung.pdf (Stand: 22.02.2011).
ZECH, Rainer (2008b). Büroqualität als Bedingung von Leistungsfähigkeit und Mitarbeiterzufriedenheit. In: DEHN, Claudia (Hrsg.). Raum + Lernen – Raum + Leistung. Hannover: Expressum, S. 88-99.
ZECH, Rainer/DEHN, Claudia/TÖDT, Katia/RÄDIKER, Stefan/MRUGALLA, Martin/SCHUNTER, Jürgen (2010). Organisationen in der Weiterbildung. Wiesbaden: VS-Verlag.
ZECH, Rainer (2010a). Organisationen in der Weiterbildung. Selbstbeschreibungen und Fremdbeschreibungen. In: ZECH, Rainer/DEHN, Claudia/TÖDT, Katia/RÄDIKER, Stefan/MRUGALLA, Martin/SCHUNTER, Jürgen (Hrsg.). Organisationen in der Weiterbildung. Selbstbeschreibungen und Fremdbeschreibungen. Wiesbaden: VS-Verlag, S. 11-71.
ZECH, Rainer (2010b). Grundlinien einer allgemeinen Theorie der Form der Weiterbildungsorganisation. In: ZECH, Rainer/DEHN, Claudia/TÖDT, Katia/RÄDIKER, Stefan/MRUGALLA, Martin/SCHUNTER, Jürgen (Hrsg.). Organisationen in der Weiterbildung. Selbstbeschreibungen und Fremdbeschreibungen. Wiesbaden: VS-Verlag, S. 244-270.
ZETTERBERG, Hans L. (1973). Theorie, Forschung und Praxis in der Soziologie. In: KÖNIG, René (Hrsg.). Handbuch der empirischen Sozialforschung. Band 1: Geschichte und Grundprobleme. Stuttgart: dtv, S. 103-160.
ZIMMERMANN, Arthur (2011). Kooperationen erfolgreich gestalten: Konzepte und Instrumente für Berater und Entscheider. Stuttgart: Schäffer-Poeschel.

Gesetzesgrundlagen

Betriebssatzung der Stadt Unna für die eigenbetriebsähnlichen Einrichtung ‚Kulturbetriebe Unna' vom 22.12.2005. URL: http://www.unna.de/cms/upload/pdf/amtsblatt/ab0536.pdf (Stand: 17.05.2012).
Betriebssatzung des Eigenbetriebes „DAS tietz" der Stadt Chemnitz (März 2008). URL: http://www.chemnitz.de/chemnitz/de/buerger_und_rathaus/satzungen/downloads/80_500.pdf (Stand: 17.05.2012).
Eigenbetriebsverordnung für das Land Nordrhein-Westfalen (EigVo NRW) vom 16. November 2004. URL: http://www.wuppertal.de/rathaus/onlinedienste/ris/www/pdf/00050310.pdf (Stand: 17.05.2012).

Erstes Gesetz zur Ordnung und Förderung der Weiterbildung im Lande Nordrhein-Westfalen (Weiterbildungsgesetz – WbG) in der Fassung der Bekanntmachung vom 08. Februar 1980. In: Sammelblatt für Rechtsschriften des Bundes und der Länder, Band I, S. 651-658.

Erstes Gesetz zur Ordnung und Förderung der Weiterbildung im Lande Nordrhein-Westfalen (Weiterbildungsgesetz – WbG) in der Fassung der Bekanntmachung vom 14. April 2000 geändert durch Gesetz vom 15. Februar 2005. URL: http://www.schulministerium.nrw.de/BP/Weiterbildung/Weiterbildungsgesetz.pdf (Stand: 17.05.2012).

Gesetz über die Weiterbildung im Freistaat Sachsen (Weiterbildungsgesetz – WBG) Vom 29. Juni 1998. Rechtsbereinigt mit Stand vom 1. August 2008. URL: http://www.revosax.sachsen.de/Details.do?sid=2093111628432 (Stand: 17.05.2012).

Gesetz über kommunale Eigenbetriebe im Freistaat Sachsen (Städtisches Eigenbetriebsgesetz – SächsEigBG) vom 19. April 1994. Rechtsbereinigt mit Stand vom 15.02.2010. URL: http://www.revosax.sachsen.de/Details.do?sid=2823513104944 (Stand: 17.05.2012).

Gesetz zur Förderung der Weiterbildung und des lebensbegleitenden Lernens im Lande Hessen (Hessisches Weiterbildungsgesetz) vom 25. August 2001 zuletzt geändert am 21. November 2011. URL: http://www.rv.hessenrecht.hessen.de (Stand: 03.04.2012).

Satzung für die Volkshochschule Unna – Fröndenberg – Holzwickede vom 01.01. 2010. URL: http://www.holzwickede.de/politik/handbuch/Original_Satzung_VHS_2010.pdf (Stand: 20.02.2012).

Internetquellen

Bertelsmann-Stiftung. Wegweiser Kommune. URL: www.wegweiser-kommune.de (Stand: 04.02.2012).

BildungsCenter (BIC) Regensburg. Ankündigung der Stadt. URL: http://www.statistik.regensburg.de/publikationen/adressbuch/2010-2011_bildungscenter_der_stadt_regensburg.pdf (Stand: 02.04.2012).

Bildungsserver (2010). Das Fachportal Pädagogik. URL: http://www.bildungsserver.de/innovationsportal/bildungplus.html?artid=737 (Stand: 16.05.2012).

BMBF Bundesministerium für Bildung und Forschung. Das Förderprogramm „Lernen vor Ort. URL http://www.lernen-vor-ort.info/ (Stand: 17.05.2012).

BMBF Bundesministerium für Bildung und Forschung. Wettbewerb „Aufstieg durch Bildung: offene Hochschulen". URL: http://www.wettbewerb-offene-hochschulen-bmbf.de/ (Stand: 28.11.2011).

Bundesministerium des Innern (2007). Handbuch für Organisationsuntersuchungen und Personalbedarfsermittlung. URL: http://www.orghandbuch.de/cln_227/nn_414290/OrganisationsHandbuch/DE/ohb__pdf,templateId=raw,property=publicationFile.pdf/ohb_pdf.pdf (Stand: 19.01.2012).

DAS tietz. URL: http://www.dastietz.de/ (Stand: 20.03.2012).

Designlexikon International: http://www.designlexikon.net/Fachbegriffe/F/formfollowsfunkt.html (Stand: 27.03.2012).

Die Insel Volkshochschule der Stadt Marl. URL: http://www.marl.de/index.php?id=2797 (Stand: 20.03.2012).

DVV Deutscher Volkshochschulverband. URL: http://www.dvv-vhs.de (Stand: 17.05.2012).

Forum Mittelrhein. Kulturbau Koblenz. URL: http://www.koblenz.de/stadtleben_kultur/k42-zentralplatz2012.html (Stand: 02.04.2012).

Fritz-Henßler-Haus in Dortmund. URL: http://www.fhh.de/index.html (Stand: 20.03.2012).

Gasteig in München. URL: http://www.gasteig.de/ (Stand: 20.03.2012).

Haus des Lebenslangen Lernens Dreieich. URL: http://www.hll-dreieich.de/ (Stand: 17.05.2012).
Hessencampus. URL: http://www.hessencampus.de/ (Stand: 20.03.2012).
HKM Hessisches Kulturministerium (2011). Innovationsprogramm 2011. Förderung der Innovation der Weiterbildung nach §19 HWBG (Innovationspool). URL: http://weiter.bildung.hessen.de/inno/Innovationsprogramm2011_Final.pdf (Stand: 13.01.2012)
KMK Ständige Konferenz der Kultusminister der Länder in der Bundesrepublik Deutschland. URL: http://www.kmk.org/home.html (Stand: 20.12.2012)
Kulturzentrum August-Everding in Bottrop. URL: http://www.bottrop.de/stadtleben/kultur/Kulturzentrum_August_Everding.php (Stand: 20.03.2012).
Lernende Regionen – Förderung von Netzwerken. URL: http://www.lernende-regionen.info/dlr/index.php (Stand: 17.05.2012).
Treffpunkt Rotebühlplatz. URL: http://www.treffpunkt-rotebuehlplatz.de/home/ (Stand: 16.02.2012).
Urania Berlin. URL: http://www.urania.de/die-urania/ (Stand: 20.03.2012).
Volkshochschule Oberhausen. URL: http://vhs.oberhausen.de/cm/cms/front_content.php?idcat=30 (Stand: 02.04.2012).
Volkshochschule Trier und Leitbild des Bildungs- und Medienzentrums Trier. URL: http://www.vhs-trier.de/kurse/webbasys/index.php?kathaupt=104 (Stand: 02.04.2012).
Weiterbildungsverbünde in Schleswig-Holstein. URL: http://www.schleswig-holstein.de/Bildung/DE/InfonetzWeiterbildung/Weiterbildungsverbuende/weiterbildungsverbuende_node.html (Stand: 17.05.2012).
Weiterbildungszentrum Ingelheim. URL: https://www.wbz-ingelheim.de/ (Stand: 20.03.2012).
Zentrum für Information und Bildung (zib). URL: http://www.unna.de/kreisstadt+unna/konzernstadt/kulturbetriebe-unna/startseite-zib/startseite-kulturbetriebe.html (Stand: 20.03.2012).

Graue Literatur

DAS tietz (o.J.). Flyer ‚Wo Kultur zu Hause ist'. Chemnitz.
DAS tietz (o.J.). Geschäftsbericht 2005.
DAS tietz (o.J.). Unveröffentlichtes Leitbild.
Magistrat Linz (o.J.). Wissensturm. Einladung zur Entdeckungsreise.
Münchner Volkshochschule (2013). Jahresbericht 2012.
Satzung für die Volkshochschule Unna – Fröndenberg – Holzwickede vom 30.11. 1977.
Stadtverwaltung Unna (o.J.). Zwischen Sinnenreich und Cyberspace. Konzept-Entwurf – Teil I.
Stadtverwaltung Unna (o.J.). Zwischen Sinnenreich und Cyberspace. Konzept-Entwurf – Teil II.
Stadtverwaltung Unna (o.J.). Zwischen Sinnenreich und Cyberspace. Konzept-Entwurf – Teil III.
Südpunkt Nürnberg (o. J.). Der Lernpunkt im Südpunkt. Ein Nutzungskonzept.
Treffpunkt Rotebühlplatz (2007). Flyer ‚Das Kompetenzzentrum für individuelles Lernen'. Stuttgart.